北京市朝阳区地区（乡）志文化工程系列丛书

来广营乡志

北京市朝阳区《来广营乡志》编纂委员会　编

当代中国出版社

图书在版编目（CIP）数据

来广营乡志 / 北京市朝阳区《来广营乡志》编纂委员会编. -- 北京 : 当代中国出版社, 2024.6 -- ISBN 978-7-5154-1386-0

Ⅰ. K291.5
中国国家版本馆 CIP 数据核字第 2024WE951 号

出版人　王　茵
责任编辑　战盈彤　王逸伦
责任校对　贾云华　康　莹
印刷监制　刘艳平
封面设计　赵娜娜
出版发行　当代中国出版社
地　　址　北京市地安门西大街旌勇里 8 号
网　　址　http://www.ddzg.net
邮政编码　100009
编 辑 部　（010）66572154
市 场 部　（010）66572281　66572157
印　　刷　廊坊市祥丰印刷有限公司
开　　本　787 毫米 × 1092 毫米　1/16
印　　张　29.375 印张　464 千字
版　　次　2024 年 6 月第 1 版
印　　次　2024 年 6 月第 1 次印刷
定　　价　180.00 元

北京市朝阳区地区（乡）志文化工程系列丛书
编纂委员会

北京市朝阳区《来广营乡志》编纂委员会

北京市朝阳区《来广营乡志》编辑部

主　　　编　王　刚　兰　澎
副　主　编　崔晓利
总　　　纂　欧阳明德
编　　　辑　闫立军　赵俊平
办公室主任　陆　斌
成　　　员　吕琼琼　郝　冉　魏烨繁　辛　亚　张　潼　王光辉
　　　　　　陈　曦　田　杰
审　　　稿　王　源　赵万顺　胡良骥　韩跃强　蔡广培　祁凤山
承编单位　国人书院

序 言

国有史，地有志，家有谱。地方志是中华文化宝库中的一颗璀璨明珠，在中国历史文化长河中绽放出耀眼光辉。编修地方志是中华民族独特的优秀文化传统，最早可追溯至春秋战国时期，绵延千年，历久弥新。习近平总书记说，“要马上了解一个地方的重要情况，就要了解它的历史。了解历史的可靠的方法就是看志，这是我的一个习惯。”他还说，“过去，我无论走到哪里，第一件事就是要看地方志。”可见地方志对于记录当地历史、传承中华文明有着不可替代的重要价值。

《来广营乡志》全面、翔实、准确地记录了来广营地域的发展历程，对于传承和保存来广营地域传统文化、乡土文化、民俗文化，对于满足辖区居民的文化需求、展示辖区发展脉络、摸索发展经验、提炼发展思路、梳理发展模式和发展路径，对于培育辖区居民爱乡、爱国情怀，都具有重要意义，可谓功在当代，利在千秋。

值此《来广营乡志》付梓出版之际，乡党委乡政府对所有参与志书编纂和为志书编纂提供支持、帮助的辖区各单位和各界人士表示衷心感谢！向参与志书编纂的各位编辑、为志书审查把关的地方志专家以及为志书提供资料的所有同志致以崇高敬意！

来广营地域曾有北京最早的农业聚落，20世纪50年代初成立东郊区第一个互助组、第一个农业生产合作社，其集体养猪场被毛泽东同志批示“这个经验值得推广”。二十世纪六七十年代，辖域棉花、粮食产量和养猪事业曾居北京市和朝阳区前列。70年代末，辖域社队企业蓬勃发展，工商经济收入跃居全区之首。90年代，来广营乡率先建成都市农业基地——朝来农艺园，成为朝阳区“三高”农业重点乡。

进入21世纪后，在区委区政府的坚强领导下，来广营乡党委乡政府团结带领全乡广大党员和干部群众，充分发挥区位优势，科学谋划、砥砺前行，经济社会各项事业持续健康发展，农村城市化进程快速推进，城乡面貌焕然一新。

为抢救性地收集、整理、保存即将消失的乡情记忆、传承红色基因，满足居民回望过去感受历史的诉求和美好愿望，来广营乡党委乡政府积极落实朝阳区地方志事业发展规划要求，适时启动乡志编纂工作。在编纂过程中，将乡志作为系统认知辖区历史、了解农村、景仰前贤的乡土教材和为辖区持续健康发展提供翔实地情信息的文化建设系统工程，深挖资料、系统梳理、严核史实、精细打磨，确保辖域千百年来业已形成的独特地方文化和红色基因得以传承，用志书独特的体例和厚重讲好来广营地区发展的故事。

《来广营乡志》付梓出版，对于来广营地区的发展必将起到鉴往知来，砺行致远的作用，正所谓“有志者事竟成”！

乡党委书记：王　刚

乡　　　长：兰　澎

2021 年 7 月

凡 例

一、《来广营乡志》的编纂，以马列主义、毛泽东思想、邓小平理论、“三个代表”重要思想、科学发展观、习近平新时代中国特色社会主义思想为指导，运用辩证唯物主义和历史唯物主义的立场、观点和方法，存真求实，客观记述地域内自然、政治、经济、文化与社会的历史与现状。

二、上限一般始于事物发端，下限至2015年12月31日。为保持事物的完整性，根据史料适当上溯。记述范围以2015年行政区域范围为限。

三、采用章节体，分“章”“节”“目”三个层次，横排门类，纵述史实。子目以黑体字表示，不编序号。篇目设置力求突出地方特色、时代特色和工作特色。

四、综合运用述、记、志、传、图、表、录等各种体裁，以志体为主。语言使用规范的现代语体文记述体，述而不论。

五、本志“人物”章分设“人物传略”“人物简介”和“人物表”。“人物传略”严格遵循“生不立传”的原则，收录在本乡有较大影响的去世人物，以本籍为主、卒年为序；“人物简介”收录对本乡做出较大贡献或在本乡有较大影响的在世人物，以生年为序；人物表选录获得市级及以上荣誉的先进个人，以获得荣誉的时间为序。

六、以政府统计部门数据为准，无统计数据的采用行业主管部门数据。

七、记述历史事项时，用当时计量单位；中华人民共和国成立以后，采用国家现行法定计量单位。考虑到历史原因及习惯，农业仍以“亩”为主要的土地面积计量单位（1亩= 666.67平方米），随文不再括注法定计量单位数。币制单位“元”为人民币基本单位，单独出现时不标注币种。表格栏目中“/”表示无数据。

八、历史纪年用汉字表示，同时括注；公元纪年一律使用阿拉伯数字表示。中华民国成立后一律使用公元纪年，“旧时”指中华人民共和国成立以前，“解放”时间节点指1948年末。“十五”计划、“十一五”规划、“十二五”规划时期分别指2001年至2005年、2006年至2010年、2011年至2015年。

九、辖区1953年前称“域内”，设乡后称“乡域”“公社”“辖区”“域内”。2003年乡域兼设为地区后，称地区（乡），但所述事物只适合乡或地区者，则只称乡或地区，比如人大、农林等只称乡不称“地区”。“全境”包括不属于来广营公社、乡的驻境单位和事物；“全辖”单指来广营公社、乡管辖的单位、资源、事物，不包括外来驻境单位。文字过长的名称首次出现用全称，括注简称，再次出现用简称。“党”“中央”“市委”“区委”“党委”“工委”“支部”“党组织”“党员”等未明确党派者，均指中国共产党的组织、中共党员；“两委”指村或社区的党组织（支部、总支部或党委）、村民委员会或居民委员会。

十、本志图照来源于朝阳区档案馆或来广营乡档案室，随文不再标注图照来源。

2015年来广营地区（乡）在朝阳区的位置图

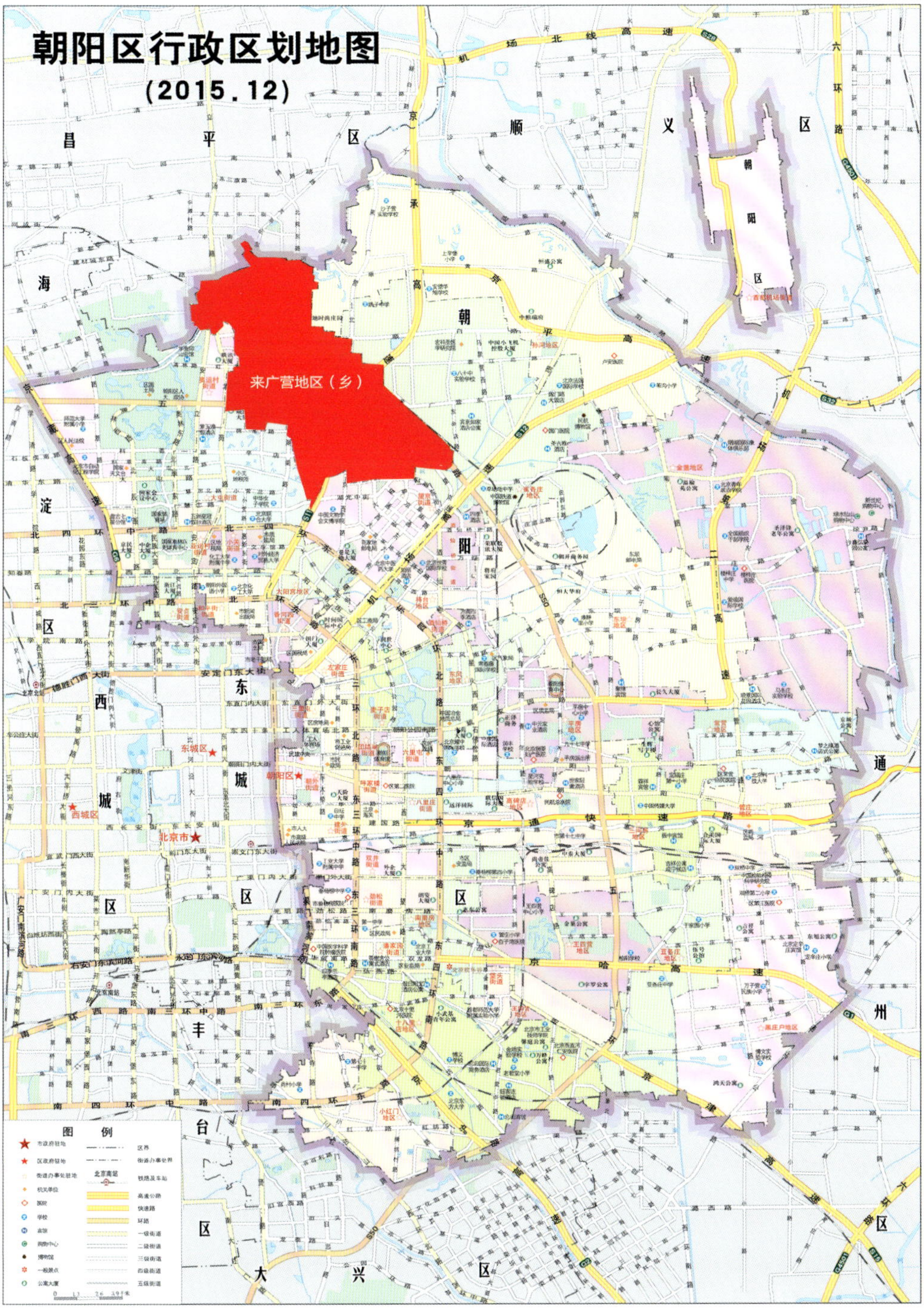

审图号：京S（2018）010号　　中国地图出版社编制

2015 年来广营地区（乡）行政区划图

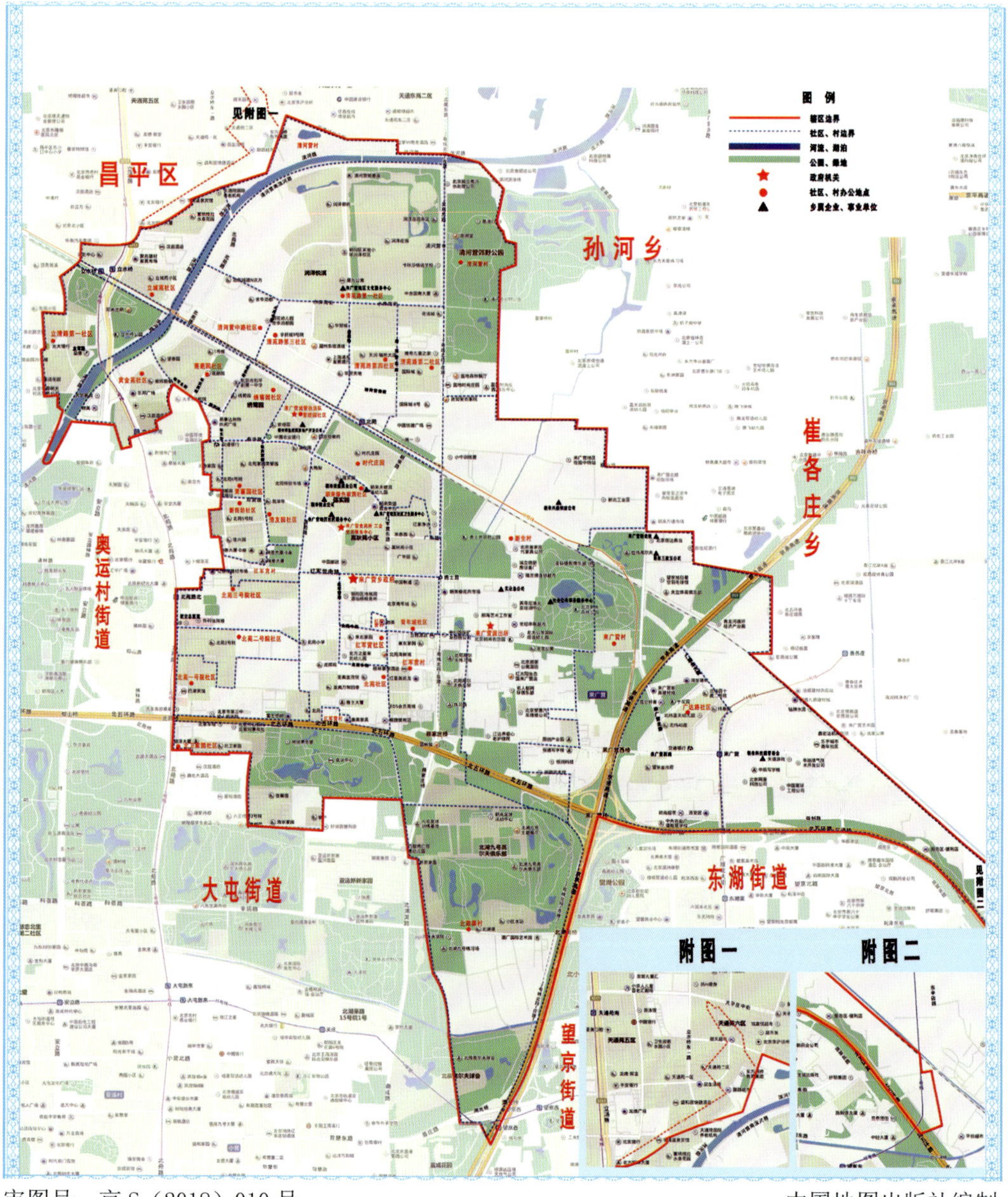

审图号：京 S（2018）010 号

中国地图出版社编制

▲ 中共来广营乡第十一次代表大会上，新当选的乡党委委员和纪委委员与代表见面 （2002 年摄）

▲ 中共来广营地区工委（乡党委）、地区办事处（乡政府）挂牌仪式 （2003 年摄）

▲ 来广营地区（乡）机关办公地 （2005 年摄）

▲来广营乡第十六届人大第一次会议（2010 年摄）

▲来广营乡十七届人大一次会议选举产生新一届乡人大、乡政府领导班子成员（2016 年摄）

▲ 来广营村农业生产合作社测量土地 （20 世纪 50 年代中期摄）

▲ 来广营合作社猪场饲养员、全国劳模陈玉（曾受毛泽东等党和国家领导人接见）

（1957 年摄）

▲ 黄军营（现红军营）村合作化带头人王进富

（20 世纪 50 年代中期摄）

▲ 来广营人民公社机务队在田间交流机耕经验　（1981 年摄）

▲ 来广营乡实行联产承包责任制后农民在稻田劳作　（1992 年摄）

▲ 红军营村机收小麦　（1995 年摄）

▲ 北京朝来农艺园（1997 年摄）

▲ 来广营村医疗器械厂 （20 世纪 70 年代摄）

▲ 来广营社办企业燕华服装厂 （1981 年摄）

▲ 北湖渠村机械加工厂 （2007 年摄）

▲ “十二五”时期（2011—2015 年）建设的朝来科技园 （2007 年摄）

▲ “十一五”时期（2006—2010 年）建成的红星美凯龙、东方家园、欧尚等家居建材商场集群

（2009 年摄）

▲ “十一五”时期（2006—2010 年）建成的位于来广营西路的车业一条街和三菱汽车 4S 店

（2009 年摄）

▲ “十一五”时期（2006—2010 年）建成的朝来荣盛商业中心 （2009 年摄）

▲ 立水桥村 （1991 年摄）

▲ 东湖渠村 （1991 年摄）

▲ 来广营村民居 （2004 年摄）

▲红军营村路口　（2001 年摄）

▲北湖渠村街巷　（2007 年摄）

▲拆迁前的北湖渠村水井口和石碾　（2007 年摄）

▲ 上图分别为拆迁前的北苑村一角和拆迁中的北苑村 （2010 年摄）

▲ 北苑村民入住北苑家园 （2015 年摄）

▲朝来绿色家园　　（2009 年摄）

▲北五环与京承路、城铁 13 号线交叉处的立交枢纽 （2007 年摄）

▲整治后的清河堤岸与河道 （2015 年摄）

▲ 朝来森林公园　（2008 年摄）

▲ 清河营郊野公园　（2012 年摄）

▲ 朝来森林公园一角　（2015 年摄）

▲ 来广营乡集资兴建的北京四十八中学教学楼 1992 年 11 月竣工 （1992 年摄）

▲ 北京市近郊区加强农村中心小学建设工作会议在来广营中心小学召开，乡长陈雅芝汇报教育工作 （1992 年摄）

▲ 清河营村小车会表演 （1993 年摄）

▲ 来广营村高跷队表演 （1993 年摄）

▲ 丁苇沟村五虎棍表演 （1995 年摄）

▲ 国家足球队在朝来足球活动中心集训时合影
（2003 年摄）

▲ 来广营地区（乡）第十一届全民运动会开幕式
（2006 年摄）

▲居民参加柔力球健身活动　　（2008 年摄）

▲来广营地区第十七届军警迎国庆金秋艺术节开幕式　　（2008 年摄）

▲来广营地区（乡）书画展　　（2008 年摄）

▲ 来广营农业合作化带头人吴玉书（前排右二）随中国妇女代表团访问越南。图为越南民主共和国主席胡志明（后排居中）接见时的合影 （1956 年摄）

▲ 国家男子足球队主教练米卢为朝来足球活动中心开球 （2000 年摄）

▲ “全民健身日”，姚明与来广营小朋友打乒乓球 （2011 年摄）

目录

概 述

来广营地区（乡）位于朝阳区东北部，辖域南北长、东西窄，如一尊巨人雄立于朝阳区最北端，西靠京城中轴线传统皇家文化带和奥林匹克森林公园现代绿色生态区，南北两河清波静流，地势平坦，海拔29—39米。辖区人文历史悠久，是北京地区有证可考的远古人类发祥地之一，立水桥一带曾出土新石器时代文物，八九千年前即有原始农业聚落，先祖在此躬耕狩猎，繁衍生息。先秦至唐，隶属冀、幽、蓟城，宋辽金三朝属燕京析津县，金贞元二年（1154年）后属大兴县。元代，域内辟设皇家猎场，各聚落开始成村。明万历年间，朝廷驻军于境，此后遂成历代拱卫京师的屯兵重地。清末始现“来广营”地名，即由清军正蓝旗兵营“蓝营”的称谓演变而来。至1948年12月人民解放军入驻并解放域内之时，辖区一直没有行政建置。

20世纪50年代前期，域内始设行政村、乡人民政府。1961年，成立来广营人民公社，因公社驻地在来广营村，遂以村名为社名；1983年撤社设乡，名来广营乡。2003年，乡域设地区办事处，称朝阳区来广营地区（乡），地区办事处与乡政府“一套人马，两块牌子”。至2015年，来广营地区（乡）下辖5个行政村、18个社区，辖区户籍人口26253户、54624人，常住人口194021人。

一

旧时经济主体是个体小农的自然聚落，在简单再生产的水平上自我循环，生产力无从扩大升级，农产品几无剩余，民生困顿，普遍缺粮。

1950年春，土改刚结束，来广营村以吴玉书为代表的5户翻身农民自组临时互助组，1951年转为东郊区第一个常年互助组，1952年又升级为初级农业生产合作社。有限的农业资源依靠集体经济优化整合的群体力量，生产规模扩大、产能提高，1953年玉米亩产217.8公斤，同比增产43.4%，粮食总产40394公斤，同比增产59.7%，副业收入2984.63万元（初版人民币）。

来广营乡251户家有余粮，占44%，成为北京农业合作化运动的一面旗帜。1955年2月，吴玉书初级农业生产合作社在全区试点转高级农业生产合作社，区委书记单昭祥亲自到场宣讲，水利部长傅作义莅临考察。对该社猪场把集体力量和个人分工责任制相结合的管理措施，毛泽东批示“这个经验值得推广”。苏联、印度、越南等多国领导人和代表团前来考察。

1961年成立来广营人民公社后，垦荒辟壤，农田从1960年的17490亩增至1974年的25322亩，1963年棉花亩产居北京市首位，1965年粮食亩产、总产双翻番，受到市、区表彰，被评为北京市农业社会主义建设先进单位。1971年10月，北京市革委会在来广营人民公社召开养猪工作会议，《北京日报》头版刊发评论，并专题报道来广营人民公社养猪事业。以养猪为主的畜牧业收入，屡居朝阳区第二。1971年至1975年，种棉面积、棉花总产均居全区19个公社第一位，面积占全区种棉总面积的27%左右，棉花总产占全区各社总产的25%左右。但在重积累轻分配、农村收益单向输送城市的计划体制下，集体增产社员却未增收，全社人均收入、口粮标准长期居全区末位，民间曾戏称朝阳区北境的“赖广营”，姑娘婚嫁“宁往南一尺，不向北一寸”。

“文化大革命”结束后，来广营经济发展掀起新一波高潮，1978年全社人均收入从上年的全区末位一跃而起，进至各公社第4位。工副业收入占农业收入之比，从1975年的17%(全区各社平均18%)跃升至1979年的206%，比全区各社平均35%高171%，社队企业数、企业总收入、纯利润均居朝阳区各公社第一。全境推行联产承包经营责任制及随后的适度规模经营，改变以粮为纲的单一产业，按市场机制调整经济结构，形成农林牧副渔、工商建运服全面发展的多元格局，乡村企业遍地开花，加工制造成为地方经济的产业支柱和财税主要来源。区政府更是在此建设占地494公顷的望京工业区，带动来广营乡村经济进一步发展。

至20世纪90年代后期，市场需求趋于饱和，工农业初级生产力释放殆尽，已接近边际效应，传统产业举步维艰。市、区企事业单位大面积征地，使乡域农田从1978年的23179亩降至1999年的6780亩。面对传统产业式微，观光采摘设施型产业应声而起，来广营乡在全区率先建成都市农业基地朝来农艺园，第一产业和第三产业结合，形成休闲、度假、旅游业态，农产品生产向现代化、专业化、生态化、精品化转变，规模猪场也在全市各乡镇名列前茅，来广营成为朝阳区高产高值高效农业的重点乡、京东种养业的高科技示范园和肉食库、首都市场的菜篮子。曾经辛勤劳苦千百年、面朝黄土背朝天的高强度低效益农作模式，转眼间焕发出一派集约经营的公园式田园的勃勃生机。

进入21世纪，全乡在北京市第一道绿化隔离带建设中退耕还林4860亩，农业经济占比锐减，一产经营单位降至2006年的16家，农业收入不足经济总收入的5%；多年造林尤其是绿化隔离带建设，让林草产业在农业种植结构中一枝独秀，通过企业化经营，林地增效、林农增收，成为农业主体。植树兴绿工程和土地储备，促使低端加工厂成片拆迁，高耗能高污染低级次产业基本淘汰，保留的工业实体重组改制，经济结构优化升级。电子城西区北扩的土地功能规划修订调整，为高新科技产业发展提供了地理空间和政策支持，高附加值的朝来科技产业园、汽车营销4S店、商贸物流、保健养生和现代服务业迎势而上、持续增长，迅速上升为地方经济一统天下的霸主地位。而系列奥运工程的市政建设，又大大提升了紧靠奥森公园的来广营的体育产业、地产价值和建筑建材业。接踵而至的历史契机，既是难得的幸运，更是重大的产业机遇和经济外力，引进城区的资本项目，不期而自至，不集而自萃，形成了域内经济浓厚的重商特色。至2015年，来广营地区（乡）总产值农业1841万元，占0.07%，工业27059.9万元，占1.09%，建筑业32538.2万元，占1.31%，第三产业总收入2419663万元，占97.52%。第三产业资产749.44亿元、利润总额18.76亿元、从业人员21259人，均居全区19个乡第2位，第三产业总收入241.97亿元，居全区各乡第4位。仅占全区各乡人口第14位的来广营乡，经济总收入158.22亿元、居全区各乡第2位，利润总额84253.9万元、居全区各乡第1位，人均劳动所得36628元、居全区各乡第3位。

二

来广营域内古为荒丘草岗、丛林湖泽、野兽出没之地。先民流寓至此，搭棚蜗居，自成一家，无藩篱之围护，无院墙之守望，聚落土宅低矮离乱，道路水沟自然天成，坟茔遍地，芦苇丛生，“荒村僻壤……乡村闾阎零落，住户星稀”。直至20世纪70年代，民居仍为土墙平顶，村村有危房，住宅更新缓慢，路面坑洼不平，环境脏乱，晴天尘土飞扬，雨天泥泞难行。

20世纪80年代，开始旧村改造，创建文明村，新盖房屋渐多，民居改善加快。经初期规划，全乡先易后难地改造兴建公用设施，水电路等基础工程渐成系统，乡容村貌焕然一新。至1995年，村际道路已全部硬化，供排水管道基本健全。在农村城市化进程中，红军营、南湖渠等村率先腾退拆迁，村民转居上楼，先后建成望京小区、北苑家园等现代社区，先人一步成为城市居民。

进入21世纪，北京市绿化隔离带建设、“奥运”筹办和土地储备，加速了辖区城市化进程。辖区从“十五”期间实施“三化三区”（农村城市化、经济繁荣化、地区文明化和城市居住区、绿色生态区、产业发展区）规划到“十二五”末期“一绿”地区城市化建设试点，干部群众全面动员，开展集中腾退、大拆大建和绿化美化工作，绿化面积7500亩、辖区绿化率达到35%。朝来足球活动中心、朝来森林公园两大绿色精品犹如两颗璀璨的绿宝石镶嵌在京北大地，居民社区、农民新村、文体设施陆续兴建，2.6万名村民搬迁上楼，千百年来的乡土旧貌迅速改观，街道、产业、小区的物业形态发生翻天覆地的变化，旧居被时代的推土机夷为平地，农民被政策的起重机托上高楼。时空的转换，既是地态物貌的工程美容，也是一代农民的命运升华，更是社会体制的本质转型。15年凤凰涅槃，15年沧桑巨变，农村城市化这一亮丽的光辉实践，是历史上变化最大、对民生影响最深的社会变革。

三

20世纪50年代建立集体经济后，保障社员口粮基本供给，多数村民都可凭劳动生存，有的还翻建住房、置办大型家具，成为远近之羡，劳动力少的困难家庭亦可向集体赊借度日。但是，在长期先国家后集体再个人的国民经济序列体制下，城市分润农村收益，民生水平提升缓慢，来广营公社集体分配人均1962年81.5元，1977年95.2元，15年仅增16%。1978年，社队分配人均143.8元，比上年增长51%。此后实行联产承包家庭经营责任制，人均收入连年大幅增长，从1980年的411元提升至1985年的1617元。农民享受体制改革、政策放宽之利，很快解决困扰千百年温饱难题，衣食住行更新换代，生活物资极大丰富。2001年至2015年，15年的建设、发展和社会保障体制，更使民生转型升级，户籍居民逐步纳入医疗、养老、就业等城乡社保体系，生活水平上无质量封顶，下有政策托底。人们食有鱼、出有车，营建广厦千万间，河湖渠水俱新生，世代种地的普通农民从散乱无序的低矮土屋迁居厅室厨卫功能齐全、水电气暖支用便捷的现代新宅，小区绿树成荫，鸟语花香，“长风万里送秋雁，对此可以酣高楼”。

四

抑己奉公是域内人文精神的重要特色。清河营娘娘庙古碑铭记，清乾隆年间该村因地多沙碱，难种五谷，遂“合村公议栽种杨柳倘旱潦之年可砍伐以备交纳钱粮”；为保护杨柳不被私砍盗伐，特立碑订罚警示。先民这种自律奉公的远忧精神，遗传至今，成为当代来广营人自抑一己之需而优先奉献首都市场、在城市化进程中服从都市规划大局和疏解非首都功能的远见卓识，甘为五环路、轻轨地铁等全局性基础设施牺牲一时一地的安宁和利益，全力保障市政工程顺利施工，最终也换来自身命运的永久新生。作为人文遗存的寺庙、花会、秧歌，更是欢天喜地地欣然融入新时代气象万千、繁花似锦的现代文化生活——“五月鲜花”、文化广场、森林音乐、金秋艺术、社区科普……曾长期作为村民文化生活“主食”的大众电影，也已幻化为高档雅致的剧场文化，成为阳春白雪的重要休闲“副食”。人民公社时期迎合时政需要的社队宣传队和文化阵地，早已嬗变为自助图书馆、电子阅览室、歌舞排练厅、书画摄影展等的时代舞台。1982年创办的来广营《政工通讯》，第一期就在首版推介团组织开展文明礼貌月活动、服务两个文明的事迹，推动解放思想，干部群众长期被“文化大革命”压抑混淆的意识形态迅速正本清源，人们精神焕发，心情舒畅，使20世纪80年代成为与解放初期同样风清气正的两大珍贵时段。群众文艺繁荣发展，文体设施普及惠民。90年代初，全乡在朝阳区率先募捐建校，改善办学条件，带动全区掀起集资办学热潮。

至2015年，辖域已形成一南一北双中心的文化格局，全境有3处文娱广场、5处自助图书馆、1个艺术园区，文化体育协会地区级13支、社区级150支、业余队伍8000余人经常参加群众性文体活动，全乡两次被评为全国亿万农民健身活动先进乡镇、1次被评为全国群众体育工作先进单位。民生的需求层次，早已从吃饱穿暖的基本生存转向价值体现、精神自信、人生尊严的更高境界，来广营地区（乡）先后被评为精神文明建设先进单位区级3次、市级2次、国家级1次，村、社区和单位被评为精神文明建设先进单位市级74次。此外，还有全国创建文明小城镇示范点、全国农技推广先进单位、全国先进林业站等荣誉称号，朝来足球活动中心引来朱镕基总理等众多国家领导人视察。地方与驻军相互支持，共建“两个文明”，辖区“双拥”工作先后获全国先进单位、北京市先进单位和朝阳区先进单位（9次）。

集体荣誉的背后，是更多的先进个人、劳模才俊、产业精英、科技领军……可谓群贤毕集。南湖渠村的池百川解放伊始就组织民校、自任老师，为村民扫除文盲，因勤奋善教，先后有数百人结业识字，数十人成为当时珍稀难求的学校教师、粮站干部、商店经理，所在南湖渠村成为东郊区第一个“无盲村”；有着互助合作精神、共同致富理念的来广营村农妇吴玉书，带领5家贫困农户在东郊区最早成立互助组和农业生产合作社，并与苦干实干加巧干的陈玉共同创办经营集体养猪场，北京市委报道《来广营农业生产合作社是怎样把猪养好的》一文，被毛泽东改题为《养猪模范的来广营合作社》并加按语，收入《中国农村的社会主义高潮》一书，在全国广为传扬；驻境部队大院的“中国航空发动机之父”吴大观，被评为中华人民共和国成立以来100位感动中国人物。

昔日的辉煌，已成为过去；如今的奋斗，正扬帆启航。来广营人民在地区工委（乡党委）、地区办事处（乡政府）领导下，正以崭新的面貌，用实际行动书写绿色、健康、和谐、宜居来广营的生动画卷！继续讲好来广营踔厉奋发、勇毅前行的故事！

大事记

明代

永乐初年（1403 年）

山西移民长途跋涉落户于境，成为清河营村先民。

正统十三年（1448 年）

七月，乡域“飞蝗蔽天”。

万历年间

东湖渠成村。

明军驻营，域内成为拱卫京师的屯兵重地。

清代

同治年间

朝廷在域内设立驿站。

光绪十九年（1893 年）

六月二十三日，域内大雨成灾。

光绪三十四年（1908 年）

域内首次出现“来广营”地名。

中华民国

1937 年

7 月 27 日至 29 日，日军进犯北苑，域内被侵占。

1948 年

年底，人民解放军入驻域内。

1949 年

1 月 31 日，北平和平解放，域内大多隶属北平市第十七区，清河营、立水桥村域属昌平县。

同日，来广营村设立为行政村，建立村人民政府。

同年，安家坟、南湖渠、黄军营、清河营、立水桥、北湖渠、东湖渠、五合村、刘各庄、勇士营也相继设为行政村，建立村人民政府。

中华人民共和国

1949 年

10 月 1 日，中华人民共和国成立，域内每村选派七八人，参加下午 3 时举行的天安门开国大典游行活动。

同月，域内各村开展土地改革，至 1950 年春结束。

1950 年

春，来广营村完成土地改革。吴玉书等 5 户贫困农民自组临时互助组。

8 月，南湖渠、东湖渠、北湖渠、来广营、勇士营、安家坟等行政村划归第十四区。

同年，新建南湖渠第一小学。

1951 年

8 月，来广营、黄军营部分村民率先组织农业生产常年互助组。

同年，域内玉米、小麦发生严重虫灾。

1952 年

9 月 1 日，北京市调整区划，东境划归第十区，更名东郊区，域内大多属之。

10 月 27 日，来广营村成立吴玉书初级农业生产合作社。

同日，北京市农机推广站开来拖拉机，在吴玉书初级农业生产合作社土地上耕作。

同年，黄军营村成立王进富初级农业生产合作社。

1953 年

春，来广营村吴玉书初级农业生产合作社在村西建 60 余间猪圈，创办集体养猪场。

6月10日，撤销行政村建置，建立来广营、安家坟、五合村、南湖渠4乡（俗称小乡）。

1954年

4月12日，东郊区委在来广营乡开会，部署试点农业互助合作网。

同年，来广营初级农业生产合作社首次购置使用管式喷雾器、双轮双铧犁等农业机具，试用马拉播种机播种小麦。

同年，区政府开始对特困农户家庭发放临时救济粮款。

1955年

2月，来广营初级农业生产合作社在全区最早试办高级农业生产合作社，区委书记单昭祥亲自宣讲政策，水利部部长傅作义到场考察。此后，该社相继接待过苏联、印度、越南等国参观团。

12月14日，来广营、安家坟、五合村、南湖渠4乡合并为和平乡，其原辖8个初级农业生产合作社（来广营乡的吴玉书社，安家坟乡的红旗社、王进富社、建业社，五合村乡的刘立增社、和平社、五合村一社，南湖渠乡的南湖渠社），合并为和平高级农业生产合作社。

12月，中共北京市委农村工作部《来广营农业生产合作社是怎样把猪养好的》一文被选入《中国农村的社会主义高潮》，毛泽东将题目改为《养猪模范的来广营合作社》，并加按语“这个经验值得推广”。

1956年

5月，非洲5国外宾和团中央领导人来安家坟乡考察农业和共青团工作情况。

6月，吴玉书作为农业合作化运动代表，随同中国妇女代表团赴越南访问，受到越南国家主席胡志明接见。

同年，勇士营、顾家庄村域庄稼遭受黏虫灾害，农作物严重歉收。

1957年

2月，来广营高级农业生产合作社猪场饲养员陈玉出席全国农业劳动模范代表会议，受到毛泽东等党和国家领导人的亲切接见。

12 月 30 日，和平乡派遣 1000 名民工支援北京东南郊灌渠建设，按期完成全部土方任务。

1958 年

2 月 20 日，和平乡农业灌渠开工，3 月 15 日建成放水。

5 月 7 日，市供电局将电线从北苑接到来广营村和平乡人民政府，安装变压器，乡域从此用上电灯。

8 月 31 日，取消乡和高级农业生产合作社建置，和平、洼里、大屯、太阳宫 4 个乡与和平、八一、五四、光明 4 个高级农业生产合作社合并成立和平人民公社（小和平）。

同年，党和国家领导人朱德、董必武、宋庆龄等人及北京市领导彭真、万里、刘仁等先后来域内黄军营村视察。

1959 年

8 月，暴雨导致清河水位高达 3.3 米，域内遭受特大涝灾，域内农作物 13751 亩绝收、9933 亩减产 4 至 7 成。

11 月，和平人民公社（小和平）与东郊农场和朝阳人民公社的孙河、黄港、崔各庄、善各庄、南皋、北皋管理站合并成立和平人民公社（俗称大和平）。

1960 年

3 月，来广营村酒花生产队钻打电井 1 眼。

同年，兴建和平街第一中学来广营校区，占地面积 1.2 公顷。

1961 年

5 月 12 日，朝阳区再度调整人民公社的规模和性质，将人民公社的全民所有制改为集体所有制，成立来广营人民公社并独立建置。

6 月 10 日，来广营人民公社全境出现极端高温，达 41.6℃。

10 月，来广营人民公社召开中共第一次代表大会，选举产生公社党委、监委。

同年，公社办公驻地从东湖渠村迁至来广营村北庙。

1962 年

4 月，来广营人民公社召开中共第二次代表大会，选举产生公社党委。

5 月，来广营大队安装自来水地下管道，社员始用自来水。

同年，域内持续遭遇春旱、夏旱、秋旱，农作物亩产不足 100 公斤。

1963 年

5 月，来广营人民公社召开中共第三次代表大会，选举产生公社党委。

8 月上旬，全公社连降 7 天大到暴雨，8 日至 9 日 8 时出现最大雨量，降雨 463.5 毫米，河道决口，洪水泛滥，民房倒塌，庄稼被淹，工农业受灾严重。驻军与黄军营、北苑干部群众闻讯赶赴营救。

同年，来广营人民公社种棉 2195 亩，亩产 40.5 公斤，居北京市首位。

1964 年

4 月，来广营人民公社 12 个生产大队合并为南湖渠、东湖渠、来广营、勇士营、黄军营 5 个生产大队。

同年，公社武装部下设民兵连和独立排，分为基干民兵和普通民兵。

1965 年

6 月，路面为石屑沙土的清河营东路铺筑沥青路面，两侧修建排水沟，种植杨树。

同年，全社粮食单产、总产双翻番，总产量首次突破 500 万公斤，来广营人民公社被评为“北京市农业社会主义建设先进单位”。

1966 年

2 月 23 日，域内出现极端低温，最低至 -21.2℃。

8 月，黄军营更名为红军营。

1967 年

年初，来广营人民公社党委、管委会因受“文化大革命”冲击而丧失领导管理功能。

4 月，来广营人民公社成立“抓革命，促生产”第一线指挥部，取代并行使原公社管委会职能。

12 月 7 日，成立来广营人民公社革委会筹备小组。

1968 年

1 月，成立来广营人民公社革命委员会。

同年，开始建设市区北郊绿化带，从东湖渠村经来广营村、新生村、清河营村到立水桥村，1992 年最终建成，总长 9000 多米。

1969 年

年内，各大队普遍打机井、建扬水站、修建排灌渠。

同年，小学改为春季始业，招收五年制新生。

1970 年

3 月，经过整党，恢复来广营人民公社党委。

同年，南湖渠石屑路铺筑沥青路面，两侧修明沟排水，种植行道树。

1971 年

12 月，北苑炮校子弟小学（友爱小学）并入北苑小学，建成独立的完全学制朝阳区北苑小学。

同年，开始实行合作医疗制度，社员自愿参加，每人每年合作医疗费 2 至 3 元，其中社员交纳 1 元，余由所在生产队支付。

1972 年

春季开始，域内大旱，连续 9 个月仅降水 71.8 毫米，河道断流，地下水位下降 3—10 米，近 1/3 机井不出水，夏粮减产五成左右，来广营是朝阳区受灾较重的 5 个公社之一。

同年，全社发动一半以上劳力开展农田水利基本建设，打机井 50 眼，修渠多条，引清河、北小河水灌溉，建成高产稳产基本农田。

1973 年

年内，南湖渠村、清河营村、红军营村和立水桥村开始大面积种植水稻。

同年，各社队养殖大牲畜 675 头，是历史上最多的一年。

1974 年

6 月 5 日，北京市农林局《农林情况》第 49 期通报来广营人民公社养猪生产新气象。

同年，耕地面积增至历史最高峰的 25175 亩，比来广营人民公社建立前的 1960 年增加 7832 亩。

1975 年

春，全社 13 个生产大队调整为来广营、红军营、新生、清河营、北湖渠、南湖渠、立水桥、东湖渠 8 个生产大队。

5 月，公社开始提倡适龄青年晚恋、晚婚、晚育的计划生育“三晚”政策。

6 月，来广营人民公社召开中共第四次代表大会，选举产生公社党委。

1976 年

7 月，侯庄生产队由东湖渠大队划归南湖渠大队，成为南湖渠第九生产队。

7 月 28 日后，受唐山大地震影响，多数村民在空旷地段用塑料布、油毡等搭成临时住所避险，居住 4 个月左右。

12 月，刘各庄生产大队并入来广营生产大队，成为其下属的第一、二、三生产队。

1977 年

1 月，公社按城镇户籍居民居住地设立 17 个家属委员会，由所在地各行政村代行管理。

5 月，建立来广营卫生院。

1978 年

3 月始，实行义务兵与志愿兵相结合的新兵役制度。

9 月始，小学入学年龄从 7 周岁改为 6 岁半。

年内，全社幼儿园入园年龄改为 3 岁半，小学入学年龄从 7 周岁改为 6 岁半。

1979 年

年内，全社提倡并实行“一对夫妇只生一个孩子”的计划生育方针，人口控制工作开始法制化。

同年，整治清河，新建钢筋混凝土结构的立水桥，原立水古石桥废弃不用。

1980 年

3 月 17 日，朝阳区农林局在来广营建苗圃，占地 60 亩。

9 月，小学恢复六年学制。

同年，来广营人民公社制定《关于计划生育若干规定》，次年又制定其补充规定，严格控制二胎、坚决杜绝三胎。

同年，东湖渠大队第二生产队蔬菜生产率先包产到组，人均收入在全公社名列前茅，并在全区农村工作会上受到表彰。

1981 年

1 月 1 日，公社召开第七届人民代表大会第一次会议，选举产生以张中原为主任的来广营人民公社第七届管理委员会。

1 月 28 日至 29 日，公社召开第五次党员代表大会，选举产生以单纯祥为书记的来广营人民公社第五届党委会。

2 月，根据上级统一部署，改革农村管理体制，撤销公社革命委员会，恢复来广营人民公社管理委员会。

3 月，公社党委成立纪律检查委员会，党委副书记陈雅芝兼任纪委书记。

5 月，全社 29 个生产队 91 个作业组全部实行农业生产责任制。

1982 年

9 月，来广营人民公社团委举办第一届青年运动会，竞赛项目有田径等 13 项。

年内，朝阳区在来广营人民公社试点机构改革。

同年，结婚登记开始使用新结婚证，增加结婚人照片。

同年，公社投资近百万元，建成 200 多亩水面的养鱼场、占地 15 亩的养牛场。

1983 年

2 月 28 日，撤销人民公社建置，恢复建立来广营乡及乡党委、乡人民政府，党政经职能分开。

4 月 12 日，来广营乡召开第六次党代会，选举产生以张中原为书记的第六届乡党委。

同年，乡辖8个行政村全部完成选举，组建首届村民委员会。

1984年

6月，改革经济管理体制，成立南湖渠农工商联社。

11月，来广营乡召开第八届人民代表大会第一次会议，选举产生以司占山为乡长的新一届人民政府。

同月，南湖渠西里住宅区在南湖渠村建成，占地9.2万平方米。

同年，在全乡企业中推行厂长经营责任制，促进生产发展和经济效益双提高。

1985年

8月，开始为期两年的整党。

同年，域内新建翻修房屋1296间，民居显著改善。

同年，全乡在创建文明村进程中，新建公厕12所，垃圾池27处。

1986年

9月2日，在北苑举办全乡首届农民运动会。

同年，乡村企业改革整顿，加强管理，建章立制，大显成效，营业收入突破2000万元、同比增长30%，缴税100多万元、同比增长50%。

1987年

1月1日起，实行职工统筹金制度，企事业单位职工每人每月上缴乡财政5元，由乡统一发放退休人员退休金。

5月9日至10日，乡第九届人民代表大会第一次会议召开，选举产生以燕铁山为乡长的第九届乡人民政府。

1988年

8月，乡域连降8天大到暴雨，洪水成灾，部分农田绝收，交通中断。

12月，全乡总产值首超亿元，获朝阳区颁发“亿元乡”匾额。

1989年

4月，朝阳区下放中小学管理权，乡域义务教育交乡主办。此后，来广营乡人民政府加大教育投入，改善办学条件。

同年，开始整顿乡办25家企业，控制工业无效扩张，调整兼并长期亏损的企业，改变“小而全，行业乱，效益低，管理难”的局面。

同年，控制人口增长成效显著，来广营乡首次被评为北京市计划生育先进单位。

1990年

9月18日下午，第十一届亚运会火炬传递到乡，沿路2万余名群众迎候观看圣火传递。

11月16日，农田水利建设掀起高潮，全乡9个工地一天平整土地436亩、挖沟渠12980米、完成土方78600立方米。

1988年至1990年，来广营乡连续三年被评为朝阳区计划生育先进单位、连续两年被评为北京市计划生育先进单位。

1991年

1月，乡设立农业、林业、水产3个技术推广站，新设农机、水利、畜牧兽医管理站。

同年，在党委、政府动员号召下，来广营乡在全区率先集资办校，新建北京市第四十八中学和北苑中学。

同年，来广营乡被评为北京市教育先进乡。

1992年

7月7日至8日，召开中共来广营乡第七次党员代表大会，选举产生第七届党委会，乔刚任党委书记。

同年，完成市区北界大环境绿化带工程，建成绿化带788.55亩，全长9503.5米，宽50米，植树61350株。

同年，域内开通409路公共汽车。

1993年

11月，乡引进第一家港商——与香港正大集团合资成立北京万乐佳时装有限公司，年产值达8000万元。

同年，红军营村因建设北苑家园开始腾退拆迁集体企业和民宅。

同年，北京金路易速冻食品有限公司落户新生村，年销售额千万元以上，销售网络遍及全国。

1994 年

4 月，乡机关和全乡 10 所小学教师在来广营中心小学操场联合举办春季运动会。

5 月，在南湖渠、东湖渠两村征地，根据北京城市总体规划，启动建设望京新城。

1995 年

6 月，南湖渠行政村因征地撤销建置。

同年，区、乡、村三级投资 8000 万元，建设蔬菜高科技示范园区、畜牧水产养殖区“朝来农艺园”，成为全区都市农业示范工程。

1996 年

2 月，乡制定行政企事业单位退休规定和村级干部退休办法。

4 月，乡投资近 370 万元新建乡中心幼儿园，建筑面积 1875 平方米。

同年，国务委员彭珮云参观考察朝来农艺园蔬菜智能栽培新工艺。

1997 年

6 月 8 日，朝来农艺园建成开园。

同年，开始旧村改造，农民拆迁上楼，土地重新规划利用。

同年，全国人大常委会原委员长万里、国务院副总理姜春云等，在北京市长贾庆林等市区领导陪同下，到来广营乡考察新生村、朝来农艺园。

同年，驻来广营乡域合资企业北京万乐佳时装有限公司，组建域内第一个非公有制企业党支部。

1998 年

8 月 18 日，全乡为长江、黑龙江灾区捐款 53.1 万元、捐献粮食 4500 斤、衣物 70025 件。

同年，开始推行农村社会养老保险制度，时称“小农保”。

同年，来广营乡被评为第一次全国农业普查工作先进单位。

1999 年

3 月，乡投资 3300 万元，从荷兰引进国际先进的温室设备，至 9 月 30 日建成大型高科技连栋智能玻璃温室。

5 月，朝来农艺园七彩甜椒在昆明世博会上获得金奖。

同年，朝阳区在朝来农艺园建成青少年科技实践园，被中国科协定为“全国科普教育基地”。

同年，来广营乡经管站被农业部评为全国农业技术推广先进单位。

2000 年

7 月，北京朝来绿色家园房地产开发有限公司成立，为乡办集体企业。

9 月 30 日，国务院总理朱镕基到朝来足球活动中心考察绿化隔离地区（简称“绿隔”）建设，在观礼台上开会听取汇报。

同年，乡设立大病保障基金，提高合作医疗保大病抗风险的能力，防止居民因病致贫。

同年，来广营乡被评为全国亿万农民健身活动先进乡镇。

2001 年

5 月，区、乡人大代表评议来广营派出所工作，区人大常委会主任安训生、驻境部分中央和市辖单位领导、群众代表 200 余人参加。

同月，乡林业工作站被评为全国先进林业工作站。

同年，乡投资 3000 余万元建设的朝来足球活动中心、高尔夫球场、文体活动中心等绿色产业项目和公用设施竣工投入使用。

同年，来广营乡被评为全国群众体育先进单位。

2002 年

3 月 10 日，全国人大常委会委员贺一诚率澳门全国人大代表等 10 余人参观考察朝来农艺园。

3 月 30 日至 4 月 3 日，北京市委、市政府领导贾庆林、刘淇、龙新民、蒋效愚等到朝来森林公园考察。

4月6日，党和国家领导人江泽民、朱镕基、李瑞环、胡锦涛、尉健行、李岚清等到朝来森林公园义务植树。

4月12日，全国政协副主席胡启立、北京市副市长孟学农、朝阳区委书记刘晓晨等人考察足球活动中心、朝来森林公园、朝来农艺园。

同年，乡域暴发流行性麻疹并迅速蔓延。乡卫生院为8104人注射疫苗，有效控制了麻疹疫情。

2003年

2月，来广营乡兼设为来广营地区，同时成立地区工委、地区办事处，与乡党委、乡人民政府“两块牌子，一套班子”。

6月16日，来广营地区成立紫绶园、清友园、绣菊园社区。

6月17日至9月22日，来广营地区（乡）组队参加朝阳区第六届农民运动会、区第七届全民运动会、北京市第五届农民运动会。

2004年

11月14日，来广营地区（乡）完成第五期搬迁腾退安置任务，累计5400余人入住朝来绿色家园。

同年，全乡各村开展首次土地确权工作。

同年，举办第一届朝来文化体育节，开展演出、书画、家庭才艺、乒乓球比赛、全民健身等活动。

年内开始推行新型农村合作医疗、大病统筹保障制度。

2005年

5月，来广营地区（乡）举办有史以来规模最大的乒乓球赛，辖区内27个单位510余人次参加，历时3天。

9月2日，成立朝来绿色家园社区。

同年，来广营地区（乡）被评为全国军民共建社会主义精神文明先进单位。

2006年

3月11日，青年城、莲葩园、新街坊、黄金苑、时代庄园、茉藜园、立城苑社区相继成立。

同年，朝来绿色家园住宅楼及幼儿园、中小学等配套设施全部竣工。

同年，来广营地区（乡）被评为第一次全国经济普查先进单位。

2007 年

6 月，立水桥村建置撤销。

8 月，北湖渠村腾退拆迁。

10 月 7 日，过境辖域的地铁 5 号线开通试运营。

同年，立水桥旧村改造完成。

2008 年

6 月，来广营地区（乡）党政领导机关驻地从北苑家园搬迁至红军营南路甲 1 号。

9 月 16 日，成立北苑一号院、北苑二号院、北苑三号院、立清路第一社区。

10 月，5 个行政村村民开始搬迁入住朝来绿色家园。

同年，域内 3 个社区卫生服务站建成，全部投入使用。

同年，来广营乡被评为全国亿万农民健身活动先进乡镇。

2009 年

3 月，清河营郊野公园开工建设，至 2010 年 4 月建成开园。

6 月 23 日，撤销东湖渠村建置，划归东湖街道；东湖渠与立水桥两村处置集体资产，至年末完成家底分配。

7 月 1 日，《来广营报》半月刊创刊发行。

同年，来广营地区（乡）被评为第二次全国经济普查先进集体。

2010 年

2 月 20 日，北京市委书记刘淇、市长郭金龙到北苑村专项调研城乡结合部一体化建设发展问题。

3 月 12 日，全国 100 多位科协领导考察绣菊园、茉藜园和温馨家园科普社区建设情况。

9 月 15 日，腾拆定向安置房——来北家园项目开工。

11 月 26 日，地区（乡）总工会成立，同时举行第一次代表大会。

12 月，新立村腾拆村民全部搬迁上楼。

同年，北苑村、白家坟村、甥李坟村完成土地储备工作，全部腾退搬迁。

2011 年

3 月 11 日，成立清苑路第一社区、广达路社区。

9 月 9 日，中国科协常务副主席、书记处第一书记、党组书记陈希率队视察社区科普工作。

9 月 18 日，时任中共中央政治局常委、中央书记处书记、国家副主席习近平等中央领导到茉藜园社区参加全国科普日活动。

同年，来广营地区（乡）科学技术委员会被评为全国科协系统先进集体。

2012 年

7 月 25 日，召开第一次妇女代表大会，选举产生第一届妇女联合会执委会。

9 月 6 日，北京市委社工委书记、市社会办主任宋贵伦，率有关部门和全市 16 区县社会建设工作部门负责人及记者 100 余人，观摩来广营地区绣菊园社区基本公共服务全覆盖情况。

11 月 2 日，成立来广营乡合作经济联合社。

12 月，红军营行政村和北苑、白家坟、甥李坟 3 个自然村村民全部回迁上楼。

2013 年

5 月 13 日，成立红军营社区。

8 月，乡政府制定实施《来广营乡农民重大疾病医疗救助办法》《来广营乡农村老年人基本医疗费用二次报销办法》。

12 月，来广营乡被确定为北京市第一道绿化隔离地区（简称“一绿”）城市化建设试点乡。

同年，乡制定实施《来广营乡村级集体经济产权制度改革工作方案》《来广营乡参加集体资产处置人员身份界定和劳动年限统计实施方案》。

同年，乡文化站被评为全国乡镇体育健身示范工程。

同年，乡团委获中国青少年发展基金会、北京公共服务发展促进会颁授特别贡献奖。

2014 年

4 月 25 日，北湖渠村环境治理项目腾退工作启动。

9 月，朝来科技产业园管委会成立。

同月，在和平街一中体育场举办第十四届全民运动会，36 支队伍近 3000 人参赛。

10 月 10 日，市委书记郭金龙、市长王安顺调研北湖渠村“一绿”建设情况。

12 月，第一道绿化隔离地区绿化任务完成。

同月，北湖渠村村民全部搬迁上楼。

2015 年

1 月 24 日，乡政府制定实施《来广营乡关于提高农民退休人员生活补助标准的意见》。

4 月 21 日，北部文化服务中心向居民开放。

5 月 28 日，全国政协副主席卢展工一行，来境参观北部文化服务中心，调研座谈提高公共文化设施管理水平和服务效益情况，市政协主席吉林出席，区委书记程连元陪同。

6 月 16 日，成立北卫家园、清河营中路、清苑路第二社区。

11 月 6 日，地区办事处（乡政府）启动整建制农民转非安置工作。

第一章　自然地理环境

域内地处京东平原朝阳区北部，总面积 20.93 平方公里，版图呈南北向不规则长条状。地势平坦，属暖温带亚湿润季风型气候。土壤以褐潮土为主，水资源不足，清河、北小河分别在北、南两端东流而去，植被为落叶阔叶林和常绿乔灌木，野生动物有鸟类、昆虫和少量哺乳类、爬行类动物。

第一节 区位 面积

来广营地区（乡）位于北京市南北中轴线东北角、朝阳区最北端，地理坐标为东经116° 23′ 至116° 29′ 、北纬39° 59′ 至40° 03′ ，东接孙河乡、崔各庄乡，南与望京、东湖街道相连，西与大屯、奥运村街道接壤，北与昌平区东小口镇、北七家镇毗邻，地跨北苑、望京两大边缘集团，辖区轮廓为南北向不规则多边长条形。

1972年，来广营人民公社全境35.4平方公里。1996年，来广营乡域面积缩为32.2平方公里，2000年进一步减至23.2平方公里，南北长约8公里，东西宽约5公里。后因征地撤村、划境另立街道，至2015年辖区面积为20.93平方公里。

第二节 地质 地貌 土壤

一、地质

域内地质为基底构造。北部从沙子营延伸到顺义区属京东古域三大洼兜最北的一个，洼兜内沉积300多米厚的第四系堆积物；西部属于北京凹陷东北侧，沉积深厚的红色胶结疏松泥岩、砂岩、砂质泥岩和砾岩，伴有玄武岩，厚度超过400米。自下而上分布礓石障碍层、黏土障碍层和砂土层，底部是第四纪更新世早期堆积的风化泥砾，中上部有松性砂、砾石，裸露砾卵石以火成岩为主，除少量石英石、灰岩外，大多风化，结构疏散。地质构造断裂，有八宝山至高丽营断裂，长约60公里，走向是北东50° ，由多条断裂组成，其中一条经大屯、来广营乡直达顺义高丽营。

二、地貌

来广营域内自古地势基本平坦，无山峰之高耸、无谷壑之深邃，全境中部略高，南北两端的沿河狭长带状地域趋低，中南部属京东河流洪积冲积扇平原的扇缘洼地。海拔29米至39米，从西北向东南缓缓倾斜，坡度在1/1000至1/2500之间。

三、土壤

地表土层属第四纪洪冲积物，以壤质褐潮土（黄土）为主，低磷无盐化。清河营村娘娘庙古碑记载，清乾隆年间，该村地多沙碱。1980年朝阳区土壤普查，来广营人民公社部分土壤是礓石障碍层和黏土障碍层，部分是沙土层、低磷土壤。大致分五类，一是黏壤土，地力较肥沃，面积最大，约占50%，分布在南湖渠东、五河村北、来广营村东、勇士营村东、安家坟东南的大片平原地带，适种农作物玉米、小麦、棉花；二是粉砂黏壤土，地力肥沃，分布在北小河两岸的低洼地，适种农作物玉米、小麦；三是壤土，地力中等，分布在北小河两岸高地，适种农作物谷子、白薯、棉花等；四是沙壤土，土层厚薄不等，分布在北湖渠北、来广营西、黄军营东南的平原地带，适种农作物棉花、玉米、谷子，部分地块如北湖渠二队土壤有礓石隔水层，水淹易涝；五是沙土，面积很小，地力瘠薄，分布在红军营北部，适种农作物花生、白薯。

第三节　气候

域内属暖温带亚湿润区季风型大陆气候。四季划分明显，一般从3月18日至5月31日为春季，冷空气明显衰退，但冷热变动频繁，气温不稳定，日夜温差大，日照趋强，干燥多风。因风速大，蒸发量在四季中最多。6月1日至9月1日为夏季，偏南风，空气湿润，高温多雨，降雨量占年降雨75%左右，局部时段有暴雨、雷阵雨、冰雹，湿度和水气压在四季中最大。9月2日至11月10日为秋季，暖湿气流渐衰，北方冷高压南侵，气温下降，风速较小，降水减少，天空晴朗干爽，有时出现早霜冻。11月11日至翌年3月17日为冬季，盛行干燥寒冷的西北风，时有寒潮大风，入九后土壤冻结，河流冰封，湿度、水气压、蒸发量在四季中最小。初霜期一般在农历十月上旬，晚霜在农历四月上旬，平均无霜期200天。

1959年至1995年，年均降水量606毫米、蒸发量1893.9毫米，常春旱夏涝，无霜期一般从4月4日至10月17日。日极端最高气温是1961年6月10日41.6℃，日极端最低气温是1966年2月23日-21.2℃，年均气温11.8℃。年均太阳辐射量5054兆焦耳／平方米，日照时数2547小时。1970年出现7天大风。1991年出现43天大风。

2001年至2015年，年降水量最多的是2012年的924.5毫米，最少的是

2013年的428.7毫米；年均气温最高的是2003年的14.4℃、最低的是2010年的12.4℃；日最高气温是2014年5月29日的41.1℃，日最低气温是2001年1月15日的-19.4℃；日照最长的是2015年的2564.5小时，日照最短的是2006年的2062.8小时。

2006年4月，北京市气象局在来广营朝来农艺园建立自动气象监测点，自动采集温度、降水、风向、风速等气象要素，通过CDMA无线方式传送到北京市气象局。这些气象数据对农业种植提供了重要参考，同时为2008年奥运会提供了详细的气象资料。

第四节 自然灾害

一、洪旱灾害

域内中部由于地高水少，干旱偏多；南北两河流域则常发洪灾，以致自然灾害的最大特点是洪旱交错，春旱夏秋涝。1949年，安家坟村遭受严重涝灾，粮食减产四成多，比上年少打粮1193.63石。1950年7月4日，域内普降大暴雨，大片农田被淹。8月1日至14日，连续大雨，部分土地被淹泡，粮食减产，房屋倒塌，家畜及其他损失严重。1955年8月17日，一次性降水314毫米，是1939年后降水最多的一个月。7月19日至8月上旬，又降水550毫米，河道水位猛涨，超过保证水位1至1.8米，致两岸决口漫溢，淹泡庄稼，房屋倒塌。1960年，域内遭遇春旱连夏旱，连续数月无雨，水井多数干涸，河道断流，粮食平均亩产比正常年景的1958年减产55公斤。

1963年8月6日至10日，连降特大暴雨，最大雨量一昼夜集中降水463.5毫米，河道漫溢决口，洪水泛滥，水深1米左右，90%的农田被淹，1500亩耕地水泡4天，工农业生产和民居财产均受灾严重。尤其是立水桥村、清河营村遭遇百年不遇的洪灾，北小河沿岸一片汪洋，部分民房倒塌，牲畜溺亡。驻军官兵与黄军营、北苑干部群众闻讯赶赴营救。1965年，春、夏、秋三季连旱，久未下雨，全年降水量319.7毫米，仅为1959年至1995年年均降雨量的一半。二十世纪六七十年代以农业为主，故旱灾对粮食生产影响最严重。1971年10月至1972年7月中旬，降水仅71.8毫米，河道断流，地下水位下降3至10米，近三分之一机井抽不出水，夏粮减产五成左右，是朝阳区受灾较重的5个公社之一。

1980年至1984年，来广营地域连续出现5个干旱年，地下水位急剧下降，来广营人民公社改造更新原有水利工程。1988年8月，乡域连续降雨8天，致部分农田绝收，粮食减产，交通中断。1992年夏秋干旱，粮食、蔬菜、林果普遍减产。2007年，春夏持续干旱，部分农作物减产。2009年8月9日下午3时左右，突降暴雨，降雨强度为每小时71.6毫米，五环路顾家庄桥下和北苑路部分路段严重积水。2012年7月21日，遭遇全市60年来最严重的大暴雨，雨量达200多毫米，低洼路段交通一度中断。至2020年，因已无粮食种植，都市农业又有健全的灌溉设施，故旱情致灾损失显著减轻，而暴雨洪涝则成为突出的自然灾害，冲击淹没生产设施、市政工程，严重时造成物业损毁，电力交通中断。2020年，无洪旱灾害。

二、其他灾害

元、明、清和中华民国时期，来广营均多次发生蝗灾。20世纪50年代后，因防治技术进步，蝗灾逐渐减少，而大风、冰雹、虫灾则仍时有肆掠。1950年至1954年，各村先后发生过大白菜蚜虫、玉米钻心虫、麦蚜、红蜘蛛、水稻干尖线虫等农作物虫害。1956年，勇士营、顾家庄村域遭受黏虫灾害，农作物严重歉收。1963年8月14日晚8时左右，大风乍起，风力6级左右，农作物被刮倒10%至15%。1964年6月24日傍晚，雷雨大风，更降冰雹，大如核桃，平地积雹两三寸厚，致部分庄稼倒伏。1968年11月上旬，大风降温，大白菜受冻害严重。1972年7月，出现极高温天气，影响小麦灌浆，抑制蔬菜生长。1979年11月10日至14日，域内大风降温，后未回暖，田间大白菜全部冻坏。1981年5月1日夜至2日、3日、10日，3次大风，域内部分小麦倒伏。1984年6月18日21时至19日2时，乡域雷雨大风夹冰雹。受雹灾影响，部分菜田改种。8月25日晚，雷电大风，降雹15至25分钟，粒径1至2厘米，致使庄稼减产。1985年7月6日晚，雷电狂风，很多大树被刮倒，高秆作物倒伏。7月26日凌晨3时半至5时半，雷雨大风，部分区域降雹；晚20时再次雷雨大风，局地下冰雹，粮食、蔬菜受灾。1991年6月10日晨，乡域发生风雹，风力6级，冰雹粒径1厘米左右，历时15分钟，粮田、菜田、果树受灾。1993年8月7日17时10分，乡域降雹6至8分钟，冰雹粒径3至5厘米，部分粮田受灾。11月16日至19日降雪，积雪深6厘米。

17 日至 18 日出现偏北大风，最低气温降至 -13℃。2003 年 11 月 6 日，普降暴雪，部分路段交通一度堵塞。2009 年 11 月 1 日，雨转暴雪，最大雪深 10 厘米以上，主要道路交通瘫痪达数小时。2010 年 1 月 4 日，普降暴雪，交通严重堵塞，学校停课一天。

第五节 自然资源

一、水资源

辖区地表河流，北有清河，南有北小河，分别自西向东横贯域内。清河源于西部山区，穿过辖域后汇入温榆河。年均径流量 1089 万立方米，汛期最大流量 52 立方米 / 秒，枯水期流量只有 1.5 立方米 / 秒。域内汇入清河的排水沟有清河营沟、勇士营沟、沙子营沟等。北小河流量较小。朝阳区水利局资料显示，两河多年平均径流深度 200 毫米，年径流量 513 万立方米，占水资源总量的 57%。灌渠有羊坊灌溉干渠横贯乡域中部，沈家坟灌溉干渠流经乡域东部边缘。河渠汛期来水量大，大部分排出境外。

域内地下水厚度为 30 米左右，埋藏深度 20 至 30 米。地下水质属三类，浑浊度小于 0.2，矿化度少于 1 克 / 升，总硬度即铁、锰、硝酸盐等指标达 2 至 3 类，符合国家生活饮用水标准。但中西部红军营村域一带地下水含氟量超高，致以浅层地下水为饮用水源的村民多有氟斑牙。20 世纪 60 年代，各村钻打深水井，村民改为饮用深水井水，年轻人氟斑牙未再普遍出现。因连年超采，80 年代初连续干旱 5 年，水位大幅下降，地下水资源净储量亏损，平均水深一季度 41.8 米，二季度 42.9 米，三季度 42.5 米，四季度 42.1 米。地热水资源分布在立水桥、朝来农艺园等地。

二、动物资源

旧时野生动物，哺乳类有黄鼬、刺猬、草兔等，两栖类有青蛙、蟾蜍，爬行类有鳖、蛇、壁虎等，鱼类有鲫鱼、泥鳅、鲤鱼等，甲壳软体类有虾、蚌、螺、蟹、蜗牛、蜈蚣、蜘蛛、蚯蚓、蝎等。至 2015 年，前述野生动物随着环境建设和地貌变化已大多消失或数量减少，仅在绿化植被地带和路边行道树间有鸟类的燕子、喜鹊、乌鸦、麻雀等，昆虫类有蝉、蜂、蝇、蚊、蜻蜓、蝴蝶、蚂蚱、蟋蟀、蚂蚁、螳螂、蝼蛄、蝈蝈、金龟子、萤火虫、螟蛉、蜣螂、瓢虫、蚜虫、黏虫、蛾子、食心虫、棉铃虫等，地下有蚯蚓等。公园水体湿地除放养的鱼类，还有底栖水生无脊椎动物生活在水草茂盛或水底腐殖质丰富的浅水区，代表品种主要有褐水螅、中华新米虾等。清河与北小河仍有青蛙、蟾蜍和少量鱼等。

三、植物资源

域内地带性植被，昔为适于半湿润地区生存的野生落叶阔叶林和常绿乔灌木。原生乔木物种主要有旱柳、水曲柳、榆树、臭椿、香椿、白桦、侧柏、国槐、刺槐、桑树、泡桐、杨树、柳树、桧柏等，原生灌木树种有酸枣等，草本植物有荆条、小针茅、芦苇、香蒲、天南星等，药材植物有蒲公英、车前子等。古树名木，多为元、明、清时营造的寺庙、坟地及宅院栽植。民国时期，因军阀混战，无人保护，乱砍滥伐，留存下来数量极少。

中华人民共和国成立后，随着开发建设和人工绿化，原生植物愈益稀少，引进了大量防护性林木和外形美丽的观赏性花木新品种。至 2015 年，古木野树已经极少，植物多为人工栽种的绿化植被，行道树主要有杨树、柳树，集中连片的林区有油松、桧柏、碧桃、垂柳等，绿地铺有生态草坪，种植月季等花卉。

第二章 建置区划

域内是北京地区有证可考的远古人类发祥地之一，立水桥一带曾出土新石器时代的柳叶形细石器和大量石斧、石镰、陶器等，出现了原始聚落。明清时期，域内久为朝廷屯兵重地，驻军屯垦，拱卫京师，但一直没有完整独立的行政建置。1949 年 1 月，地域始设行政村。1953 年 6 月，成立来广营乡；1961 年成立来广营人民公社，1983 年撤社设乡，名来广营乡；2003 年，乡域兼设为地区，称来广营地区（乡），至 2015 年建置未变，下辖 5 个行政村、18 个社区。

第一节 建置隶属

八九千年前，立水桥村域出现原始农牧业聚落。先秦两汉至西晋，境属冀、幽、蓟、燕和广阳郡；北朝至隋唐属燕郡蓟县和昌平郡昌平县。宋辽金三朝，属析津县；金贞元二年（1154 年）后，属大兴县。元延祐三年（1316 年），北湖渠村一带直属中书省昌平县，为皇室猎场。明万历二十一年（1593 年）后的东湖渠村域、清光绪三十四年（1908 年）后的刘各庄、来广营、南湖渠、清河营村域均属京师顺天府大兴县，多数村的户籍、治安、田赋徭役亦由大兴县北城兵马司管理。自然村村名带营字者，如来广营、勇士营、清河营、黄军营等，均因所驻军营而起，另有以墓主或守坟人姓氏命名的自然村 14 个。1925 年，域内勇士营以南，属北京市东郊区，以西属北京市北郊区。

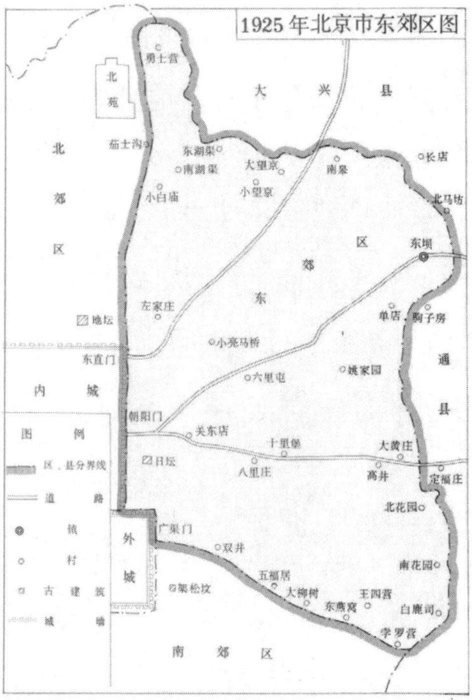

1925 年地域分属北京市东郊区和北郊区
（朝阳区档案馆馆藏历史地图）

20 世纪 40 年代后期，地域属北平市郊八区。

区下设联保，每个联保管辖 3—4 保。

1948 年 11 月中旬，人民解放军进驻立水桥等村，全域解放。1949 年 1 月 31 日，来广营村设为行政村，建立村人民政府。至 1949 年 10 月，安家坟、南湖渠、黄军营、北湖渠、东湖渠、五合村、侯庄、刘各庄、勇士营相继设为行政村，分属北京市第十七区和昌平县。1950 年 8 月 1 日至 1952 年，南湖渠、北湖渠、东湖渠、五合、来广营、安家坟、勇士营等村先后隶属北京市北郊第十四区、昌平县和东郊区。

1953 年 6 月 10 日，行政村建置撤销，黄军营、安家坟、勇士营等村合并成立安家坟乡；来广营、刘各庄、北湖渠等村合并成立来广营乡；五合村、东湖渠、侯庄合并成立五合村乡；南湖渠村改为南湖渠乡。1955 年 12 月 14 日，东郊区开展合乡并社试点，来广营、安家坟、五合村、南湖渠 4 个小乡合并为和平乡，属东郊区。1958 年 5 月 3 日，东郊区更名朝阳区，和平乡隶属朝阳区。

1958年8月末，和平乡和洼里、大屯、太阳宫3个乡合并成立和平人民公社（称“小和平”），实行政社合一体制。1959年11月，和平人民公社与东郊农场和朝阳人民公社所属孙河、黄港、崔各庄、善各庄、南皋、北皋管理站合并成立新的和平人民公社（称“大和平”或“中阿友好人民公社”），实行全民所有制，下设8个管理站，站下生产队改称生产大队。1960年11月，各管理站和所辖各生产大队属中阿友好人民公社。

1961年5月12日，来广营人民公社成立，隶属朝阳区。1982年8月，来广营人民公社被确定为北京市改革政社合一体制、建立乡人民政府试点，在公社规模、区划、基本核算单位“三不变”基础上，来广营人民公社改称来广营乡，按生产大队范围设立行政村，生产队建立村民小组，生产大队、生产队作为经济组织保留。11月2日，区委常委会批准来广营社乡体制改革试点报告，建立来广营乡人民政府，成立来广营乡党委和来广营乡农工商总公司（1983年2月来广营人民公社建置撤销）。2003年2月，来广营乡设立地区办事处，称来广营地区（乡），至2015年12月31日无变化。

第二节　行政区划

中华民国后期，域内基层行政为保甲制。区下设联保，每个联保管辖数保。如勇士营联保下辖4个保，其第四保保长为李长槐；黄军营村为第五保，保长为安福宽，其与北苑保各下设4个甲，每甲二三十户。东湖渠、五合村均各为1保，每保1个或数个自然村。

1953年6月，安家坟乡辖黄军营、安家坟、勇士营、北苑、西坡子、沈家坟、白家坟、马家坟、老东坟、顾家庄等自然村，来广营乡辖来广营、刘各庄、北湖渠等自然村，因乡人民政府驻来广营村，故名来广营乡。1955年后，合并安家坟、来广营等4小乡成立的和平乡，下辖来广营、安家坟、五合、黄军营、南湖渠5个大村42个自然村；1958年3月19日，原属昌平县雷家桥乡的清河营、立水桥生产大队划归和平乡。

1958年9月，和平人民公社下辖万亩丰产方工作站（含来广营生产队、刘各庄生产队）、第四管理站即东湖渠工作站（含南湖渠生产队、北湖渠生产队、东湖渠生产队、五合村生产队）、第五工作站即奶子房管理站（含清河营生产队、立水桥生产队、黄军营生产队即第六生产队、安家坟生产队即第七生产队、勇士营生产队）。年末，各工作站和管理站下辖生产队均改设为生产大队，内分若干生产队。

1961年6月，来广营人民公社下辖南湖渠、东湖渠、五合村、侯庄、来广营、刘各庄、北湖渠、勇士营、清河营、黄军营、安家坟、立水桥12个生产大队。此后，部分大队合并。至1964年5月，公社下辖生产大队已减至南湖渠、东湖渠、来广营、勇士营、黄军营（1966年8月更名为红军营）5个。1969年11月，5个生产大队划分为13个生产大队，即南湖渠、东湖渠、五合村、侯庄、来广营、刘各庄、北湖渠、勇士营、白马坟、清河营、红军营、安家坟、立水桥生产大队，并分别成立大队革命委员会。1975年春，红军营与北苑生产大队合并，公社下辖生产大队变更为来广营、红军营、新生、清河营、北湖渠、南湖渠、立水桥、东湖渠8个。

1980年，来广营人民公社下辖8个生产大队、27个生产队。张家洼子西南肖家洼子和东邻王家坟因农田规划和基本建设与张家洼子合并。1982年11月，以生产大队为基础，设立来广营、红军营、新生村、清河营、北湖渠、南湖渠、立水桥、东湖渠8个行政村。1995年6月撤销南湖渠村，东湖渠、北湖渠、南湖渠、来广营、新生、黄军营、清河营、立水桥8个行政村辖28个自然村，有17个居（家）委会。

2003年，来广营地区（乡）有来广营、红军营、北湖渠、新生村、清河营、南湖渠、立水桥、东湖渠8个行政村和紫绶园、清友园、绣菊园3个社区。2007年，立水桥村撤销，划入黄金苑和立清路社区；2009年，南湖渠、东湖渠2行政村撤销，南湖渠划归望京街道，东湖渠村划入东湖街道。

至2015年，来广营地区（乡）辖红军营、北湖渠、来广营、新生、清河营5个行政村和紫绶园、清友园、绣菊园、朝来绿色家园、青年城、莲葩园、新街坊、黄金苑、时代庄园、茉藜园、立城苑、北苑一号院、北苑二号院、北苑三号院、立清路第一、清苑路第一、广达路、红军营、北卫家园、清河营中路、清苑路第二共21个社区（含正在筹备的3个社区），其中商品房社区19个、农民新村社区2个。

第三节 村庄

一、现存行政村

来广营村

位于乡域东部，面积3.3平方公里。村域东至崔各庄村，南界东湖渠村，西接顾家庄，北邻奶子房村。来广营东路、来广营西路、南湖渠路、来广营北路在村中心相交。羊坊灌溉干渠横贯村北部，沈家村干渠纵穿村东北部。

来广营村原系清正蓝旗兵营，俗称“蓝营”，成村后取谐音“来营”。清光绪三十四年（1908年）始见“来广营”村名。1949年1月31日，来广营村设置为行政村，建立村人民政府，时属北京市北郊第十四区。1953年6月，来广营行政村建置撤销，划入新建的来广营乡。1955年秋，来广营村隶属东郊区和平乡。1958年8月，来广营生产队成立，隶属新成立的和平人民公社（小和平）万亩丰产方管理站。1960年3月，来广营生产队改称生产大队，隶属和平人民公社（大和平）。1961年5月12日，来广营生产大队隶属新成立的来广营人民公社。1963年1月，刘各庄、北湖渠2个生产大队并入，来广营生产大队辖11个生产队（即来广营园田东队、园田西队、大田南队、大田北队、酒花队；刘各庄一、二、三队；北湖渠一、二、三队）。1968年1月，来广营生产大队管理委员会受“文化大革命”冲击瘫痪，成立革命委员会。1969年11月，来广营生产大队重新划分为来广营、刘各庄、北湖渠3个生产大队。1976年12月，刘各庄生产大队再次并入来广营生产大队。1982年11月再次设为行政村，辖来广营、刘各庄、甥李村（原名甥李坟，本年更名甥李村）3个自然村。1991年8月，撤销生产大队建置，成立来广营村经济合作社。2002年10月，为首都“绿隔”建设腾退拆迁；2010年3月，村民全部回迁安置上楼。

村域产业自古以农为主。1950年，因种地缺乏劳动力，以吴玉书为代表的5户贫困农民自发成立临时互助组；1952年，10户农民组成吴玉书初级农业生产合作社，走在全区乃至全市农业合作化运动的前列。1953年，吴玉书初级社创办起来广营养猪场，是当时北京郊区最早的集体养猪场之一。在发展集体养猪事业的实践中，来广营农业生产合作社逐步摸索出建立一个得力的领导班子、培养一支热爱养猪事业的饲养员队伍、实行一套科学的饲养方法，实现“猪多、肥多、粮多、收入多”的经验毛泽东主席亲笔写下“这个经验值得推广”的重要按语，收录在《中国农村的社会主义高潮》一书中。1957年2月，来广营高级农业生产合作社猪场饲养员陈玉出席全国农业劳动模范代表会议，受到毛泽东、刘少奇、周恩来、朱德等党和国家领导人的亲切接见。20世纪70年代，来广营生产大队有耕地3500余亩，粮食生产以水稻为主。生产发展鼎盛期，栽种水稻曾达1790多亩，年产78万多公斤，产值26万元，年产蔬菜66万多公斤，产值85万元，曾大量种植啤酒花，并独立设为1个生产队，是北京啤酒厂啤酒花原料生产基地之一，同时还培育苗圃45亩；畜牧业年产值56万元，年出栏生猪1200头、羊114只、年产鲜蛋3.9万公斤、48亩鱼塘年捕捞鲜鱼1万多公斤；村办企业有汽车修理厂、钢窗厂、灯泡厂、搪瓷厂、民族铜器厂、医疗器械等，年产值220万元，占总产值的52.3%；商贸餐饮服务业有旅店、理发、照相、修理钟表、饭馆等网点和1个村办集体运输队，各业总产值421万元，劳均收入1254元，人均收入447元。1984年，推行适度规模经营的专业化生产，耕地向种田能手集中。村民吴宝柱承包300多亩耕地，创办家庭小农场，效益显著，被评为北京市农业劳动模范。2015年，来广营村共有户籍人口650户、1332人，经济总收入14784.8万元，利润总额1707.2万元，税金总额1032.8万元，人均劳动所得35599.6元。

在长期的经济发展、建设和改革事业中，来广营村干部群众艰苦奋斗，成就辉煌，获得一系列奖励和荣誉称号：1999年被评为朝阳区文明村、北京市“二次创业专业村”，2000年被评为北京市绿化隔离带建设先进单位、首都文明村，2001年被评为北京市“京郊百强村”，2001年、2003年被评为朝阳区“两个文明”（物质文明、精神文明，下同）建设先进集体，2004年被评为朝阳区爱国“双拥”（拥军优属、拥政爱民，下同）模范单位，2005年、2006年、2007年、2008年被评为朝阳区“五个好”（领导班子好、队伍素质好、制度建设好、工作业绩好、群众反映好，下同）村级党组织，2006年被评为首都文明村，2006年至2008年连续三年被评为北京市“五个好”村级党组织，2005年、2006年、2008年、2009年被评为朝阳区文明村，2006年至2010年连续5年被评为朝阳区全面发展先进集体，2011年被评为朝阳区创建全国文明城区先进单位。

来广营村各历史时期行政和生产负责人任期如下：

村长

赵　宽　　1949年冬—1951年春

张德全　　1951年3月—1953年6月

大队长

张修才　　1958 年 8 月—1960 年 3 月
崔世昌　　1960 年 3 月—1961 年 5 月
陈　华　　1961 年 5 月—1963 年 1 月
刘宝崑　　1963 年 1 月—1964 年 4 月
赵　增　　1964 年 4 月—1968 年 1 月
赵崇林　　1968 年 1 月—1974 年 1 月
张德山　　1974 年 1 月—1976 年 12 月
李　春　　1977 年 1 月—1979 年 2 月
吴朝栋　　1979 年 2 月—1979 年 8 月
燕永春　　1979 年 8 月—1980 年 7 月
吴朝栋　　1980 年 7 月—1980 年 12 月
赵崇林　　1980 年 12 月—1982 年 7 月
李国立　　1982 年 7 月—1982 年 11 月
邵继东　　1982 年 11 月—1986 年 2 月
赵文江　　1986 年 2 月—1991 年 8 月

革委会主任

王继舜　　1968 年 1 月—1971 年 2 月
白永成　　1971 年 2 月—1971 年 4 月
崔　向　　1971 年 4 月—1972 年 6 月
纪振荣　　1972 年 6 月—1973 年 9 月
赵　增　　1973 年 9 月—1975 年 7 月
简　祥　　1975 年 7 月—1976 年 12 月
岳连祥　　1977 年 1 月—1982 年 11 月

经济合作社社长

席树庚　　1991 年 8 月—1996 年 12 月
张佩明　　1996 年 12 月—1999 年 3 月
蒋春茂　　1999 年 3 月—2008 年 5 月
孟宪东　　2008 年 5 月—2015 年 12 月

来广营村一隅（2000 年摄）

红军营村

位于乡域西部，为来广营地区办事处（乡人民政府）所在地，面积 2.66 平方公里。村域东接新生村，南至北湖渠村，西邻北卫家园社区、北苑社区、红军营社区，北界北苑中街。村中两条沥青路十字相交，横向路东通勇士营、西交北苑路，纵向路南接北苑、北通清河营。羊坊灌溉干渠由西向东横贯村南，多条灌溉支渠纵横交错于村四周。

红军营村原名黄军营，原为清军汉八旗之一的镶黄旗屯兵驻地，清末成村。1945 年，村保会设在常兴寺，保长为安福宽，内设文书，下辖 4 个甲，各有甲长 1 人。1947 年，村属北平二十区第五保。1949 年冬，黄军营设为行政村，建立村人民政府，时属北京市北郊第十四区。1953 年 6 月，撤销村政府，并入安家坟乡（小乡）。1955 年秋，隶属和平乡。1958 年 8 月，成立黄军营生产队，隶属和平人民公社第五管理站（奶子房管理站）。1960 年 3 月，成立黄军营生产大队。1961 年 5 月，隶属来广营人民公社，下辖 3 个生产队。1963 年 5 月，安家坟生产大队并入黄军营生产大队。1964 年 4 月，立水桥生产大队并入黄军营生产大队后，黄军营生产大队辖 7 个生产队（即黄军营第

一、二、三队，安家坟第四、五队，立水桥第六、七队）。1966年8月，大队名称黄军营更名为红军营。1968年1月，红军营生产大队建立革命委员会。1969年11月，红军营生产大队划分为红军营、北苑、立水桥3个生产大队。1975年春，红军营与北苑合并为红军营生产大队，下辖5个生产队。1982年11月，再次设为行政村，辖红军营、西坡子、北苑、安家坟4个自然村。红军营自然村辖曹家坟、姚家坟、黄军营东半部，曾合称第一生产队，位于黄军营至勇士营之间土路南北两侧的曹家坟、姚家坟较早消失。黄军营西半部、小南坟、大南坟、独一处4个自然聚落曾合称第二生产队，位于黄军营村南的小南坟、独一处较早消失。西坡子位于黄军营西村，地势西南高东北低，呈坡状，故名西坡子，与彭家坟2个自然聚落曾合称第三生产队，位于西坡子西北部的彭家坟较早消失。北苑因位于皇城北郊，故名北苑，包括国强街（俗称"小街儿"），先后称安家坟第四生产队、黄军营第四生产队、红军营第四生产队。安家坟原为安姓茔地，成村后名安家坟村，曾称第五生产队。1983年2月，属来广营乡。1993年至2009年，红军营村先后因北苑家园建设、"绿隔"工程、土地储备而腾退拆迁西坡子三队、红军营一队和二队、北苑四队和五队5个自然村域的50余家企业、1478户村民、2000余亩土地，为此将村民转工转居2387人、转工自谋职业415人，村集体为所有征地转居、转工人员建立人事档案，办理各项养老和医保手续，为农转工自谋职业人员补缴社会保险，解除其后顾之忧。2000年9月腾退拆迁，2012年12月村民全部搬迁上楼。

村域产业以农为主，20世纪70年代有耕地3090多亩，97%为粮田，另有苗圃37亩、鱼塘240多亩，村办工业年产值最高达637万元，占总产值的78.6%，主要行业有金属结构、钢木家具、塑料等20多个厂家。改革开放后，村办企业成为红军营村的经济支柱。2000年5月，朝阳区在红军营村试点集体经济组织股份制改革，建立完全按《公司法》运作、企业化管理的模式，在完成对集体资产的全面核查、评估、产权界定和股份安置分配等各项准备工作后，成立北苑实业发展公司，"资产变股权，农民变股东"，为探索全区村级集体资产处置和产权制度改革提供成功经验。2001年1月，试点成功结束。2015年，全村共有户籍人口1289户、3522人，经济总收入11436.5万元，利润总额1410.6万元，税金总额650.3万元，人均劳动所得40721.7元。

在长期的经济发展、建设和改革事业中，红军营村干部群众艰苦奋斗，成就辉煌，获得一系列奖励和荣誉称号：1997年被评为朝阳区文明村，

1998—2007 年连续被评为首都文明村，1999 年在乡镇企业二次创业中被评为北京市“二次创业专业村”，2000 年、2004 年被评为“朝阳区股份合作制改造第一村”，2001 年被评为“京郊百强村”，2006 年度被评为朝阳区“五个好”村级党组织，2007 年度被评为朝阳区“五个好”村级党组织，2008 年度被评为朝阳区先进基层党组织，获服务保障北京奥运会、残奥会集体功勋奖，2015 年被评为北京农村集体资产规范管理先进村。

红军营村各历史时期行政和生产负责人任期如下：

村长

张凤祥　　1950 年—1952 年 9 月
胡月坡　　1952 年 9 月—1953 年 6 月

大队长

张凤玉　　1960 年 3 月—1961 年 5 月
刘长安　　1961 年 5 月—1962 年 4 月
张凤祥　　1962 年 4 月—1963 年 5 月
崔　顺　　1963 年 5 月—1964 年 4 月
刘志远　　1964 年 4 月—1966 年 8 月
刘志远　　1966 年 8 月—1968 年 12 月
高宝琏　　1968 年 12 月—1969 年 11 月
胡德芳　　1969 年 11 月—1975 年春
魏尚智　　1975 年春—1980 年 12 月
冯　山　　1980 年 12 月—1987 年 7 月
安永江　　1987 年 7 月—1988 年 1 月
张凤贵　　1988 年 1 月—1991 年 8 月

革委会主任

胡德芳　　1968 年 1 月—1968 年 12 月
张世昌　　1968 年 12 月—1969 年 11 月
陈富贵　　1969 年 11 月—1970 年 4 月
宋玉璋　　1970 年 4 月—1971 年 11 月
胡德芳　　1971 年 11 月—1976 年 12 月
伊玉泉　　1977 年 1 月—1978 年 12 月
魏尚智　　1978 年 12 月—1980 年 12 月
冯　山　　1980 年 12 月—1982 年 11 月

经济合作社社长

王　琪	1991 年 8 月—1993 年 2 月
赵宝玉	1993 年 2 月—2001 年 10 月
李永强	2001 年 10 月—2009 年 11 月
李鸿均	2009 年 11 月—2015 年 12 月

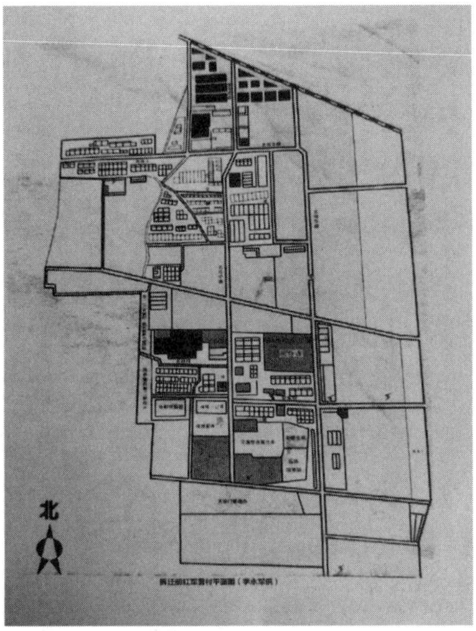

红军营村域平面图（2000 年摄）

红军营村北大门　（2003 年摄）

北湖渠村

位于乡域东南部，面积 1.96 平方公里。村域东与望京科技园相邻，南界北小河，西至新新家园，北靠北五环路。村中东西各有一条纵向路北与来广营西路相交，南穿北小河与北四环相接，村北横向路东交南湖渠路、西接北苑路。北小河自西向东沿村南流经村域。

北湖渠村成村于元代，元延祐三年（1316 年）称湖渠村，明称北湖渠。村域旧时地势低洼，每逢汛期，河水泛滥，形成众多湖泊沟渠，故名。中华民国末期，该村为 1 闾，下设 3 甲，护国天仙圣母庙庙东西各 1 甲，崔家坟为 1 甲。1949 年 10 月，北湖渠设为行政村，辖北湖渠、崔家坟、叶家坟、后郭家、西门张家、大门李家 6 个自然村，时属北京市北郊第十四区。同年冬，建立村人民政府。1953 年 6 月，撤销行政村建置，并入来广营乡（小乡）。1955 年秋，隶属和平乡。1958 年 8 月，建立北湖渠生产队，隶属和平人民公社东湖渠管理站即第四站。1960 年 3 月，成立北湖渠生产大队。1961 年 5 月，隶属来广营人民公社。1963 年 1 月，并入来广营生产大队。1969 年 11 月，恢复北湖渠生产大队建置，同时建立大队革命委员会，辖北湖渠第一、二、三队。1982 年 11 月，再次设为行政村，辖崔家村（原为崔家坟，本年改称崔家村）、北湖渠 2 自然村。次年，北邻李家村并入北湖渠村。1991 年 8 月，生产大队建置撤销，成立北湖渠村经济合作社。2007 年 8 月，腾退拆迁；2014 年 12 月，村民全部搬迁上楼。

村域产业自古以农为主。1956 年，因村落集中，生产、文化、卫生、外观较好，干部能力强，曾被东郊区定为供外宾参观的农业生产合作社之一。1958 年，大队党支部带领党员、社员兴修水利，使 90% 的农田实现有效灌溉。1972 年，大搞农田基本建设，平整土地，实现“百亩一方，稻麦两茬”，耕地面积达 1459 亩，以种植水稻为主，另有菜地 59 亩、苗圃 21 亩，村办工业有塑料制品厂、工艺美术首饰厂和联营的新英建筑机械厂等。20 世纪 80 年代，北湖渠村调整产业结构，发展村办企业，农业经营分田到户、联产承包。20 世纪 90 年代末，在村域建设北京“绿隔”带、朝来足球活动中心、球艺活动中心和北湖 9 号高尔夫球俱乐部等工程，劳动力转向绿色产业。2007 年 9 月至 12 月、2014 年 4 月至 9 月，为加快城市化进程，北湖渠拆迁整治改造，村民迁入朝来绿色家园。2015 年，全村共有户籍人口 653 户、1223 人，经济总收入 5870.4 万元，利润总额 -131.7 万元，税金总额 34.5 万元，人均劳动所得 35585.4 元。

在长期的建设发展进程中，北湖渠村先后被评为朝阳区 1989 年卫生先进单位、1994 年爱国卫生先进单位、1995 年治安保卫工作先进单位，村治保会 1997 年被评为区级先进治保会，1999 年北湖渠村被评为朝阳区文明村，2001 年被评为区级社会治安综合治理先进单位，村治保会被评为维护首都社会治安和奥运、大运会安全保卫先进治保会，2004 年北湖渠村被评为区级人民调解先进集体，村妇联 2006 年被评为区妇联系统先进集体。

北湖渠村各历史时期行政和生产负责人任期如下：

村长

崔克庭　　1952 年 9 月—1953 年 6 月

大队长

张忠信　　1960 年 3 月—1961 年 5 月

崔　华　　1961 年 5 月—1962 年春

韩金俊　　1962 年春—1963 年 1 月
（不详）　1963 年 1 月—1969 年 11 月
崔　华　　1969 年 11 月—1972 年 11 月
韩金俊　　1972 年 11 月—1978 年 12 月
崔　华　　1978 年 12 月—1979 年 8 月
吴朝栋　　1979 年 8 月—1980 年 5 月
郭振亮　　1980 年 5 月—1984 年 2 月
郭喜良　　1984 年 2 月—1990 年 12 月
湛玉宝　　1990 年 12 月—1991 年 8 月

革委会主任

陈凤兰（女）1969 年 11 月—1972 年 11 月
马文侯　　1972 年 11 月—1978 年 12 月

经济合作社社长

湛玉宝　　1991 年 8 月—1993 年 2 月
刘伯明　　1993 年 2 月—1995 年 8 月
王惠东　　1995 年 8 月—2001 年 3 月
李义香（女）2001 年 3 月—2001 年 7 月
李义华　　2001 年 7 月—2008 年 2 月
王立君　　2008 年 2 月—2011 年 12 月
张　彬　　2011 年 12 月—2015 年 12 月

北湖渠村，左为村口，右为村中主街（2007 年摄）

清河营村

位于乡域北部，面积 2.4 平方公里。村域东接雷家桥村，南界北苑家园，西邻立水桥村，北隔清河与昌平天通苑社区相望。两路在村内相交，在村外分别东通雷家桥村、南通红军营村、西南至立水桥村。清河自西向东流经村北。

明代永乐初年，山西移民长途跋涉落户村域，至今村民中仍流传先祖从山西洪洞县流寓至此的古老故事和“问我祖先来何处，山西洪洞大槐树”的民谣。清代，村域成为朝廷屯兵之地，因位于清河南岸而以河名营，后演变为村名。据村中娘娘庙古碑记载，清乾隆年间，该村因地多沙碱、低洼土薄而难种五谷，遂“合村公议栽种杨柳”，以备洪旱灾年砍伐缴纳官府钱粮，并立约悉听遵行，此后上百年无一人盗伐公益林木。1949 年冬，清河营设为行政村，建立村人民政府，时属河北省昌平县五区平西府。1958 年 3 月，清河营村从昌平县雷家桥乡划归东郊区和平乡。8 月，建立清河营生产队，隶属和平人民公社第五管理站（奶子房管理站）。1960 年 3 月，成立清河营生产大队。1961 年 5 月，隶属来广营人民公社。1964 年 4 月，并入勇士营生产大队。1969 年 11 月，恢复清河营生产大队建置，成立大队革命委员会，辖第一、第二、第三 3 个生产队。1982 年 11 月，再次设为行政村。1992 年，清河营小学迁址重建，村集体出资修筑立水桥、清河雷家桥村柏油路。2004 年，为建设绿化隔离带，朝阳区在村域征地 1597 亩退耕造林，至 2006 年，将全村 1618 名农业户籍人员全部转居、900 多名劳动力留用 104 名管理绿地外分流安置，村办企业全部拆迁转移。2007 年始，建设润泽庄园、污水处理厂、北苑东路。2008 年底，村民全部迁移上楼定居。2009 年，在村域建设清河营郊野公园，占地约 865 亩，属北京市“一绿”地区郊野公园环。

历史上，清河营村以农业为主。因村域位于清河古河道流域，沙石资源丰富，二十世纪五六十年代清河营开办沙石场，采沙供应北京城市建设。70 年代，有耕地 2648 亩。大队凭借清河水资源丰富便捷的优势，大面积种植水稻，稻田面积占本村耕地总面积的 88% 以上，成为公社的水稻主产区。大队另有绿化林地 96 亩、苗圃 54 亩、鱼塘 43 亩。工业主要产品为玉器、玩具、家具和服装。其他行业有商业网点和小型集市贸易。由于农业、副业、运输业的发展，清河营生产大队的集体经济在全公社一直居于前列。改革开放后，清河营村增办汽车运输队、养殖场。80 年代，村集体创办玉器厂、首饰厂、砂轮厂和粉丝厂。2015 年，全村共有户籍人口 640 户、958 人，经济总收入 1203.1 万元，利润总额 405.3 万元，税金总额 12.9 万元，人均劳动所得

83333.3 元。

在长期的经济发展、建设和改革事业中，清河营村干部群众艰苦奋斗，成就辉煌，获得一系列奖励和荣誉称号：1998 年被评为朝阳区文明村。

清河营村各历史时期行政和生产负责人任期如下：

村长

白玉祥　　1949 年冬—（卸任期不详）

大队长

黄桂山　　1960 年 3 月—1961 年 5 月
何　连　　1961 年 5 月—1963 年 5 月
何　发　　1963 年 5 月—1964 年 4 月
杨玉文　　1969 年 11 月—1971 年 3 月
任贵祥　　1971 年 3 月—1973 年 3 月
张景生　　1973 年 3 月—1976 年 5 月
何其胜　　1976 年 5 月—1980 年 12 月
张景生　　1980 年 12 月—1982 年 3 月
何其胜　　1982 年 3 月—1984 年 3 月
何宝明　　1984 年 3 月—1986 年 2 月
白玉明　　1986 年 2 月—1987 年 4 月
张　平　　1987 年 4 月—1990 年 12 月
何宝明　　1990 年 12 月—1991 年 8 月

革委会主任

任贵祥　　1969 年 11 月—1971 年 3 月
刘继鹏　　1971 年 3 月—1973 年 3 月
赵文旭　　1973 年 3 月—1976 年 5 月
张景生　　1976 年 5 月—1978 年 12 月

经济合作社社长

何　栋　　1991 年 8 月—1995 年 6 月
张　平　　1995 年 6 月—1997 年 8 月
马　祥　　1997 年 8 月—2001 年 10 月
乔振江　　2001 年 10 月—2008 年 2 月
白桂新　　2008 年 2 月—2015 年 12 月

清河营村门楼（2000 年摄）

新生村

位于乡域中部，面积 2.98 平方公里。村域东临来广营村，南接北五环路，西邻红军营村、青年城社区、朝来绿色家园社区，北界清河营村。

1975 年 12 月，勇士营生产大队与白马坟生产大队合并，成立新生生产大队，建立大队革命委员会。1981 年，白家坟（西白家坟、白马家坟）更名白家村。1982 年 11 月，再次设为行政村，辖勇士营、白家村、顾家庄（原为顾家坟，本年改称顾家庄）3 个大自然村。安家坟更名安家村。1991 年 8 月，生产大队建置撤销，成立新生村经济合作社，辖勇士营、老东坟、李家坟、郭家坟、杨家坟、岳家坟、白家坟、赵家坟、马家坟、顾家庄、小安家坟、沈家坟 12 个自然村。2002 年 12 月，拆迁腾退，至 2010 年 12 月村民全部搬迁上楼。2015 年，全村共有户籍人口 603 户、1953 人，经济总收入 37991 万元，利润总额 1153 万元，税金总额 679 万元，人均劳动所得 37971.6 元。

在长期的经济发展、建设和改革事业中，新生村干部群众艰苦奋斗，成就辉煌，获得一系列奖励和荣誉称号：1994—1995 年村民委员会连续两年被评为北京市先进村委会，1997 年被评为朝阳区文明村，2001—2006 年连续被评为首都文明村，2009 年被评为首都文明村。

新生村各历史时期行政和生产负责人任期如下：

村长

安永旺　（任期不详）

周德本　（任期不详）

王锡寿　1952 年 9 月—1953 年 6 月

大队长

王宝华　1960 年 3 月—1961 年 5 月

马增俊	1961 年 5 月—1962 年 4 月
李长荣	1962 年 4 月—1963 年 5 月
王宝华	1963 年 5 月—1964 年 4 月
李长荣	1964 年 4 月—1965 年 12 月
蔡立德	1965 年 12 月—1966 年 11 月
洪砚通	1966 年 11 月—1969 年 11 月
李文宝	1969 年 11 月—1973 年 4 月
（不详）	1973 年 4 月—1975 年 12 月
张永荣	1976 年 1 月—1978 年 12 月

革委会主任

崔　向	1968 年 1 月—1971 年 4 月
纪振荣	1971 年 4 月—1972 年 10 月
赵德富	1972 年 10 月—1975 年 12 月
白淑英（女）	1976 年 1 月—1978 年 3 月
李长荣	1978 年 3 月—1978 年 12 月

新生村村委会办公地（2002 年摄）

二、已撤销村

南湖渠村

因该村 1995 年 6 月撤销建置，划入望京街道，遵志不越界原则，兹不记述。

立水桥村

位于乡域西北部，面积 2.4 平方公里。村域东界清河营村，南接红军营村、羊坊村，西连昌平区东小口镇陈家营村北，北邻昌平区天通苑社区。清河从立水桥村北自西向东穿流而过。村南距京城安定门 11 公里，北距昌平小汤山 16 公里。

村北清河古有一石桥。每逢汛期，清河水位暴涨，洪水滚滚，远望石桥立于汹涌波涛之中，百姓遂称石桥为“立水桥”，后以此为村名。考古发现，村域一带出现新石器时代的原始农业聚落，出土了大量石斧、石镰、陶器等远古人类遗物。金、元建都以后，便是商贾物流交通要道，清代在此设立驿站。1958 年 3 月 19 日，该村由昌平县雷家桥乡划入东郊区和平乡（大乡）。1958 年 8 月，隶属朝阳区和平人民公社（小和平）第五管理站即奶子房管理站，初称第五生产大队，后称立水桥生产大队。1959 年 11 月，隶属和平人民公社（大和平）。1961 年 5 月，隶属来广营人民公社管辖。1964 年 4 月，立水桥生产大队并入黄军营生产大队；1969 年 11 月，立水桥生产大队从红军营生产大队分出恢复独立。1982 年 11 月，再次设为行政村。1993 年，根据北京市城市建设总体规划，北京城建集团征占立水桥村耕地 2000 亩开发北苑家园，转居转工 800 余名村民。2000 年，立水桥村大部分村民搬迁上楼；2005 年，“明天第一城”建设项目占用立水桥村耕地 600 亩；市政府“148 公顷项目”征占耕地 200 多亩，将剩余村民全部转居转工。2007 年 6 月，撤销立水桥行政村建置，划入黄金苑和立清路社区。

村域产业以农为主，20 世纪 70 年代，有耕地 989 亩，种植业以水稻为主，稻田最高占总耕地面积的 92%，绿化面积 153 亩，苗圃 35 亩，鱼塘 242 亩；村办工业有构件厂、瓦厂、景泰蓝厂、木器厂、焊切割厂等，另有建筑业、运输业和其他产业。改革开放后，立水桥村集体与村民依靠区位优势办起旅店、机床加工、农机修配厂、沙石场等多种工副业。1980 年后，相继建起水泥构件厂、人防水泥构件厂、牡丹电子设备联营分厂、塑料制品厂、羊毛绒厂、大型建材百货集贸市场，企业年总收入上千万元。1991 年 8 月，生产大队建置撤销，成立立水桥村经济合作社。1992 年，自筹资金建起立水桥公园，成为北京市第一家村办公园。1988 年被评为北京市爱国卫生运动先进单位，1995 年村民委员会被评为北京市先进村委会，1996 年，立水桥村被评为朝阳区文明村、首都文明村，2000 年，村级经济年产值达 2 亿多元，被评为北京市“京郊百强村”。2007 年，名列北京市农村经济“百富村”首位。

立水桥村各历史时期行政和生产负责人任期如下：

村 长

贺永顺　　　1950 年—（卸任年月不详）

高清元　　　（任期不详）

刘汉卿　　　1958 年秋—1960 年 3 月

大队长

刘汉卿　　　1960 年 3 月—1964 年 4 月

李自友　　　1969 年 11 月—1979 年 12 月

刘汉民　　　1979 年 12 月—1981 年 11 月

张　林　　　1981 年 11 月—1982 年 11 月

刘书元　　　1982 年 11 月—1983 年 4 月

张　林　　　1983 年 4 月—1987 年 1 月

李德海（女）1987 年 2 月—1991 年 8 月

革委会主任

张　成　　　1969 年 11 月—1974 年 6 月

王秉仁　　　1974 年 6 月—1978 年 12 月

经济合作社社长

李德海　　　1991 年 8 月—1999 年 12 月

乔振江　　　1999 年 12 月—2001 年 10 月

张宝勤　　　2001 年 10 月—2006 年 8 月

王宝月　　　2006 年 8 月—2007 年 6 月

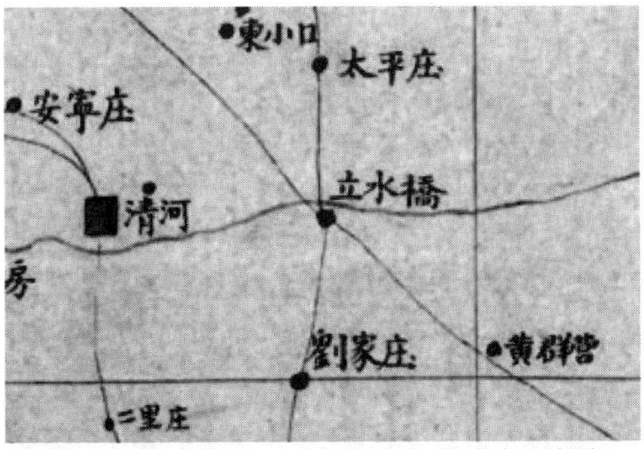

清代古地图中的立水桥村已是水陆交通枢纽

东湖渠村

因该村2009年6月撤销建置，划入东湖街道，遵志不越界原则，兹不记述。

三、被兼并村

刘各庄村

1949年10月后，刘各庄设为行政村，辖刘各庄、劈李坟2个自然村，隶属北京市第十四区。同年冬，在土改工作组协助下，建立村政府。1952年9月，隶属北京市东郊区。1953年6月，撤销村政府，刘各庄村并入来广营乡（小乡）。1955年秋，隶属和平乡。1958年8月，成立刘各庄生产队，隶属和平人民公社万亩丰产方管理站。1960年3月，成立刘各庄生产大队。1961年5月，隶属来广营人民公社。1963年1月，并入来广营生产大队。1969年11月，恢复刘各庄生产大队建置，同时成立革命委员会，辖3个生产队（刘各庄一、二、三队）。1976年12月，刘各庄生产大队再次并入来广营生产大队，成为来广营生产大队下属的刘各庄第一、二、三生产队。

刘各庄村各历史时期行政和生产负责人任期如下：

村长

刘　广　　1952年9月—1953年6月

大队长

王凤英（女）1960年3月—1961年5月

刘宝崑　　1961年5月—1962年4月

刘　广　　1962年4月—1963年1月

李国立　　1969年11月—1976年12月

革委会主任

邵继东　　1969年11月—1975年7月

王志红（女）1975年7月—1976年12月

安家坟村

1949年10月，在土改工作组协助下，设立安家坟行政村，建立村政府，隶属北京市北郊第十四区。1952年9月，隶属北京市东郊区。1953年6月，撤销村政府，并入安家坟乡（小乡），成立兴业初级农业生产合作社，第一任社长崔彦生。1955年秋，隶属和平乡。1958年8月，成立安家坟生产队，隶属和平人民公社第五管理站（奶子房管理站）。1960 年 3 月，成立生产大队。1961 年 5 月，隶属来广营人民公社。1963 年 5 月，安家坟生产大队并入黄军营生产大队，成为黄军营生产大队下属的安家坟第四、五生产队。1969 年 11 月，恢复生产大队建置，更名为北苑生产大队，同时成立大队革命委员会。1975 年春，北苑生产大队并入红军营生产大队。

安家坟村各历史时期行政和生产负责人任期如下：

村长

齐振山　　（任期不详）
杨桂春　　（任期不详）
张凤翔　　1951 年—1952 年 9 月
刘　富　　1952 年 9 月—1953 年 6 月

大队长

穆金明　　1960 年 3 月—1962 年 4 月
张德全　　1962 年 4 月—1963 年 5 月
魏尚智　　1969 年 11 月—1975 年春（时称北苑生产大队）

革委会主任

张世昌　　1969 年 11 月—（不详）
马　英　　（不详）—1975 年春

勇士营村

清时，村域为京师汉八旗“巡捕五营”之勇士营屯兵之地，成村后因此得名勇士营村（俗称“柳士营儿”）。1949 年 10 月，勇士营设立行政村，成立村人民政府，隶属北京市北郊十四区。1949 年冬，在土改工作组协助下，建立勇士营行政村政府。1952 年 9 月，第十四区改为东郊区后，隶属北京市东郊区。1953 年 6 月，撤销行政村建置，并入安家坟乡（小乡）。1955 年秋，隶属和平乡。1958 年 8 月，老东坟并入勇士营，成立勇士营生产队，隶属和平人民公社第五管理站（奶子房管理站）。安永旺、安永清、马增俊先后任党支部书记，王宝华任队长。1960 年 3 月，成立勇士营生产大队。1961 年 5 月，隶属来广营人民公社。1964 年 4 月，清河营生产大队并入勇士营生产大队，合并后的勇士营生产大队辖 7 个生产队（勇士营、白家坟、马家坟、顾家庄、清河营一、二、三队）。1968 年 1 月，成立大队革命委员会。马家坟更名马家村，因农田基本建设需要迁村并点至白家坟。1969 年 11 月，白马坟、清河营从勇士营生产大队分离出去，分别成立生产大队。1975 年 12 月，勇士营生产大队与白马坟生产大队合并，成立新生生产大队。

勇士营村各历史时期行政和生产负责人任期如下：

村长

安永旺　　（任期不详）

周德本　　（任期不详）

王锡寿　　1952 年 9 月—1953 年 6 月

大队长

王宝华　　1960 年 3 月—1961 年 5 月

马增俊　　1961 年 5 月—1962 年 4 月

李长荣　　1962 年 4 月—1963 年 5 月

王宝华　　1963 年 5 月—1964 年 4 月

李长荣　　1964 年 4 月—1965 年 12 月

蔡立德　　1965 年 12 月—1966 年 11 月

洪砚通　　1966 年 11 月—1969 年 11 月

李文宝　　1969 年 11 月—1973 年 4 月

（不详）　1973 年 4 月—1975 年 12 月

革委会主任

崔　向　　1968 年 1 月—1971 年 4 月

纪振荣　　1971 年 4 月—1972 年 10 月

赵德富　　1972 年 10 月—1975 年 12 月

白马坟村

1949 年 10 月，白马坟村由白家坟、马家坟 2 个自然村组成，隶属勇士营行政村。1969 年 11 月，白马坟村从勇士营生产大队分离出来，成立白马坟生产大队，同时成立革命委员会。20 世纪六七十年代，白马坟生产条件差，集体经济薄弱。1975 年 12 月，与勇士营生产大队合并成立新生生产大队，白马坟村成为新生生产大队下属生产队。

白马坟村各历史时期行政和生产负责人任期如下：

大队长

芦长国　　1969 年 11 月—1975 年 12 月

革委会主任

李守智　　1969 年 11 月—1975 年 12 月

侯庄村

因该村随同南湖渠村 1995 年 6 月撤销建置，划入望京街道，遵志不越界原则，兹不记述。

第四节 社区

域内筹建社区最早始于 20 世纪 90 年代末。至 2000 年，来广营乡按每 500 户至 1000 户居民一个居委会的规模，分别新建望京西园二区、南湖东园、望兴园和南湖中园社区，“十五”时期划入望京街道和东湖街道。

2003 年来广营乡兼设为来广营地区后，开始重新设立社区，当年建立清友园、绣菊园两社区。至 2011 年，全境已有 17 个社区、2 个社区筹备处。2014 年 9 月，立清路、广达路、三号院、新街坊、红军营 5 个社区建成“六型”（干净、规范、服务、安全、健康、文化）社区，有 18 个社区加入“互联社区”网。2015 年，全境正式成立的在编社区增至 21 个，建成“六型社区、互联社区、智慧社区”18 个，4 个社区被评为“全国科普示范社区”、8 个社区被评为“北京市社区科普益民计划优秀科普社区”、2 个社区被评为“北京市科委系统创新型科普社区”。

广达路社区服务站（2015 年摄）

紫绶园社区

成立于 2003 年 6 月，占地面积 0.15 平方公里。辖区东至清苑路，南至春华路，西至秋实东街，北至城铁13号线北苑站。代管的6号院（1-3号楼），东至秋实街，南至双营路，西至奥运村大阳坊社区，北至新街坊社区。居民大部为原立水桥村和红军营三队（西坡子）村民。社区所辖2个居民小区共有居民楼12栋，内有惠新里幼儿园北苑分园。2009年，紫绶园社区党组织被评为朝阳区农村系统先进社区党组织。2011年至2014年获首都文明社区称号。2015年末，社区户籍人口2108人，常住人口5236人。

清友园社区

成立于2003年6月，占地面积0.214平方公里。辖区东至清苑路，南至双营路，西至秋实东街，北至春华路。社区辖2个居民小区，共有居民楼23栋，服务配套楼2栋，商用楼5栋。2006年，清友园社区获称首都绿色社区、北京市人口与计划生育示范社区、朝阳区文明社区荣誉称号。2010年，获全国百县百项科技专项奖。2015年末，社区户籍人口5566人，常住人口12148人。

绣菊园社区

成立于2003年6月，占地面积0.14平方公里。辖区东至秋实东街，南至春华路，西至秋实街，北至京包铁路。社区辖1个居民小区，内有居民楼16栋，服务配套楼4栋，商用楼1栋。2004年至2015年，绣菊园社区先后获评为首都绿色社区、首都文明社区、北京市优秀居住小区、北京市第四批创新科普社区、北京市创新型科普社区、北京市“六型社区”示范单位、全国科普示范社区、北京市绿色智慧平安社区等20余项荣誉称号。2015年末，社区户籍人口3133人，常住人口10128人。

朝来绿色家园社区

成立于2005年9月，占地面积0.45平方公里。辖区东至北苑东路，南至红军营南路，西至清苑路，北至红军营东路，系根据北京市“一绿”地区政策建设的农民新村。社区分4个居住小区，分别是来春园、广华居、赢秋苑、缊实园，共71栋住宅楼、319个楼门。2002年11月至2008年10月，全乡5个村的村民先后搬迁入住。朝来绿色家园社区2005年获得北京市体育先进单位称号；2010年获得北京市体育生活化社区称号；2006年、2009年、2011—2014年获首都“文明社区”称号。2015年末，全社区户籍人口13000人，常住人口16000人。

青年城社区

成立于2006年3月，占地面积0.37平方公里。辖区东至红军营东路，南至北苑中街，西至红军营路，北至红军营南路。社区辖8个居民小区，居民楼56栋，辖区内有北京市朝阳区南湖东园小学青年城分校。青年城社区2012年被北京市人民政府评为北京市敬老爱老为老服务示范单位；2013年被北京市民政局评为北京市综合减灾示范社区；2015年被北京市社会建设工作办公室、北京市经济和信息化委员会、北京市民政局评为北京市五星级智慧社区。2015年末，社区户籍人口1687人，常住人口13460人。

莲葩园社区

成立于2006年3月，占地面积0.203平方公里。辖区东至绣菊园社区，南至锦芳路，西至华发颐园，北至清河路。社区辖2个居民小区，居民楼23栋，辖区内有和平街第一中学莲葩园校区。2007年，莲葩园社区被北京市评为“十大魅力社区”“计划生育示范社区”；2008年被评为北京市社区科普益民计划“优秀科普社区”，2008年、2011年获首都“文明社区”称号；2012年被评为北京市体育生活文化社区；2012年获国家民政部综合减灾示范社区称号。2015年末，社区户籍人口4473人，常住人口12910人。

新街坊社区

成立于2006年3月，占地面积0.14平方公里。管辖区域分为南区、北区。南区东至红军营村，南至红军营南路，西至北京市联合大学，北至双营路。北区东至秋实路，南至北苑6号院，西至奥运村街道办事处，北至春华路天怡家园。社区辖8个居民小区，居民楼29栋，内有北京联合大学（北苑校区）、北京市隆福医院北苑分院。2011年，新街坊社区被评为朝阳区文明社区；2012年12月被评为北京市体育生活文化社区；2012年被朝阳区评为交通安全先进单位；2013年被评为北京规范化人民调解委员会；2013年社区书屋被北京市评为三星级书屋。2015年末，社区户籍人口4740人，常住人口12000人。

黄金苑社区

成立于2006年3月，占地面积0.187平方公里。辖区东至锦芳路北街，南临奥运村街道，西至清河路东岸，北至滨河路南岸。社区辖4个居民小区，居民楼19栋。2009年，黄金苑社区被评为朝阳区安全生产工作先进单位；2011—2014年获首都“文明社区”称号。2015年末，社区户籍人口2981人，常住人口 12209 人。

时代庄园社区

成立于 2006 年 3 月，占地面积 0.24 平方公里。辖区东至北苑东路，南至红军营东路、广来路，西至清苑路，北至京包线铁路。社区辖 2 个居民小区，内有居民楼 88 栋、服务配套楼 1 栋和唐纳幼儿园。2009 年 2 月，时代庄园社区被市政府、首都绿化委员会授予“首都绿化美化花园式单位”称号；2009 年被朝阳区委、区政府授予“社会领域和谐建设先进单位”称号；2013 年被评为北京市“六型社区”，获 2013 年北京市第六届魅力社区“应急处理很及时”单项奖。2015 年 6 月末，社区户籍人口 1450 人，常住人口 3400 人。

茉藜园社区

成立于 2006 年 3 月，占地面积 0.12 平方公里。辖区东至秋实东街，南至双营路，西至秋实街，北至春华路。社区辖 1 个居民小区，内有居民楼 18 栋、服务配套楼 4 栋。2006 年获北京市先进治保会荣誉；2007 年获首都绿色社区荣誉；2009 年获北京市社区科普益民计划优秀科普社区、北京市第三批创新型科普社区荣誉；2011 年获首都文明社区、北京市民政局和谐社区示范单位荣誉；2012 年获全国科普示范社区、北京市优秀创新型科普社区荣誉；2013 年获第十届北京百万家庭数字生活技能大赛数字魅力社区荣誉；2014 年获北京市优秀科普社区、北京市三星级智慧社区荣誉；2015 年获北京市智慧社区荣誉。2015 年末，社区户籍人口 2868 人，常住人口 9784 人。

立城苑社区

成立于 2006 年 3 月，占地面积 1.02 平方公里。辖区东至清河，南至立清路第一社区，西至昌平区北京北小区，北至昌平区天通苑社区。社区辖 5 个居民小区，有居民楼 59 栋。2015 年末，社区户籍人口 3704 人，常住人口 11112 人。

北苑一号院社区

成立于 2008 年 9 月，占地面积 0.39 平方公里。辖区东至城市绿洲小区，南至北五环，西至北苑路，北至北苑二号院社区。北苑一号院始建于 1919 年，早期为段祺瑞执政时兵营，解放后为解放军部队大院，是北苑域内建立的第一个军人及家属大院，故名北苑一号院。社区辖 2 个居民小区，有居民楼 44 栋、服务配套楼 8 栋、商用楼 10 栋。2003 年，北苑一号院社区被评为首都文明单位；2011 年被评为市级社区建设示范单位；2012 年被评为北京市敬老为老爱老服务示范单位、无偿献血先进单位；2013年获北京市“六型社区”荣誉称号；2012—2014年获首都“文明社区”称号；2015年获北京市三星级智慧社区荣誉称号。2015年末，社区户籍人口1299户，2953人，常住人口4200人。

北苑二号院社区

成立于2008年9月，占地面积0.22平方公里。辖区东至北苑村，南至北苑一号院社区，西至北苑路，北至中国航空中心医院。社区辖1个居民小区，有居民楼19栋、服务配套楼2栋。闻名全国的先进人物、被誉为“中国航空发动机之父”的高级工程师、全国人大代表、全国政协委员吴大观长期工作、生活在北苑二号院社区。2009年7月，中组部、中宣部等四部门联合发出向吴大观同志学习的通知，全国范围内迅速掀起学习吴大观同志先进事迹的热潮。吴大观的形象，作为CCTV-1新闻联播“时代先锋”的专题片头先锋群像之一，向全国、全世界播出。2002年被评为北京市交通安全社区、中央国家机关文明单位；2012—2014年获首都“文明社区”称号。2015年末，社区户籍人口1721人，常住人口2251人。

北苑三号院社区

成立于2008年9月，占地面积0.7平方公里。辖区东至红军营村，南至北苑二号院，西至北苑路，北至北京城乡建设学校。社区辖6个居民小区，有居民楼27栋。2015年末，社区户籍人口3248人，常住人口9780人。

立清路第一社区

成立于2008年9月，占地面积0.34平方公里。辖区东至清河北岸与地铁13号线交会处，南至清河北岸，西至昌平区东小口镇陈营村，北至地铁13号线。该社区辖6个居民小区，内有居民楼19栋、商用楼6栋。2012—2014年获首都“文明社区”称号。2015年末，社区户籍人口4907人，常住人口12260人。

清苑路第一社区

成立于2011年3月，占地面积0.83平方公里。辖区东至北苑东路，南至水岸南街，西至南滨河路，北至滨河南街。该社区辖3个居民小区，有居民楼124栋和朝阳实验小学（润泽校区）、对外贸易学院、清河营娘娘庙。2013年被评为北京市“一刻钟”服务圈示范社区；2014年获得北京市社区科普益民计划优秀科普社区称号；2015年被评为北京市五星级智慧社区和全国科普示范社区。2015 年末，社区户籍人口 4563 人，常住人口 11400 人。

广达路社区

成立于 2011 年 3 月，占地面积 0.14 平方公里。辖区东至广顺北大街，南至来广营西路，西至来广营北路，北至来广营 4 号路。社区辖 1 个居民小区，有居民楼 30 栋和古迹来广营娘娘庙、来广营关帝庙。2012—2014 年获首都“文明社区”称号；2015 年获北京市“六型社区”、北京市五星级“智慧社区”称号。2015 年末，社区户籍人口 1103 人，常住人口 5462 人。

红军营社区

成立于 2013 年 5 月，占地面积 0.26 平方公里。辖区东至红军营东路，南至北苑小街，西至红军营路，北至北苑中街。社区辖 1 个居民小区，有居民楼 8 栋、服务配套楼 3 栋、商用楼 2 栋。2014 年，被评为北京市“六型社区”示范单位；2015 年，被评为北京市智慧社区（三星）。2015 年末，社区户籍人口 5428 人，常住人口 4600 人。

北卫家园社区

成立于 2015 年 6 月，占地面积 1.5 平方公里。辖区东至北京会议中心，南至拥军路，西至北苑路，北至北五环路。社区辖 4 个居民小区，有居民楼 102 栋、服务楼 2 栋、商用楼 1 栋。2015 年末，社区户籍人口 1314 人，常住人口 4023 人。

清河营中路社区

成立于 2015 年 6 月，占地面积 0.13 平方公里。辖区东至水岸中街，南至地铁 13 号线，西至清河南滨河路，北至水岸南街。社区辖 2 个居民小区，有居民楼 20 栋和朝花幼儿园世华泊郡分园、朝阳外国语学校来广营校区初中部。2015 年末，社区户籍人口 1682 人，常住人口 7284 人。

清苑路第二社区

成立于 2015 年 6 月，占地面积 0.61 平方公里。辖区东至北苑东路，南至地铁 13 号线，西至清河营东路，北至水岸南街。社区辖 2 个居民小区，有居民楼 24 栋、商用小区 2 个、商用办公楼 11 栋和北京市朝阳区朝花幼儿园（来广营园）、北京市朝阳外国语学校（来广营校区小学部）、北京市朝阳外国语学校（高中部）、北京市朝阳区妇幼保健院（在建）。2015 年末，社区户籍人口 1991 人，常住人口 6983 人。

第三章　人口

来广营古域偏僻，原住民稀少，人口增长缓慢。至20世纪后半期，政治经济秩序和社会环境稳定，人口进入“高出生、低死亡、高增长”阶段。二十世纪七八十年代人口自然增长率达到高峰，每5年增加2000多人，户籍人口在1995年后突破3万人。由于计划生育力度加强，人口控制日益严紧，自然增长率随之迅速下降。进入21世纪，农民成批拆迁转居，市民人口增加，农业户籍人口减少，流动人口则大量涌入，逐渐超过户籍居民。“十一五”时期开始，户籍人口户数、人数、出生数和自然增长率均持续较快增长，常住人口达到12万人的空前规模。

第一节 人口变迁

新石器时代，来广营域内就有原始部落。明、清至中华民国时期，域内久为屯兵重地，黄军营、勇士营、清河营、来广营之所以以“营”为村名，即源于驻军屯垦和八旗兵拱卫京师的兵营称谓，官兵眷属是先民人口结构一大群体。另一重要人口成分，是守墓人繁衍自成聚落，全境以坟名、墓主或守茔人姓氏命名的自然村多达 14 个。据国家第一档案馆史料和古碑记载，域内先祖姓氏，清乾隆年间清河营村有朱姓、张姓，清光绪年间南湖渠村有马姓、刘姓，民国期间北湖渠村有靳姓，来广营村有燕、许、崔、周、张、徐、乐等姓氏。立水桥村 1937 年至 1945 年有常住村民 73 户、300 多人，1946 年至 1949 年增至 400 多人。

1949 年 12 月，安家坟、黄军营、勇士营、东湖渠、北湖渠、南湖渠、来广营、五合村、刘各庄 9 村人口总计 9588 人，其中不少人常年外出。仅安家坟一村就外出 46 人（7 人参军，4 人参政，25 人务工经商，10 人因其他原因外出）。随着经济恢复发展，生活条件改善，人口进入稳定发展期。1953 年末，安家坟乡、南湖渠乡和来广营乡共有 2038 户、9072 人。此后，域内户籍人口变迁呈现四个阶段，每一阶段又有各自不同的变迁。

20 世纪 50 年代至 70 年代，人口增速较快，1956 年至 1979 年从 10587 人增至 24275 人，平均每年增长 5.62‰。1956 年，来广营等 4 小乡合并后的和平乡共有 2525 户、10587 人。1958 年创办公共食堂时，为节省粮食，控制人口流入。如当年 10 月 30 日和平人民公社制订的关于公共食堂制度和管理办法中就有“严格执行供给制度，严格控制流动人口”的规定。60 年代后，人口机械变迁少，只有婚丧嫁娶、征兵退伍、升学毕业、分配工作等原因而有少数人迁移出入。“文化大革命”期间，有市区下放干部、居民、插队落户知识青年（时称“知青”）陆续迁入来广营人民公社。至 1973 年，全社累计接受插队落户“知青”1123 人，是人数最多的一年。“文化大革命”结束后，“知青”逐年招工回城，离开域内。

20 世纪 80 年代至 90 年代，计划生育力度逐年加强，人口控制收紧，1983 年至 1999 年从 25923 人增至 33906 人，平均每年仅增长 1.92‰。人口自然增长率也大幅下降，从历史最高峰 1987 年的 17.9‰一路降至最低谷 1999 年的 1.21‰，人口出生率则从 1980 年的 22.2‰降至 1995 年的 7.89‰。同时，流动人口开始涌入，1995 年，来广营乡外省市务工经商人员 1774 人，

2000 年第五次全国人口普查时，流动人员猛增至 16301 人，5 年增长 8.19 倍。

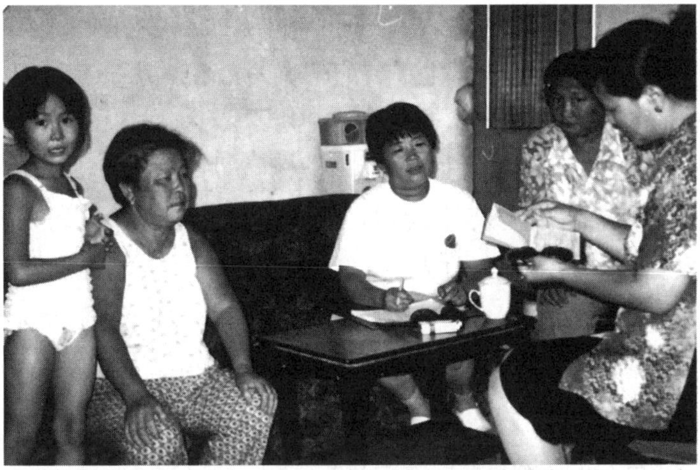

乡人口普查工作人员入户进行第五次全国人口普查（2000 年摄）

进入 21 世纪，户籍人口因发生机械变动而大幅减少。由于部分村撤销、加上村民陆续划入域外街道等原因，2000 年户籍人口骤降至 21459 人，直至 2009 年才超过 20 世纪人口最高峰 1999 年的 3.3 万多人，平均每年增长 6.89‰。与此同时，流动人口快速增长。2006 年农业普查结果显示，全境户籍人口 44970 人，京外户籍 60053 人，远超京籍人口。北京奥运会和国庆 60 周年前夕，多次大力清理流动人口，2008 年常住人口压缩至 72151 人。2010 年，据第六次全国人口普查数据，来广营地区（乡）11 月 1 日户籍人口 20290 户、40419 人，流动人口 1530 户、42000 人，外国籍人口 22 人。家庭人口结构，2010 年，全家有 60 岁及以上老人 1 个以上的有 3451 户，其中单身老人 677 户；有 2 个老人的有 3422 户，其中一对老夫妇的有 1293 户；有 3 个及以上老人的有 49 户。家庭人口规模，1 人户 11440 户，占 25.84%；2 人户 14772 户，占 33.37%；3 人户 11810 户，占 26.68%；4 人户 3566 户，占 8.05%；5 人户 2269 户，占 5.13%；6 人以上户 415 户，占 0.93%。家庭人口中，一代户 24739 户，占 55.88%；二代户 15373 户，占 34.72%；三代户 4118 户，占 9.30%；四代户 42 户，占 0.09%。

“十二五”时期，户籍人口呈现“高出生、低死亡、高增长”特征，户数、人数、出生数和自然增长率均呈现新一轮持续增长。因拆迁补偿等政策因素，各村涉婚女子外嫁少而域外嫁入多，故此后户籍人口进入快速增长时期，年末人数从 2009 年的 34777 人迅速增至 2015 年的 54624 人，平均每年增长达到9.51‰的最高速。2015年末，全境登记在册的户籍人口26253户、54624人，自然增长率18.65‰。户籍人口出现新的变迁趋势，即生育一胎并领取独生子女证者减少，而二孩却从上年的非农户籍129人增至230人、农业户籍从上年的4人增至8人。同年，流动人口仍高达122989人。其中，居住半年以下4910人、居住半年至1年6092人、居住1年至5年77372人、居住5年以上34615人。流动人口虽然占比仍然居高，但绝对数呈减少趋势。长期以来，每年都压缩调控京外人口，通过清理整治群租房等措施，2014年至2015年疏减流动人口1.93万人。

表3-1　1956年至2015年来广营地区（乡）部分年份人口统计表

年度	户籍人口		出生人口（人）	死亡人口（人）	自然增长率（%）
	户数（户）	人数（人）			
1956	2525	10587	/	/	/
1972	4585	21354	328	/	/
1975	5060	22284	279	/	5.2
1979	6838	24275	397	/	居民5.34 农民13.5
1983	8095	25923	331	/	12.2
1987	10182	28282	392	/	17.9
1990	11194	29094	/	/	4.93
1996	14116	30466	250	173	2.59
1997	15016	31530	265	160	3.39
1998	15532	32307	234	176	1.82
1999	16132	33906	190	150	1.21
2000	10038	21459	253	185	2.46
2001	10316	21622	148	76	3.34
2002	10672	21679	173	70	4.76
2003	11229	22111	121	70	2.33
2004	11841	23177	262	82	7.95
2005	13059	25494	368	74	12.08
2006	14190	27465	414	82	12.54
2007	15451	29954	642	77	19.68
2008	16947	32485	730	100	20.18

续表

年度	户籍人口		出生人口（人）	死亡人口（人）	自然增长率（%）
	户数（户）	人数（人）			
2009	17889	34777	779	91	20.45
2010	19025	37419	805	204	16.65
2011	20327	40505	994	115	22.56
2012	21843	43517	1164	130	24.61
2013	23447	47269	1161	132	22.67
2014	24722	50805	1359	133	25.00
2015	26253	54624	1155	172	18.65

说明：表中数据来自朝阳区历年统计年鉴、北京朝阳年鉴，唯1990年和1997年的自然增长率均采自计划生育部门数据；表中“/”表示无统计数据。

第二节　人口构成

一、性别构成

1950年，来广营村总人口1065人，其中男性551人、女性514人，性别比为107.2。此后，域内人口性别比例男少女多。1956年，和平乡总人口11413人，其中男5642人、女5771人。1972年，来广营人民公社农业户籍人口14851人中，男6987人、女7864人。1980年，全公社总人口性别比降至82.54，男少女多的状况一直延续至20世纪80年代后期。

20世纪90年代，男性人口超过女性。1990年第四次全国人口普查显示，来广营乡7月1日户籍人口32950人，其中男16849人、女16101人，性别比104.65，首次超过女性人口。此后，男多女少的性别构成未再逆转，一直延续未断。

2000年，户籍人口性别比提升至108.95。进入21世纪，男女人口差别开始缩小。2010年第六次全国人口普查，来广营地区（乡）登记户数11月1日为20628户、123665人，其中男性63509人、女性60156人，性别比为105.57。2015年，在册户籍人口54624人中，男性27774人、女性26850人，性别比为103.4。

二、人口分布

1949年12月，人口村际分布，安家坟649人，黄军营982人，勇士营1127人，东湖渠1021人，北湖渠1095人，南湖渠2139人，来广营1080人，五合村931人，刘各庄564人，黄军营982人。1951年人口户籍分布，黄军营264户、1023人中，非农户25户、51人，农业户籍239户、972人。由于国家建设大兴土木，水利、修路、火车装卸都需要大量劳动力，故各村人口外出务工较多，仅来广营村经常性外出者就有84人。1953年末各乡人口2038户、9072人中，安家坟乡695户、2747人，南湖渠乡733户、3329人，来广营乡610户、2996人。1956年，和平乡2768户、11413人中，外出劳动力400多人。全乡非农户户籍308户、434人，农业户籍2460户、10979人，农民占总人口绝对多数，并在此后延续长达近半个世纪。1973年，散住各村的非农户籍人口1299户、6601人，农业户籍人口3510户、15307人。20世纪70年代末开始，“知青”陆续返城。

1980年，来广营人民公社24428人中，城乡户籍分别为非农户籍8729人，占35.72%，农业户籍人口15699人，占64.28%。此后，非农户籍人口占比逐年上升，未再逆转。1995年，来广营乡户籍人口9526户、人口24798人，其中农业人口5003户、11922人，非农人口4523户、12876人，城镇户籍居民占比升至51.92%，首次超过农业总人口。20世纪90年代后，流动人口快速增长。为加强管理与服务，域内建有9个流动人口管理服务站，每村1个。

2003年，总人口11229户、22111人，其中城镇户籍占比升至62.64%。

来广营乡召开外来人口管理工作会议（1996年摄）

2010年末，户籍人口37419人中，城镇户籍32766人，农业户籍4653人。

至2015年6月，因连年腾退拆迁、农民转居，城市户籍人口已占绝对多数，总人口中，非农户籍人口达54593人，农业人口仅剩31人，城乡户籍分布为99.94%与0.06%。尚未回迁进社区的留村人口3537人的村域分布，来广营村1070人，北湖渠村1323人，红军营村243人，新生村901人。

同年，流动人口中，非农业人口76531人、农业人口46429人。其来源地分布，前10位占流动人口总数的72.93%，分别是河北省22546人，河南省12855人，山东省10431人，黑龙江省9998人，辽宁省7137人，山西省5999人，湖北省5459人，内蒙古自治区5231人，吉林省5278人，四川省4741人。

三、文化构成

1949年以前，域内人口文盲率近九成。20世纪50年代，通过群众性扫盲，文盲、半文盲人口比重开始下降。1955年，勇士营村14岁以上人口196人中，读完初小18人、高小25人、初中8人、私学39人；老东坟村14岁以上人口68人中，读完初小4人、高小4人、初中5人、高中1人、私学18人；顾家庄14岁以上人口226人中，读完初小9人、高小24人、初中9人、高中3人、私学65人；黄军营村14岁以上人口446人中，读完初小43人、高小15人、初中3人、高中1人、私学75人，其余为不识字或识字很少。1956年，和平乡14岁至50岁共有3373人，其中文盲1646人、占48.8%，半文盲593人、占17.6%，非文盲1134人、占33.6%。六七十年代，随着北京市教育事业发展，社队农民文化程度普遍提高。

来广营乡1990年第四次全国人口普查数据显示，7月1日全乡总人口32950人中，有大学本科生1179人、大学专科生1421人、中专生1131人、高中生3939人、初中生12088人、小学生7849人，12周岁以上不识字或识字很少的有2579人。

2000年，全乡常住人口总数26000人，其中：大专及以上学历2439人，高中及中专7221人，初中生8044人，小学生7226人，12周岁以上不识字或识字很少的文盲1070人。

进入21世纪，来广营乡常住人口中的大专学历以上人口逐年增加，从2000年的2439人升至2010年的61071人，增至25倍多。其他文化构成，

2010年高中及中专18764人，比2000年增至2.6倍；初中生26641人，增至3.31倍；小学生8542人，增至1.18倍；12周岁以上不识字或识字很少的文盲966人，比2000年减少9.72%。

至2015年，来广营地区（乡）常住人口中，高中以上学历继续呈增加趋势，占总人口的85%以上，其中多为中青年，而文盲和小学文化人口快速减少，其中主要是老年人。流动人口中，小学及以下文化5888人，占总数的4.78%；初中文化32867人，占总数的26.72%；高中文化36965人，占总数的30.05%；大专及以上文化47269人，占总数的38.43%。

四、民族构成

域内人口多为汉族，少数民族占比较低，其中满族和回族相对较多。

1990年，来广营乡共有32950人，其中：汉族人口32450人，约占总人口的98.5%；少数民族500人，约占总人口的1.5%。少数民族分别是满族225人、回族208人、蒙古族30人、壮族12人、朝鲜族7人、土家族7人、白族3人、侗族3人、苗族2人、锡伯族2人、瑶族1人。

2000年，全乡常住人口26000人，其中：汉族人口22615人，占总人口的86.98%；少数民族3385人，占总人口的13.02%，10年上升11.7%。少数民族分别是满族1409人、回族659人、朝鲜族339人、蒙古族365人，其他人数较少的各少数民族总共613人。

2010年，来广营地区（乡）常住人口123665人中：汉族118626人，占常住人口的95.93%；少数民族共16个，人口5039人，占总人口的4.07%。少数民族人口中，满族1821人，回族837人，朝鲜族763人，蒙古族679人，其他民族合计939人。

2015年，来广营地区（乡）常住人口仍以汉族为主。流动人口中有汉族118980人，满族1336人，朝鲜族876人，蒙古族659人，回族512人，其他少数民族合计626人。

第三节 计划生育

旧时，域内居民流行多子多福、早生贵子、儿孙满堂等传统观念，早婚、早育较为普遍。一对夫妇普遍生育四五个孩子，个别家庭生育七八个孩子。

直至20世纪50年代，一直放任婚孕生育，无所节制。

1957年，和平乡曾在人口稠密的大村宣传节制孕育。1962年，国务院号召计划生育，来广营人民公社开始宣传晚婚、晚育。1972年，来广营人民公社出生328人，出生率15.6‰。面对人口加速增长的趋势，全社按照中央和北京市的人口方针开始实行计划生育政策。1975年初，公社设置计划生育办公室，宣传适龄青年晚恋、晚婚、晚育的“三晚”口号。1976年，人口出生率5.6‰，比1972年下降10‰。

1979年，来广营人民公社根据国家政策，重点推行“一对夫妇只生一个孩子”的人口控制措施。此后，计划生育工作步入法制化、规范化轨道。1980年，公社制定《关于计划生育若干规定》。朝阳区在来广营等人民公社开展“无多胎生育、无计划外生育、无大月份引产”的创“三无”活动。1981年，来广营人民公社制定《关于计划生育若干规定》补充规定。1984年，来广营乡育龄妇女2895人，领取独生子女证1609人，领证率99%，节制生育技术措施长效率71%，计划生育率98%。全乡利用多种形式宣传中央《关于认真贯彻中共中央（1984）七号文件严禁早婚的通知》和北京市《关于生育第二个孩子的规定》，把计划生育工作纳入经济社会发展和精神文明建设的统一规划。1987年，来广营乡制定实施《计划生育综合治理规定》，全年人口出生率22.4‰，自然增长率17.6‰，一胎率94.7%，二胎率8.2%，多胎率0.5%，女性晚婚率41%，计划外二胎13人。1988年至1990年，来广营乡连续三年被评为朝阳区计划生育先进单位；1989年至1990年，连续两年被评为北京市计划生育工作先进单位。1981年至1993年，出生婴儿最多是1987年的382人、最少是1993年的150人，出生率最高是1981年的23.2‰、最少是1993年的8.68‰。计划生育率最高是1993年的100%、最低是1981年的81%。一胎率最高是1985年的98%、最低是1981年的80.8%。独生子女领证率最高是1987年、1992年和1993年的100%，最低是1981年的60.8%。

来广营村计生干部在计划生育专栏前向村民宣传相关政策（1993年摄）

1995年，全乡计划生育率提高到98.9%，晚育率81.6%，一胎率78.6%。2002年开始，来广营乡计划生育工作的管理服务扩大到流动人口，对外来育龄妇女登记造册、建账建卡并签订责任书，检查辖区1100多名流动人口育龄妇女的生殖健康情况，办理流动人口婚育证，提供避孕药具。

2004年，来广营地区（乡）改文教卫生科为计生文教科，设计划生育办公室主任1名。2005年，来广营乡被评为“朝阳区人口与计划生育工作示范乡”，连续3年被评为“北京市人口和计划生育工作先进集体”。“十一五”时期，不定期邀请和平医院医生在各村检查流动育龄妇女生殖健康情况，红军营村、新生村和来广营村为此进行试点，效果较好，并在北苑三号院和北苑家园增设孕检点，每年受检数百人。由于人口控制严紧得力，从1996年到2010年的15年间，人口出生率从20.22‰降至6.51‰，下降约14个千分点。

2015年，来广营地区（乡）出生婴儿959人，出生率非农户籍18.40‰、农业户籍11.54‰。一孩数719人、二孩数238人、多孩数2人；晚育率非农户74.26%、农业户52.63%；计划生育率非农户98.51%、农业户94.74%。该年出现新的生育趋势，即一孩率从上年的非农户籍87.9%降至75.32%、农业户籍从上年的84.6%降骤至57.89%，而二孩率却从上年的非农户籍12.1%骤升至24.47%、农业户籍从上年的15.38%猛升至42.11%。

表3-2　2001年至2015年来广营地区（乡）非农户籍人口计划生育情况统计表

年份	一孩数（人）	二孩数（人）	多孩数（人）	出生率（‰）	一孩率（%）	二孩率（%）	多孩率（%）	晚育率（%）	计生率（%）
2001	95	5	1	5.08	94.06	4.95	0.99	93.68	100
2002	185	2	0	8.57	98.93	1.07	0	96.76	100
2003	130	3	0	3.51	100	0	0	50.00	100
2004	342	10	0	11.04	97.16	2.84	0	90.34	100
2005	473	21	1	10.82	95.56	4.24	0.20	94.28	98.59
2006	556	14	0	14.47	97.54	2.46	0	92.63	99.82
2007	591	4	0	17.91	99.33	0.67	0	95.77	99.83
2008	582	23	0	23.22	96.20	3.80	0	96.05	99.50
2009	667	23	0	23.85	96.67	3.33	0	96.70	99.13
2010	702	23	0	23.06	96.83	3.17	0	98.72	98.21
2011	781	27	0	23.54	96.66	3.34	0	98.34	99.26
2012	940	58	0	26.23	94.19	5.81	0	92.99	97.90
2013	856	64	1	16.30	92.94	6.95	0.11	91.64	98.70

续表

年份	一孩数（人）	二孩数（人）	多孩数（人）	出生率（‰）	一孩率（%）	二孩率（%）	多孩率（%）	晚育率（%）	计生率（%）
2014	937	129	0	23.27	87.90	12.10	0	86.96	97.75
2015	708	230	2	18.40	75.32	24.47	0.21	74.26	98.51

表 3-3　2001 年至 2015 年来广营地区（乡）农业户籍人口计划生育情况统计表

年份	一孩数（人）	二孩数（人）	多孩数（人）	出生率（‰）	一孩率（%）	二孩率（%）	多孩率（%）	晚育率（%）	计生率（%）
2001	58	7	0	7.73	89.23	10.77	0	63.79	100
2002	78	4	0	9.84	95.12	4.88	0	71.79	100
2003	37	3	0	2.34	95.00	5.00	0.00	55.00	100
2004	102	11	0	14.78	90.27	9.73	0	61.95	95.58
2005	67	4	1	9.41	93.06	5.56	1.39	43.06	100
2006	43	3	1	6.97	91.49	6.38	2.13	65.96	95.74
2007	33	4	0	6.47	89.19	10.81	0.00	69.70	94.59
2008	29	7	0	6.97	80.56	19.44	0.00	86.21	97.22
2009	22	0	0	4.68	100	0.00	0.00	68.18	100
2010	21	3	0	5.14	87.50	12.50	0.00	80.95	95.83
2011	25	3	0	6.03	89.29	10.71	0.00	84.00	96.43
2012	27	5	0	8.05	84.38	15.63	0.00	71.88	93.75
2013	17	3	0	6.11	85.00	15.00	0.00	55.00	95.00
2014	22	4	0	8.02	84.62	15.38	0.00	69.23	96.15
2015	11	8	0	11.54	57.89	42.11	0.00	52.63	94.74

第四章 城乡建设与管理

旧时域内是京东北域最偏僻的农村之一，聚落住房散乱简陋。20 世纪 80 年代，开始旧村改造，创建文明村，村民新建住宅渐多，民居更新改善，全面规划建设水电路等基础设施。至 20 世纪 90 年代前期，全乡村际道路路面全部硬化，供排水管道系统基本形成。

2000 年始，来广营乡调整城乡建设规划，推进农村城市化、经济繁荣化和地区文明化，建设绿色生态区、产业发展区和城市居住区的“三化三区”工程。北京市绿化隔离地区建设，促使乡村大拆大建、大破大立，居民小区、农民新村、大型公园、文体设施陆续建成。来广营乡作为北京市第一道绿化隔离地区城市化试点乡，至 2015 年，农民全部腾退搬迁上楼，城乡一体化建设成效明显，城乡面貌焕然一新。

第一节 旧村改造

据立水桥村域发掘出的石器遗迹，域内新石器时代出现原始聚落。元、明时期逐步成村，聚落规模较大者有二三百户，其间有不规整的自然天成的街巷水沟和畜力车年久碾压的砖石路；规模小者十余户一个自然村落，分布散乱无规则。清初曾有八旗权贵圈地拆屋，兼并农户，自建庄园。非住宅建筑，有庵庙、兵营、御苑、围猎场等。至 20 世纪中叶，各村民宅仍多为低矮的土坯平房，村容村貌无大改善。42 个自然村之间的土路小道，布满车辙。六七十年代，危房增多，更新缓慢。水电交通等基础设施落后，路面坑洼不平，环境脏乱，人们出行晴天一身灰，雨天两脚泥。

1958 年至 1959 年，和平人民公社无偿征用较大的民宅作为幼儿园、公共食堂、识字夜校、队部办公之用。1969 年，来广营人民公社为插队落户的知识青年新建或翻修住房上百间。党的十一届三中全会后，随着经济发展繁荣，建设速度加快，土坯平房迅速减少，代之以砖灰或砖混结构独门小院，部分农民自建双层小楼。1984 年，来广营乡开始建设文明村，当年各村新建公厕 39 座，硬化村际路面水泥路 5300 平方米、柏油路 1140 平方米。1985 年，各村村民共翻建房屋 147 户、迁建房屋 128 户。1984 年至 1993 年，域内进行有规划的旧村改造，分批扩建更新公用基础设施，累计修建水泥道路 32383 平方米、柏油路 39902.9 平方米，清理渣土 197386 立方米，兴建公厕 136 座。“八五”计划期间，全乡总投资 1395.65 万元，修建乡间公路 6 条、总长 25 公里，村内硬化路面达 80%，改造农电低压线路 47 公里，安装路灯 7.9 公里。各村村民积极植树造林，栽花种草，绿化美化环境，创建社会主义新农村。立水桥村兴建北京市第一个村办公园。1995 年，域内村民全部住进砖瓦钢木结构房，人均住宅面积 20 平方米。

1998 年，为创建精神文明示范乡、迎接第四次全国卫生大检查，全乡修复柏油路 40155 平方米、水泥路 26628 平方米，修建排水沟总长 20000 米，新建花坛 196 处、垃圾池 51 处、公厕 22 座、村口牌楼 17 座、护村围墙总长 6200 米。至 2000 年，共建设村街心花园 3 个和朝来森林公园，安装路灯 130 盏。投资 500 万元，兴建大众浴池 7 处、露天泳池 2 处等公用设施。来广营乡被列为市、区社会主义新农村建设示范乡。

2001 年，北京市人民政府办公室发文，要求加快“绿隔”地区旧村改造和新村建设，再次掀起建设社会主义新农村高潮，来广营乡被中央建设部、农业部等部委确定为全国文明小城镇示范点。2005 年，开展乡村信息化建设，建立基础数据平台和乡村两级电子系统。“十一五”时期，域内旧村改造两处，一是清河营旧村改造 84 万平方米，二是来广营旧村改造 90 万平方米。因“绿隔”建设、土地储备工作需要，各村陆续腾退拆迁，加速城市化进程。经过“十二五”时期坚决持续的集中突击，至 2015 年，全乡共拆除违章建筑 55.38 公顷面积，彻底整治北京会议中心东侧、清河北岸非法洗车一条街、青龙河循环经济产业园，腾退出土地全部绿化，域内新增绿地 240 公顷。每年都有道路维修、雨洪工程、污水排放、绿化美化、光伏电站等社会主义新农村建设项目，并开始疏解非首都功能。来广营地区（乡）作为朝阳区城乡一体化试点单位，仅存的 5 个行政村全部实行村居并行的社区化管理。

“十五”时期旧村改造前的立水桥村容村貌

“十五”时期旧村改造后的立水桥村容村貌

第二节 拆迁安置

1993年6月，北京市人民政府批准北京城建集团总公司等单位在红军营、立水桥村征地建设各自下属机构，为此进行腾退拆迁，红军营西坡子村最先拆除，将红军营村涉地农民户籍转为非农户籍居民（简称“转居”）1605人、转为职工安置（简称“转工”）936人，在立水桥村征地转居932人、转工555人，转居转工村民1996年开始陆续腾退搬迁。至1997年，全乡共因征地转居转工2387人，自谋职业415人。2000年，西坡子涉拆村民住入新建小区紫绶园，成为城市居民，红军营自然村被规划为首都绿化隔离带和全乡失地农民回迁楼建设地，随后即开始腾拆。立水桥村耕地因“明天第一城”建设项目被征占600亩、因北京市“148公顷项目”（市发改委、市规划委批准用于平衡奥林匹克森林公园建设资金土地一级开发的重点工程）被征占200余亩，涉地村民均转居转工。

为兴建首都第一道绿化隔离带，2002年成立拆迁办公室，专门负责全乡农民腾退拆除、搬迁安置工作。当年12月，乡人代会本着“农民搬得动，住得稳，政府承担得起，农民安居乐业，社会政治稳定”的原则，审议通过《来广营乡绿化隔离地区拆迁腾退办法》。“一绿”拆迁工作进展顺利，按照“分期分批、有序推进”原则，至2004年11月14日完成第五期腾退安置任务，红军营等村累计5400余人入住农民新村朝来绿色家园。

2006年，为落实市“148公顷”项目，拆除民宅283个院落、腾拆总建筑面积7.7万平方米，涉迁清河营村、立水桥、新生村和红军营村土地140.743公顷、村民1900余人、劳动力1000余人，涉迁公建设施及企业54个，建筑面积11.2万平方米，南湖渠村188名农转非居民参加商业保险，超转人员移交民政局管理。

2002年至2009年，立水桥村、西坡子村、清河营村、辛庄村、刘各庄村、来广营村、顾家庄村、勇士营村、北湖渠村、东湖渠村的拆迁上楼工程相继完成，村民6929户、13539人分12批入住朝来绿色家园农民新村。配合电子城西区北扩，腾退拆迁朝来万通市场、东湖渠村企业。全乡土地储备工程腾退工作2009年首先在北苑、安家坟村启动。

2010年，按照挂账重点村专项整治和市、区土地储备工作的要求，北苑村、白家坟村和劈李坟村完成腾退任务，共拆除民宅704个产权院、搬迁3470人，总建筑面积31.9万平方米，腾退企业69家总建筑面积23.56万平方米。红军营村25名劳动力转为非农户籍。清河营村民62人转居、47人转工安置。

表4-1　2010年来广营地区（乡）拆迁安置一览表

期　别	村　名	拆迁情况			安置方法
		户数(户)	非农人数（人）	农业户人数（人）	
"绿隔"二期腾退搬迁	辛庄村	309	251	521	农民新村回迁房
	勇士营村	511	299	679	
	刘各庄二队	418	288	420	
"绿隔"三期腾退搬迁	清河营南侧	428	71	754	货币补偿、农民新村转商品房安置
	清河营北侧	1039	145	2017	
	北湖渠村	1319	568	2176	
"绿隔"六期腾退搬迁	来广营	267	324	348	农民新村回迁房
	来广营、红军营	1715	1696	1815	
	红军营	610	584	626	
	顾庄、红军营	1192	1173	1256	
土地储备腾退搬迁	白家坟村	395	0	934	在北苑土地储备用地建定向回迁安置房
	霹李坟村	109	0	228	
合计		8312	5399	11774	

2011年，北苑、安家坟自然村3470人回迁进楼，其中1333人转居，662人转工。2014年4月25日，召开北湖渠村村民动员大会，部署该村环境整治项目住宅房屋腾退安置工作。8月26日，北湖渠村村民代表大会一致同意对剩余院落帮助腾退，以村委会为主，乡机关6个安置工作组、派出所、城管大队、拆迁公司协同，实施搬迁帮拆，至9月9日拆除该村全部158个滞留院落，腾退土地46.67公顷，拆迁私有房屋面积9.3万平方米，拆除公房0.6万平方米，剩余540名村民腾退搬迁，135个院落产权人购买372套安置房。全乡5个村至此全部拆迁，合计住宅面积157.22万平方米、非住宅建筑物面积130.56万平方米，共安置搬迁上楼8762户、19873人，剩余农民3237人全部转为城市户籍居民。借助群众路线教育实践活动和亚太经合组织会议召开的动力，当年还拆迁清理出清河北岸、京承高速东侧来广营段、北京会议中心东门4个地块，共拆除建筑面积36.8万平方米，腾退土地48公顷。

经“十二五”时期的全面攻坚，至2015年末，来广营乡各村聚落全部腾退拆迁，剩余农民3237人整建制转为城市户籍居民，累计转居安置农民5655人，其中超转882人，安置劳动力2800余人。同时，开始拆迁清除非首都核心功能的企事业机构的建筑设施。

全乡整建制农转非安置工作动员部署会议会场（2015年摄）

第三节　农民新村

2000年，来广营乡规划建设“三区”（城市居住区、绿色生态区、产业发展区），用于安置回迁上楼的农民新村是其中城市居住区的主要项目。农民新村规划用地118.7公顷，总建筑面积121.79万平方米，其中农民回迁住宅建筑面积86.65万平方米，商品房建筑面积35.14万平方米。农民新村建成后称朝来绿色家园，东邻朝来农艺园，南邻五环路，西邻北苑家园，北邻地铁13号线，分为A区（来春园）、B区（时代庄园）、C区（蕴实园）、D区（广华居）、E区（赢秋苑）、F区（中心花园）、G区（青年城），A、C、D、E区为朝来绿色家园住宅小区中的农民自住房和公建配套用房，用于安置“绿隔”建设和旧村改造的拆迁村民。B、G两区为按1:0.5的比例开发建设的属商品房性质，F区是新村中心花园及商业配套设施。

朝来绿色家园的开发建设分期实施。第一期是来春园小区，2000年8月29日作为京郊第一个农民新村在全市率先奠基开工，北苑农民新村建设由此起步。2002年底，来春园小区工程竣工。同时，在市、区支持下，全面进行小区内市政配套工程建设，商业、邮电、银行的小区网点，文化产业中心、物业管理用房、医疗卫生服务等配套服务设施相继开工。2002年2月，来广营乡成立朝来绿色家园房地产开发公司，自筹资金、自我开发、自我建设、自我管理，承担“绿隔”地区农民住宅楼的开发建设。第二期的广华居、来春园、赢秋苑和第三期的蕴实园小区、中心广场，分别于2005年底和2006年底竣工，家园配套建设如电力设施、商业服务和教育校园等项目同时完成。新村建设完成115万公顷，占规划面积的91.32%，搬迁入住6000余人。

北苑农民新村工程奠基（2000年摄）

2008年，建成农民新村建筑面积10万平方米，1289户、2724人喜迁新居，同时逐步配齐新建小区的管理用房、文体活动用房、老年人活动用房、公共医疗卫生办公设施、中小学用房。至年底，环境优美、空气清新、功能齐全、管理先进、现代文明、居住舒适的朝来绿色家园，成了来广营地区（乡）一道靓丽的民居风景线，标志着农村城市化建设取得显著成效，彻底改变农民的生活方式和生活环境，全乡农民分12批计6929户、13539人入住。

2010年9月15日，土地储备拆迁村民定向安置房——来北家园在北苑村域开工，项目用地8.04公顷，建筑面积26.08万平方米。2012年，来北家园建成8栋高层板式住宅楼、4栋配套公建楼、1栋幼儿园楼，至12月22日，定向安置房接收居民回迁645户、2781人，拆迁居民全部入住，另外销售房屋2063套。至2015年，传统乡土村落已不复存在，取而代之的是一片片现代化小区和优美公园绿地。辖区村民全部搬迁上楼，住进已成为城市社区的农民新村。

定向安置房来北家园在北苑村域开工（2010 年摄）

第四节 城市建设

1984 年 6 月，南湖渠村与区煤炭进出口公司、电气化铁道研究所联建南湖渠西里住宅楼，占地 9.2 万公顷。因未办理规划许可手续，1986 年 4 月 8 日朝阳区人民政府办公室通知移交区开发公司接手建设，总计 19 栋多层楼、2 栋高层塔楼以及各项配套设施竣工后，交区房管局管理，安排 100 多个单位职工、居民入住，称南湖西里小区。1994 年 5 月，市政府批复同意朝阳区在南湖渠、东湖渠两村征地筹建望京住宅小区一期工程。全部建成后的望京住宅小区是当时北京最大的居住小区。此后，根据北京市城市建设总体规划，乡域陆续开发建设望京小区二期、北苑小区和望京工业区，为此撤销南湖渠村及所辖生产队，村民全部转居转工。

2000 年初，北京市开始建设绿化隔离带，推进农村城市化进程。来广营乡抓住这一重大机遇，调整乡域规划，建设占地 117.4 公顷的城市居住区。城市居住区位于北苑小区、北苑南区、来广营、清河营和北苑村，占地 727 公顷，包括农民新村、商品房区、旧村改造区、社会单位住宅区。根据市政府办公厅印发《关于加快本市绿化隔离地区建设暂行办法》，绿隔地区集体经济组织建设农民自住房屋与商品房的比例为 1:0.5，据此计算全乡商品房可建 35 万平方米。8 月 29 日，北苑新村首期工程奠基。2002 年，朝来绿色家园房地产开发公司与北京太合日盛房产开发有限公司合作开发建设朝来绿色家园商品住宅楼 17.85 万平方米的时代庄园，与北京新华联恒业房产开发有限公司合作开发建设朝来绿色家园中 19.12 万平方米的北京青年城，共引进资金 2.5 亿元。至 2005 年末，北京青年城和时代庄园两个商品房项目的

57 栋多层楼房、10 栋高层板楼、7 栋高层塔楼，均建成入住。

2006 年，全乡用于城市化建设的资金为 41.5 亿元。利用北京市“绿隔”建设优惠政策，来广营乡自主开发建设一批商品住宅楼。2007 年，根据《北京市规划委员会关于朝阳区北苑东区南部用地项目规划指标调整意见的函》，调整北苑中区南部的整体方案，居住用地建筑高度调整为 60 米，相应地块容积率提高到 2.63，增加 5 万平方米廉租房。2010 年，来广营乡北苑村被列入 50 个市级挂账村之一，以其整治为契机，编制完成《朝阳区来广营乡绿化隔离地区实施规划方案》。同年 9 月 15 日，土地储备回迁小区来北家园工程奠基开工，2012 年 12 月全部竣工，3470 名村民喜迁新居。

来广营乡召开城市建设工作会议（2012 年摄）

第五节 城乡管理

一、土地使用管理

元朝以后的历代王朝在域内均拥有大量官地，建有皇庄、苑囿、墓地，清河营、黄军营、勇士营和来广营建有屯垦兵营，北苑为著名的历代皇室猎场，与周边私有庄园、无主地无明确的边界，清代围栏隔断成为专属骑射狩猎场。社会士绅和民间则利用义地等资源建有寺庙庵堂。土地私有，买卖自由。清同治七年（1867 年），何万富将其清河营村河西沙碱地 13.3 亩卖与同村人李清顺（见下图）。中华民国时期，延续清代地亩升科纳粮征税政策，土地旷废多，纯耕地不足，遗留古兵营被辟为驻军靶场。1948 年，安家坟村 30 户居民宅基地合计 7 亩。

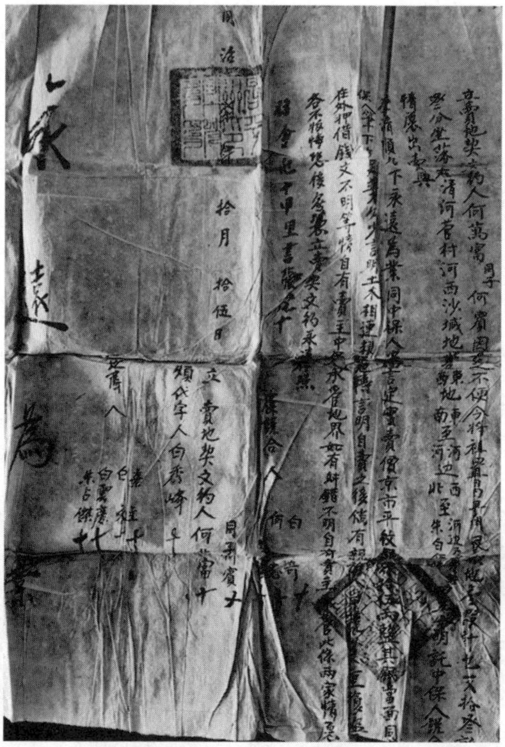

清同治七年（1867 年）清河营民地买卖契约

20 世纪 50 年代，域内土地从私有转为全民和集体所有，除村庄、道路，大多成为社队耕地。1955 年，供销社经营和各村场院占地 2850 亩，余为居民生活聚落、道路、河流、部队大院、上级企事业单位用地。国家建设征用社队农用土地，一般按前 3 年农作物产量产值补偿；征地用于地方的公益设施者，大多无偿划拨。1972 年初，来广营人民公社土地总面积 35.4 平方公里，土地利用形态，有村庄、农田、荒地、水渠、道路以及上级企事业单位用地等。社员占用耕地建房，须由公社报朝阳区革委会批准，利用非耕地建房，由公社自行审批，面积控制在 0.5 亩以下。1973 年 2 月，北苑生产大队将“南蝈蝈”450 亩土地交北京军区无偿耕种 10 年。

1983 年，来广营乡人民政府设规划办公室，规划管理城乡各类用地。当年集体土地 23977.7 亩，其中属社队经营管理 22442.7 亩、社员自留地 1535 亩。1986 年后，村民兴建住宅占地面积，乡审批时控制在 0.3 亩。1993 年 6 月 22 日，经市政府批准，天安门招待所、北京城建集团总公司等单位在红军营村征地 1556.7 亩、在立水桥村征地 1060.65 亩，天安门管委会租赁红军营村土地 160 亩，建设各自下属机构。首都规划委员会批准朝阳望京工业区开发88公顷起步区，其八通一平工程于1994年7月1日动工。1997年来广营乡制定实施《村民新建翻建宅基地暂行规定》，遏制违背规划的私搭乱建歪风。随着城市建设的发展，乡域被望京新城和北苑集团两大住宅小区征地开发。1998年至2000年，完成与近邻南皋、崔各庄、黄港、洼里、太阳宫等乡和大屯街道的行政勘界工作，建乡界标志4处。来广营乡成立拆除违法违章建筑工作领导小组，拆违责任落实到人，明确拆除时限，主要领导负总责，综治办、司法所、市容管理人员和各村委会联合行动，全年拆除违法违章建筑3600间、52509平方米，腾退土地265亩；调整完善乡域建设规划，报批农民新村建设一期用地，同时进行全乡土地利用现状、"绿隔"地区企事业单位占地和村民宅基地情况专项调查，修订完善建房宅基地审批办法，对1991年至1996年占地所建厂房企业，逐一清理，符合产业政策者补办用地手续。2000年，来广营乡域被划入首都绿化隔离带重点区，乡政府利用"绿隔"建设这一重大历史机遇，重新规划调整乡域土地开发，重点发展"三区"，即建设占地19200亩的绿色生态区、占地2010亩的产业发展区和占地1761亩的城市建设区，实现农村城市化、经济繁荣化和地区文明化。对土地统一管理，有偿使用，"用谁的地给谁钱"，确保农民和集体经济组织的土地用益权和基层干部的积极性。同年编制的《北苑集团南区控制性详细规划》和2003年编制的《北苑中区控制性详细规划》确定了北苑集团范围的发展定位、空间结构和功能布局。

乡政府召开城市建设工作会议（2012年摄）

2004年，来广营地区（乡）清理土地资源，全境总面积2588.13公顷，其中国有土地968.87公顷，集体土地1619.27公顷。2005年，对乡村建设、经济发展开始信息化管理，建立基础数据平台和乡村两级系统。8月6日，乡十四届人大六次会议审议通过乡政府提交的《集体土地征占收益管理使用暂行办法》，以确保乡村规划的严格执行。2007年，为进一步安置腾拆区涉地劳动力、推动“绿隔”工程实施、促进生态环境改善和经济社会的可持续发展，报请并委托北京市城市规划设计研究院编制《来广营乡产业用地规划》，经乡人大通过后，于同年全面贯彻实施。2008年，完成奥运资金平衡用地“148公顷项目”的征地结案、润泽庄园项目用地的拆迁，西坡子项目土地一级开发完成。2010年，拆除茉藜园北门私搭乱建的棚户和简易房屋，以及清河北岸和新北工业区内共1.3万平方米的违法建筑，全年共拆除44处违章建筑1.48万平方米。同年，朝阳区土地储备中心征用红军营北苑村、安家坟村土地621.7亩作为城市化开发建设的储备土地，单价每亩30万元。

随着高强度、大密度的开发建设，各类建筑物日益拥挤，用地接近饱和，至“十二五”时期，土地开发建设余地已经很少。建设管理工作从传统农村向新型城市社区转变，对城区全面整治清理，按照朝阳区统一部署创建全国文明城区，不断提升社会治理的科学化、规范化、精细化水平。经过城乡规划的严格执行、拆除违章建筑、疏解流动人口，凌乱破旧的集体公寓、出租大院逐年减少。2014年8月15日至9月5日，京承高速东侧来广营段通过环境整治腾退收回土地14.2公顷，拆除青龙河废品回收市场等企业5家，收回土地7.9公顷。9月14日至20日，整治北京会议中心东门环境，腾退土地6.6公顷，拆除占地面积共6.5公顷的企业3家。同年，与北京市城市规划设计研究院合作编制《朝阳区来广营乡城市化试点规划实施方案》（实施期2014年6月至2019年6月），获北京市人民政府专题会议研究同意。为彻底解决乡域剩余拆迁问题、如期完成亚太合作会议沿线环境美化工程、满足资金平衡需求，2014年北京市第六次中心城控规动态维护专题会议原则同意来广营乡剩余2.16公顷建设用地调整为综合性商业金融服务用地，容积率5.0，建筑高度100米，绿地率35%，其中包含建筑规模不少于1万平方米的公益性文化服务中心。

至2015年，原农业用地已全部转为非农用地。地区（乡）总用地面积2594.73公顷，其中国有土地1514.1公顷（中央单位15.77公顷、部队用地129.43公顷、市辖单位用地1368.9公顷），地区（乡）自有用地1080.63公顷；属“绿隔”政策范围1589.37公顷，占全域总用地的61.2%；位于“绿隔”政策范围外的土地面积有北苑集团用于农民腾拆回迁上楼的用地68.41公顷、望京集团电子城西区第三期可用于腾拆区涉地农村劳力转工安置的用地面积37.05公顷。2015年1月市规划委上报、市政府2月9日批准的来广营规划方案，要求3至5年按“六位一体”全面实现城市化，剩余建设用地2.16公顷尚未开发。为确保北京“四个中心”的功能定位，开始疏解非首都功能。经多年坚持不懈地的土地管理、规划执法和集中整治，全境无新增违法建筑，朝阳区下达的台账任务和督办件全部完成，当年拆除市督办提交的违法建设4起，基本遏制新增违法建设苗头。网格管理进一步细化，信息回复准时，结案率提高。

二、环境市容管理

20世纪50年代以前，域内生产生活垃圾和污染源排放量较少，有毒有害物质对环境质量影响不大。但因疏于管理，垃圾在室外随意丢弃，到处堆放，以致环境脏乱，污水横流，臭水沟每村都有，秸秆燃烧污染大气。1958年至20世纪70年代末，和平人民公社、来广营人民公社把含有大量有机成分的垃圾堆沤成肥料施用于庄稼，减少了部分垃圾污染。每年春夏和除夕前，都组织卫生大扫除，清洁环境。由于人们缺乏环境保护意识，社队企业的生产废水、废气多未经处理而随意排放，致使环境质量开始恶化。

1983年，来广营乡人民政府下设市容卫生办公室，专门负责城乡秩序管理、环境卫生。为创建文明乡，全乡进行旧村改造，至1985年，新建公厕51所、垃圾池27处，当年清运垃圾6226立方米。为解决垃圾消纳问题，北京市环境卫生部门在来广营乡建设立水桥垃圾消纳场和转运站，垃圾在此集装后，转运通县、顺义等远郊县，堆放于荒废空闲的偏僻场所。1986年，乡设市容所。1988年，全域新建垃圾池103个，购用垃圾处理车辆114辆，清运垃圾渣土54000余立方米。立水桥村和建机厂被评为北京市爱国卫生运动先进单位。1991年整治环境中，全乡砌围墙长462米，清理渣土6300立方米，建公厕12所。8月，朝阳区环卫局接管来广营垃圾消纳场，以机械处理垃圾，分离出肥料农用，废塑料用于提炼不干胶涂料，变废为宝。驻东湖村域的中国航空航天工业部科技研究院被评为北京市爱国卫生运动先进单位。1996年，乡村两级组建145人的专职卫生保洁员队伍，负责主路和大街小巷的清扫和环境维护；保洁队配备卫生保洁车26辆，日清运垃圾130立方米，基本做到当日垃圾当日清运。各村、社区建立爱国卫生运动委员会、卫生协作组和信息员网络，把保洁责任落实到每个基层单位。

表3－6　1999年7月大气环境质量现状监测结果统计表

污染物	监测点	小时平均范围 (mg/Nm³)	日均值 (mg/Nm³)			最大小时平均值 (mg/m³)	小时平均值超标率 (%)	日均值超标率 (%)	评价标准 (GB3095-96) (mg/Nm³)	
			19日	20日	21日				小时平均	日平均
SO_2	顾家庄	0.008*-0.038	0.008*	0.047	0.008*	0.038	0	0	0.50	0.15
	来广营乡政府	0.008*-0.037	0.015	0.018	0.008*	0.037	0	0		
	朝来农艺园	0.008*-0.034	0.026	0.008*	0.008*	0.034	0	0		
TSP	顾家庄		0.306	0.339	0.372			100		0.30
	来广营乡政府		0.344	0.375	0.414			100		
	朝来农艺园		0.242	0.32	0.456			66.7		
NO_x	顾家庄	0.044-0.135	0.066	0.101	0.078	0.135	0	33	0.15	0.10
	来广营乡政府	0.050-0.137	0.076	0.11	0.057	0.137	0	33		
	朝来农艺园	0.054-0.148	0.094	0.09	0.089	0.148	0	0		

注：带有*号者为最低检出线的一半。

1999年7月来广营地区（乡）大气环境质量监测统计表（2000年摄）

来广营地区召开"迎奥运、整环境、促发展"动员大会（2000年摄）

2000年至2001年，乡域新建卫生公厕6座、封闭垃圾楼10座，分置封闭垃圾桶、箱35个。对五环路来广营段、北苑路、安立路、新北路等重点道路两侧开展大规模的环境整治，清运垃圾渣土600余吨。朝阳区政府与清华大学在朝来农艺园合作兴建生活垃圾焚烧炉，日可焚烧垃圾300吨。2004年，来广营乡被评为北京市"环境优美乡镇"。2005年，地区（乡）组建500多人的专职保洁队伍，投资150多万元，建封闭式垃圾房46座，垃圾中转站1个。重点整治比较脏乱的道路两侧环境，解决白色污染和垃圾暴露问题，取缔废品收购站点，拆除违法建筑，全年环境整治费用乡级403.8万元、村级

420万元。为迎接、保障北京奥运会，2006年至2008年，城乡管理实现信息化，建立乡级农村综合信息处理站和7个村级数据处理站，并与区乡联网，信息共享。组织大型联合执法行动20余次，取缔摊点、大排档及无照经营，清理乱堆乱放杂物，暂扣或没收黑车40余辆，收缴盗版书籍光盘。拘留扰序人员10余人，不间断打击黑游商、私设广告行为。配合奥运环境整治，建立城市综合管理指挥中心。2009年8月，来广营地区（乡）成立朝来兴盛环保公司，将原乡保洁队纳入管理，以奥运标准对域内主次干道、公共场所进行统一清理保洁。逐一规范店外经营门前“三包”单位2735家，处罚15起。环境网格案件发案率明显下降，结案率达98%，评价水平大幅提高。2010年，乡投资10万余元，对五环路来广营段两侧环境进行整治和美化，绿化270亩，更换朝来绿色家园小区外围绿植；完成立水桥地铁站东北侧、北方明珠大厦南侧三角地绿化。4月8日，地区（乡）召开创建全国文明城区动员大会，部署城区整治清理工作，提升环境文明。6月22日，中央文明委创建全国文明城区专家组到来广营调研指导，此后区乡每年都对创建全国文明城区工作有布置、有检查、有考核。

“十二五”期间，环境管理从传统农村向城市社区转变，将全域划分为28块网格，进行精细管控，成立拆违控违办公室、应急清运车组、小广告清理队，城管、公安、交通、食药等部门协作，实施城管进社区和片区负责的长效机制，增强环境整治管理能力。2014年，被确定为“一绿”地区城市化建设试点乡后，立即启动北湖渠村棚户区、清河北岸洗车一条街、来广营村东、天管委北京会议中心东侧4大地块出租大院和低级次产业集聚区的环境整治工程，总计腾拆门店18个、企业12个，合计拆除建筑面积13.4万平方米，疏减流动人口1.5万人。在广达路社区试点，落实一体化门前“三包”责任制，规范门前“三包”126家次。部门联动，综合执法，移除僵尸车，拆除违规广告牌匾，整治道路遗撒、大面积扬尘、夜间施工扰民等问题。全境拆除违法建筑225处，合计面积13万平方米，拆除违法群租房666套，清理垃圾3015万立方米。以北苑东路和红军营南路为示范街，实行精细管理和服务，着重解决店外经营、黑车扰序、乱倒垃圾等突出问题。

2015年，地区（乡）依据中央对北京市的功能定位，开始疏解非首都核心功能建筑，禁止引入建设污染重、能耗高的产业以及低级次市场等项目。联合区市政市容委、区交通支队，专项整治清苑路华贸城乱停车问题，安装红绿灯、护栏、指路牌，挪移长期停放的占道车辆，强化城管交通联合执法。

治理群租房80户，拆除违法建设面积4万平方米，清理散租居住性人防工程12处、11.08万平方米，腾退京包铁路北侧土地储备待拆区域建筑面积15.6万平方米的非住宅建筑。至年末，域内有村级专职保洁员200人、封闭式垃圾站4座、垃圾桶收集点20处，乡级专职保洁人员360人、垃圾中转站1座、封闭式垃圾清运车2辆，全面实行数字化城乡管理。经多年持续不断地整顿治理，历年积存的违法违章建设显著减少，城乡环境、主要街道、中心路口、公共场所基本整洁，秩序井然。北京市和平街第一中学北苑校区被国家环保总局、教育部评为“全国绿色学校创建活动先进学校”。

三、居民管理服务

1972年，来广营人民公社全境有非农户籍居民1271户、6503人，无集中完整的居住小区，居民全部散住在各大队。1982年3月30日，来广营人民公社与派出所联合发文规定，出租房屋必须安全可靠，否则，房客发生意外伤亡或财物丢失由房主负责；房租每平方米不得超过0.35元；有正当理由租住的房客须持原地介绍信，填表登记经大队报公社和派出所审批，属北京户口者须将户口迁至本地，京外户口者须办理暂住户口；来京务工经商等不准租住农民房屋；违规者须收缴土地占用费。同年，来广营人民公社管委会下设居民组，1986年后易名居民科。1997年12月，召开各居（家）委会主任会议，研讨交流居（家）委会达标升级、规范化管理、户籍人口农转非、争取社会单位支持等工作。1999年，各居（家）委会设立消费者权益保护举报站，配备1名联络员。2000年，来广营乡有城市户籍居民7340户、13323人，历史形成的居民居住小区14个，管辖楼房120栋、平房95排。乡居民科组织各居（家）委会、6个物业公司干部培训学习，订阅发放杂志《街居通讯》，为新建物业小区配备管理干部，消灭居民管理空白点。第四届居（家）委会改选后，普遍开展卫生达标检查、法制宣传、民事调解、计划生育、民政服务、文体娱乐活动，进行社会治安综合治理，创建和谐干净整洁的文明社区。2002年，来广营乡成立物业管理中心，制定小区物业管理制度，对其职工实行半军事化管理，从体能素质、文明用语、礼仪规范、专业技术、职业道德等方面进行全方位培训，为腾拆搬迁上楼的村民提供居住管理服务。朝来绿色家园社区成立居民事务管理服务中心。2004年，6个社区安排42名干部参加朝阳区干部培训学校举办的职业资格上岗证培训，全部取得社区专职工作者证书。全地区选录社区工作者92人到14个社区工作。

2007年，来广营地区制定出台《社区专职工作者考勤制度》《社区居委会居务公开制度》《社区居委会公章保管使用制度》《社区居委会会议及培训制度》《社区工作经费管理办法》《社区专职工作者行为规范》等系列管理制度，通过社区自评、居民代表评选、办事处科室评选、社区互评，共选出和谐社区五星级6个、四星级3个、三星级5个。2008年，开展星级和谐社区创建工作，招聘高素质社区工作者，优化社区干部队伍结构。2009年，组建社区建设管理办公室，追缴和改善社区办公服务用房3300平方米。2010年，来广营地区改造装修黄金苑、莲葩园等社区办公用房1961平方米，建成社区服务站15个，单个面积50至150平方米，全部投入使用。2012年8月，成立来广营地区社区服务中心。北苑路北和立水桥两个社区“一刻钟服务圈”列入北京市示范点。9月6日，北京市委社工委书记、市社会办主任宋贵伦率有关部门和全市16区县社会建设工作部门负责人及记者100余人，观摩指导来广营地区绣菊园社区基本公共服务全覆盖情况。对17个社区进行分类管理，朝来绿色家园等社区被评为市级“六型”社区示范单位，10个社区服务站经区农委检查验收，成为三星级服务站。新聘社区工作者55人，社工持证率达28.4%。2013年，全境开通社区服务信息网，建成数字化社区3个、三星级服务站10个。2013年至2014年，清友园社区党委书记徐家祥获北京市优秀社工称号和朝阳区爱岗敬业模范社工“金蜜蜂”奖。

2015年，来广营地区办事处（乡政府）为各社区办实事32项，设有110平方米的为民服务大厅，建成“六型社区、互联社区、智慧社区”18个、高标准“邻里之家”2个，组织实施“三社一体化”、农民市民化和政府购买社会服务等社区建设。各社区社工获专业职称者占45.6%，办公服务用房总面积增至12875.57平方米，比2010年增加70%。各社区聘有社会工作者287人，其中持证社工点45.6%。为快捷有效地进行社区扁平化管理，建立健全96156公共网络平台，及时更新维护社区服务信息网，保障管理信息系统的正常运行，平均每月发布与社区居民有关的文体信息70多条，提高纵横沟通的时效，覆盖面达100%。5个行政村全部实行村居并行的社区化管理模式，形成“一刻钟社区服务圈”7个，与100多位服务商签约，确定服务的内容、数量和质量。

第六节 基础设施

一、交通建设

道路桥梁

明清两朝，皇家北行的御道京古路北苑段为石屑沙土路，途经域内西北部。日伪时期，该路筑成水泥路面。域内各村的小街巷道，多为不规整的沙土路，坑洼不平，少数铺有砖石者，布满多年碾轧而成的二轮车辙。域内西部形成北苑小街，东西长 200 米，1949 年后改称国强街。小街西自北苑二号院，东至红军营东路，东口往北一条路直通清河营村，往南 300 米左右是一丁字路口，从此口往东一条土路经安家坟村，再往东直通顾家庄、刘各庄、来广营村。顾家庄往北一条路通勇士营村。

1955 年，由铁道部修建的京包铁路经过和平乡域。北苑西侧的南北向古道铺筑沥青路面。

二十世纪五六十年代，原为石屑路的来广营北路、来广营西路、来广营东路均铺敷沥青路面，70 年代重修扩建。其他土路陆续改修成石屑路面。改革开放后，在旧村改造和创建文明村进程中，域内道路桥梁建设开始进入高潮。1979 年整治清河时，新建钢筋混凝土结构的新立水桥。1985 年，全乡修建灰渣路 16 条，合计长 8.8 公里；石渣路 2 条，合计长 2 公里，水泥路长 1.2 公里；主巷土路总长 5.5 公里。1989 年，乡集资 250 万元，修建 8 条柏油路，总长 13 公里，实现村村通柏油路。1992 年，各村合计投资 92.45 万元，修建水泥路 8 条，总面积 10476 平方米；柏油路 4 条，总面积 5100 平方米；石渣路 19 条，总面积 6860 平方米。1994 年至 1996 年，全乡道路路面硬化率超过 85%，主要道路全部安装路灯，主路硬化率 100%。

“十五”期间，来广营西路东段 2.47 公里由宽 7 米拓展到宽 16 米，路过域内的轻轨城铁 13 号线建成并开通运营。2007 年，修建新北路、红军营战备路、青年城南路等 5 条道路。五环路顾家庄桥拆迁、征地、建设完成，北苑东路、羊坊东路、红军营路、红军营西路等交通干线建设启动。2010 年，来广营北路、鼎城路、北苑东路辖区段完工并全线通车，新北路北段和立城苑南路路面硬化。2014 年，来北家园周边两横两纵道路全部建成通车，打通立城苑北路、北纬 40 度小区断头路、羊坊东路断头路，北苑中街、北苑小区、红军营东路南延长线宽 30 米、总长 4484 米的两横两纵道路建成通车。

至 2015 年，红军营路等 4 条道路建成通车，羊坊东路等 3 条断头路全部打通。域内公路：5 条主干路（安立路、北苑路、北五环等）、15 条次干路（红军南路、北苑东路、来广营西路等）、9 条乡村主要道路（来广营东西外环路、来新路、北湖中街等）。各级公路总长 38 公里，从域内向四周辐射，东有来广营东路与京顺公路相接；南有南湖渠路、南湖渠东路，分别与太阳宫路、京顺路相交，五环路横贯东西；西有来广营西路与北苑路、安立路相交；北有来广营北路、清河营路跨温榆河通往顺义区和昌平区。铁路：京包铁路斜穿乡域，在域内总长 9.1 公里，另有 5 个涵洞、1 个平面交叉口。望和铁路纵穿中部。地铁：5 号线、13 号线、14 号线通过域内，并设有站点。

北苑路：市级公路，北起立水桥，南至北土城东路与安定路相接，总长 7.68 公里，域内长 1.4 公里，宽 7 至 8 米，分别与清河东路、五环北路、来广营西路、大屯路、北四环东路相交，跨越北小河。原为土路，是清代出安定门至热河的御道，曾名京古路。日伪时期分段筑成水泥路，20 世纪 50 年代铺设沥青路面。1996 年 12 月 11 日，为缓解京城北部交通紧张状况，北苑路改扩建。2000 年 10 月，北苑路立水桥段拓宽，2001 年竣工。

来广营北路：市级公路，北起沙子营，南至来广营东路、来广营西路交会处，跨沈家村干渠，越望和、京包铁路，是域内北部连接顺义、怀柔、密云区的重要道路，长 6.8 公里，宽 7 米。原为石屑路，20 世纪 60 年代铺沥青路面，两侧修明沟排水。

来广营西路：市级次干公路，东起来广营东路，西至北苑桥接五环路，穿北苑大院，过望和铁路，长 4.26 公里、原宽 7 米。原为石屑路，20 世纪 50 年代末改筑沥青路面。1977 年至 1978 年进一步修筑。2011 年全面扩建，规划红线宽 45 米。

来广营东路：市级公路，东起东郊农场，西至来广营，长 5.6 公里，宽 7 米。跨沈家村干渠，与南湖渠路、来广营北路相交，与来广营西路相接。原为石屑路，20 世纪 50 年代末铺沥青路面。1977 年再修，两侧修明沟排水。

南湖渠路：市级公路，北起来广营东路，南至太阳宫路，跨北小河，长 5.04 公里，宽 7 米。原为土路，20 世纪 50 年代末修成石屑路，1970 年铺沥青路面，两侧修明沟排水。

立水新桥：地处乡域西北，呈南北向，是安立路跨清河公路桥，桥体为钢筋混凝土结构，上部镶梁，下部为灌注桥桩，长 82.1 米，宽 18.5 米（人行道各宽 1.7 米），设混凝土挡墙，沥青桥面，双向分道行驶。载重量汽车

20 吨、拖车 100 吨。1979 年整治小清河时兴建，附近原石材古立水桥遂弃置不用。

轨道交通：地铁 5 号线北起昌平区天通苑北站，南至丰台区宋家庄站，全长 27.6 公里，设 23 个车站，其中立水桥站（换乘车站，与 13 号线换乘）、立水桥南站、北苑路北站设在来广营乡域。2007 年 10 月 7 日开通运营。地铁 13 号线，原称“北京城铁”“北京轻轨”，西起西直门，东至东直门，全线呈“n”字形，全长 40.5 公里，设 16 个车站，立水桥站设在来广营乡域。2003 年 1 月 9 日开通运营。2012 年 11 月开通运营的地铁 14 号线连接北京市轨道交通路网东北到西南的骨干线路，呈“L”形折转于来广营东南角，设来广营站。地铁 13 号线与 5 号线交叉于来广营西北角立水桥站。

邮政电信

清代驻境北苑兵营始设驿站。中华民国时期，北苑小街设有邮务所。

1953 年，来广营乡政府安装第一部电话，设置总机，至 1955 年，电话线架设至和平乡各村，电话经总机通达各农业生产合作社。1961 年，来广营人民公社电话总机与各生产大队建立直通手摇固定电话网络。

1995 年，乡、村、单位连通电话线路 39 条，居民家庭安装固定电话 2260 部。1995 年至 1998 年，乡购买爱立信、摩托罗拉等公用移动电话 11 部，职工自费安装家庭固定电话 19 部。多数干部和部分村民使用单向移动 BP 机收发短信、寻呼联系。2000 年，中国移动通信集团北京有限公司在来广营乡建设信号传输塔等设施，随后开通短信服务。BP 机退出，开始普及移动通信工具手机 GSM 网和电脑互联网络。“十一五”时期开始，有线宽带设施接入社区，移动电话终端手机全民普及，固定电话座机逐渐减少。至 2015 年，北京移动、北京电信、北京联通等电信运营商都在来广营地区（乡）建有各自的基站、信号塔和网络，服务范围从基础通信拓展到 4G 服务、系统集成、视频会议、电子监控、呼叫中心、信息查询等，互联网、Wi-Fi 无线信号基本实现全覆盖。

车站车场

1968 年，建成望京火车站。站台和铁路线呈西北、东南走向，是东北铁路环线和京包线中间的作业小站，占地面积 11.2 公顷，建筑面积 1100 平方米。该站折向南与铁道部环形铁路试验场相接，再向南与星火站相通，西北与望和铁路线接轨通往和平里车站，再向西北通往昌平区黄土店站。站内设有基本站台、少量货位及较小库容量库房。

2011 年，新建北苑家园停车场，设置停车位 700 个。“十二五”时期，治理广达路东侧、北侧支路时，新增停车位 1369 个。至 2015 年，来广营地区（乡）有火车站 2 个、地铁站 5 个，21 个社区都划设有停车区位，近 30 条公共交通线路都有系统健全的公交车停靠站。

二、供排水设施

域内居民自古饮用水以井水为主，一般井深 2 至 3 丈，平均每井可供一二十户饮用。井口安装有提水辘轳，由辘轳头、支架、井绳、水斗等部件构成，是利用轮轴原理从井中提水的起重装置。挑水工具有木质水筲（桶）、扁担，扁担两头固定铁钩。每家堂屋都有一大缸，专用于储存从井里提挑回来的全家用水。舀水工具有水瓢。1955 年，来广营农业生产合作社酒花生产队打钻一眼机井，修建水塔，安装自来水地下管道，设数处水龙头，全队社员从此饮用自建自来水。北湖渠村 1954 年至 1956 年打井 5 眼。1958 年春，来广营村园田生产队和东湖渠村王家坟生产队各打一眼电力提水井。4 月 22 日和 5 月 6 日，和平乡分两批合计派出劳动力 249 人援建十三陵水库工地，7 月 23 日完工返乡。1960 年 6 月，水源为来广营等地地下水的北京市第五水厂正式送水，共有 16 眼机井，分别采用卧式、深水、潜水泵，单井出水量为每小时 100 至 120 吨。水厂占地 1.29 公顷，建筑面积 1100 平方米，建有机房、控制室、高低压配电室、维修车间等平房设施。厂区建有两个清水池，合计储水 1.5 万吨，日供水量 3 万吨。1970 年，来广营人民公社健全自来水网络，各大队社员全部用上自来水。1972 年，全社有机井 26 眼，扬水站 25 处。朝阳区水改办公室经专项调查，对各村水质不合格的井进行改造，重新钻打深水井，改善社员饮用水质。1979 年整治清河。中西部域内浅层井水含氟量超高，致村民多有氟斑牙。各村通过钻打深水井，修建水塔，安装自来水地下管道，使新一代村民未再出现氟斑牙。1983 年至 1988 年，来广营乡农户挖渗水土井 1953 个。二十世纪八九十年代，农村供水由各村自行建设管理为主，乡给予支持和协调。

1995 年，电机井增至 52 眼。经检测，朝来农艺园热水井水温约 73℃，呈弱碱性，主要用于洗浴（占 80%）、冬季蔬菜大棚取暖等。90 年代后期，逐步实现饮用水每天 24 小时供应。2000 年，域内机电井尚有 59 眼，其中固定机电排灌 11 眼。乡农机水管站为朝来森林公园设计、施工明暗排水渠道

3120米，成立水政执法检查组，制止乱凿机井、滥采地下水行为，以保护水资源。各村新修主路排水沟总长10750米。实施农村改水工程，为机井加装二氧化氯消毒器。2005年，启动安全饮水工程，年末竣工，各村、社区饮用水质得到根本改善。2008年，实施供水管网与一户一表改造工程，埋设北京会议中心东南侧排水沟暗涵。

来广营乡干部群众在疏浚路边排水沟（1989年摄）

东湖渠村埋设地下排水管道（1991年摄）

至2015年，全境完成生活饮水设施改造，共有自备井102眼，单井每日出水量1000至2000立方米，每年开采地下水量约700万立方米，占水资源总量的43%。利用自备井，每年居民生活用水280万立方米，环境用水70万立方米，工业用水210万立方米，农业用水140万立方米。工业企业2015年通过供水设施取用水7.19万立方米。域内主干道都安装设置健全的排泄雨水管线、上水管线、污水管线和窨井口。东北境清河南侧有清河北苑水务公司经管运营的污水处理厂。

清河北苑水务公司污水处理厂（2015 年摄）

三、能源设施

民间传统供暖设施，主要是居室的火炕。每家堂屋均有一灶口，灶膛通向卧室的土炕内腹。冬天向灶口内的灶膛塞草添柴烧火，烟火经炕腹空隙通过山墙烟囱排出，从而加热炕面，此为域内最主要的取暖设施。农作物秸秆、野外柴草枝叶是主要的能源燃料。中华民国时期，境无煤场，富户用煤，多用大车去朝阳门煤栈购回，燃用于每天搬出生火、搬入做饭供暖的煤球炉。域内北苑兵营自行发电，并接线至东墙外北苑小街，为商户安装电力照明设施，其外线部分及变压器、保险设施由冀北电力公司北平分公司管理，内线均由供货承装商家负责。各村年节演出、唱大戏用汽灯照明，民间照明用的罩子灯、提灯、汽灯，燃用能源为煤油或汽油。

1957 年 11 月，电线即从北苑接到位于来广营村北庙的和平乡人民政府，安装变压器，乡人民政府和黄军营等沿线村民从此用上电灯。1958 年 5 月 7 日，和平乡各村均通电，农户大多接电装灯照明。1961 年，来广营人民公社设置水电组，专业管理电力水务设施。二十世纪六七十年代，社队集体陆续购置电动农机，安装电磨，用电加工粮食。供销社建有煤场，加工销售煤球、煤饼、蜂窝煤及配套的炉瓦设施，民间始有煤炉及其配套的铁皮烟道管“洋炉”，固定设置于室内，不用每天搬出搬入。1972 年，来广营人民公社用电量达 117.15 万千瓦时，公社修配厂耗用煤炭 300 吨，玉器厂耗用煤炭 20 吨、用电 1.5 万千瓦时，化工厂耗用煤炭 251 吨、用电 0.3 万千瓦时，铸造厂耗用煤炭 30 吨、用电 1.2 万千瓦时。1974 年，公社专设电工组，1981 年改称电管办公室。1983 年，来广营乡政府内设水电管理站，1986 年后称水电公司，87 眼提水井全部安装电力水泵。电力设施广泛用于农业生产、乡村企业和家用电器。城镇居民开始使用液化气。煤炉逐渐燃用蜂窝煤，不再使用煤饼、煤球。同时，出现土暖气，即蜂窝煤暖气炉，以华丰、桑普牌暖气炉较有名气。散热片有四柱暖气和板式暖气片。

1995 年 4 月，望京第一供热厂开工兴建。5 月 1 日，东湖 110 千伏变电站施工建设。全乡用电总量 797.70 万千瓦时，其中生产用电 638.16 万千瓦时、生活用电 159.54 万千瓦时。1997 年，改造低压农电线路 11270 米，提升供电质量，确保电力安全稳定，使农民用上放心电。为保障国家重点工程陕气进京，在途经的域内 4 村腾拆清场，按期埋设管线 5700 米，随后液化气逐步成为域内主要能源之一。1999 年，乡政府设电管站（后归属社会公共事务服务中心），全乡当年用电总量 1212.6 万千瓦时。2000 年，来广营乡完成农村低压电力线路一期改造，线路总长近 11 公里，乡电管站安装朝来农艺园四期工程配电设施、迁改线路，完成朝来森林公园迁变压器及配送电缆、朝来足球活动中心高压配电室、立水桥迁变压器等工程，为北湖渠村、来广营村、立水桥村、辛庄安装卡表 683 户，提高村民用电质量，确保线路安全，方便电费征收。当年全乡用电 1212.6 万千瓦时。

“十五”时期，朝阳区政府与清华大学合作，在朝来农艺园兴建生活垃圾焚烧炉，高 23 米，占地 947 平方米，产热供暖，保证园区温室供热需要。来广营地区（乡）无偿提供建设用地 18 亩，供电力部门建设一座 110 千伏变电站、一座 220 千伏变电站，投资 593 万元铺设立水桥至朝来绿色家园电源电缆长 8 公里。村民家庭开始使用小型锅炉，仍用燃煤供暖，其管道散热范围可达数百平方米。2005 年，110 千伏配电站建成并顺利供电。同时，组织由民兵和群众参加的护线队伍，对各村、社区输电线路、塔基进行巡查看护，保证区域电网正常运行。当年全境用电总量 1662.1 万千瓦时，至 2010 年降至 1349 万千瓦时。由于煤价上涨、燃煤污染，居住小户型的村民开始购置自动控制的电锅炉加空调机，采用完全电气化方式供暖，有的安装地暖水路或温控壁挂炉，以电烧水通过管道循环散热，供暖面积在 100 平方米以下。

2015 年，域内有红军营 220 千伏变电站、来广营 110 千伏变电站和崔各庄 110 千伏变电站，高压电塔百余座。朝阳区 60% 以上电力均经来广营域内通过。所有大型公用场所都安装有配电柜。全境供暖单位 20 家，有锅炉房 26 座、锅炉 106 台，供暖总面积，单位 53.20 万平方米、居民 425.29 万平方米。中石油在来广营域内设置北苑等多处加油站。通过域内能源设施，工业生产用电 1723.20 万千瓦时，工业企业消耗标准煤 2617.33 吨，其中实物消耗原煤

164.16 吨、汽油 104.54 吨、柴油 8.29 吨、燃料油 85.86 吨。

第七节　城乡绿化

一、植树造林

清河营娘娘庙碑文记载，清代乾隆年间，清河营村民经合议栽种适合本地沙碱土壤的杨柳，以备灾歉年伐缴官府钱粮。为保护杨柳不被砍伐，全村报请大兴县正堂立碑，以作警示。

中华人民共和国成立后，党和政府号召、发动群众植树造林。1956 年，和平乡共植树 6 万棵，南湖渠、大望京村各建有苗圃一块。1961 年，中共中央颁发《关于确定林权、保护山林和发展林业的若干政策规定试行草案》（简称林业十八条），来广营人民公社随即开展田园防护林建设，每年在村旁、路旁、宅旁、渠旁（简称“四旁”）栽植各种用材树和果木树，年初由区下达指标，依靠民兵、共青团员、驻军官兵春季抢时集中栽种，年年完成任务，域内开始成片大面积绿化。随着城市建设发展，道路、园林绿化和绿地建设逐渐兴起。路旁植树，国社合栽，林木收益分成各 50%。全民义务植树日，中央、北京市、朝阳区领导多次到来广营域内参加植树活动。1968 年，从东湖渠大队经来广营大队、新生大队、清河营大队到立水桥大队，开始建设市区北界绿化带。20 世纪 70 年代，来广营人民公社把植树造林、美化环境作为建设重点，前 3 年育苗面积在朝阳区各公社中居第二位。1973 年，全社累计林地面积 453.2 亩，苗圃面积 444.2 亩，当年采集树种 10 公斤、新育苗 14.5 亩，植树 53570 株，幼林抚育面积 7 亩，采伐林木 132 立方米。1980 年 3 月 17 日，朝阳区农林局在来广营知青队建设苗圃，占地 60 亩，主育树种为杨树。当年全社零星植树 10.4 万株，各村苗圃面积总计 456 亩（其中新育 219 亩）。1980 年至 1982 年，来广营人民公社被划入朝阳区林业种植区杨树洋槐农田防护林区，区农林局苗圃移交来广营人民公社经营管理。

1986 年，根据《北京市城市建设总体规划方案》，来广营乡大环境绿化 9596 亩，其中造林 270 亩，苗圃 310 亩（当年新育 47 亩），村级木材采伐 55 立方米，望京公共绿地 360 亩，植树 81000 株。区绿化队在来广营西路进行毛白杨秋植试验，种植 800 株，成活率 95% 以上。乡域道路绿化，由区绿化队负责实施，与来广营乡签订管护协议书，约定乡对区所种苗木管护工作定职、定责、定人，绿化队由专人分片负责技术指导巡查。各村确定林业管护员，并签约包干。道路绿化树种有毛白杨、垂柳、刺槐、白蜡、泡桐、桧柏、侧柏、紫薇、丁香、榆叶梅等。1992 年，市区北界大环境绿化带历经 24 年建设完成，总占地 788.55 亩，全长 9503.5 米，宽 50 米，植树 61350 株。1994 年 10 月，来广营乡植树造林达到北京市平原绿化标准，成为全市达标乡。为绿化围护望京小区和北苑小区，北湖渠、新生、红军营和清河营 4 村按市总体规划建设成为都市“绿色通气孔”，由四环路向外呈深绿、中绿、浅绿排列，即花卉、树木、大田作物依次布局铺排。截至 1995 年，全乡林木覆盖面积 6966 亩，林木覆盖率达 20%，累计种树 546354 株，总蓄积量 44096 立方米。农田林网两行以下 194 条、总长 105000 米，活立木 44561 株，面积达 1779.9 亩；三行以上 41 条、总长 18000 米，活立木 90136 株，面积 776.1 亩；另有各小块片林面积合计 90 亩、61350 株。

2000 年 9 月 30 日，国务院总理朱镕基到朝来足球活动中心视察，高度评价来广营乡的绿化建设。同年，来广营乡域面积有 23837.55 亩被划入北京市绿化隔离地区，占全乡总面积的 61.25%。乡党委、政府紧抓机遇，重新规划，以绿养绿，在北小河以北、城铁 13 号线以南的北湖渠村、来广营村、红军营村、新生村规划建设占地 19200 亩的绿色生态区，以五环路为界，划分南北两区。北区包括朝来农艺园、朝来森林公园、朝来国都宠物公园等，面积 4650 亩，再往北延伸至清河以南次绿化隔离地区 4422 亩；南区包括朝来足球活动中心、北湖球艺中心，面积 4770 亩。绿化隔离带建设总面积 9420 亩，其中退耕还林 4860 亩、拆迁建绿 4560 亩，五环路为绿化重点。当年实际造林 3600 亩，其中 3407 亩属“绿隔”林。2001 年，全乡植树铺草，完成五环路两侧绿化，乡林业站被评为全国先进林业站。2002 年，新建成的北湖球艺中心、占地 500 亩的朝来足球活动中心、800 亩的朝来森林公园被评为全区绿色精品三大工程。2003 年至 2004 年，实施京承高速公路来广营段两侧 90 亩绿化带的精品绿化工程和地铁 13 号线北侧 282 亩的绿化工程，总计绿化 10126 亩，占总任务的 73.2%。改造京承高速公路与城铁 13 号线交接处已腾退的刘各庄三队部分村落和拆迁企业近 200 亩土地，动用土方 20 万立方米，种植油松、桧柏、碧桃、垂柳、沙地柏及月季花等 30 多种。完成“绿隔”区绿化 8535.7 亩，占总任务的 61.7%，全乡绿化生态区基本建成。

2010 年 2 月 20 日，北京市委书记刘淇、市长郭金龙考察红军营村等地绿化隔离地区建设。2012 年，朝阳区“万亩造林工程”中来广营乡任务 1510

亩，由乡选定施工单位实施，按统一规划和设计标准完成。2014 年，环境整治中拆迁的北湖渠村域 368 亩、清河北岸 39 亩、京承高速来广营段东侧 235 亩、北京会议中心东侧 78 亩全部绿化，新增绿地 691 亩，移交平原造林地块统一养护，改造提升京承路两侧绿地 109 亩、五环路两侧绿化带 133 亩。10 月 10 日，市委书记郭金龙、市长王安顺调研北湖渠村第一道绿化隔离地区建设情况。

至 2015 年，全境累计绿化 7500 亩，基本完成“一绿”造林任务。在全年 1841 万元农业总产值中，林业 1769.6 万元，占比达 96.12%，绿化建设在来广营农业种植结构中一枝独秀。

来广营地区（乡）机关干部参加春季植树（2003 年摄）

二、公园建设

乡域西部的北苑，元、明两代曾为皇室出游围猎的四大御苑之一，其他村落皆为农田、房舍等，没有供百姓休闲游玩的园囿。20 世纪 80 年代以来，经过长期持续的旧村改造、农民新村建设和城乡一体化，至“十五”时期创建三大园林精品，即占地 800 亩的朝来森林公园，占地 450 亩、具备 8 块连片绿茵足球场的朝来足球活动中心和占地 450 亩的朝来文化休闲公园。至 2015 年，来广营地区（乡）形成四大公园。

立水桥公园：位于乡域西北部、立水桥村西、新安立路与清河北侧滨河路夹角处的市区北缘绿化带上，1989 年 11 月始建，1991 年 9 月建成开放，属北京第一座村办公园。园区占地 114 亩，其中绿地 85 亩、水面 25 亩、草坪 30 亩。公园南部为水上游乐区、垂钓区、游泳池，北部为服务设施和休闲观赏区。内植各类树木5537株，其中：常绿树460株，主要树种有桧柏、云杉、油松；落叶乔木2077株，主要树种有毛白杨、垂柳、刺槐、白蜡、泡桐、合欢；花灌木3000株，主要品种有太平花、连翘、金银木和黄刺梅。

朝来森林公园：位于乡域东南部、朝来农艺园东侧、来广营北路西侧。2000年3月始建，2001年8月园区片林被团中央命名为“中国国际青年友谊林”。2002年4月6日，党和国家领导人江泽民、朱镕基、李瑞环、尉健行、李岚清、胡锦涛等到朝来森林公园义务植树。2008年4月28日，朝来森林公园一期工程建成。2010年4月29日，朝阳区六大郊野公园开园仪式在来广营朝来森林公园举行。2012年5月，园区二期工程建成对外开放。公园总投资5050万元，占地959亩，功能分布有花卉盆景区、热带植物观赏温室区、沙滩娱乐休闲区、动物养殖区、儿童游乐区、水上乐园、球类运动场、文化休闲中心和体育娱乐休闲区。自然形态有背景林、百木林、草坪区、人工湖。园内种植10多种树木8万余株，其中常绿树种植面积占30%以上，花草种植面积1200平方米。

北京市人大代表考察朝来森林公园（2008年摄）

清河营郊野公园：位于乡域东北部，东至乡界，西至北苑东路，北临北苑污水处理厂，南至新生村界，占地865亩。公园2009年3月开工，2010年5月1日建成开园，标志着朝阳区绿色生态公园体系全部竣工。市委常委、市委统战部长牛有成与朝阳区委书记陈刚、区长程连元等市区领导参加开园仪式。5月28日，中央巡视组到清河营郊野公园调研郊野公园建设情况。园区建设本着“景观是前提，特色是关键，文化是灵魂”的原则，依托郊野自然林地景观，注重对地域整体文化特色的延续和继承，充分保留和利用既有植被。

勇士营郊野公园：位于乡域中部，东至朝来农艺园东侧路，西至北苑东路，南至红军营南路，北至地铁 13 号线，南北长约 800 米，东西宽约 520 米，占地 306 亩，2011 年建成，2012 年 5 月对外开园迎客。公园依托原有的自然林地景观，突出自然特色，满足周边功能需求，建有运动场地，安装篮球架、乒乓球案、健身器材等各类运动设施，是集生态休闲、康体健身、文化娱乐于一体的郊野公园。

第五章　中共基层组织

1947年，域内始有中共党员。1949年始，各村陆续建立党支部，合计党员34人。20世纪50年代前期先后设乡党支部、党总支，1961年设来广营人民公社党委，1983年成立来广营乡党委，增设纪律检查委员会。2003年，来广营乡成立地区工委，与乡党委“一套人马，两块牌子”。截至2015年，来广营地区工委（乡党委）下辖1个社会工委、1个科技产业园工委、6个社区党委、24个党总支、45个党支部，有党员2357人，形成机关、各村（社区）、企事业单位党组织网络。几十年间，来广营乡（公社）共召开党代会13次。

党组织建立后，组织领导农业合作化、人民公社化、农业学大寨、平反冤假错案，实行联产承包责任制，发展乡村企业，建设文明乡村和绿化隔离带，改革集体产权制度，推进农村城市化，开展了整党、精神文明建设、社会主义教育、“三讲”教育、“三个代表”重要思想学习实践活动、保持共产党员先进性教育活动、学习实践科学发展观活动、“创先争优”活动、群众路线教育实践活动、“三严三实”专题教育、“两学一做”学习教育活动，始终成为各项事业的坚强领导核心。

第一节 党代会

一、中共来广营人民公社第一次党员代表大会

1961 年 10 月，召开中共来广营人民公社第一次代表大会，选举产生公社第一届委员会委员 15 人，马举廷当选为党委书记，王润芳、赵合堂当选为党委副书记；选举产生监察委员会委员 5 人，王润芳当选为监委书记。

二、中共来广营人民公社第二次党员代表大会

1962 年 4 月，召开中共来广营人民公社第二次代表大会，出席会议代表 29 人。大会选举产生公社第二届委员会委员 13 人，石青当选为党委书记，张祥当选为党委副书记。

三、中共来广营人民公社第三次党员代表大会

1963 年 5 月，召开中共来广营人民公社第三次代表大会，应到代表 47 人，出席会议代表 43 人。会议听取审议并批准党委书记石青代表第二届党委作的《1962 年工作总结和 1963 年工作意见》工作报告，选举产生公社第三届委员会委员 13 人，石青当选为公社党委书记，王润芳、张祥当选为公社党委副书记；选举产生监察委员会委员 5 人，王润芳当选为监委书记。

四、中共来广营人民公社第四次党员代表大会

1975 年 6 月 1 日至 3 日，召开中共来广营人民公社第四次代表大会，应到代表 124 人，出席会议代表 121 人。会议听取审议并批准党委书记刘章林代表第三届党委作的《来广营人民公社第三届党委工作报告》，选举产生公社第四届委员会委员 21 人，刘章林当选为公社党委书记，艾丁、郭凤森、白淑英当选为公社党委副书记。

五、中共来广营人民公社第五次党员代表大会

1981 年 1 月 28 日至 29 日，召开中共来广营人民公社第五次代表大会，应到代表 78 人全部出席会议，列席会议 17 人。会议听取审议并批准党委书记单纯祥代表第四届党委作的《全党进一步团结起来，认真总结经验教训，大力加强和改善党的领导，为我社尽快富裕起来而奋斗》工作报告，选举产生公社第五届委员会委员 8 人，单纯祥当选为公社党委书记，张中原、司占山、陈雅芝当选为公社党委副书记。

六、中共来广营乡第六次党员代表大会

1983年4月12日，召开中共来广营乡第六次代表大会，应到代表137人全部出席会议，列席会议14人。会议听取审议并批准党委书记张中原代表第五届公社党委作的《认真贯彻党的十二大精神，开创来广营乡现代化建设新的局面》工作报告；选举产生中共来广营乡第六届委员会委员9人，张中原当选为乡党委书记，司占山、徐永年、陈雅芝当选为乡党委副书记；选举产生纪律检查委员会委员5人，陈雅芝当选为乡纪委书记。

中共来广营乡第六次代表大会召开（1983年摄）

七、中共来广营乡第七次党员代表大会

1987年5月29日，召开中共来广营乡第七次代表大会，应到代表121人，出席会议代表103人。会议听取审议并批准党委书记张中原代表第六届党委作的《党委工作报告》、纪委书记陈雅芝作的纪律检查工作报告；选举产生乡第七届委员会委员9人，张中原当选为党委书记，胡德芳、燕铁山、陈雅芝当选为副书记；选举产生纪律检查委员会委员5人，陈雅芝当选为纪委书记。

八、中共来广营乡第八次党员代表大会

1992年7月7日至8日，召开中共来广营乡第八次代表大会，应到代表121人，出席会议代表102人。会议听取审议并批准党委书记乔刚代表第七届党委作的《坚定不移贯彻党的基本路线，为实现我乡“八五”规划而努力奋斗》工作报告、纪委书记马文候作的纪律检查工作报告；选举产生中共来广营乡第八届委员会委员9人，乔刚当选为党委书记，陈雅芝、白文茹当选为党委副书记；选举产生纪律检查委员会委员5人，马文候当选为纪委书记。

九、中共来广营乡第九次党员代表大会

1996年11月18日至19日，召开中共来广营乡第九次代表大会，应到代表110人，出席会议代表109人，列席会议12人。会议听取审议并批准党委书记赵全保代表第八届党委作的《继往开来，再创辉煌，为提前实现“九五”计划宏伟目标而努力奋斗》工作报告、纪委书记马文候作的纪检监察工作报告；选举产生乡第九届委员会委员7人，赵全保当选为党委书记，陈雅芝、赵万友当选为党委副书记；选举产生纪律检查委员会委员3人，赵万友当选为乡纪委书记。

十、中共来广营乡第十次党员代表大会

1999年12月6日，召开中共来广营乡第十次代表大会，应到代表106人，出席会议代表104人，列席会议17人。会议听取审议并批准党委书记赵全保代表第九届党委作的《开拓创新，加快发展，团结奋斗，再展宏图，为建京郊首善之乡而努力奋斗》工作报告、纪委书记赵万友作的纪检监察工作报告；选举产生乡第十届委员会委员7人，赵全保当选为党委书记，安永存当选为副书记；选举产生第十届纪律检查委员会委员5人，安永存当选为纪委书记。

十一、中共来广营乡第十一次党员代表大会

2002年12月9日，召开中共来广营乡第十一次代表大会，应到代表108人全部出席会议，列席会议14人。会议听取审议并批准党委书记赵万友代表第十届党委作的工作报告、纪委书记郝云峰作的纪检监察工作报告；选举产生乡第十一届委员会委员9人，赵万友当选为党委书记，陈晓东、杨建海、郝云峰当选为党委副书记；选举产生第十一届纪律检查委员会委员5人，安永存当选为纪委书记，王立文当选为纪委副书记。

十二、中共来广营乡第十二次党员代表大会

2006年10月10日至11日，召开中共来广营乡第十二次代表大会，应到代表118人，出席会议代表116人，列席会议8人。会议听取审议并批准党委书记陈晓东代表第十一届党委作的《继往开来，再创辉煌，为基本实现三化目标而努力奋斗》工作报告、纪委书记郝云峰作的纪律检查工作报告；选举产生乡第十二届委员会委员7人，陈晓东当选为党委书记，杨建海、张淑田当选为党委副书记；选举产生第十二届纪律检查委员会委员5人，郝云峰当选为纪委书记；选举产生来广营乡出席中共朝阳区第十次代表大会代表4人。

十三、中共来广营乡第十三次党员代表大会

2011 年 9 月 15 日，召开中共来广营乡第十三次党员代表大会。出席会议代表 125 人。会议听取审议并批准党委书记张克斌代表第十二届党委作的《团结奋进，创先争优，为推进城市化、建设新城区而努力奋斗》工作报告、纪委书记李铎奎作的纪律检查工作报告；选举产生乡第十三届委员会委员 11 人，张克斌当选为党委书记，张淑田当选为党委副书记；选举产生第十三届纪律检查委员会委员 5 人，李铎奎当选为纪委书记；选举产生来广营乡出席中共朝阳区第十一次代表大会代表 4 人。2014 年始，试行党代会年会制，于当年 2 月 14 日召开中共来广营乡第十三次代表大会第二次会议，出席会议代表 115 人。大会听取党委书记左景全代表第十三届党委作的《坚持务实创新，推动科学发展，建设幸福美丽来广营》工作报告、纪委书记李铎奎作的纪检监察工作报告；与会党代表对党委班子集体及领导成员个人分别进行测评，乡党委正副书记均在会上述职述德述廉。2015 年 1 月 26 日，召开中共来广营乡第十三次代表大会第三次会议，审议党委书记左景全所作的《改革创新，务实发展，奋力开展城市化建设新局面》报告、纪委书记李铎奎作的纪检监察工作报告和党费收缴使用情况报告。

中共来广营乡第十三次代表大会召开（2011 年摄）

第二节 乡（公社）党组织机构

一、领导机构

1953年6月，来广营、安家坟、五合村、南湖渠4个乡成立乡党支部。来广营乡党支部书记王润芳，安家坟乡党支部书记安永旺，五合村乡党支部书记蒋彬，南湖渠乡党支部书记吴文斌。1955年12月17日，由来广营、安家坟、五合村、南湖渠4个乡党支部合并为东郊区和平乡党总支。1957年2月，东郊区委批复同意和平乡党总支书记、副书记和委员共13人。1958年4月，和平乡党总支升格为和平乡党委。

1961年5月，来广营人民公社成立公社党委。1966年后，公社党委因受“文化大革命”冲击而基本瘫痪。1968年2月，来广营人民公社组建革命委员会，成立党的核心小组，行使党的领导职能。1970年3月，经过整党建党，恢复来广营人民公社党委。

1983年，朝阳区委撤销来广营人民公社，组建来广营乡党委。2003年2月，朝阳区委成立中共来广营地区工作委员会，简称地区工委，与来广营乡党委两个名义同一个领导班子（俗称“一套人马，两块牌子”）。地区工委（乡党委）的日常职能，是贯彻执行党的路线方针政策、上级党组织的工作部署和具体指示、乡党代会的决议，研究决定经济发展、社会事业和自身建设中的重大事项，领导并支持工会、共青团、妇联、人民武装、统一战线等按各自规程独立开展工作，培养教育、管理任免干部，领导民主法制和精神文明建设，维护社会稳定。截至2015年组织机构未变。

表5-1 1953年至2015年来广营乡（公社）乡级党组织主要负责人任职一览表

任职单位	职务	姓名	任职时间
来广营乡	党支部、党总支书记	王润芳	1953年6月至1955年12月
和平乡			1955年12月至1958年1月
和平乡	党委书记	刘玉满	1958年4月至1958年8月
和平人民公社			1958年11月至1959年11月
来广营人民公社	党委书记	马举廷	1961年5月至1962年5月
		石　青	1962年5月至1968年2月
来广营人民公社革命委员会党的核心小组	组长	张　祥	1968年2月至1970年3月

续表

任职单位	职务	姓名	任职时间
来广营人民公社	党委书记	李　智	1970年3月至1971年1月
		高震忠	1971年1月至1972年11月
		石　青	1972年11月至1974年3月
		刘章林	1974年3月至1979年10月
		单纯祥	1979年10月至1982年3月
		张中原	1982年3月至1983年2月
来广营乡	党委书记	张中原	1983年2月至1988年3月
		胡德芳	1988年3月至1990年2月
		赵宝贤	1990年2月至1992年3月
		乔　刚	1992年3月至1996年7月
		赵全保	1996年7月至2001年10月
		赵万友	2001年10月至2003年2月
来广营地区（乡）	工委书记（党委书记）	赵万友	2003年2月至2005年6月
		陈晓东	2005年6月至2008年11月
		（空缺）	2008年11月至2009年3月
		张克斌	2009年3月至2012年1月
		左景全	2012年1月至2015年12月－

二、工作机构

1953年，各乡级党支部无专门内设工作机构，工作人员仅一秘书，为半脱产干部。1955年，和平乡党总支设置政治组、组织干事、宣传干事。1958年，和平人民公社（小和平）党的工作机构设置有政工组、宣传组。1961年，来广营人民公社党的工作机构有党委办公室、组织股、宣传股，以及检查监督党政干部守纪情况的监察委员会。

1966年至1967年，设有公社党委秘书。1968年，公社党委的工作机构是革命委员会政工组，内设组工干事和宣传干事，负责干部管理、党员发展、人事档案等党务。1981年初撤销革命委员会，政工组亦随之撤销，复设党委办公室，承办党委领导交办的事务，并另成立纪律检查委员会，专门监督党员尤其是领导干部。

1982年，单独设置组织股、宣传股。1983年，来广营乡党委除纪律检查委员会外，另有办公室、组织科、宣传科、信访室、档案科。1998 年，党委系统编制 11 人，实际在职 13 人（其中国家干部 2 人）。2001 年 7 月，组织科、宣传科合并为组宣科。2010 年 4 月，地区工委（乡党委）下设党建办公室。2011 年 4 月，党委工作机构调整为党政办公室、党建办公室（负责党的建设、组织、人事、统战、精神文明建设、共青团、老干部工作等）、宣传科、纪检监察科，截至 2015 年工作机构未变。

第三节 党组织建设

一、党员队伍建设

抗日战争后期，域内始有中共地下党组织秘密活动。1947 年，清河营村民汤恕加入中国共产党，成为该村第一名党员。1949 年，来广营村、清河营村各发展 4 人入党，立水桥村新发展党员 8 人。在清华大学土地改革工作组的帮助下，各村积极发展党员，合计 34 人。1950 年春，黄军营村王进富、安家坟村李长海等人入党。1955 年 12 月，和平乡党员增至 125 人。1957 年党员 142 人（其中 1952 年及以前入党 40 人，1953 年至 1956 年入党 102 人）。

1961 年来广营人民公社成立后，社队党组织注重贫下中农和政治运动积极分子中发展党员。“文化大革命”初期，党员活动一度停止。1968 年成立革命委员会后，党员恢复组织生活。二十世纪六七十年代，在学习毛泽东思想积极分子和农业学大寨运动中表现突出的中青年骨干中发展党员较多。

1982 年，来广营乡党员 523 人（其中，男性党员 370 人，女性党员 153 人）。1996 年，来广营乡党员 851 人（其中，预备党员 15 人，女性党员 274 人，少数民族党员 5 人。党员年龄在 35 岁以下的党员 109 人，35 岁以上的党员 742 人。党员队伍中文盲 21 人，小学文化 257 人，初中文化 316 人，高中文化 96 人，中专学历 88 人，大专以上学历的 73 人）。

来广营乡评选出的全乡优秀党员集体合影（1984 年摄）

2000年，来广营乡党员813人（其中：预备党员30人，女性党员273人，少数民族党员5人。党员年龄35岁以下90人，36岁及以上723人。党员文化程度文盲14人，小学176人，初中275人，高中74人，中专126人，大学专科以上147人，研究生1人）。2004年，全乡进行党员登记，统一印发《党员登记卡》、党员手册，各支部对党员个人信息、参加学习、联系户、民主评议等情况备案登记，流动党员纳入全乡统一管理，并建立其台账和联系卡，实行“五个一”（一个党员一面旗，一人一卡，一人一册，一月一学，一人一岗）管理。开展“评先创优”活动，民主评议党员，建立党员政绩考核档案。近700名党员参与党员忆党史、老党员眼中的新农村、主题党课、党员实践日等活动，无职普通党员认领志愿服务岗位，签订岗位责任书。来广营村组建老党员顾问团，清河营村组建党员村情民意反馈组。2007年，按照区委加强和改进党员队伍建设的工作意见，开展党员联系户活动。举办入党积极分子培训班，116人参训。2009年9月底，建成党员活动中心。

2010年6月8日，地区工委（乡党委）举办“争做优秀共产党员，永葆党员先进性”主题演讲比赛；6月25日，组织机关全体党员和社区（村）、直辖企事业单位的部分党员260人参加专题党课学习；地区工委（乡党委）领导成员和朝阳区驻境党代表分组慰问中华人民共和国成立以前入党的老党员和生活困难的党员；7月20日，组织党员300多人观看电影《老百姓是天》，进行为人民服务的宗旨教育；11月，绣菊园社区党员组成以热爱社区环保工作的老党员腾铭为核心的社区科普小组，紫绶园社区成立以区乡优秀党员李增江命名的30多名党员组成的环保服务队。全地区（乡）党员1623人，其中：预备党员25人，女性党员660人，少数民族党员29人；党员年龄35岁以下266人，35岁以上1357人；党员学历初中及以下者529人，高中、中技162人，中专219人，大学专科338人，大学本科301人，研究生74人。2011年6月7日，邀请市委党校教师为来广营乡党员讲授党史教育课。“七一”前夕庆祝建党90周年时，表彰202名优秀党员，宣讲“群众心目中的好党员”事迹。“十二五”期间，先行先试驻社区单位党组织和党员到村、社区“双报到、双服务、双评议”制度。

2015年8月至9月，来广营地区（乡）全体党员接受党内外民主评议，其中评为“好”党员占87%，“一般”党员占13%。至年末，全辖党员2357人，其中预备党员29人，女性党员1099人，少数民族党员61人；在岗单位职工655人（公有制单位282人、非公有制单位373人），从事农林行业55

人，离退休 1179 人，其他 468 人；30 岁及以下党员 218 人，31 岁至 45 岁党员 595 人，46 岁至 60 岁党员 579 人，61 岁及以上党员 965 人；1949 年 9 月末以前入党 8 人，1949 年 10 月至 1966 年 4 月入党 166 人，1966 年 5 月至 1976 年 10 月入党 341 人，1976 年 11 月至 1978 年 12 月入党 75 人，1979 年 1 月至 2002 年 10 月入党 1099 人，2002 年 11 月以后入党 279 人；文化程度初中及以下 493 人，高中、中技、中专 495 人，大专及以上 1369 人。

二、基层党组织建设

1949 年末，域内新建 9 个村级党支部。1961 年，来广营人民公社党组织有 1 个公社党委、1 个机关党支部、12 个生产大队党支部。1983 年成立来广营乡时，党组织增至 1 个乡党委、1 个机关事业单位联合党总支、8 个村党总支、23 个企事业单位党支部。1987 年，来广营乡基层党组织发展为 1 个乡党委下辖 9 个党总支、54 个党支部。20 世纪 80 年代始，每年“七一”都要庆祝党的生日，表彰优秀基层党组织、优秀党员和先进党务工作者。1997 年，乡村两级制订三年党建规划，通过理论中心组学习和“三会一课”形式（每月开一次支部党员大会、一次支部委员会、一次民主生活会，上一次党课），学习党的十五大会议精神和邓小平理论；民主生活会检查党员履行义务、执行政策和遵守纪律情况，开展批评与自我批评。

2007 年 12 月，创建“五个好”（领导班子好、党员队伍好、工作机制好、工作业绩好、群众反映好）村级党组织、乡党委“争先创优”工作均通过市区“三级联创”活动领导小组检查。2010 年，来广营地区工委（乡党委）召开党建工作会议，部署开展创建先进基层党组织、争当优秀共产党员的“创先争优”活动。“十二五”期间，党建办公室拓宽网络阵地，创新形式，加强上下扁平联系，建立来广营党建 QQ 群，信息传递更加及时便捷。设置党代表工作室，党代表入户走访、结对慰问、进行民情恳谈，提升社会和谐水平。党建实行项目化管理，先后创建了幸福家园积分银行、“耆乐融融”银龄互助、莱福隆大学等品牌项目。

2015 年，地区工委（乡党委）通过组织各村、社区换届选举，健全基层组织，优化干部队伍结构，整顿提升两个软弱涣散基层党总支。党的建设重点打造北苑三号院社区“幸福家园积分银行”、紫绶园社区“李增江党员服务队”、茉藜园社区文化科普、绣菊园社区党员驿站等党建服务品牌，党组织办公活动场所和党代表工作室覆盖全境。至年末，地区工委（乡党委）辖 6 个社区党委、24 个党总支、45 个党支部。

村党组织建设

1949 年冬至 1950 年春，在土地改革工作组指导下，来广营村、刘各庄村、黄军营村、勇士营村、安家坟村、北湖渠村、南湖渠村、东湖渠村、立水桥村、五合村建立党支部，清河营村建立党小组。各村党组织领导农民废除封建剥削制度，进行土地改革，建立基层政权，稳定社会秩序。1955 年 12 月，和平乡党总支下辖的 9 个生产大队各设一党支部。1961 年，来广营人民公社每个生产大队都各自成立新的党组织，大队党支部增至 12 个。1966 年“文化大革命”开始后，各大队党支部因受冲击曾一度停止履行职能。至 1969 年组建革委会后，开始整党，至 1971 年各大队党支部全部恢复。1974 年至 1977 年，随着党员大量增加，各大队党支部改建为大队党总支，下辖 28 个党支部。1982 年人民公社撤销后，各大队改为行政村，大队党支部改组为党总支。

1983 年 10 月，来广营乡有 8 个村党总支，党支部下设党小组。1997 年，各村党总支换届选举，换届后的 30 名总支委员人均 37 岁，每个支部都有 35 岁以下委员，6 名政工副书记不满 35 周岁，中专以上学历占 70%。

2007 年 3 月，各村党组织换届选举，新当选总支部委员 31 人，其中书记 7 人，副书记 7 人，委员 17 人；大专以上文化 23 人，高中和中专文化 6 人，初中及以下 1 人；连选连任总支部书记 7 人，连选连任总支部委员 25 人，交叉任职 13 人。

2015 年 10 月始，各村党组织再次换届选举。11 月 6 日，北湖渠村、来广营村、新生村、红军营村、清河营村召开党员大会，选举产生新一届村党组织领导成员，新当选党总支委员 125 人，其中连任 120 人，本科 122 人、大专 2 人、高中 1 人，当选为书记和副书记各 5 人，女性委员 7 人。5 个村共有党员 429 人。至年末，共有村级党总支 5 个。

附各村历任党组织负责人名录。

来广营村（大队）历任党组织负责人名录：

支部书记

张修才　　（任期不详）

张德全　　（任期不详）

燕贺春　　1952 年 9 月—1953 年 6 月

燕宝春　　1960 年 3 月—1961 年 5 月
燕贺春　　1961 年 5 月—1964 年 4 月
刘长春　　1964 年 4 月—1967 年
王继舜　　1968 年 1 月—1971 年 2 月
白永成　　1971 年 2 月—1971 年 4 月
崔　向　　1971 年 4 月—1972 年 6 月
纪振荣　　1972 年 6 月—1973 年 9 月
赵　增　　1973 年 9 月—1975 年 7 月
简　祥　　1975 年 7 月—1976 年 12 月
岳连祥　　1977 年 1 月—1978 年 12 月

总支书记

岳连祥　　1977 年 1 月—1979 年 2 月
李国立　　1979 年 2 月—1980 年 7 月
董振秋　　1980 年 7 月—1982 年 6 月
陈金凯　　1982 年 6 月—1986 年 2 月
邵继东　　1986 年 2 月—1987 年 12 月
席树庚　　1987 年 12 月—1997 年 1 月
李少峰　　1997 年 1 月—1998 年 3 月
蒋春茂　　1998 年 3 月—2008 年 5 月
孟宪东　　2008 年 5 月—2015 年 12 月

清河营村（大队）历任党组织负责人名录：

支部书记

侯广盈　　1952 年 9 月—1953 年 6 月
汤　恕　　1960 年 3 月—1961 年 5 月
何　福　　1961 年 5 月—1962 年 4 月
杨玉文　　1962 年 4 月—1964 年 4 月
任贵祥　　1969 年 11 月—1971 年 3 月
刘继鹏　　1971 年 3 月—1973 年 3 月
赵文旭　　1973 年 3 月—1976 年 5 月

总支书记

张景生　　1976 年 5 月—1978 年 12 月

何宝明　　　1978 年 12 月—1980 年 12 月
何　禄　　　1980 年 12 月—1982 年 3 月
何宝明　　　1982 年 3 月—1987 年 4 月
赵文旭　　　1987 年 4 月—1987 年 8 月
张　平　　　1987 年 8 月—1997 年 8 月
马　祥　　　1997 年 8 月—2001 年 10 月
乔振江　　　2001 年 10 月—2008 年 2 月
白桂新　　　2008 年 2 月—2015 年 12 月

红（黄）军营村（大队）历任党组织负责人名录：

支部书记

王进富　　　1952 年 9 月—1953 年 6 月
杨彩霞（女）1960 年 3 月—1962 年 4 月
崔　顺　　　1962 年 4 月—1963 年 5 月
宋玉璋　　　1963 年 5 月—1966 年 6 月
刘汉卿　　　1966 年 6 月—1967 年 1 月
胡德芳　　　1967 年 1 月—1968 年 12 月；1971 年 11 月—1975 年春
张世昌　　　1968 年 12 月—1969 年 11 月
陈富贵　　　1969 年 11 月—1970 年 4 月
宋玉璋　　　1970 年 4 月—1971 年 11 月

总支书记

胡德芳　　　1975 年春—1976 年 12 月
伊玉泉　　　1977 年 1 月—1978 年 12 月
王玉亮　　　1978 年 12 月—1980 年 12 月
高宝琏　　　1980 年 12 月—1988 年 5 月
安永江　　　1988 年 5 月—1993 年 2 月
王　琪　　　1993 年 2 月—2000 年 2 月
白玉霞（女）2000 年 2 月—2001 年 10 月
李永强　　　2001 年 10 月—2009 年 11 月
李鸿均　　　2009 年 11 月—2015 年 12 月

北湖渠村（大队）历任党组织负责人名录：

支部书记

黄德忠　　　1952 年 9 月—1953 年 6 月
郭庆祥　　　1960 年 3 月—1961 年 5 月
皮文汉　　　1961 年 5 月—1963 年 1 月
陈凤兰（女）1969 年 11 月—1972 年 11 月
马文侯　　　1972 年 11 月—1977 年 4 月

总支书记

马文侯　　　1977 年 4 月—1978 年 12 月
赵德富　　　1978 年 12 月—1979 年 5 月
蒋振杰　　　1979 年 5 月—1980 年 5 月
郭喜良　　　1980 年 5 月—1986 年 2 月
王玉亮　　　1986 年 2 月—1987 年 6 月
郭喜良　　　1987 年 6 月—1990 年 12 月
崔　瑛　　　1990 年 12 月—1991 年 6 月
高凤林　　　1991 年 6 月—1992 年 2 月
李振山　　　1992 年 2 月—1993 年 2 月
刘伯明　　　1993 年 2 月—1995 年 8 月
王立文　　　1995 年 8 月—1998 年 6 月
王立成　　　1998 年 6 月—2000 年 8 月
李义香（女）2000 年 8 月—2001 年 8 月
李义华　　　2001 年 8 月—2008 年 2 月
王立君　　　2008 年 2 月—2011 年 11 月
张　彬　　　2011 年 11 月—2015 年 12 月

新生大队（村）历任党组织负责人名录：

总支书记

白淑英（女）1976 年 1 月—1978 年 3 月
李长荣　　　1978 年 3 月—1982 年 3 月
李守智　　　1982 年 3 月—1982 年 11 月
孙益达　　　1982 年 11 月—1983 年 12 月
赵庆柱　　　1984 年 1 月—1984 年 12 月

赵全保　　1985 年 1 月—1995 年 10 月
周　武　　1995 年 10 月—1998 年 9 月
周　明　　1998 年 9 月—2000 年 2 月
孙广勋　　2000 年 2 月—2009 年 5 月
谭　扬　　2009 年 5 月—2015 年 12 月

南湖渠村（大队）历任党组织负责人名录：

支部书记

石　忠　　1952 年 9 月—1952 年 12 月
定宝祥　　1952 年 12 月—1953 年 6 月
司占山　　1960 年 3 月—1965 年 12 月
吴文斌　　1965 年 12 月—1966 年 12 月
纪振荣　　1967 年 1 月—1967 年 12 月
吴文斌　　1968 年 1 月—1968 年 12 月
白永成　　1969 年 1 月—1971 年 2 月
吴文斌　　1971 年 2 月—1973 年
司占山　　1973 年—1978 年 12 月

总支书记

司占山　　1978 年 12 月—1980 年 7 月
徐永年　　1980 年 7 月—1982 年 6 月
定　刚　　1982 年 6 月—1984 年 2 月
徐永年　　1984 年 2 月—1987 年 7 月
司占山　　1987 年 7 月—1990 年 2 月
高凤林　　1990 年 2 月—1990 年 12 月
马广生　　1990 年 12 月—1995 年 6 月

立水桥村（大队）历任党组织负责人名录：

支部书记

刘汉英　　1950 年 4 月—（卸任年月不详）
刘志远　　1958 年 1 月—1964 年 4 月
张　成　　1969 年 11 月—1974 年 6 月
王秉仁　　1974 年 6 月—1977 年 3 月

总支书记

王秉仁　　　1977 年 3 月—1981 年 3 月
傅德海　　　1981 年 3 月—1983 年 12 月
张宝利　　　1983 年 12 月—1987 年 12 月
王宝军　　　1987 年 12 月—1997 年 4 月
李德海　　　1997 年 4 月—1999 年 12 月
张宝勤　　　1999 年 12 月—2006 年 8 月
王宝月　　　2006 年 8 月—2009 年 8 月

东湖渠村（大队）历任党组织负责人名录：

支部书记

田德福　　　1952 年 9 月—1953 年 6 月
曹　玉　　　1960 年 3 月—1963 年 5 月
刘长春　　　1963 年 5 月—1964 年 4 月
赵合堂　　　1964 年 4 月—1969 年 11 月
钱　元　　　1969 年 11 月—1974 年 11 月

总支书记

张中原　　　1974 年 11 月—1979 年 10 月
董长玉　　　1979 年 10 月—1981 年 4 月
赵志强　　　1981 年 4 月—1982 年 9 月
董守全　　　1982 年 9 月—1986 年 3 月
董长玉　　　1986 年 3 月—1990 年 10 月
贾毅钦　　　1990 年 10 月—2009 年 6 月

刘各庄村（大队）历任党组织负责人名录：

支部书记

邵文生　　　1952 年 9 月—1953 年春
潘德禄　　　1953 年春—1953 年 6 月
刘　广　　　1960 年 3 月—1962 年 4 月
刘宝崑　　　1962 年 4 月—1963 年 1 月
邵继东　　　1969 年 11 月—1975 年 7 月
王志红（女）1975 年 7 月—1976 年 12 月

安家坟村（大队）历任党组织负责人名录：

支部书记

刘同珍　　　1950 年初—（不详）
侯广盈　　　1952 年 9 月—1953 年 6 月
魏尚智　　　1960 年 3 月—1961 年 5 月
侯广盈　　　1961 年 5 月—1962 年 4 月
魏尚智　　　1962 年 4 月—1963 年 5 月

北苑大队历任党组织负责人名录：

支部书记

张世昌　　　1969 年 11 月—（不详）
马　英　　　（不详）—1975 年春

勇士营村（大队）历任党组织负责人名录：

支部书记

贺兰珍　　（任期不详）
王锡寿　　　1952 年 9 月—1953 年 6 月
马增俊　　　1960 年 4 月—1961 年 5 月
王锡寿　　　1961 年 5 月—1962 年 6 月
李长荣　　　1962 年 6 月—1964 年 4 月
张　祥　　　1964 年 4 月—1967 年 11 月
崔　向　　　1967 年 11 月—1971 年 4 月
纪振荣　　　1971 年 4 月—1972 年 10 月
赵德富　　　1972 年 10 月—1975 年 12 月

白马坟大队历任党组织负责人名录：

支部书记

李守智　　　1969 年 11 月—1975 年 12 月

五合村（大队）历任党组织负责人名录：

支部书记

董瑞珍（女）1952 年 9 月—1953 年 6 月；1960 年 3 月—1960 年 12 月

刘玉坦　　　1960 年 12 月—1961 年 5 月
张志祥　　　1961 年 5 月—1962 年 4 月
洪砚田（满）1962 年 4 月—1964 年 4 月
（此后五合村生产大队并入东湖渠生产大队）
金振兴　　　1969 年 11 月—1974 年 10 月
（此后再次并入东湖渠生产大队）

社区党组织建设

1997 年，新建南湖渠小区党支部。至 2000 年末，全乡有小区党支部 6 个，辖党员 265 人。各支部组织填写所辖党员登记卡，建立“三会一课”党建制度，书记均兼任所在小区居委会主任。2005 年，紫绶园、清友园、绣菊园 3 个社区组建社区党委。2006 年，朝来绿色家园、时代庄园、青年城、新街坊、莲葩园、茉藜园、黄金苑、立城苑 8 个社区组建各自党组织，其中社区党委 3 个、社区党支部 5 个。各社区党组织 3 年进行一次换届选举。

地区工委召开党建工作研讨会（2010 年摄）

2012 年 3 月 25 日，各社区党组织投票完成换届选举，共选举产生社区党组织书记 15 名、副书记 19 名、委员 41 名，平均得票率党组织书记 98.3%、副书记 97.8%、委员 91.9%。全境创建区级“五个好”社区党组织 3 个。2014 年，11 个社区的在职党员均实行“双报到、双服务、双评议”制度。

2015 年 5 月，成立清河营中路社区筹备组党支部、北卫家园社区筹备组党支部、清河营第二社区筹备组党支部。18 个社区党组织分别召开党员大会进行换届选举，公推直选新一届党委、党总支、支部委员 90 人，当选书记 18 人（其中连任 13 人）平均年龄 48.33 岁、大专及以上学历 16 人，副书记 26 人平均年龄 39.6 岁、全为大专及以上学历。17 个社区设立席位制委员 33 个，囊括了辖区企业党组织负责人、片警等。9 月 24 日，成立清苑路第二社区党支部、北卫家园社区党支部、清河营中路社区党支部。至年末，共有社区党委6个、党总支12个、党支部31个，专职党务工作者21人，党员1573人。

附社区党组织书记名录：

北苑一号院社区

总支书记

彭俊儒（女）2009年2月—2012年3月

庞海英　　　2012年3月—2015年12月

北苑二号院社区

支部书记

王美德　　　2003年5月—2006年3月

王进海　　　2006年3月—2009年2月

总支书记

王进海　　　2009年2月—2015年12月

北苑三号院社区

总支书记

马卫军（女）2009年2月—2012年3月

孙继国　　　2012年3月—2015年12月

紫绶园社区

总支书记

赵守荣（女）2003年5月—2005年5月

党委书记

王永春　　　2005年5月—2006年2月

赵守荣（女）2006年2月—2012年5月

张金普　　　2012年5月—2015年2月

李世明　　　2015年2月—2015年12月

绣菊园社区

党委书记

郑秀芬（女）2005年5月—2012年5月

谷珅睿　　　2012年5月—2015年2月

邵　平　　　2015年2月—2015年12月

清友园社区

党委书记

师秀英（女）2005 年 5 月—2009 年 2 月

徐家祥　　　2009 年 2 月—2015 年 5 月

赵连霞　　　2015 年 5 月—2015 年 12 月

茉藜园社区

党委书记

刘桂兰（女）2006 年 3 月—2012 年 3 月

胡秋霞　　　2012 年 3 月—2015 年 12 月

时代庄园社区

支部书记

徐付友　　　2006 年 3 月—2006 年 6 月

宋宝玉　　　2006 年 6 月—2009 年 2 月

总支书记

梁润平　　　2009 年 2 月—2015 年 5 月

姜永东　　　2015 年 5 月—2015 年 12 月

朝来绿色家园社区

党委书记

张佩明　　　2006 年 3 月—2015 年 12 月

莲葩园社区

党委书记

郭淑珍（女）2006 年 3 月—2012 年 5 月

邵　阳　　　2012 年 5 月—2015 年 2 月

李淑云　　　2015 年 2 月—2015 年 12 月

黄金苑社区

总支书记

关广灿　　　2006 年 3 月—2009 年 2 月

张启增　　　2009 年 2 月—2015 年 5 月

璩红燕　　　2015 年 5 月—2015 年 12 月

青年城社区

支部书记

何桂清（女）2006 年 3 月—2009 年 2 月

总支书记

何桂清（女）2009 年 2 月—2015 年 12 月

新街坊社区

总支书记

温元池　　　2006 年 3 月—2008 年 1 月

彭立新（女）2008 年 1 月—2012 年 3 月

王　威　　　2012 年 3 月—2015 年 12 月

立城苑社区

总支书记

王永春　　　2006 年 3 月—2015 年 12 月

立清路第一社区

总支书记

孙继国　　　2009 年 2 月—2015 年 5 月

梁荣环　　　2015 年 5 月—2015 年 12 月

清苑路第一社区

总支书记

宁明杰　　　2011 年 3 月—2015 年 12 月

清苑路第二社区

支部书记

马　水　　　2015 年 9 月—2015 年 12 月

广达路社区

总支书记

李　平　　　2015 年 5 月—2015 年 12 月

红军营社区

总支书记

李冬梅　　　2015 年 5 月—2015 年 12 月

清河营中路社区

支部书记

张启增　　　2015 年 9 月—2015 年 12 月

北卫家园社区

支部书记

白文山　　　2015 年 9 月—2015 年 12 月

机关和公有制企事业单位党组织建设

1961年，来广营人民公社建立机关党支部1个。20世纪70年代，公社机关和社办集体企业党员同属1个联合党总支。1981年，北京广益搪瓷厂建立党支部，党员7人。1983年，来广营乡办企业燕华服装厂、峰华帽厂、新生砖厂、新华砖厂均建立党支部。1996年12月，成立朝来农艺园有限责任公司党支部。1997年，乡机关、水管站、电管站、农机站、展望印刷厂、新华和新生两家砖厂、乡养殖场已普遍建有党支部，集体企业共有党支部9个、党小组58个，党员占职工总数的3.2%，仅有少数党员的集体企业5个、个体工商户4家。全乡行政事业单位党组织总计1个党委、2个党总支、12个党支部，6所中小学各有1个党支部。2000年，乡行政事业单位党组织，分为党群支部、政府支部、事业单位联合支部、乡医院支部等，教育系统有乡教委总支部、北苑中学支部、北苑小学联合支部、东湖渠小学联合支部、学区支部、北京市第48中学支部；企业有农工商总公司支部、农机联合支部、朝来农艺园支部、企业管理策划中心总支部等10个党组织。2002年，农工商总公司支部撤销，成立来广营农工商实业总公司党总支。2003年12月，成立农业综合服务中心党总支，机关党组织有一个党总支，下辖第一、第二、第三共3个党支部。至2010年12月，全乡企事业单位建有党总支2个、党支部4个，辖党员87名。

2015年3月，北京朝来绿色家园物业管理中心从朝来绿色家园房地产开发有限公司剥离，成为乡直辖公司，独自建立党总支。至年末，地区（乡）机关党组织共有1个党总支、4个党支部，事业单位党组织共有1个党总支、2个党支部，集体企业党组织共有5个党总支、6个党支部。

非公有制企业党组织建设

1997年，驻境合资企业北京万乐佳时装有限公司组建域内第一个非公有制企业党支部。2005年大昌汽车服务有限公司组建党支部。至2007年，规模以上非公有制企业全部建立党组织，并开展党建带工会、党工共建活动。

“十二五”期间，以朝来高科技产业园为重点，推进非公企业党建，园区B09地块入驻51家企业，职工中党员1143人。2014年9月26日，北京朝来科技产业园党的工作委员会成立，建组织、搞教育、促管理，确立区域化党群共建作为首批电子城功能区“三联四覆盖”组织发展工作项目，发挥党建区域化统筹协调的作用。2015年6月8日，朝来科技产业园成立第一个企业党支部——建峰集团股份有限公司党支部，至年末又新增北京朝来科技园龙天陆支部、北京弘高创意建筑设计股份有限公司支部、华油能源集团支部、联合智业支部、朝来科技园中小企业联合支部、国科天创支部，园区党员总计 101 人。至 2015 年末，全境非公有制企业 82 个、在岗职工 5520 人，其中有党员 103 人，建有企业党支部 5 个，61 个非公有制企业共建联合党支部 2 个，有党建工作专职指导员 1 人。

三、干部队伍与领导班子建设

1953 年后，来广营乡与和平乡干部构成，大多是从革命老区、工厂、学校选调人员组成工作组入驻域内的工作人员和在土地改革等运动中考察选用的贫下中农积极分子。

1958 年末，和平人民公社干部任职，以任命和选举相结合，身份有国家干部、补贴干部、集体干部 3 种。

20 世纪 60 年代，来广营人民公社对干部分类进行身份管理，党组织建立民主生活会制度，公社脱产专职干部和大队不脱产兼职干部每月合开一次务虚生活会，“思想见面”，交流意见，进行批评与自我批评。公社干部必须下队参加集体生产，每年劳动出勤要求不少于 150 天。年终基层干部考核时，对大队干部的思想政治表现、工作态度、业绩效率进行分析评价，发现问题及时处理解决。干部任免调动，按管理权限逐级上报，经批准后宣布。1968 年，来广营人民公社革命委员会成员结构，在年龄组成上“老、中、青”三结合。公社党委对下放插队落户的“知青”，大多安排进社队企业工作，生活上统筹照顾，生产中同等要求，经过培养锻炼，有的被安排担任社队政治理论辅导员、广播员、保管员、小学代课教师，有的加入共青团成为社队团干部。70 年代，来广营部分“集体干部”（农村户籍）转为占行政编制的非农户籍国家干部。

中共十一届三中全会后，来广营人民公社逐步落实干部政策，平反纠正冤假错案，建立后备干部制度，注重选拔作风正、有文化、懂业务的中青年科级干部。1983 年，来广营乡级领导干部按“四化”（革命化、年轻化、知识化、专业化）标准全面考察、选拔任用。对德才兼备的复员退伍军人，经政审合格选任基层干部。1992 年后，乡机关按照“转变职能、理顺关系、精简机构、提高工作效率”的原则进行机构改革，干部人数缩减、科室合并，制定目标管理等各项考核制度，录用人员签订聘用合同，并引入竞争机制。20 世纪 90 年代前期，来广营乡党政领导班子中始终保持有三位女干部。以乡党委委员为主体，建立理论中心组学习制度，制定落实学习计划、时间安排、学习内容，以集中学习和自学相结合，根据需要吸收各村、社区和机关科室主要负责人参加学习。选送在职中青年干部职工参加各种形式的学历教育，至 1995 年累计培养干部职工中专生 309 人、大专生 25 人，乡村两级负责干部全部具备中专以上学历。根据政策，接收安置军队转业人员，充分发挥军转干部的作用。乡党委、政府、农工商总公司各负其责，大事共议，分头执行。

来广营乡党政经三套领导班子联席会议（1995 年摄）

来广营乡党委组织年轻干部参观中国革命博物馆举办的《红岩魂》展览（1996 年摄）

1996年始，乡党委理论中心组按照《中国特色社会主义20题》，分专题有重点地选学《邓小平选集》第三卷和党的十四届四中、五中、六中全会精神，制订实施来广营乡《1997年至2000年干部教育培训规划》《党委工作条例》《党委议事规则》《乡人民政府工作条例》《总公司工作章程》等有关领导班子运行的基本制度。2000年7月至9月，为提高公务员科技素质，党委书记亲自动员，组织学习《科学技术的新发展与现代化建设》。乡党委1999年、2000年连续两年被评为区"六好"党委。2001年末，根据政策，乡机关"集体干部"转为国家干部。来广营乡党委被评为北京市先进基层党组织。2002年，进行机构改革，干部年轻化，与改革前相比，处级干部年龄下降3.6岁、科级干部年龄下降3.4岁，科员平均年龄35.4岁、比改革前年龄下降1.6岁，科级以上干部均有大专以上学历。乡党委将懂规划、具有开发建设能力的张宝利调任乡开发公司总经理，推进全乡农民新村、城市化建设。2003年至2005年，来广营地区工委（乡党委）审慎提拔使用干部，正科级升任副处级领导岗位1人，副科级升任正科级8人，科员升任副科级6人，提拔任用村级干部32名、企业干部21名和社区干部59名，被评为北京市"五个好"基层党组织。地区工委（乡党委）用干部不只压担子，还当后盾、给舞台，政治上严格要求，工作上全力保障，个人发展上充分支持，出现问题领导承担责任，多给年轻干部提供机会。鉴于年轻干部日益成熟，地区工委（乡党委）书记赵万友主动退位换岗，让有活力、有思路的年轻干部走上领导岗位。经区委考核，时任乡长和党委副书记的两位优秀干部分别继任乡党委书记和乡长。

2006年，来广营地区（乡）正式实施《公务员法》，干部管理走向法制轨道。理论中心组自身学习每月一至两次，每次一个专题，大多由市委党校教授讲课对机关干部、基层党员、青年后备干部，则有针对性地分类施训，辅以学历教育。同年，公开招聘大学生村务助理4人，派驻各村工作，安排在基层培养锻炼。地区工委（乡党委）"抓班子，带队伍，谋发展"，从"五抓"（抓思想、抓作风、抓能力、抓纪律、抓培训）入手，加强领导班子的执政能力建设，领导成员心往一处想，劲往一处使，思想同心、目标同向、工作同力。2007年，地区工委（乡党委）进一步加强社区干部队伍和村"两委"班子建设，排查整顿村级组织中软弱涣散现象。2009年1月20日，来广营乡党委连续十年被朝阳区委评为"五个好"乡党委。"十二五"时期，每年开办一至二期基层党组织书记培训班、选送1名书记参加区委组织部主办的新加坡培训，公开选拔团委副书记、社区后备干部，对科级干部、所有公务员、试用期满的竞争上岗人员能否转正进行公开民主测评，最后由党委会研究票决。改革干部人事制度，科级干部实行竞岗竞聘，数十人通过竞争上岗。2014 年，通过党代表年会，评议党委和纪委领导班子成员，严格考核、及时增减各村和社区后备干部，启动公务员在线学习，通过安排培训、学习交流、赋予重要工作、搭建发挥作用平台等措施，加强干部的培养锻炼。新生村党总支书记谭扬、新街坊社区党总支书记王威获市农工委颁发北京市高级农村实用人才证书。

来广营地区公开选拔社区后备干部演讲会（2010 年摄）

2015 年，地区工委（乡党委）制订公务员副科级干部任命工作方案，招聘公务员 1 人、事业单位管理岗位 2 人、协管员 3 人、社区工作者 40 人、录用大学生村务助理 1 人；为村干部办理养老保险 25 人，村干部离任给予一定补助；各社区党组织换届选举实行公推直选，在任干部大专及以上学历 253 人，其工作报酬均按不低于上年社会平均工资水平确定。

第四节 宣传教育

1945 年 9 月初，中共地下组织在东湖渠村张贴告示，宣传八路军抗日战争战况等内容的公告。1951 年 4 月，来广营派出所利用接收国民党的防匪警用电铃线路装置扩音器，在各村参加的万人大会上广播宣传镇压反革命运动。1953 年，来广营乡成立广播组，用铁喇叭喊话，发布重要时事新闻、乡村通知，宣传党的政策和突击性任务。各乡都配合东郊区工作组广为宣传“入社光荣”，迅速形成农业合作化热潮。1963 年 6 月，根据上级部署，来广营人民公社开始“四清”第一阶段（清账目、清仓库、清财务、清工分）。1965 年，按照中共中央《农村社会主义教育运动中目前提出的一些问题》（简称“二十三条”），运动转入“四清”第二阶段（清政治、清经济、清组织、清思想），至 1966 年结束。二十世纪六七十年代，来广营人民公社各大队广播站（室）既转播中央、北京市、朝阳区的时事新闻、国家政策，也发布公社、大队通知，召开区、公社、大队广播大会。在“三夏”“三秋”和开展农田水利建设等活动中，通过有线广播动员指挥，表扬先进，传达信息。各社队掀起学习毛泽东著作热潮，涌现出一批学习毛泽东思想积极分子，大力宣传集体主义和正确处理国家、集体、个人三者之间的关系。1978 年后，公社党委从政治理论上拨乱反正，开展真理标准问题大讨论，恢复实事求是的思想路线。1982 年，公社党委恢复宣传股，组织各村订阅《人民日报》《北京日报》《党建》《支部生活》《求是》等党报党刊。1985 年 8 月至 1987 年 7 月，来广营乡按上级部署和要求，全面整党，彻底否定“文化大革命”，宣传“一个中心、两个基本点”的党的基本路线。1989 年至 1990 年，来广营乡连续两年成为《北京广播电视报》发行全市先进单位。1991 年，针对苏联和东欧社会主义国家政治剧变的国际形势，来广营乡党委根据市区部署，在党内外全面开展农村社会主义教育活动，主题是反对资产阶级自由化，坚持社会主义方向，深化农村改革，发展巩固农村公有制经济，教育的重点是热爱中国共产党、热爱社会主义，坚持走有中国特色的社会主义道路。1993 年 11 月，来广营乡党委组织党员、干部学习宣传《邓小平文选》第三卷。

乡党委举办党史党纪和社会主义教育知识竞赛（1991 年摄）

1995年后，乡党委组织党员尤其是党员干部着重学习邓小平理论，树立“有红旗就扛，有奖牌就拿，有第一就争”的来广营精神。党组织每月上一次党课，由党组织负责人或请专家讲授党的历史、党性党风、国内外时事政治等，对党员进行专题或常识性基础教育。1998年9月，乡有线广播电视站建成试播，10月16日正式开播，节目有党和国家的方针政策、时政形势、本乡文艺体育、社会民生、“我们身边的好人好事”等。自办新闻节目紧跟乡党政工作重点，围绕百姓关心的热点问题，相继开办“创建精神文明示范乡”“二次创业”两大地方新闻专题报道。乡党委根据上级部署，在党内开展以讲学习、讲政治、讲正气为内容的“三讲”教育。2000年，7个村新增9个宣传专栏，重点宣传经济建设、“绿隔”建设和思想道德先进典型，宣传阵地和传播载体有乡电视站、文化站、墙报橱窗、《来广营简讯》。朝来农艺园创办的京郊第一家综合类信息网站《朝来信息网站》7月1日开通，成为来广营乡的对外宣传窗口和贸易纽带。

进入21世纪，“绿隔”建设、土地储备、城市化每次大面积拆迁，事先都开展广泛细致的腾退政策宣传和思想教育工作。2000年，来广营乡党委成立“三个代表”重要思想学习教育办公室，组织学习《“三讲”教育读本》。活动分为学习交流、征求意见、自我剖析、整改落实阶段，具体形式有专家授课、支部讨论、领导干部进村入户、召开座谈会、设立热线电话和意见箱，征集到党内外对各级领导班子及其成员的意见254条、对乡机关的总体意见6条。党、政、企领导成员积极整改，针对群众普遍反映拆迁上楼后对生活保障的担忧，乡党委、政府相继制定安置村民就业、“绿隔”区农民退休生活补助费发放、搬迁上楼后生活补贴等办法，同时整顿后进支部。乡政府进行政务信息公示，增加施政透明度。后期通过“回头看”，检查整治效果，促进科室机构体制改革和10%人员顺利精简分流。全乡12个党总支、23个党支部、897名党员参加“三个代表”重要思想学习，教育活动于2002年8月结束。

2003年“非典”肆虐时期，针对红军营村谣传“非典”信息，村党总支为安定民心，组织全体党员分片入户，上门传播正确信息和防范知识，很快消弥谣言，稳定人心。乡党委总结这一经验，形成遇事就动员党员入户的“八上门”（上级精神上门宣传，好人好事上门表扬，违规违法苗头上门劝导，家庭邻里关系上门调解，迷信赌博上门教育，家遇不幸上门慰问，群众困难上门帮助，意见建议上门听取）宣传法，并全面推广。“八上门”宣传法后被朝阳区委组织部评授党建创新奖。

2005年，来广营地区工委（乡党委）按照区党委部署，开展保持共产党员先进性教育活动，组织理论中心组学习、召开民主生活会，民主评议党员，党员建档登记，开展党员实践日活动和荣辱观教育，以学党章、知荣辱、见行动、当先锋为主题征文评选，表彰一批乡级先进党组织、优秀党员、优秀党务工作者，召开党建工作创新研讨会，开办专刊《党建之声》，走访慰问中华人民共和国成立前入党的老党员。在先进性教育活动中发动党员入户征求意见，700多名党员联系群众12731户、4.6万人次，开展以党心连民心、党员献爱心的扶困助残活动，为群众解难事、办实事。600余名党员认领服务群众的义务岗位，签订岗位责任书。每个党员撰写提交一篇保持共产党员先进性教育活动的学习实践总结报告。来广营地区工委（乡党委）、3个社区党委、7个村党总支、行政事业单位党组织、600多名党员参加保持共产党员先进性教育活动。

2008年10月，来广营乡党委召开深入学习实践科学发展观活动动员大会，贯彻落实党的十七大精神和中央、市、区的安排，部署学习实践科学发展观活动。处级领导干部参加科学发展观专题研讨班、专题民主生活会，对照科学发展观，结合实际进行自我剖析，提出改进方案。乡、村、社区、企业党组织书记、副书记、委员100多人听取北京市委党校薛梅作《深入学习科学发展观》报告。2009年3月始，全乡第二批党员参加学习，交流心得。前后两批共1500多名党员参加了学习实践科学发展观活动。2009年7月1日，地区工委（乡党委）半月刊《来广营报》创刊发行，连载建国60周年纪念摄影及征文获奖作品，9月编印成册，图文并茂地记载传播来广营的进步和成就，并组成宣讲团在各村、社区和学校宣讲。2011年，组织宣讲“群众心目中的好党员”事迹，举办“红色短信进万家”和“红歌嘹亮——纪念建党90周年文化社区行”活动，编写出版《来广营地区（乡）组织史资料》。区党校来广营分校先后举办党员干部、入党积极分子、党务工作者培训班20期，1600余人次接受教育。

2014年2月24日，地区工委（乡党委）召开乡、村、社区党员大会，部署乡机关和32个基层党组织开展党的群众路线教育实践活动，企事业单位主要负责人和部分群众代表列席参加。教育活动在区委第十六督导组的督促指导下，经过学习教育听取意见、查摆问题开展批评、整改落实建章立制三大环节，通过学习交流、教育实践、集体座谈、个别谈心、书记讲党课、上门走访、开设意见箱和热线电话、网上征集，共收集意见建议7个方面、116

条，制定《来广营乡改进作风制度建设计划》，修订完善制度21项、新订制度10项，整顿提升两个软弱涣散村级党组织，围绕形式主义、官僚主义、享乐主义和奢靡之风问题持续推进整改，共落实办公用房清理、公务用车规范、“三公”经费管理等18项整改内容，解决重点难点问题，有效推进环境整治。10月，党的群众路线教育实践活动结束。2015年，地区工委（乡党委）继续拓展和巩固党的群众路线教育实践活动成果，进行“回头看”，将社会领域党建作为新的切入点，通过建立非公企业党组织，扩大党的组织覆盖面。

来广营地区工委（乡党委）举行党的群众路线教育实践活动领导班子民主生活会（2014年摄）

2015年6月始，来广营地区（乡）开展“三严三实”（严以修身、严以用权、严以律己，谋事要实、创业要实、做人要实）专题教育，以理论中心组为平台，每周五集中学习，16名处级干部交流3天，党委书记带头讲党课《自觉践行“三严三实”，扎实推进作风建设》，乡领导成员和基层党组织书记讲党课40次，每人撰写学习笔记和心得体会。村“两委一社”、社区“两委”、乡直辖集体企业主要领导、机关科长同步学习，同步接受教育。至8月末，34个基层党组织全部召开了民主生活会，开展党员民主评议和党员意识提升行动。“三严三实”专题教育通过班子成员相互谈话，系统疏理2014年群众路线教育实践活动中领导班子整改情况，对尚未整改的，明确完成时限，着重解决理论学习成效不足、工作合力不强等个人问题和改革闯劲弱、联系基层不紧密、抵制歪风邪气不坚决等班子集体问题。

第五节 纪律检查

1951 年，开展反贪污、反浪费、反官僚主义的“三反”运动，安家坟村查出基层干部 13 人贪污公款 885.86 万元（首版人民币），其中主动坦白 356.67 万元，揭发检举 320.58 万元，调查发现 208.61 万元。所有贪污干部都全额退赔并写出保证书结案。1955 年秋，和平乡党总支成立监督委员会。1957 年，党员违法乱纪 1 人，所在支部开会给予严厉批评教育，本人写检查和保证书各一份交党组织。1958 年 9 月，和平人民公社党委设置监察委员会。

1962 年，来广营人民公社党委设立监察委员会。公社监委负责协助党委召开领导成员民主生活会、开展批评与自我批评，检查党员遵守党纪的情况，接待社员来访，处理群众来信。1962 年至 1965 年，党员因违纪被开除党籍 4 人、受到党纪处分 5 人。“文化大革命”初期，党内监察职能因受冲击中止，至 1968 年公社革委会成立后，监察工作由革委会政工组负责。

1981 年 2 月，公社党委首设纪律检查委员会。纪检工作中，重点复审、重新处理“四清”运动和“文化大革命”中被冤枉的干部，对错定为右派的干部、在“反右倾”运动中错受批判的人员给予平反，恢复名誉，落实政策。贯彻北京市纪委《坚决刹住占公家便宜大吃大喝歪风》的意见，检查处理社队干部损公肥私、公款吃喝行为。1982 年 8 月，对新生大队个别干部以集体名义私买木材销售牟利的损公肥私行为进行党内通报批评，并作出责任人书面检查、退赔集体损失的经济处理。

1983 年，来广营乡党委新设纪律检查委员会。乡纪委根据不断发展的新形势新问题，监督党员干部用权履责情况，对党员进行遵纪守法教育，加强党风廉政建设，组织协调反腐败工作，认真严肃办理信访举报，查处党组织和党员违反党章党规的案件，受理党内外对党员违纪行为的检举和党员的控告申诉，保障党员的权利。督促指导各村、企事业单位党总支、党支部制定纪律监察、党风廉政建设的岗位责任制，建立各村、企业事业单位负责人的廉政档案。党风廉政建设在党政领导成员中分工负责，任务细化，明确乡领导、牵头部门、协办部门的责任和时限。乡纪委经全面检查和局部抽查，对全乡党风责任制落实情况进行考核和责任追究，对严重违纪的党员开除出党。1997 年初，乡建立机关内部食堂，停止报销在周边饭馆的所有餐饮开支，每年节约 50% 招待费。当年因大批来宾参观朝来农艺园及会议开支，接待人数同比增长 3 倍，但招待费与上年同期基本持平。全乡各单位党政正职与副职及下属单位正职签订党风廉政建设责任书。1999 年，乡党委批准南湖社区党支部对长期不交党费、不参加党组织活动、不在域内居住的“三不”党员除名 1 人，朝阳区委纪委批准来广营乡纪委为全区先进单位。

进入 21 世纪，为防止腐败、增强施政的公开性和透明度，乡、村均面向群众全面实施政务、村务公开，设固定墙报栏公开政、财事务，每半年更换一次。2003 年 8 月，来广营地区（乡）成立“贯彻落实党风廉政建设责任制领导小组”。纪委在全体党员中进行纠正违法占用集体土地建造私住房屋自查登记，组织乡财务、审计等部门对村委会收费情况进行联合大检查，认真处理《市长信箱邮件登记表》。2010 年，加强行政效能监督，对物资采购活动、工程项目建设中相关单位及其工作人员履行职责情况提出审核意见和工作建议，指导党务公开、政务公开，对各村、社区、科室进行目标管理双百考核，开展党风廉政工作的宣传、教育和培训。

“十二五”期间，乡党政正职与副职、党委委员、乡企正职和各村正职每年年初都签订党风廉政建设责任书，基层支部委员以上干部签订自律保证书。设立信访接待室、举报电话专线和信箱，对受理的举报线索及时核实，对当事人适时约谈、诫勉，开展廉政提醒谈话，重点监督“清权、确权、分权、管权”4 个环节和大额资金使用，推进权力运行程序化、公开化，规范集体资产使用运行，加强经济合同管理，专项治理办公用房、公务用车和单位“小金库”问题。2014 年，成立纪检监督领导小组，加强对干部推荐使用、“三资”管理、八项规定的落实、重点项目建设的监督，受理信访举报 20 件，经查实处置，结案率 100%。

2015 年 2 月 11 日，召开党风廉政建设会议，地区（乡）党政领导班子全体成员、机关各科室负责人和各村、社区、直辖企事业单位党组织书记、纪检委员与会，会议传达区纪委十一届六次全会精神，部署党风廉政建设和反腐败工作。8 月，地区工委印发实施《廉政提醒谈话制度》《落实党风廉政建设党委主体责任纪委监督责任检查考核办法（试行）》；召开落实党风廉政建设两个责任工作推进会，并向区纪委作出自查报告。乡纪委建立党风廉政建设巡察监督和沟通巡查工作机制，进行制度建设、惩防并举、长效管理，专项治理“为官不为”“为官乱为”和“庸懒散”问题，将拆除违章建筑、大气环境整治、安全隐患查处等政务纳入重点效能监察，主动参与机关办公用品采购管理，以加强监督，防控风险，保护干部。在 5 月社区党组织换届选举中，加强纪检干部力量，产生社区纪委书记 16 人、纪委委员 2 人。

来广营地区工委（乡党委）召开党风廉政建设工作会议（2015年摄）

多年来，来广营地区工委（乡党委）纪委整治公车私用行为，清理超标办公用房。乡纪委介入违章建筑清理拆除的监督，认真接待受理群众信访，严肃查处举报案件，每案处理都事实清楚、证据确凿、处置合理、程序合法，结案率 100%。对不实举报，为涉及的干部澄清事实、还其清白。乡村两级在域内生活成长的党政负责人无一拥有非法宅基地，本人与家人无一承包或租赁集体土地。党政负责人、机关干部包括党外干部均未发现违纪违规和腐败行为，无形象工程、政绩工程，统计上报未发现弄虚作假。政务工作中涉及民生问题，未发现侵害群众利益行为。

附纪委（监委）主要负责人名录：

监委主任	赵　增	1955 年秋—1958 年 1 月
监委书记	王润芳	1962 年 5 月—1965 年 3 月
纪委书记	陈雅芝（女）	1981 年 3 月—1990 年 6 月
	马文侯	1990 年 6 月—1996 年 11 月
	赵万友	1996 年 11 月—1999 年 11 月
	安永存	1999 年 11 月—2002 年 6 月
	郝云峰	2002 年 6 月—2011 年 7 月
	李铎奎	2011 年 7 月—2013 年 5 月
	韩蓉蓉	2013 年 5 月—2015 年 12 月

第六章　乡人民代表大会

1956年初，首届乡人民代表大会召开，选举和平乡人民委员会乡长、副乡长，至1959年，共召开三届乡人代会、两届人民公社社员代表大会。

1961年至1982年，来广营人民公社组织社员普选代表，共召开6届社员代表大会，详无资料可考。1983年至2006年，来广营乡3年一届定期召开乡人民代表大会，听取审议政府工作报告，选举产生新一届政府。1991年始，乡人大设专职主席、副主席，在闭会期间主持人大工作，行使法定职权。2006年，乡人大由3年一届改为5年一届。截至2015年12月，共召开16届人民代表大会，审议各项决议、受理代表议案建议，通过代表加强与人民的联系、收集民意反馈行政机关、监督政府工作、决定重大事项。

第一节 人大代表

一、和平乡（公社）人大代表

1955 年 12 月 14 日，平均每 40 户村民选举人民代表 1 人，共选出第一届乡人民代表 120 人，参加 1956 年初举行的和平乡人民代表大会。1958 年春，经过成立选举委员会、选民登记、资格审查、张榜公布选民名单、酝酿公布候选人等环节，选举产生和平乡第三届人民代表 49 人，参加 5 月 5 日的和平乡第三届人民代表大会一次会议。8 月，选举产生和平人民公社（小和平）第一届社员代表 316 人。1959 年 4 月，选举产生第二届社员代表大会代表 305 人。

第二届乡人大代表、第三届至第六届社员代表查无资料。

二、来广营乡（公社）人大代表

1981 年，来广营人民公社选举产生第七届社员代表大会代表 80 人。

1984 年，来广营乡选举产生出席朝阳区第八届人民代表大会代表刘玉满、高登云、赵玉和、司占山、朱春田、宋硕荣、于德慧、李大林、王道荫 9 人，选举第八届乡人大代表 80 人。

1987 年，来广营乡选举产生出席朝阳区第九届人民代表大会代表王洪月、张中原、王玉亮、燕铁山、孙克宽、徐广志、李大林 7 人，选举产生第九届乡人大代表 48 人。

来广营乡选举第九届区乡人大代表（1987 年摄）

1991年，来广营乡选举产生出席朝阳区第十届人民代表大会代表陈雅芝、赵全保、朱春田、徐广志、王金志、张广弟、臧启源7人，选举产生第十届乡人大代表48人。

1994年，来广营乡选举产生出席朝阳区第十一届人民代表大会代表陈雅芝、耿宗昌、李和珍、聂木森、王宝军、赵宝玉、施林道7人；选举产生第十一届乡人大代表48人。

1997年初，来广营乡选举产生第十二届乡人大代表55人。1998年12月15日，来广营乡选举产生出席朝阳区第十二届人民代表大会代表佟克克、王健、夏玉茂、李林杰、赵宝玉、雷永才、马广生、张萍8人。

区乡人大代表考察蔬菜高科技园区（1997年摄）

2002年，因机构改革和人员调动，有3位乡人大代表出缺，乡人大主席团经与乡党委协商，组织补选代表1人。12月25日，投票选举产生乡十四届人大代表55人，其中：男代表33人占73%，女代表15人占27%；党员代表37人占67%，群众代表18人占33%；35岁以下6人占11%，36岁至55岁48人占87%，56岁以上1人占2%；大专以上文化28人占51%，高中和中专文化16人占29%，初中文化11人占20%；连任代表27人占49%。

2003年10月至12月，全乡换届选举出席朝阳区第十三届人大代表赵万友、芦桂萍、赵宝玉、陈福田、张萍、张宝勤6人。为便于活动，乡人大主席团把十四届人大代表55人划分为4个小组。2006年11月，选举产生朝阳区第十四届人大代表赵万友、贾润深、陈晓东、赵宝玉、芦桂萍、陈春玖、陈玉琴7人，乡第十五届人大代表55人。

2009年9月，补选张克斌为朝阳区第十四届人大代表。2011年11月8日，选民选举出席朝阳区第十五届人大代表左景全、宋国华、孟宪东、赵宝玉、高国岚、王岚、陈春玖、何桂清8人，乡第十六届人大代表55人，截至2015年，区乡人大代表均无变化。

第二节 历届乡人民代表大会会议

一、和平乡（公社）人民代表大会会议

1956年初，和平乡120位人民代表参加第一届乡人民代表大会，选举产生13人组成的和平乡人民委员会，选举赵增为乡长，王锡寿、池汇田为副乡长。

和平乡第二届人民代表大会资料缺失无考。

1958年5月5日，召开和平乡第三届人民代表大会第一次会议，实到代表49人，列席代表6人。大会选举产生新一届人民委员会委员17人，选举刘长安任乡长，王锡寿、池汇田、张荣任副乡长；选举产生东郊区人民陪审员5人。

1958年8月末，和平乡与其他乡合并成立和平人民公社，乡人民代表大会撤销，公社组织各村普选社员代表。10月23日，召开和平人民公社社员代表大会一届一次会议，实到代表258人，列席代表6人。大会听取审议并批准公社管理委员会主任宁雪山作的《和平人民公社第一届社员代表大会主要任务》报告，选举产生公社管理委员会委员25人和区联社代表100人，选举宁雪山为公社管理委员会主任，表决通过《和平人民公社关于消灭私有制的决议》《关于实行全面供给制的决议》。

1959年5月26日至29日，召开和平人民公社（小和平）第二届社员代表大会，实到代表225人，列席代表28人。大会听取审议并批准公社管理委员会主任石井作的《千方百计完成夏收夏种和春苗、蔬菜管理，为争取今年更大丰收而奋斗》工作报告、财经部《1958年决算和清算旧账的报告》，表决通过《和平人民公社第二届社员代表大会决议》。会议选举产生公社管理委员会委员19人，石井当选为公社管理委员会主任，王润芳、单纯祥、燕贺春、王玉璞当选为副主任；选举产生监察委员会委员11人，林保增当选为主任，梁洪义当选为副主任。

二、来广营人民公社（乡）人民代表大会会议

1961年至1980年，来广营人民公社共召开6届社员代表大会，因缺资料详情无考。

来广营人民公社（乡）第七届人民代表大会会议

1981年1月1日，召开来广营人民公社第七届人民代表大会第一次会议，出席大会代表80人，列席代表27人。会议听取审议并批准公社革委会副主任王玉亮作的革委会工作报告，选举产生公社管委会委员13人，张中原当选为革委会主任，司占山、张景元、王玉亮、董振秋、周永贵、燕铁山当选为副主任。1981年9月6日至8日，召开公社七届人大二次会议，出席大会代表80人，列席代表58人。会议听取审议并批准公社管委会主任张中原的上半年工作报告，表决通过《关于社员分配办法、好干部报酬的几点意见》。1982年3月2日，召开公社七届人大三次会议，出席大会代表80人。会议听取审议并批准张中原作的《来广营人民公社1981年的工作总结和1982年的计划报告》。1983年12月26日，召开来广营乡七届人大四次会议，实到代表68人，列席代表47人。会议听取审议并批准代理副乡长董振秋作的政府工作报告，选举司占山为乡长，付德海、董振秋为副乡长。

来广营乡第八届人民代表大会会议

1984年11月23日至24日，召开乡八届人大一次会议，实到代表70人，列席代表37人。会议听取审议并批准副乡长付德海作的政府工作报告，选举司占山为乡长，董振秋、宋硕荣为副乡长。1986年8月27日，召开乡八届人大二次会议，实到代表70人，列席代表14人。会议听取审议并批准副乡

来广营乡第八届人民代表大会第二次全体会议（1986年摄）

长董振秋作的政府工作报告，听取审议农工商总公司副经理燕铁山作《全乡八六年经济分析以及进一步贯彻中央1号文件工作意见的报告》，表决同意司占山辞去乡长职务的请求，选举燕铁山为乡长。

从八届人大开始，每届任期3年。

来广营乡第九届人民代表大会会议

1987年5月9日至10日，召开乡九届人大一次会议，实到代表45人，列席代表17人。会议听取审议并批准乡长燕铁山作的政府工作报告，选举燕铁山为乡长，董振秋、宋硕荣为副乡长。1988年4月8日，召开乡九届人大二次会议，实到代表41人，列席代表17人。会议听取审议并批准乡长燕铁山作的政府工作报告、财经科关于乡财政预决算的报告，决定在乡人代会闭会期间设置大会主席团常务主席，选举陈雅芝、董振秋、王玉亮为主席团常务主席。1989年4月8日，召开乡九届人大三次会议，实到代表39人，列席代表21人。会议听取审议并批准乡长燕铁山作的政府工作报告。1990年4月6日，召开乡九届人大四次会议，实到代表40人，列席代表24人。会议听取审议并批准乡长燕铁山作的政府工作报告，表决通过《来广营乡人民代表大会议事办法》和同意燕铁山辞去乡长职务的请求，选举陈雅芝为乡长。

来广营第十届乡人民代表大会会议

1991年2月7日，召开乡十届人大一次会议，实到代表44人，列席代表24人。会议听取审议并批准乡长陈雅芝作的政府工作报告、财经科的乡财政预决算报告，选举赵宝贤为乡人大主席、宋硕荣为专职副主席，陈雅芝为乡长，董振秋、赵福兰为副乡长。1991年4月12日，召开乡十届人大二次会议，实到代表40人，列席代表71人。会议听取审议并批准乡长陈雅芝作的政府工作报告，观看录像“四十八中学校舍现状”，决议号召“党团员、干部带头捐资助学”，党、政、企业领导会议现场捐款建校。1992年1月26日，召开乡十届人大三次会议，实到代表46人，列席代表24人。会议听取审议并批准乡长陈雅芝作的政府工作报告。1992年8月12日，召开乡十届人大四次会议，实到代表47人，列席代表24人。会议听取审议并批准乡长陈雅芝作的政府工作报告。1993年3月18日，召开乡十届人大五次会议，实到代表48人，列席代表16人。会议听取审议并批准陈雅芝作的政府工作报告，组织乡人大代表视察教育、企业、村镇建设情况。1993年9月16日，召开乡十届人大六次会议，实到代表38人，列席代表16人。会议听取审议并批准陈雅芝作的政府工作报告。

来广营乡第十一届人民代表大会会议

1994 年 2 月 21 日至 22 日，召开乡十一届人大一次会议，实到代表 46 人，列席代表 14 人。会议听取审议并批准陈雅芝作的政府工作报告，表决通过《来广营乡关于贯彻实施〈朝阳区关于农民承担费用和劳务管理办法〉的工作意见》，选举乔刚为乡人大主席，陈雅芝为乡长，赵福兰、王宝军、马卫民为副乡长。1994 年 8 月 26 日，召开乡十一届人大二次会议，实到代表 45 人，列席代表 14 人。会议听取审议并批准陈雅芝作的政府工作报告。1995 年 2 月 23 日，召开乡十一届人大三次会议，实到代表 40 人，列席代表 13 人。大会听取审议陈雅芝作的政府工作报告，审议通过《来广营乡关于农民承担费用和劳务管理办法的实施细则》《来广营乡现役军人优待的规定》。1995 年 8 月 30 日，召开乡十一届人大四次会议，实到代表 40 人，列席代表 15 人。会议听取审议并批准陈雅芝作的政府工作报告。1996 年 2 月 4 日，召开乡十一届人大五次会议，实到代表 38 人，列席代表 19 人。会议听取审议并批准陈雅芝作的政府工作报告《解放思想，转变观念，明确目标，开拓进取，为实现全面“九五”计划宏伟目标而努力奋斗》，审议通过《来广营乡国民经济和社会发展“九五”计划》。1996 年 8 月 27 日，召开乡十一届人大六次会议，实到代表 37 人，列席代表 19 人。会议听取审议并批准陈雅芝作的政府工作报告。

来广营乡第十二届人民代表大会会议

1997 年 2 月 20 日至 21 日，召开乡十二届人大一次会议，实到代表 55 人，列席代表 23 人。会议听取审议并批准陈雅芝作的政府工作报告、1996 年乡财政预算执行情况和 1997 年乡财政预算草案的报告、赵万友作的乡人大工作报告《加快民主政治建设，促进全乡社会经济的不断进步与快速发展》，选举赵全保为乡人大主席、赵万友为副主席，陈雅芝为乡长，夏玉茂、赵福兰、刘伯明为副乡长。1997 年 8 月 26 日，召开乡十二届人大二次会议，到会代表 55 人，列席代表 27 人。会议听取审议乡人民政府上半年工作报告。1998 年 3 月 13 日，召开乡十二届人大三次会议，实到代表 53 人，列席代表 31 人。会议听取审议并批准陈雅芝的政府工作报告。1998 年 8 月 11 日，召开乡十二届人大四次会议，实到代表 52 人，列席代表 29 人。会议听取审议并批准陈雅芝作的政府工作报告《抓住机遇，明确责任，严格标准，乘势而上，确保今年各项工作全面完成》，审议通过《来广营乡农村社会养老保险实施细则》，评议来广营派出所工作。

来广营乡第十三届人民代表大会会议

2000 年 1 月 5 日，召开乡十三届人大一次会议，实到代表 53 人，列席代表 22 人。会议听取审议并批准赵万友作的政府工作报告、1999 年乡财政预算执行情况和 2000 年乡财政预算草案的报告、赵万友作乡人大主席团工作报告，选举赵全保为乡人大主席、赵福兰为副主席，选举赵万友为乡长，刘伯明、高建忠、齐淑萍为副乡长。2000 年 8 月 2 日，召开乡十三届人大二次会议，实到代表 51 人，列席代表 20 人。大会听取审议上半年乡政府工作报告和几项重点工作完成情况的说明。2001 年 3 月 9 日，召开乡十三届人大三次会议，实到代表 55 人，列席代表 28 人。会议听取审议并批准赵万友作的政府工作报告《群策群力，同舟共济，奋力推进全乡城市化进程》、财政科关于 2000 年财政预算执行情况和 2001 年财政预算草案报告、赵福兰作的人大主席团工作报告。2001 年 8 月 16 日，召开乡十三届人大四次会议，实到代表 55 人，列席代表 21 人。会议听取审议并批准赵万友作的政府工作报告《紧跟时代步伐，全面开创我乡农村城市化建设的新局面》，听取常务副乡长刘伯明作的《来广营乡 2001 年至 2005 年国民经济和社会发展第十个五年计划纲要说明》、王健作的《来广营乡 2001 年至 2005 年国民经济和社会发展第十个五年计划纲要报告》，听取派出所就人大代表评议情况作的《落实整改措施情况汇报》，审议通过《来广营乡 2001 年至 2005 年国民经济和社会发展第十个五年计划纲要》。2002 年 3 月 31 日，召开乡十三届人大五次会议，实到代表 52 人，列席代表 23 人。会议听取审议并批准陈晓东作的政府工作报告、财政科作的 2001 年财政预算执行情况和 2002 年财政预算草案报告、安永存作的乡人大工作报告，选举赵万友为乡人大主席、芦桂萍为副主席，陈晓东为乡长，蒋春茂为副乡长。2002 年 8 月 21 日，召开乡十三届人大六次会议。会议听取审议并批准乡长陈晓东作的政府工作报告，表决通过《来广营乡绿化隔离地区房屋腾退管理办法》及其实施细则。

来广营乡第十四届人民代表大会会议

2003 年 1 月 8 日，召开乡十四届人大一次会议，代表 55 人全部与会，列席代表 21 人。会议听取审议并批准陈晓东作的政府工作报告、2002 年乡财政预算执行情况和 2003 年乡财政预算草案的报告、芦桂萍作的乡人大主席团工作报告，选举赵万友为乡人大主席、芦桂萍为副主席，选举陈晓东为乡长，选举高建忠、蒋春茂、马文虎、齐淑萍为副乡长。2003 年 8 月 24 日，召开乡十四届人大二次会议，实到代表 53 人，列席代表 27 人。大会听取审议陈晓东作的上半年乡政府工作报告，听取区城管来广营分队作的城管监察工作汇报和议案审查情况，评议城管分队的工作并提出 5 条整改建议。2004 年 8 月 18 日，召开乡十四届人大四次会议。大会听取审议乡政府工作报告，评议乡民政劳动科工作并提出 4 条建议和意见。2005 年 2 月 28 日，召开乡十四届人大五次会议，实到代表 54 人，列席代表 25 人。大会听取审议乡政府工作报告、2004 年乡财政预算执行情况和 2005 年乡财政预算草案的报告、人大主席团工作报告。2005 年 8 月 5 日，召开乡十四届人大六次会议，实到代表 54 人，列席代表 19 人。大会听取审议杨建海作的乡政府工作报告，审议通过《来广营乡人民政府计划生育工作管理办法》《来广营乡人民政府集体土地征占收益管理使用暂行办法》，选举杨建海为乡长。2006 年 3 月 12 日至 13 日，召开乡十四届人大七次会议，实到代表 47 人，列席代表 24 人。大会听取审议并批准乡政府工作报告、2005 年乡财政预算执行情况和 2006 年乡财政预算草案的报告，审议通过来广营乡《国民经济和社会发展第十一个五年规划纲要》《来广营乡人民政府集体土地征占收益管理使用暂行办法》，选举杨建海为乡长。2006 年 7 月 28 日，召开乡十四届人大八次会议，实到代表 41 人，列席代表 19 人。会议听取审议乡政府上半年工作报告、绿隔地区建设政策说明，会前人大代表视察乡域环境建设。

来广营乡第十五届人民代表大会会议

2006 年 11 月 22 日至 23 日，召开乡十五届人大一次会议，听取审议并批准乡政府工作报告、乡财政预算执行情况和财政预算草案的报告、乡人大主席工作报告，选举杨建海为乡长，高建忠、蒋春茂、贾毅钦、王洪月为副乡长。2007 年 8 月 10 日，召开乡十五届人大二次会议，实到代表 55 人，列席代表 27 人。会议听取乡长杨建海作的上半年政府工作报告，听取 4 位副乡长关于迎奥运环境整治、拆迁腾退建设、劳动力培训就业、经济工作等专项情况汇报，听取审议通过《来广营乡人民代表大会主席团代表工作“达标创优”评选办法》。2008 年 2 月 28 日，召开乡十五届人大三次会议，实到代表 47 人，列席代表 19 人。会议听取审议并批准杨建海乡政府工作报告、2007 年乡财政预算执行情况和 2008 年财政预算草案的报告、乡人大主席工作报告。2008 年 5 月 18 日，召开乡十五届人大四次会议，实到代表 51 人，列席 1 人。会议表决通过同意杨建海辞去乡长职务、蒋春茂辞去副乡长职务的请求，选举张克斌为乡长，选举韩潮为副乡长。从本次会议开始，凡有选举事项均设临时党支部。2008年7月16日，召开乡十五届人大五次会议，实到代表50人，列席24人。会议听取审议乡长张克斌作的政府工作报告。2009年3月18日至19日，召开乡十五届人大六次会议，实到代表47人，列席24人。会议听取审议并批准张克斌作的政府工作报告、2008年乡财政预算执行情况和2009年乡财政预算草案的报告、赵万友作的乡人大工作报告，审议通过《关于完善全乡农民退休养老制度的意见（试行）》，表彰“四好”达标区人大代表组、“达标创优”乡人大先进代表组和“四好”人大代表。2009年7月13日，召开乡十五届人大七次会议，实到代表51人，各村、社区、科室、直辖企事业单位负责人18人列席会议。会议表决通过张克斌辞去乡长职务的请求，选举马文虎为乡长，听取审议马文虎作的上半年政府工作报告。2010年3月20日，召开乡十五届人大八次会议，实到代表53人。会议听取审议并批准乡长马文虎作的政府工作报告、2009年乡财政预算执行情况和2010年乡财政预算草案的报告、赵万友作的乡人大工作报告，表决同意赵万友辞去乡人大主席职务的请求，选举宋国华为乡人大主席，表彰“四好”达标区人大代表组、“达标创优”乡人大先进代表组和“四好”人大代表。2010年8月18日，召开乡十五届人大九次会议，实到代表46人，列席26人。会议听取审议乡长马文虎作的上半年政府工作报告。2011年2月24日，召开乡十五届人大十次会议，实到代表49人，各村、社区、科室、直辖企事业单位负责人24人列席。会议听取审议并批准乡长马文虎作的政府工作报告，听取来广营乡国民经济和社会发展第十二个五年规划纲要的说明，听取审议并通过2010年乡财政预算执行情况和2011年乡财政预算草案的报告、宋国华作的乡人大工作报告，批准来广营乡《国民经济和社会发展第十二个五年规划纲要》，表彰“四好”达标区人大代表组、“达标创优”乡人大先进代表组和“四好”人大代表。2011年8月26日，召开乡十五届人大十一次会议，实到代表44人。会前半天组织代表审议书面政府工作报告，大会听取高永荣对政府工作报告稿作的说明，最后审议批准政府工作报告。

自第十五届人大开始，每届任期由原3年改为5年。

来广营乡第十六届人民代表大会会议

2011年11月18日至19日，召开乡十六届人大一次会议，实到代表55人。会议听取审议并批准乡长高永荣的政府工作报告、乡财政工作报告、宋国华作的乡人大工作报告，选举宋国华为乡人大主席，高永荣为乡长，贾毅钦、王洪月、韩潮、屈国华、陈琦为副乡长。2012 年 11 月 30 日，召开乡十六届人大三次会议。大会听取乡长高永荣就来北家园建设情况的报告，审议通过《来北家园定向安置房实施意见》《来北家园物业管理方案》。2013 年 1 月 25 日，召开乡十六届人大四次会议，实到代表 53 人，部分驻境区政协委员、各科室及社区负责人共 23 人列席会议。会议听取审议并批准高永荣作的政府工作报告、2012 年乡财政预算执行情况和 2013 年乡财政预算草案的报告、宋国华的人大工作报告。2013 年 7 月 30 日，召开乡十六届人大五次会议。大会听取审议乡长高永荣的上半年政府工作报告，审议通过《来广营乡农民重大疾病救助办法（试行）》《来广营乡农民老年人基本医疗费用二次报销办法（试行）》《来广营乡农业户籍学生助学奖励办法（试行）》。2013 年 9 月 10 日，召开乡十六届人大六次会议，实到代表 52 人，乡机关科长以上干部列席会议。大会表决通过贾毅钦辞去副乡长职务的辞呈，选举李冬为副乡长。2014 年 2 月 18 日至 21 日，召开乡十六届人大七次会议，实到代表 55 人，乡机关科长及以上干部、社区书记、居委会主任列席会议。大会预备会表决通过高永荣、王洪月分别辞去乡长、副乡长职务的请求，正式会议选举王刚为乡长、马海生为副乡长，并听取王刚作的政府工作报告、2013 年乡财政预算执行情况和 2014 年乡财政预算草案的报告、宋国华乡人大工作报告。2014 年 4 月 25 日，召开乡十六届人大八次会议，审议并通过《来广营乡北湖渠村环境整治项目住宅房屋腾退补偿安置办法》《来广营乡北湖渠村环境整治项目住宅房屋腾退补偿安置实施细则》。2014 年 8 月 8 日，召开乡十六届人大九次会议，听取审议并批准王刚作的上半年政府工作报告，听取王刚委托乡武装部长韩永红汇报北湖渠村环境整治项目进展情况；会前乡人大代表视察朝来高科技产业园区、立水桥清河北岸环境整治、羊坊东路断头路修建情况。2015 年 1 月 30 日，召开乡十六届人大十次会议，实到代表 55 人，非人大代表的副乡职领导、社区负责人、派出所长列席会议。会议听取审议并批准乡长王刚作的政府工作报告、2014 年乡财政预算执行情况的报告、宋国华乡人大工作报告。2015 年 7 月 31 日，召开乡十六届人大十一次会议，47 名乡人大代表出席，24 人列席。会议听取审议上半年乡政府工作报告，表决通过接受宋国华辞去乡人大主席职务请求的决定，选举李铎奎为乡人大主席。2015 年 10 月 29 日至 30 日，召开乡十六届人大十二次会议，47 名乡人大代表出席。会议听取审议并通过乡长王刚作的《关于起草〈来广营乡整建制农转非安置工作实施办法（草案）和来广营乡整建制农转非安置工作方案〉的说明》《来广营乡整建制农转非安置工作实施办法（草案）》《来广营乡整建制农转非安置工作方案》。

来广营乡第十六届人民代表大会第一次会议 (2011 年摄）

第三节 常设机构

一、人大主席团

1958 年 9 月，和平人民公社（“小和平”）第一届社员代表大会主席团成员有宁雪山、刘玉满、王锡寿、邱崇书、张桂舫、梁洪义、潘得禄、张德全。1959 年 5 月，第二届社员代表大会主席团成员为石井、王润芳、单纯祥、刘玉满、林宝增、梁洪义、张德庆、陈洪旺、常新田、燕贺春、王自生、刘长安、王玉敏、王玉茹、何其厚、蒋士培、赵林、魏志民、高维森、池百川。

1981 年 1 月至 1983 年 12 月，来广营人民公社（乡）曾任七届人大 4 次会议主席团成员的有张中原、司占山、张景元、王玉亮、董振秋、周永贵、燕铁山、陈金良、陈华、张景生、夏玉茂、胡德芳、白文茹、刁光荣、董守全、赵崇林、何宝明、冯山、刘汉民、王文柱。第二次会议主席团成员新增赵福兰，第三次会议主席团成员新增赵福兰，第四次会议主席团成员新增周永贵。

1984 年 11 月至 1986 年 8 月，来广营乡八届人大一次会议主席团成员为张中原、司占山、陈雅芝、付德海、王玉亮、董振秋、燕铁山、刁光荣、贾毅钦、邵继东、高宝连、何宝明、李振山、段启先、李志明。第二次会议主席团成员新增宋硕荣。

1987年5月至1990年4月，乡九届人大一次会议主席团成员为张中原、燕铁山、胡德芳、陈雅芝、司占山、董振秋、王玉亮、邵继东、高宝连，第二次会议主席团成员新增马桂铭、董守昆、宋秀华。第四次会议主席团成员新增赵保全、赵万友。

1991年2月至1993年9月，乡十届人大一次会议主席团成员为赵宝贤、白文茹、燕铁山、王玉亮、宋硕荣、董长玉、王洪月、赵守荣、赵家忠。第四次会议主席团成员新增乔刚。从乡十届人大开始，历届乡人大主席团均为常设工作机构。

1994年2月至1996年8月，乡十一届人大一至六次会议主席团成员均为乔刚、白文茹、赵全保、夏玉茂、董守成、贾毅钦、王维华、王琪、安永存。

1997年2月至1998年8月，乡十二届人大一至三次会议主席团成员均为赵全保、赵万友、王健、贾毅钦、李少峰、王琪、李君宜。

2001年3月至2002年8月，曾任乡十三届人大三至六次会议主席团成员的有赵全保、赵万友、王健、安永存、赵福兰、刘伯明、周明、王琪、李君宜、齐淑萍、张淑田、芦桂萍。

2003年1月至2006年3月，乡十四届人大一至七次会议主席团成员有赵万友、陈晓东、杨建海、郝云峰、芦桂萍、张淑田、王洪月、孙广勋、李永强、张宝勤。

2006年11月至2010年8月，曾任乡十五届人大一至九次会议主席团成员的有陈晓东、赵万友、杨建海、马文虎、宋国华、张克斌、张淑田、郝云峰、芦桂萍、高建忠、王洪月、贾毅钦、韩潮、李义华、孙广勋、李永强、张宝勤、孟宪东、李鸿钧、司万利、张佩明。

2011年11月乡十六届人大一次会议主席团成员为张克斌、宋国华、高永荣、李铎奎、张淑田、孟宪东、李鸿钧、司万利、张佩明；2012年1月六届二次会议至2013年9月六届六次会议主席团成员为左景全、高永荣、李铎奎、张淑田、孟宪东、李鸿钧、司万利、张佩明；2014年2月乡十六届人大七次会议至2015年10月十二次会议主席团成员为左景全、宋国华、王刚、李铎奎、韩蓉蓉、孟宪东、李鸿钧、司万利、张佩明。

来广营乡第十六届人民代表大会第一次会议 (2011 年摄)

二、人大主席、副主席

1991 年 2 月，来广营乡人大首次设置常务主席、副主席，经乡十届人大一次会议选举，赵宝贤任乡人大主席，任期 1991 年 2 月至 1994 年 1 月；宋硕荣（女）任专职副主席，任期 1991 年 2 月至 1994 年 2 月。

1994 年 2 月，乔刚任乡人大主席，任期 1994 年 2 月至 1996 年 8 月。1997 年 2 月，赵全保任乡人大主席，任期 1997 年 2 月至 2002 年 4 月；赵万友任专职副主席，任期 1997 年 2 月至 2000 年 1 月；赵福兰（女）接任专职副主席，任期 2000 年 1 月至 2002 年 4 月。

2002 年 4 月，赵万友任乡人大主席，任期 2002 年 4 月至 2010 年 3 月；芦桂萍任专职副主席任期 2002 年 4 月至 2006 年 11 月。

2010 年 3 月，宋国华任乡人大主席，任期 2010 年 3 月至 2015 年 7 月，无专职副主席。

2015 年 7 月 31 日，宋国华辞去乡人大主席职务，李铎奎任乡人大主席，任期 2015 年 7 月至 2015 年 12 月，仍无专职副主席。

历年来乡人民代表大会的主席、副主席均为人大主席团的成员，除了主持会议并负责召集下一次乡人民代表大会会议外，还在乡人代会闭会期间，每年选择事关本乡群众切身利益和社会普遍关注的问题，有计划地安排代表听取和讨论乡人民政府的工作报告，检查法律法规实施情况，开展视察、调研等活动，听取乡人大代表以及人民群众对乡人民政府工作的建议、批评和意见，并提交乡人民政府有关部门研究处理和答复。

三、人大办公室

1999 年，来广营乡首次设置人大办公室，负责承办乡人大及其主席团所决定事项的组织实施和督促检查，草拟乡人大及其主席团的年度工作计划、总结、报告等文案材料，承办筹备乡人大及主席团召开的各种会议，为人大代表学习培训、视察调研、执法检查等履职工作提供服务保障，受理人大代表和人民群众的来信来访，承办主席团和主席、副主席交办的其他工作。至 2015 年，乡人大办公室仍是来广营乡人大、人大主席团、人大主席所依托的常设工作机构。

第四节　行权履职

一、决议决定和选举任免

自 1981 年来广营人民公社七届人大一次会议始，历届乡人代会都审议通过或做出有关地方发展的重大事项的决议、决定。除每次人大会议批准乡政府关于经济建设、城市管理、社会发展、民生改善的工作报告和人大工作报告、财政预决算情况报告的决议外，还通过审议批准经济建设重点项目、民生重大事项等议案决议，行使重大事项决定权，做出专题性决议、决定。其中，至乡十六届人大十二次会议止，乡人代会审议通过的决议、决定中，干部待遇和民生问题 16 件次，设置人大主席团常务主席的决定等政制议题 3 件次，国民经济和社会发展计划 3 件次，经济发展的决定 1 件，号召集资助学建校 1 件。2011 年至 2015 年，共召开乡人大会议 14 次、大会主席团会议 38 次，审议通过《来广营乡国民经济与社会发展第十三个五年规划纲要》《来广营乡来北家园回迁安置办法》《来广营乡整建制农转非安置工作实施办法》等决议、决定 12 项。

乡人大会议行使对政权机构负责人的人事选举任免权，通过组织选举，产生历届人大正副主席、乡政府正副乡长。1981 年至 2015 年，共表决同意辞去正副乡长、正副人大主席职务 7 人，选举正职乡长、人大主席 23 人次，选举副乡长、人大副主席 36 人次，此外还选举历届公社管委会委员、人大主席团成员。2015 年 7 月 31 日，乡十六届人大十一次会议补选人大主席。

二、监督检查

自 1956 年乡人民代表大会后，历届历次乡（公社）人大会议和人大代表都通过听取审议乡政府工作等报告行使法定监督权，通过现场视察对政府工作进行监督。20 世纪 90 年代后期开始，还根据需要听取政府的专题性工作报告或情况通报、进行专题视察和检查。主要有：1998 年 8 月和 2001 年 5 月，乡人大均组织代表评议来广营派出所工作，提出 8 个方面的建议和改进意见。乡人大主席团据此要求派出所先行自查自纠，并在事后听取其汇报，监督其接受人大检查的进展和效果。2001 年 8 月乡十三届人大四次会议代表再次视察派出所工作并听取其就此前人大代表评议情况作的落实整改措施情况汇报，朝阳区《评议工作简报》认为来广营乡“评议工作扎实、细致，收到良好效果”。2000 年 10 月，组织现场视察朝来绿色家园、朝来森林公园、文化休闲公园三大精品工程，充分发挥人大代表在绿隔建设、城市化进程中的知情问政、监督评议作用；至 2004 年乡十四届人大代表还评议了市容所、综治办、建管科、文教办、区城管来广营分队、创建国家卫生区等的工作并提出相应整改建议；2005 年 11 月 10 日，人大主席团召集乡人大代表听取 3 名副乡长述职并汇报各自分管的工作，代表提出 4 条改进的希望和建议，此后作为一种监督政府工作的制度性安排坚持不辍；2007 年 8 月乡十五届人大二次会议听取政府 4 位副乡长关于迎奥运环境整治、拆迁腾退建设、劳动力培训就业、经济工作等情况汇报；2008 年 7 月，人大代表视察来广营派出所工作；2014 年 8 月乡

来广营乡第十六届人民代表大会第一次会议 (2011 年摄)

十六届人大九次会议听取乡长王刚委托乡武装部长韩永红汇报北湖渠村环境整治项目进展情况；会前乡人大代表视察朝来高科技产业园区、立水桥清河北岸环境整治、羊坊东路断头路修建情况。“十二五”期间，多次安排人大代表听取主管乡长述职，对社保所、派出所等部门开展履职评议，共组织代表考察勇士营郊野公园建设、青龙河循环经济产业园、北京会议中心东侧环境整治区等监督检查活动48次，对全乡环境整治、农民拆迁上楼、劳动力就业、转非安置、乡村“三资”管理、社区公共文化建设等重大事项进行监督。

三、受理督办议案和代表批评建议

乡人大代表通过与选民接触、收集民意和自身对基层问题的了解，就与群众切身利益、地区发展相关的事项提出有针对性的议案、建议和意见。1997年至1998年，乡人大代表通过收集、归纳选民的意见，对来广营乡域的经济建设、社会民生、文化事业提出议案2件、建议40件，内容包括垃圾山清除、猪场和水污染治理、交通拥堵塞、道路修复、臭沟整治、执法部门行风、农转居和流动人口管理、村庄排水等问题，均转交政府办理。在垃圾山污染议案办理中，区、乡政府均十分重视，多次召开现场会协商，最终在1998年1月7日彻底清除，消除了困扰乡域群众多年、反映强烈的重大污染源。此外，乡政府认真研究其他建议，彻底治理3条臭沟，修复北苑三号院路、来广营西路、来广营中心街、立水桥路，有效缓解了全乡交通拥堵状况，42件议案、意见3年内全部办理完毕。同时，还督办完成市、区人大代表的议案、建议和区政协委员的提案，延伸发挥了乡人大代表的监督职能。

为更深入直接地监督政府工作，2000年7月至8月，乡人大主席团对政府综治办、市容所、文教办、建管科4个职能部门的工作，组织代表上门视察，听取其负责人述职，围绕土地规划、教育卫生、市场市容、综合治理4项议题开展评议，提出8条意见和建议，要求整改。乡十三、十四届人代会代表围绕全乡环境污染、卫生整治、交通拥堵、道路修建、社会治安、流动人口管理、绿隔建设、新建小区配套服务设施、五环路噪声扰民、转居自谋职业人员生活保障等问题，提出议案6件、建议48条，均转交政府有关部门办理、答复，属信息沟通问题均在当次会议上给予说明。2002年5月，来广营乡人大主席团及全体乡人大代表直接向主管道路规划建设的朝阳区职能部门提出，在建设五环路、城铁13号线和京承路时要保留来广营乡域东西向的主路之一香宾路的全线畅通（切断处要建涵管或建成五环辅路），主路之二来广营西路要尽快按规划60米拓宽，以免长期影响域内交通造成拥堵塞，后被采纳。2000年至2004年，乡人大主席团督办人大代表的议案、建议和区政协委员提案共103件。

2010年3月乡十五届人大八次会议收到代表议案、建议8条，常务副乡长、议案审查委员会主任高建忠在会上就议案、建议审查情况作了说明和答复。2011年乡十五届人大十次会议代表关于拆迁村排水、郊野公园中心路建设和公交站候车亭问题的3条建议，当年全部办理落实，并答复代表。

2015年乡十六届人大十一次会议收到人大代表建议3件，其中城市管理1件，提议清除迁移来北家园周边电闸、电线杆等道路障碍物，保持道路行驶畅通，已协调相关部门改造、处置；经济发展1件，转交政府有关部门处理答复；关于加强社区干部的培养、班子建设、稳定社区队伍的建议，已交由乡党委研究。

2015年1月30日，来广营乡第十六届人民代表大会代表在第十次会议上提交建议意见3件，其中城市管理2件，建议清除来北家园周边电线杆等障碍物保持道路畅通、处理北苑小街和中街的污水，经济发展1件，建议加快清河营郊野公园树木伐移手续，以便尽早开工建设清河营休闲服务中心。3件建议意见均交由政府相关部门办理。代表提出的加强社区干部培养、班子建设、稳定社区队伍问题，转交党委研究。

第七章 行政机构

域内行政机构，始设于20世纪50年代。1953年，安家坟、来广营、五合村、南湖渠4个小乡分别成立乡人民政府。1955年，各小乡合并设置的和平乡成立人民委员会，取代原乡人民政府。1958年秋，和平乡人民委员会撤销，成立和平人民公社管理委员会。1961年拆分和平人民公社后，成立来广营人民公社管理委员会，是与经济社会管理合一的行政建置。1983年，来广营乡成立人民政府，经济发展职能交由同时设置的农工商总公司履行。2003年2月，朝阳区人民政府设立来广营地区办事处，与乡政府“一套人马，两块牌子”，履行城乡双重管理职能。行政机构几经调整，逐步健全，至2015年，地区办事处（乡政府）内设职能机构和办事单位共有20余个，事业单位5个。

历届乡政府（乡人委、社管委、地区办事处）在党委领导下，发展生产，促进经济、社会、文化事业繁荣，营造绿化环境，推动城乡建设和农村城市化，建立农村居民社会保障体系，使域内面貌根本改观，民生渐入佳境，社会生活日益安定、和谐、文明。

第一节 领导机构

1953年6月，东郊区委撤销域内各行政村政府，建立来广营、安家坟、五合村、南湖渠4小乡人民政府。来广营乡乡长赵增，安家坟乡乡长王锡寿，五合村乡乡长王玉山，南湖渠乡乡长池汇田。乡人民政府驻地，位于各乡所在村。1955年12月，上述4小乡人民政府撤销，合并成立和平乡人民委员会，委员13人。首任乡长为赵增，此后相继为燕贺春、刘长安，副乡长有3人。和平乡人民委员会驻地在来广营村北庙。1958年9月始，和平乡人民委员会改建为和平人民公社（小和平）社务委员会，后称管理委员会，主任宁雪山，副主任5人。1959年4月至1959年11月，和平人民公社（小和平）管委会主任石井，副主任4人。和平人民公社驻地在东湖渠村。

1961年拆分和平人民公社后，于5月成立独立的来广营人民公社管理委员会，政社经三合一，负责行政和工农业生产经营管理。管委会首任主任为赵合堂，副主任4人。公社驻地从东湖渠村迁回来广营村北庙。1967年4月，成立“抓革命，促生产”第一线指挥部，行使生产经营和行政管理职能，指挥为李清，副指挥3人。1967年12月，成立公社革委会筹备小组，组长为李清，副组长3人。1968年1月，“抓革命，促生产”第一线指挥部撤销，成立来广营人民公社革命委员会，由群众组织负责人、部队“支左”军代表和原领导干部三结合组成，统一行使公社所有行政职权。首届革委会主任由原指挥部指挥、革委会筹备小组组长李清担任，副主任4人。1976年，公社驻地迁至来广营村南。1981年1月，公社和各大队革命委员会撤销，公社管理委员会恢复行使行政和经济社会管理职权。

1983年2月，来广营人民公社管理委员会撤销，成立来广营乡人民政府，乡长司占山，副乡长1人。乡人民政府成立后，领导成员即正副乡长在工作上分工负责。施政决策方法，主要是政府常务会、乡长办公会、领导小组联席会等形式。1995年，在来广营村香宾路甲1号新建乡政府办公楼。

2003年2月，朝阳区人民政府设立来广营地区办事处，与乡人民政府两个机构一个领导班子，俗称“一套人马，两块牌子”，主任（乡长）为陈晓东，副主任（副乡长）4人。2005年10月，地区办事处（乡人民政府）驻地位于在北苑家园紫绶园社区，2008年6月迁至红军营南路甲1号，至2015年未变。

来广营乡政府机关干部职工参加升旗仪式（2001 年摄）

表 7-1　1953 年至 2015 年行政机构负责人任职一览表

任职单位	职务	姓名	任期
来广营乡人民政府	乡长	赵　增	1953 年 6 月至 1955 年秋
和平乡人民委员会	乡长	赵　增	1955 年秋至 1958 年 1 月
		燕贺春	1958 年 1 月至 1958 年 3 月
		刘长安	1958 年 3 月至 1958 年 4 月
		刘长安	1958 年 4 月至 1958 年 8 月
	副乡长	王锡寿	1955 年秋至 1958 年 8 月
		池汇田	
		张　荣	1958 年 5 月至 1958 年 8 月
和平人民公社管理委员会	主任	宁雪山	1958 年 9 月至 1959 年 3 月
		石　井	1959 年 4 月至 1959 年 11 月
	副主任	张　祥	1958 年 11 月至 1959 年 3 月
		赵合堂	
		王润芳	1958 年 11 月至 1959 年 3 月 1959 年 6 月至 1959 年 11 月
		单纯祥	
		燕贺春	
		王玉璞（女）	
来广营人民公社管理委员会	主任	赵合堂	1961 年 5 月至 1964 年 4 月
		燕贺春	1964 年 4 月至 1967 年 4 月
	副主任	王自生	1961 年 5 月至（不详）

续表

任职单位	职务	姓名	任期
来广营人民公社管理委员会	副主任	蒋世培	1961 年 5 月至 1964 年 4 月
		李帮俊	1961 年 5 月至 1963 年 5 月
		张月英（女）	1961 年 5 月至 1964 年 10 月
		赵　增	1962 年 4 月至 1964 年 4 月
		夏玉明	1962 年 4 月至（不详）
		杨玉文	1964 年 4 月至（不详）
		董瑞珍（女）	1965 年 3 月至 1964 年 4 月
		陈　华	1965 年 3 月至 1966 年 4 月
来广营人民公社“抓革命，促生产”第一线指挥部	指挥	李　清	1967 年 4 月至 1967 年 12 月
	副指挥	张　祥	1967 年 4 月至 1967 年 12 月
		燕贺春	
		王翠英（女）	
来广营人民公社革委会筹备小组	组长	李　清	1967 年 12 月至 1968 年 1 月
	副组长	张　祥	
		燕贺春	
		王翠英（女）	
来广营人民公社革命委员会	主任	李　清	1968 年 1 月至 1969 年 6 月
		李　智	1969 年 6 月至 1971 年 1 月
		高震忠	1971 年 1 月至 1972 年 11 月
		石青（纳西）	1972 年 11 月至 1974 年 3 月
		李　清	1974 年 3 月至 1975 年 6 月
		郭凤森	1975 年 11 月至 1976 年 10 月
		刘章林	1976 年 10 月至 1979 年 10 月
		张中原	1979 年 10 月至 1982 年 6 月
		徐永年	1982 年 6 月至 1983 年 2 月
	副主任	张　祥	1968 年 1 月至 1969 年 6 月
		燕贺春	
		王翠英（女）	1968 年 1 月至 1975 年 10 月
		王玉亮	1968 年 1 月至 1983 年 2 月
		王立英	1970 年 7 月至 1972 年 6 月
		石青（纳西）	1971 年 1 月至 1972 年 11 月

续表

<table>
<tr><th>任职单位</th><th>职务</th><th>姓名</th><th>任期</th></tr>
<tr><td rowspan="10">来广营人民公社
革命委员会</td><td rowspan="10">副主任</td><td>宋玉璋</td><td>1973 年 3 月至 1974 年 4 月</td></tr>
<tr><td>纪振荣</td><td>1973 年 9 月至 1980 年 1 月</td></tr>
<tr><td>张景元</td><td>1973 年 9 月至 1983 年 2 月</td></tr>
<tr><td>陈　福</td><td>1973 年 9 月至 1975 年 11 月</td></tr>
<tr><td>董振秋</td><td>1974 年 8 月至 1983 年 2 月</td></tr>
<tr><td>艾　丁</td><td>1975 年 1 月至 1977 年 7 月</td></tr>
<tr><td>周永贵</td><td>1975 年 5 月至 1983 年 2 月</td></tr>
<tr><td>司占山</td><td>1980 年 7 月至 1983 年 2 月</td></tr>
<tr><td>燕铁山</td><td>1981 年 2 月至 1983 年 2 月</td></tr>
<tr><td>唐寿昌</td><td>1982 年 6 月至 1983 年 2 月</td></tr>
<tr><td rowspan="20">来广营乡
人民政府</td><td>代乡长</td><td>司占山</td><td>1983 年 2 月至 1983 年 12 月</td></tr>
<tr><td rowspan="6">乡　长</td><td>司占山</td><td>1983 年 12 月至 1986 年 8 月</td></tr>
<tr><td>燕铁山</td><td>1986 年 8 月至 1990 年 4 月</td></tr>
<tr><td>陈雅芝（女）</td><td>1990 年 4 月至 1998 年 11 月</td></tr>
<tr><td>夏玉茂</td><td>1998 年 11 月至 1999 年 11 月</td></tr>
<tr><td>赵万友</td><td>1999 年 11 月至 2001 年 12 月</td></tr>
<tr><td>陈晓东</td><td>2001 年 12 月至 2003 年 2 月</td></tr>
<tr><td>副乡长</td><td>董振秋</td><td>1983 年 2 月至 1983 年 12 月</td></tr>
<tr><td rowspan="12">副乡长</td><td>董振秋</td><td>1983 年 12 月至 1994 年 3 月</td></tr>
<tr><td>傅德海</td><td>1983 年 2 月至 1986 年 8 月</td></tr>
<tr><td>宋硕荣（女）</td><td>1984 年 11 月至 1991 年 2 月</td></tr>
<tr><td>赵福兰（女）</td><td>1991 年 1 月至 1999 年 11 月</td></tr>
<tr><td>王宝军</td><td>1994 年 2 月至 1996 年 10 月</td></tr>
<tr><td>马卫民</td><td>1994 年 2 月至 1997 年 2 月</td></tr>
<tr><td>夏玉茂</td><td>1997 年 2 月至 1998 年 11 月</td></tr>
<tr><td>刘伯明</td><td>1997 年 2 月至 2002 年 1 月</td></tr>
<tr><td>高建忠</td><td>2000 年 1 月至 2003 年 2 月</td></tr>
<tr><td>齐淑萍（女）</td><td>2000 年 1 月至 2003 年 2 月</td></tr>
<tr><td>马文虎</td><td rowspan="2">2002 年 4 月至 2003 年 2 月</td></tr>
<tr><td>蒋春茂</td></tr>
<tr><td>来广营地区办事处
（来广营乡人民政府）</td><td>主任（乡长）</td><td>陈晓东</td><td>2003 年 2 月至 2005 年 6 月</td></tr>
</table>

续表

任职单位	职务	姓名	任期
来广营地区办事处（来广营乡人民政府）	主任（乡长）	杨建海	2005 年 6 月至 2008 年 3 月
		张克斌	2008 年 4 月至 2009 年 3 月
		马文虎	2009 年 3 月至 2011 年 7 月
		高永荣	2011 年 7 月至 2014 年 2 月
		王　刚	2014 年 2 月至 2015 年 12 月
	副主任（副乡长）	高建忠	2003 年 2 月至 2011 年 7 月
		齐淑萍（女）	2003 年 2 月至 2006 年 7 月
		马文虎	2003 年 2 月至 2005 年 9 月
		蒋春茂	2003 年 2 月至 2008 年 5 月
		贾毅钦	2006 年 7 月至 2013 年 5 月
		王洪月	2006 年 7 月至 2013 年 11 月
		韩潮（女，回）	2008 年 5 月至 2015 年 12 月
		陈　琦	2011 年 5 月至 2015 年 12 月
		屈国华	2011 年 7 月至 2015 年 12 月

第二节 工作机构

1950 年 12 月根据政务院《乡（行政村）人民政府组织通则》规定，行政村作为农村基层行政组织，不设内部机构，只配备少数专职和不脱产工作人员，分管民政、公安、财政、粮食、调解等事务。1955 年末，和平乡人民政府工作机构有行政、生产、财务 3 个办公室，人员编制 9 人；后增设民政、文教卫生、治安保卫委员会等股室。1957 年，和平乡人民委员会增设畜牧办公室。1958 年 5 月，和平乡人委下设民政委员会（委员 16 人）、文教卫生委员会（委员 8 人）、治安保卫委员会（委员 22 人）、人民武装委员会（委员 10 人），各委员会均设主任 1 人。1958 年 9 月，和平人民公社（小和平）设置水利、园林、交通机械、武装公安、福利、文教卫生等部门，另设 1 个科学研究所。1959 年，和平人民公社（大和平）设置政工组、组织股、宣传股、福利部、文教卫生部、武装公安部、办公室等部门，人员编制未变。

1961 年，来广营人民公社管理委员会内设工作机构有政法、行政、生产、财务 4 个组，各有一个办公室，人员编制 10 人，此后陆续增设蔬菜、水电、畜牧办公室和政工组。1968 年，公社革命委员会内设机构改设政工组、办事组、生产组、保卫组，人员编制8人。1973年，增设知识青年办公室（专管下放插队中学生）、水利办公室；1974年，增设文教组、电工组；1975年，增设计生办（计划生育办公室）、民政、司法、科技站，改设文教卫、水利组，人员编制增至17人。1978年，来广营人民公社机构新设革委会办公室、安全生产监督管理委员会办公室。1982年，朝阳区在来广营人民公社试点机构体制改革，撤销革命委员会，恢复原管理委员会，下设管委会办公室，新设综合治理组、居民组。

1983年，新成立的来广营乡人民政府，下设政府办公室（含机关打字室、司机班）、民政办、计生办、市容卫生办、规划办、总务办、安委办、财务办、科技站、水电站、居民组，另有文化站、建筑公司等。1984年，增设规划办、开发公司、劳人科（劳动人事科）；1986年，增设教委、财政所。此后，陆续增设或改设后勤、司法科、安全科、水电公司、环境安保、档案科、市容所、居民科、托幼办、统计科、外来人口办、民政科、文教办、三建公司。1993年后，陆续成立审计科、都市农业公司（办公室）、农村合作经济经营管理站。

1995年，来广营乡根据市、区部署，推行公务员制度和乡机关机构改革，先后增设或改设文教卫生科、建设管理科、经济委员会、水管站、建筑公司、电视站等。1999年后，政府职能机构及二级办事部门有政府办、人大办、建设管理科、居民科、民政科、文卫科、档案科、劳动科、计生办、综治办、司法科、安委办、财政科、统计科、总务科，另有文化站、电视站、市容所、水管站、电管站、开来公司、科技站等部门和单位，人员编制42人，实际在职50人（其中国家干部18人）。

2002年，经过机构改革，撤销审计科、经济委员会，乡党政经机关科室23个合并为12个，精简48%；行政编制45名，精简15%。内设职能机构和办事机构，有办公室、规划建设管理科、民政劳动科、社会治安综合治理办公室、计划生育办公室（与文化教育卫生科合室统一分工）、经济管理办公室、财政统计科、司法所、绿化办公室、开发办公室、科技办公室、总务科、人大办公室、群团办公室。根据机构改革和城市化建设需要，成立乡经济管理委员会、绿色家园房地产开发公司、文化服务中心（原文化站、广播电视站并入）、社会保障事务所。此后，为适应各项事业发展，陆续增加办事部门，至2011年，累计新增科室17个。2013年，落实“三定”方案，机关科室由原29个缩减为18个，其中必设科室9个、选设科室3个，其他办事机构6个。

至2015年，机关行政事业单位，有党政办公室（含档案室）、人大办公室、人民武装部（含双拥办公室）、监察办公室、信访办公室、社会治安综合治理办公室（含流动人口和出租房屋管理办公室）、经济发展办公室、科教文体办公室（含卫生、计划生育）、社区建设与管理、社会事务管理科（含民政、残联）、司法所（含调解室）、安全管理科（含安全生产监察队）、绿化办公室、财政科、统计所、规划建设与环境保护办公室（含控违拆违办公室、房屋管理科），此外还有直辖办事机构民意响应中心、城市综合管理指挥中心、综治维稳中心。事业单位有社会保障事务所、社会公共事务服务中心、农村合作经济经营管理站、文化服务中心、农业综合服务中心。朝阳区试点将城管执法队编制划回来广营地区（乡），实行双重管理。

第三节 政事要务

一、法治建设

治安管理 域内缉匪治安户籍事务，明永乐十九年（1421 年）后刘各庄、来广营一带直属京师顺天府大兴县管辖，其余村多由大兴县北城兵马司管理；清代后期均属京师北城兵马司、东直汛管理。中华民国时期，域内匪盗蜂起。1916 年，勇士营村民被匪抢去皮袄衣物，1937 年又丢失钱财和电话铜线。1938 年，南湖渠村第九派出所被匪包围索要枪支未果，遂火烧派出所办公室，将巡官警士 4 人捆绑拷打后，押至派出所西北玉米地里枪杀警士孙、胡 2 人，巡官董某亦因受伤身亡，仅 1 人脱绑逃出。20 世纪 40 年代后期，域内治安属北平警备司令部稽查处西区稽查所和北平警察局郊八分局第三分驻所共同管辖。北苑小街设有警所。

1949 年，各行政村协助区公安分局收容散兵游勇，登记反动党团，收缴非法武器，打击盗墓贼。北京市北郊公安分局在域内北苑、北湖渠设置公安派出所。1950 年，东郊公安分局在来广营设置公安派出所，取缔一贯道（仅来广营村一贯道就有道徒 145 人，占全村人口的 13.6%）。1951 年 4 月，各村组织学习《中华人民共和国惩治反革命条例》，宣传镇压反革命，发动群众揭发检举，专政机关调查取证，分批逮捕。来广营派出所利用接收国民党的警用电铃线路装置扩音器，在万人大会上广播宣传镇压反革命运动。1957 年 10 月，北苑派出所撤销，并入来广营派出所。1959 年 5 月至 1961 年 5 月，派出所隶属和平人民公社政法部。1961 年，来广营人民公社内设政法组，与民兵组合为一室办公。各村均建立健全群众性治安保卫委员会（简称治保会）和治保小组，负责查禁赌博，教育村民防特防盗，对重点单位、要害部门、关键地区组织居民看门护院，形成群防群治体系。经反复宣传教育，干部群众提高警惕，防范和检举揭发各类破坏活动，协助公安司法部门监督“四类”分子（地主、富农、反革命、坏分子）和刑释、劳教等被管制对象，教育、挽救、改造轻微违法犯罪青少年。治保会在开展对敌斗争、发动和组织群众维护社会治安中发挥了中坚骨干作用。遇有重大活动或特殊时期，社队组织民兵站岗放哨、护村护路，控制涉嫌犯罪的可疑人员，保护村民和集体的生命财产安全，治安状况和社会秩序均较稳定，许多村民白天外出门不上锁，晚上睡觉夜不闭户。1978 年，来广营人民公社成立整顿社会治安领导小组，宣传发动群众揭发检举各种违法犯罪行为。

1981 年 5 月 11 日，来广营人民公社成立整顿社会治安联防办公室，9 月 7 日改称综合治理委员会（简称综治委）办公室，组建联防队。治安工作重点为节假日治安保卫，日常严防偷盗、赌博，对重点场院、交通设施安排专人值守。1985 年，来广营乡制定《落实铁路整治工作的具体办法》，将域内铁路划分为 7 片，由民兵连长负责，铁路沿线各单位实行“三包”（包教育、包安全措施落实、包安全无事故），对特定群体如驾驶员、小孩、老人、盲人、伤残人员、聋哑人明确教育和护送看管主体。1986 年，来广营乡成立治安联防队，队员 56 人。各单位每月检查 1 次财务室、仓库、油库、电源和农药、剧毒等物品，全年抓获有违法行为 6 人次、非法盗卖钢筋盘条 3 人次，制止斗殴 18 人次，送区公安分局拘留 2 人。1988 年，来广营乡发生刑事案件 22 起、破案率 82%，治安案件 54 起、破案率 92%，抓获打击盗窃案 9 件、强奸案 3 件、打架斗殴 3 件、强买西瓜 1 件，赌博案、非法盗卖金属案 6 件，收缴凶器 3 把。

20 世纪 90 年代，来广营乡坚持一手抓打击、一手抓综合治理，在重大节日、重大活动、重点地区投入人力财力，组建护村队。乡综治委与辖区单位签订社会治安综合治理责任书，实行“四本一册一上墙”（即治保会议记录本、社会治安工作检查记录等四本，治保会成员花名册，治保工作好的先进集体和个人上墙表扬，半年初评，年底总评）；重点抓青少年道德法制教育，清除“三无”（无身份证、无暂住证、无用工证明）人员。2000 年，全乡有基层治保会 21 个、流动人员管理站 8 个、护村队 8 个，护村队员 270 人，治保积极分子 400 余人，流动人口管理办公室户籍协管员 34 人。村委会、企业事业单位财会室、仓库 70% 以上都安装了报警器，各自然村基本实行封闭或半封闭管理，盗窃明显减少，受到朝阳区综治办好评。1月至10月发生刑事案件337起，同比下降31.8%。护村队配合公安查获各类案件37起，其中盗窃21起、团伙抢劫2起、在逃犯3起、其他11起，抓获犯罪嫌疑人给予拘留以上处罚46人，挽回经济损失近80万元。

2001年5月，乡人大在评议派出所工作时，进行民意调查，对社会治安的满意率为25%、基本满意率54%。当年域内发案率比上年下降17%；破案率同比提高34.7%。“十五”期间，域内推行“科技创安”，在各企事业单位关键部位安装红外线探头和报警器，监控镜头与派出所、护村队联网。绣菊园、清友园、时代庄园、朝来绿色家园安装电视监控系统，可防性案件发案率同比降低20%。2005年，实行打防控一体化治安体制，成立由派出所直接指挥的地区巡防大队，构建派出所管面管片、保安管点、居民看楼护院的联动网络。全年对立水桥一条街、清河营收保护费涉黑团伙、来广营万通集贸市场、北苑地铁站、立水桥地铁站等处集中执法整治30余次，打掉团伙1个、收缴非法运营的黑摩托车175部、取缔黑发廊50余家，协助公安机关破案20余起，抓获犯罪嫌疑人40余名，刑事发案率同比下降5.8%，其中重大和系列多发案件平均下降6.7%，群众满意率提高12%。

2008年，为保障北京奥运会，地区（乡）设立治安巡防队伍3支、组建信息员队伍38人、招募治安巡逻志愿者3500余人，聘用专业保安200人、协警270人。重点地段重点单位全天候监控，依靠治安志愿者24小时巡逻。54栋老旧楼房安装门禁系统，3个自然村实行封闭或半封闭管理。2010年8月25日午餐，红军营南路河南烩面馆人为投毒，致44人食物中毒，经送361医院救治，最终全部痊愈出院，投毒人受到司法处理。推行“一警两员”进社区，5个行政村、15个社区均设立警务室，配备警力。

至2015年，全境已新建中铁国际城、世华泊郡、北湖渠村3个警务工作站，改建来北家园、新生村、青年城、北苑家园4个警务工作站，各村、社区均有10人左右的联防队，白天由志愿者、晚上由保安人员巡逻，17名民警长驻社区，组建了治安志愿者队伍4800人，形成由民警、联防队员、治安志愿者和保安组成的巡察体系和专群联动、群防群治的打防控一体化网络，遇重大任务每日可动员3000人次投入安保。主要路口、公共场所、各校门前和重要地段的200个监控探头完好率98%以上，老旧小区181个门禁系统设施完好率95%。可防性案件发生95起，同比下降3.1%。包括春节、全国“两会”、世界田径锦标赛、9·3大阅兵期间，全境多年未发生刑事和重大治

为服务保障全国“两会”，来广营治安志愿者与民警在五环路值（2015 年摄）

安案件，社会治安和生产生活秩序基本稳定，群众安全感居全区各乡前列。

来广营派出所历任所长任期名录

梁鸿仪　1957 年 10 月—1958 年 11 月
李士俊　1959 年 1 月—1960 年 1 月（时称和平人民公社政法部部长）
黄振清　1973 年 9 月—1974 年 7 月
董振宗　1974 年 7 月—1974 年 12 月
张志忠　1974 年 12 月—1978 年 10 月
那　祥　1978 年 11 月—1980 年 1 月
董文明　1984 年 1 月—1985 年 1 月
胡钟才　1987 年 11 月—1989 年 6 月
张蕴忠　1989 年 10 月—1990 年 2 月
尤里良　1990 年 2 月—1991 年 6 月
梁培浩　1992 年 1 月—1994 年 7 月
李振清　1994 年 7 月—1997 年 12 月
刘春海　1997 年 12 月—2002 年 8 月
王源波　2002 年 8 月—2003 年 9 月
刘爱一　2003 年 9 月—2009 年 5 月
李　明　2009 年 5 月—2010 年 10 月
王悦东　2010 年 10 月—2011 年 5 月
陈保军　2011 年 5 月—2016 年 3 月

公共安全 1949年后，各村教育村民防火防毒防爆，对重点单位、要害部位重点防范。20世纪70年代，社办企业确定兼职防火员，制订防火安全制度，落实岗位责任制。

1981年始，着重预防火灾、煤气中毒。1987年，吸取东坝洗衣机厂特大火灾教训，来广营乡人民政府对企业进行地毯式安全检查，增建消防设施、购置消防设备，组织兼职防火员到消防队接受短期培训。20世纪90年代，全乡确定防火重点单位、重点车间、重点场院和涉电部位，升级消防安全管理，制订林区、蔬菜大棚、养殖场防火安全制度和流动人员管理办法，严禁烧荒，保卫“三夏”生产安稳进行。为确保肉食安全，取缔非法屠宰点，没收不符合食品卫生法的肉类。各村宣传栏都张挂防火、预防煤气中毒等内容的图文。

“十五”期间，加强用煤安全检查监督，宣传煤气中毒常识，清理检查出租房屋和重点部位，2005年免费发放排毒减碳风斗8000个，以助居民用煤时引导烟气释放室外。对易发火灾的网吧、娱乐场所、地下空间、人防工程和安全生产事故工地进行安全大检查，联合执法，发现不符合安全规范或有可能危害人身安全等隐患，及时下发安全整改通知书。2007年，成立平安建设领导小组及其办公室，下设8个日常安全专业检查组，与150家基层单位签订防火责任书，地域包片、责任到人。2010年，新增综治消防协管员23人。2012年，加大食品药品监管力度，创建“药品安全示范乡”“餐饮安全示范一条街”。强化生产经营单位安全生产，检查生产经营场所4000余家（次），整改隐患230处，加强消防安全、交通安全、食品安全、娱乐场所安全，预防煤气中毒。

“十二五”期间，全境形成了地区工委（乡党委）、办事处（乡政府）领导，朝阳区安监局业务指导，来广营安全生产委员会综合协调，安监科分层分类专业监管，各村、社区、直辖企业属地负责的安全生产监管体系，安全生产监管长效机制基本建立，全面落实安全生产责任制，每年召开安全生产工作大会，与社区居委会、生产经营单位签订安全责任书，督促生产经营单位落实安全生产主体责任，建设食品安全区，彻底整治立水桥海鲜市场等一批重大安全隐患，成功创建北京市“药品安全示范乡”。

至2015年，全境公共安全管理，除地区办事处（乡政府）所辖安全管理科作为具体经办的职能部门外，另有专职安全监督协管员20人、消防协管员14人（分布于各村和社区）、交通协管员7人，进行日常巡察。制订重大动物疫病防控应急预案、加强卫生安全专业队伍建设、划分突发事件等级、构建预警支持系统，形成完整的突发公共事件应急管理体系。禁毒工作建有“向日葵信息管理系统”。8月7日至9月3日，对京承高速、五环路沿线、北京会议中心周边200米范围55家单位持续开展安全检查，查处并整改隐患92处；对4家危化企业、3家人流密集的建材市场查处并整改隐患15处；10个专项检查组检查地下空间、建筑工地、出租大院等，发现隐患379处，整改129处，关停人防工程4处。清河营东路施工挖破燃气主管道，造成燃气外泄，由于及时封控、处置得力，无人员伤亡。

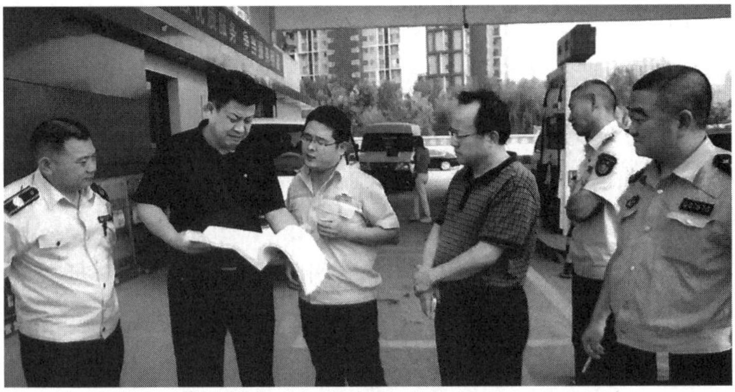
来广营乡党委、乡领导检查加油站安全状况（2015年摄）

司法行政　1955年，和平乡组建人民调解委员会，村党政负责人和治保组织承担一定的民事调解工作，化解人民内部矛盾。1961年后，来广营人民公社司法工作由公社政法工作人员兼管。20世纪70年代，来广营人民公社在直辖企业单位建立民事调解组织、确定专兼职调解人员，依据政务院《人民调解委员会暂行组织通则》和《中华人民共和国司法部8号令》，对职工和民间纠纷进行调解，防止激化矛盾，维护社会安定团结。1975年，来广营人民公社管委会设立民政司法组，始有专职司法人员。

1986年始，全乡开展第一个五年普及法律教育工作，普法内容为宪法、刑法、婚姻法、义务教育法等。至年末，全乡有刑满释放人员11人，除1人迁走外，10人全部安排工作，无重新犯罪。1988年，来广营乡设立司法科，配置司法助理员，负责各村民事调解、普法宣传等工作。全乡成立16个帮教小组，为18名刑满释放和少年管制人员全部安排工作，其中1人重新违法。1991年，来广营乡建有联合调解委员会，司法科增挂法律服务所牌子，开展法律咨询、诉讼代理等专业服务。1996年，各村、社区人民调解委员会发展至30个，调解委员增至56人，其中村民调解委员会7个、居民调解委员会23个，调解干部20人、义务民事调解员85人。乡有关科室也协同司法科调解民事纠纷，规划科每年接待上百人次的来访，调解处理宅基地矛盾。至2000年，劳改劳教刑释人员帮教小组增至25个，帮教人员80余人由片警、单位或所在地管理人、家属等组成。基层调解委员会21个，调解员69人，信息员88人。每个基层调委会各设主任1名（多由村委会、居委会主任兼任）、副主任1名（专职民调员担任）、委员和信息员数名。乡司法科与各村共调解民事纠纷119起，调解率95%以上。2001年，来广营乡成立司法调解中心，办公室设在司法科。

2003年，来广营地区（乡）成立依法治乡、人民调解、安置帮教、法律援助和社区矫正5个领导小组，办公室均设在司法科。全境有人民调解委员会27个、调委会成员164人，义务民调员、信息员339人；刑释解教人员帮教领导小组22个、"一帮一"小组24个，24名刑释解教人员中22人安排了固定工作，1人由于身体原因不能劳动，地区（乡）为其办理最低生活保障，1人正常退休。基层调委会对上述人员，做到"四齐全、两谈话"即：帮教对象基本情况、帮教领导小组、"一帮一"帮教工作小组、谈话笔录均完善齐全，每年与帮教对象谈话两次。全年共法律援助50人，包括残困6人、孤困3人、单保12人、困难29人。

2006年6月6日，在朝来农艺园建帮教基地，安置刑释解教人员，安排他们出监所后3个月内的临时工作。12月15日，主管领导带领司法所到良乡监狱探望来广营乡5名服刑人员。地区工委（乡党委）坚持安全第一责任人使命，强化综合治理，创新信访工作机制和包案责任制，实行信访动态周通报和月通报制度，领导牵头协调、阅批处理信访，超前化解矛盾，发挥基层单位第一道防线作用，保持政通人和，社会秩序持续稳定。

2010年，来广营地区（乡）接收社区服刑人员13人，解除8人，管理17人；接收刑释解教人员12人，解除13人，管理50人（其中一类高强度管理6人、二类中强度管理24人、三类低强度管理20人）。司法所组织上述人员参加中途之家集中教育培训21人次、参加法制教育培训班10人，每月与社区服刑人员或其亲属、监护人见面谈话，与派出所沟通情况。全年调解纠纷648件，全部有效化解和处理。

截至2015年，来广营地区（乡）共有人民调解委员会30个，调解委员180人，形成乡、村（社区）、楼门（小组）三级调解网络。全境律师事务所4个，专兼职律师 24 人。帮教管理的刑释人员 89 人、矫正对象 23 人中，就业 40 人，解除监督 8 人，仍在帮教管理 5 人。帮教工作坚持不懈、得力有效，社区服刑人员、帮教对象均未出现重新犯罪和脱管失控行为。

二、民政事务

优抚安置　1949 年 10 月 5 日中秋节前夕，安家坟村上门慰问军属等优抚对象，带去白面 15 斤、猪肉 6 斤以及月饼、花生、茶叶、水果、香烟等，共支出 15750 元，由村农会组织 105 户村民摊交。1950 年，来广营行政村烈属、荣誉军人、军属总计 20 户。土地改革中，分配土地、房屋和家具优先照顾军烈属。1953 年，各乡人民政府设置优抚委员，对没有劳动力的军烈属、伤残军人，安排互助组或初级农业生产合作社为其代耕代种，高级农业生产合作社改为优待其劳动日工分，年终决算时参与分配，以保障其基本生活。和平乡每年优待烈属 2 户 4 人，工分 1272 分，人均 318 分；军属和一等荣誉军人 8 户 41 人，工分 10408 分，人均 253.85 分。对生活困难的军烈属、伤残军人，和平乡给予小米等实物补助，帮助解决过冬衣被缺乏问题。每年“八一”建军节、抗美援朝周年纪念日和元旦春节期间，均召开烈军属座谈会，或组织上门慰问，在门上钉挂光荣牌，解决优抚对象的实际困难。

1961 年后，来广营人民公社对优抚对象实行定期定量补助，或发放一次性抚恤金，组织评选复员转业军人社会主义建设积极分子。1975 年，来广营人民公社管委会设立民政司法组，1977 年民政与司法组分开，独立办理优抚安置等民政事务，烈军属定期定量补助标准每户每月 10 元，1980 年后增调至 20 元以上。

1983 年始，来广营乡每年在乡办企业安置退伍军人、按政策定时定量优待抚恤烈军属，并推行乡统筹优待办法。对烈军属的优抚优待资金，从各承包农户上交生产队的提留费中提取，由乡统一分配，军人优待金标准每户每年 500 元至 1000 元。1986 年，烈军属定期定量补助标准统一调增至每月 30 至 40 元。1992 年，来广营乡有优抚对象 51 人，发放优抚金 59100 元，人均 1159 元；其中：义务兵 45 人优待金 52500 元，人均 1160 元；烈属、因公病故军人家属 6 人优待金 6600 元，人均 1100 元。红军营等 8 个村建立烈军属之家，成为村“两委”与优抚对象联谊固定点，乡村为 15 名优抚对象办理医疗减免，帮助 1 名退伍军人困难户建盖新房。1993 年，优抚救济对象全乡有烈属10户，军属144户，伤残军人在职22人、在乡4人；享受定期补助和抚恤者有烈属5户、义务兵14人、病故军人家属3户、在乡复员军人25人。春节和八一建军节前夕，乡召开烈军属座谈会，组织42人参加逛京城活动，为生活困难和身体有疾病的烈军属申请补助，减免医疗费。全年发放优抚费37077元，为优抚对象减免医药费8174元。1995年，来广营乡军人优待金从每人每年1200元提高到2500元。“九五”时期，退伍义务兵安置，改为劳动合同制，依法保障第一次就业，并在签订合同和职业培训方面给予优待，绝大部分被安置在乡村企业和乡机关事业单位。烈军属、病故军人家属、伤残军人、1952年前参军的老复员军人生活补助最低标准，每人每月60元。红军营村制定《民政抚恤的若干规定》，对伤残军人实行制度性补助。1997年5月8日，来广营乡人民政府印发《关于建立村级对低收入村民实行生活补助制度的意见》，规定优抚对象等人最低定期定量补助标准为每人每月60元，高者不限。

来广营乡召开军烈属迎新春座谈会（1995年摄）

2002年，制订实施《来广营乡优抚工作暂行条例》《来广营乡退伍军人安置办法》，召开优抚工作座谈会，发放现役军人优待金年人均6000元，对全乡11名义务兵和3名军烈属每人优待统筹金6000元，奖励4名立功士兵每人600元。接收安置退伍军人30多名，安置率100%。开展“爱心献功臣”活动，解决重点优抚对象生活、医疗、住房困难。乡民政科为17名复员军人办理医疗减免证，解决其看病费用报销问题。

2004年，来广营地区（乡）每年军人优待金由6000元增至1万元；安置 9 名退伍军人和 3 名军属就业。2006 年，对农业户籍入伍士兵每人增加补助 4000 元，共发放城乡现役军人优待金 44 万元、获得优秀士兵等奖励的现役军人奖金 8000 余元，解决军属子女入学 10 人，为优抚对象做好事 80 余件，解决难题 16 件。

“十二五”时期，利用寒暑假期、“八一”建军节组织辖区青少年上门看望退伍老战士，听讲革命斗争史；在全民国防日，开展“热爱人民军队，共筑钢铁长城”主题演讲和国防知识讲座、征文、竞赛活动，宣传《中华人民共和国国防法》《中华人民共和国国防教育法》《中华人民共和国兵役法》。2015 年，建立健全拥军优属保障金制度和抚恤补助机制，年发放优抚金 200 余万元；形成现役军人家属和优抚对象的定期慰问座谈制度；拓宽安置渠道，解决退伍兵就业问题，落实拥军优抚政策，充分保障优抚对象权益。全地区（乡）有烈属 3 户，伤残军人 169 人，享受定期补助和抚恤的烈属 2 户、病故军人家属 4 户、在乡复员军人 8 人。

表 7-2　1988 年至 2015 年来广营公社（乡、地区）优抚对象统计表

年份	烈属（户）	伤残军人（人）		定期补助、抚恤			
		在职	在乡	烈属（户）	义务兵（人）	病故军人家属（户）	在乡复员军人（人）
1988	10	25	5	6	18	3	23
1995	11	24	4	7	16	3	26
2000	2	15	1	2	14	0	20
2005	5	27	1	0	39	4	15
2010	0	4	1	0	17	2	11
2015	3	169	0	2	/	4	8

表中“/”表示无统计数据。

社会救助　中华人民共和国成立前，无劳动能力无生活来源的贫苦农户缺少社会救助，有的依靠亲友、四邻周济。20 世纪 50 年代，域内各行政村、乡政府、农业生产合作社负责救灾济困、灾民难民登记救助，遇灾组织生产自救，对特困户依靠区拨粮款给予应急性临时救济。

1961 年后，救助重点是困难户危房安置和翻建新房，救助对象多为“五保”（保吃、保穿、保住、保医、保葬）老人、贫困户、伤残军人等，民政部门发粮补助建屋，保障其安居，维持基本生活。区粮食部门每月返供农民粮食

1871 斤，专供缺粮农户凭户口本购买。公社留备一定的机动粮，作为灾荒、年节、病伤、婚丧嫁娶临时急用。20 世纪 70 年代，救助对象减少，但扶持经费标准提高。

中共十一届三中全会后，对无劳动能力贫困户的救助主要依靠乡村集体经济统筹提留款解决。随着经济发展和民生水平提高，社会捐助救灾活动逐渐兴起。1988 年，全乡享受“五保”救助 12 户，定期救济 19 人。12 月，来广营乡干部群众捐款 6875.8 元，援助云南地震灾区。1991 年，乡民政科组织向安徽、浙江、河南等省遭受洪涝灾害的地区募捐救助，20 天募集棉衣 3013 件、被褥 138 条、毛衣裤 2073 件、其他 636 件。1993 年，来广营乡定期发放域内贫困户 18 人社会救济款，全年累计 8436.58 元。1995 年，来广营乡普查鳏寡孤独弱势群体，全乡有“五保”户 13 户 16 人、特困户 11 户 30 人。制定并实施《来广营五保供养实施办法》。1997 年 5 月 8 日，来广营乡人民政府制定《关于建立村级对低收入村民实行生活补助制度的意见》，建立乡、村两级对低收入特困户的基本生活补助制度，规定农业户籍村民家庭月人均收入低于 190 元的，均由所在村给予生活补助，其中：五保户最低标准为每人每月 100 元，高者不限。对 28 户特困村民给予定期救济，每人乡级定补每年 100 元、节日补助费 500 元，村级定补每月 30 元以上、临时补助 100 元以上。乡政府春节为特困户送去粮、油、肉等生活物品和过节费。为救治来广营村贫困户重病患者张雪丰，乡村集体、干部、群众、职工纷纷捐款，一周即收款 62400 元。1998 年 8 月 18 日，来广营乡为长江、黑龙江洪水灾区捐款 53.1 万元、支援粮食 2250 公斤、衣物 70025 件。分散在各村的“五保”户，均由所在村专门建立的供养小组负责，并有 1 人专职管理。

来广营乡募集的抗洪赈灾物资整车运送集中地（1998 年摄）

2003年，来广营地区（乡）机关、企业、各村、社区开展“每人每月10元钱，奉献扶贫心一片”特困人员扶助行动，合计捐款81万元、募集衣被1159包35862件；防治非典型性肺炎（简称“非典”）捐款77万余元，其中集体捐款50万元、个人自发捐款27万元。每月发放社会救济款18.9万元。易事达世代百货与残疾人员张继良结对帮扶，现场捐款1万元。2004年至2010年，残疾人联合会、慈善协会、助困协会，包括“中华健康快车基金会”为贫困白内障患者免费实施复明手术而发起的“吉祥包”筹集善款，“首都见义勇为基金会”发起的“首都人民献爱心”社会募捐，为江西、内蒙古、汶川、玉树及南方严重雨雪冰冻灾害等灾区捐款，朝阳区慈善协会来广营分会揭牌仪式募捐，博爱救助募捐等，来广营地区（乡）单位、个人共为外省市区和本地弱势群体捐资济困3073703元、衣被毛毯47206件；累计救助低收入和残病致贫群体（主要是本地人员）3939人次、3793865.12元，人均每次963元。2010年，低收入群体纳入医疗救助体系，并通过春节、元旦年节送温暖、社会救助，完善以基本生活保障为基础、专项救助相配套、应急救助和社会互助为补充的综合性、多层次社会救助体系。

2011年至2015年，来广营地区（乡）开展救助活动27次，累计救助大病致困等困难人员1195人次、302万余元，人均每次2815元；为60户残疾人家庭进行无障碍改造，走访残疾人1228人次、慰问款物62.28万元，全境无“五保”户。2015年，辖区发放380余名各类困难人员救助金260元万元，支付农民大病救助补贴22.4万元。各社区以爱心家园超市为载体建立爱心帮扶体系，扩大温馨家园救助范围，推行晚间照料措施，提高助困帮残扶弱水平。

婚姻管理　1949年，各行政村执行第二十区人民政府转发《晋冀鲁豫边区婚姻暂行条例》。1950年《中华人民共和国婚姻法》颁布后，区派驻各村工作组召开村民会议大力宣传，利用扫盲民校上课等形式，用《婚姻法》教育农民，保障男女婚姻自由，推行男女平等和一夫一妻制，禁止重婚、纳妾、收养童养媳。各行政村依法建立婚姻登记制度，结婚、离婚和复婚均进行登记。结婚者必须男女双方在村政府开具介绍信，证明已达法定结婚年龄、是自由恋爱而不是父母包办，再亲自到东郊区政府民政科办理结婚登记手续，领取结婚证书。1955年始，持介绍信到和平乡人民政府、和平人民公社（小和平）、来广营人民公社管委会办公室直接登记结婚，但离婚登记仍须在区婚姻登记处办理。1975年始，婚姻登记转由新成立的公社民政司法组办理。

1980年9月，第二部《婚姻法》颁布，来广营人民公社严格贯彻新婚姻法，男、女双方初婚年龄一律推迟2年，即男年满22周岁、女年满20周岁方可结婚。对婚姻登记介绍信统一格式，内容要素为姓名、性别、年龄、出生日期、婚姻状况、民族、是否有血缘关系、对方姓名、工作单位等，介绍信大队或所在企业保留存根，以备查阅。当年全社结婚309对，女性初婚295人、晚婚率95.4%。1982年，来广营人民公社管委会发文通知，结婚登记使用新结婚证，增加结婚人照片并加盖结婚登记专用章钢印。全乡青年初婚年龄，20周岁至26周岁1986年为367人，占当年结婚总人数的95%，1998年为176人，占当年结婚总人数的85%。1998年，全乡结婚243对，其中城市户籍181对、农业户籍62对，属再婚者男37人、女36人，复婚4对；全乡离婚27对，其中城市户籍47人、农业户籍7人，离婚原因均为感情不合。“九五”时期开始，离婚纠纷多由乡司法科参与调解。

2003年4月1日起，结婚登记须持来广营地区办事处(乡人民政府)介绍信，前往朝阳区民政局婚姻登记处统一办理（2007年登记结婚可在网上预约办理，婚姻登记处迁至六里屯道家园），来广营地区（乡）不再办理婚姻登记，婚姻档案整理交给区一级单位。

三、社会保障

1999年，来广营乡政府与红军营村为两名因拆迁而无家可归的孤儿各建一套3房1院，总建筑面积160平方米，为另一孤儿向用地单位争取一套41.3平方米的独居房。清河营村为残疾人特困户王志明建盖北房4间。2002年，成立社会保障事务所，属正科级全额拨款事业单位。主要负责社会保障项目，有农村合作医疗保险、农村社会养老保险等，乡自定的社会保障有老年退休金制度（俗称小农保）、入住回迁安置房的腾拆农民物业费、水电气补助等。“十五”期间，来广营地区（乡）入住腾拆回迁房农民的物业费全免，水电气费用补助30%，每年对农民负担包括各专项补贴资金的管理、报刊订阅限额的执行情况等开展专项审计，防止和纠正加重农民负担。2006年，来广营地区（乡）为256名农转非人员和67名失业人员足额缴纳社会保险费，为“148公顷”项目涉迁784人补交医疗保险，为955人补交养老、失业保险。2008年，开始保障性住房工作，受理570个住房申请，审核获批经济适用房17户、廉租住房4户、限价房24户，其中22户当年落实房源。2010年，参加城镇居民大病医疗保险和城乡养老保险4760人，社会保障卡发放3759张。来广营地区（乡）因社会保障绩效较好，被评为朝阳区民政工作优秀单位。2012年，低收入家庭复审调标，20户保障性住房报审获批。“十二五”时期，累计促进2733名城镇劳动力、1569名就业困难人员就业。截至2015年，已全面建立失业、养老、医疗、工伤等基本社会保险和最低生活保障制度，全地区（乡）就业10999人，基本养老和基本医疗保险实现全覆盖，享受“低保”居民27户、47人。

劳动就业　1955年始，各村农民就业大多在和平农业生产合作社。1961年起，在来广营人民公社参加集体劳动，每日记工分，年终凭工分参加集体收益决算分配，获取劳动报酬。当时是手工农耕的劳动密集型业态，需要大批劳动力，故成年农民基本无失业现象。1973年，来广营人民公社整半劳动力5779人，其中在公社行政企事业单位工作446人（公社机关28人、社办工业企业117人、拖拉机站132人、公社卫生院2人、其他单位167人），在大队、生产队参加劳动5134人（农业含农田基建和种养业4323人、队办工厂426人、大队干部92人、会统保管采购广播员140人、赤脚医生和民办教师84人、其他69人），户籍在生产队的外出务工人员199人。20世纪70年代，社员有外出务工、从事装卸搬运等临时性零散就业者，收入交队记工分。市、区每年下达招工指标，优先选招插队落户的知识青年进厂当工人。1979年，社队企业安置农业户籍劳动力2249人，占劳龄总人口的31.5%。

1983年，仅红军营村办工业企业就安排村民就业350人，占全村劳动力总数的53%。1988年，在乡村企业工作的人员增至976人。此后，来广营乡劳动就业工作由乡劳人科（后为劳动科）管理，乡村经济组织负责安置。乡设立职业学校培训就业技能，以促进实行联产承包责任制后的剩余劳力就业和乡村企业发展。1995年，来广营乡有劳动力3598人，其中在乡行政企事业单位工作1297人，在村内就业1608人，户籍在乡的外出务工人员693人；按行业分，从事农业652人，工业2711人，建筑业194人，服务业41人。全乡劳动力人均年收入8000元。2000年，开展农业劳动者培训工程，受到区有关部门好评，并推荐申报北京市先进单位。

2002年，域内大规模退耕还林，农民就业压力加大，当年有1200人失业。为此，来广营乡成立劳动力就业安置领导小组，为失业人员办理求职证450个，为来京务工人员办理务工证1200个，为轻轨工程征地转工农民12人。至年末，全乡从事农业1263人，工业1744人，建筑业123人，交通运输邮电物流206人，商贸餐饮仓储285人，其他非农行业1113人。

“十五”期间，针对乡域剩余劳动力学历偏低年龄偏高、就业技能偏低择业要求偏高、就业率偏低报酬期望值偏高的“三低三高”现象，来广营地区（乡）成立农村劳动力培训就业工作领导小组，各村建立劳动保障工作站，配备劳动保障员。2004年，培训计算机、物业管理、家政服务、电梯司机、插花、保健按摩师、花卉园林、美容美发等11个工种20期，累计受训297人次，引导性培训305人。非等级培训32人全部取证，等级培训265人有260人取证，领导小组对参加各类技能培训并取得技术等级资格证书人员一次性奖励500元。当年，共挖掘空岗627个，签订空岗协议书82个，安置农村劳动力就业与再就业1100人，失业人员就业率60.13%。百安居建材家居超市一家就安置乡籍劳动力2000人。全乡1993年后征地转工自谋职业人员1583人，178名失业人员领取失业金、医疗补助金，按月发放失业保险金886人次、金额94.2万元。劳动监察部门保障维护从业人员的法定权益，督促用人单位与员工补签《劳动合同》115份，补办社会保险35人。2006年，共支出200万元，举办11个工种的就业培训班88期，2914人受训，1909人取证；挖掘空岗2933个，举办招聘会8场，800多人参加，签订就业意向407人，包括其他渠道实现就业和再就业2445人次，其中“4050”（女40岁、男50岁）登记失业人员有74人再就业。全乡对剩余劳动力进行网络动态管理，掌握劳动力信息3613人，其中1165人享受就业补贴，3249人办理转移就业证，网络、档案、转移证三统一。来广营村被评为朝阳区就业和劳动保障工作先进单位。2009年，引进上海特力商业有限公司入驻来广营，吸纳就业150人。

“十一五”期间，就业工作重点加强对“4050”人员和大学毕业生的求职指导，北京荣兴盛业公司和北京广业劳务派遣服务中心对促进就业绩效较大，红军营南路成为劳动用工规范一条街。截至2010年，全地区（乡）人均劳动所得22453.8元，同比增长10%。

2015年，社区服务中心引进朝阳区精灵时创职业技能培训学校，提高求职人员技能水平，333名失业人员实现再就业。11月6日，剩余农民整建制转非安置3237人，其中安置劳动力1700人。至年末，全境就业10999人，其中从事林业209人、工业3630人、建筑业858人、交通运输邮电仓储物流780人、批发零售食宿服务2382人、其他行业3140人。全年人均劳动所得36628元，同比增长12.7%，较“十一五”末的2010年增长63%。“十二五”时期，累计促进2733名城镇劳动力、1569名就业困难人员就业。

养老保障　1955年后，和平乡对农村无劳动能力、无生活来源、无抚养义务人的老人，实行“五保”（保吃、保穿、保住、保医、保葬），费用由和平农业生产合作社公益金支出，实行定额保障或补助。1958 年，体弱多病、无人照顾的老人集中到公社敬老院供养，除食、宿、医疗外，过冬时为需要者添置棉衣裤。二十世纪六七十年代，老人赡养主要由家庭承担，有劳动能力的老人大多参加集体劳动，自食其力，无劳动能力又无其他收入的“五保”老人多由所在生产队提供吃穿住条件，保障其基本生存。1981 年，来广营人民公社自建敬老院，集中收养各村难以在家自理的“五保”老人。

表 7-3　1973 年至 2015 年来广营公社（乡、地区）优抚对象统计表

单位：人

年份	从业人数	农林牧渔业					工副业				其他行业
		总数（含队干部）	种植	林业	牧业	渔业	总计	建筑业	运输电信物流	商贸餐饮服务	
1973	5799	2163	1877	25	194	1	327		/		3309
1987	7677	1773	1595	36	67	75	3308	94	149	122	2231
1991	6529	1349	1065	29	164	91	4323	92	193	164	408
1995	5037	652	458	36	120	38	2711	194	194	209	1077
2000	3923	811	294	349	144	24	2088	94	155	171	604
2001	4043	960	611	199	131	19	1701	143	173	276	790
2002	4734	1263	717	426	103	17	1744	123	206	285	1113
2003	4870	510	313	173	14	10	1529	58	164	360	2249
2004	4587	958	89	851	8	10	1255	26	118	295	1935
2005	4515	726	99	616	7	4	1151	32	78	166	2362
2007	9972	1259	12	1247	0	0	5074	3061	1297	4704	3639
2008	13705	770	12	758	0	0	3515	1746	901	3331	3442
2009	19011	638	32	606	0	0	6293	1070	642	4266	6102
2010	12241	372	0	372	0	0	3080	1184	745	3478	3382
2011	11790	291	0	291	0	0	2709	950	771	4320	2749
2012	12142	328	0	328	0	0	2692	947	735	4345	3095
2013	11692	240	0	240	0	0	2480	964	707	4133	3168
2014	10805	224	0	224	0	0	3469	843	759	2386	3124
2015	10999	209	0	209	0	0	3630	858	780	2382	3140

说明：2005 年后的工业从业人员均为乡办工业职工；2006 年朝阳区统计年鉴无就业结构统计；2007 年后畜牧水产养殖和 2010 年后粮食种植已无从业人员；表中“/”表示无统计数据

1986年，来广营乡规定，凡男年满55岁、女年满50岁者均可退休，连续工龄满5年者月退休金35元，累计工龄5年至10年者月退休金45元，累计工龄10年以上者月退休金55元。自1987年1月1日起，贯彻国务院劳动制度改革规定，实行职工统筹金制度，企事业单位职工每人每月5元上缴乡财政作为职工统筹金，退休后每月28日携退休证到乡财务办公室领取退休金。乡办敬老院收养老人14人。

1992年始，来广营乡7年投入30多万元扩建乡养老院，装修房屋24间，新建浴池，安装暖气，添置冰箱、家具、健身器材和医疗卫生保健设备，改善养老条件，易名来广营老人乐园，1993年对外开放，接纳收养社会老人，被评为全市一流敬老院。“九九”重阳节，来广营乡携慰问款物走访看望85岁以上农村老人，为年届70岁的老人办理优待证。在职员工每人每年交纳600元作为统筹养老基金，各类企业雇用本乡劳动力不足该企业职工总数40%的按40%交纳，由乡劳动人事科管理。

来广营敬老院，左为入院后成亲的一对老人，右为服务人员（1993年摄）

1997年，在乡级实行养老退休制度，各村开始推行社会养老保险制度，时称“小农保”。红军营村老年人（男满60周岁、女满55周岁）每月“小农保”退休金200元。5月8日，乡人民政府制定《关于建立村级对低收入村民实行生活补助制度的意见》，规定在村任职3年以上的退休村干部最低补助标准为每人每月50元，原退休养老费不变；村民退休费标准每人每月增加30元，不低于360元。乡再次投资改造扩建敬老院，提升硬件设施和生活环境，被评为北京市精神文明先进敬老院，获得外国留学生和本地个人的捐助。敬老院为探索可持续发展，转为自收自支、自我运营的管理模式。至1998年末，“小农保”全乡参保率34.27%，对老年村民男55岁以上、女50岁以上者每月发放生活补贴。乡十二届人大四次会议为此专门审议通过《来广营乡农村社会养老保险实施细则》。2001年，乡敬老院30张床位，全部住满老人。乡政府健全完善农民退休制度：男年满55岁、女年满50周岁退休，退休金领取每月一次；标准视劳动年限而定，从1961年人民公社成立开始计算，曾任党组织正副书记、村委会主任、经济合作社社长、乡直辖企业书记或经理（厂长）的另增特定退休金；退休金每年递增10%。当年，退休费标准每人每月285元，原低于此标准者一律调增，另增加医疗费补助每人每月30元。此后，标准逐年递增。原农村劳动力转工后自谋职业的1186人全部纳入城市职工养老保险，保费由市、区、乡、村承担90%，个人承担10%。“十五”期间，新增2381人参加城乡社会基本养老保险，到龄农民全部享受退休待遇。全地区（乡）5年共办理老年人证405个、老年优待证1440个，为病残、孤寡老人安装应急呼叫服务门铃104件，为孤老、退休人员购买价值4880元的夏季用品。来广营地区（乡）领导成员共走访慰问敬老院老人近200人次，送去节日慰问品和慰问金50余万元。乡村集体经济组织为村民提供养老保险补贴、退休保障等福利，改善生产条件和生活环境。

2008年，推行新农保制度，1423名农民参保，“4045”以上人员应保尽保。乡政府制定、乡人大通过《关于完善全乡农民退休养老制度的意见（试行）》，全乡各村、企事业单位退休农民，每人每月600元（含30元医疗费）标准，“就高不就低”。905名无保障老人领到无保障养老金存折。“十一五”期间，参加城乡居民养老保险新增2837人，发放高龄津贴74900余元，新增371人领取持有老年优待卡者，享用政府提供的老人小帮手通信终端机177人。在北苑一、二、三号院试点，为60岁以上有残疾和80岁以上老人325人按其个人需求提供居家养老服务，为370户80岁以上老人家庭提供家政保洁服务，为40名60岁以上贫困老人施行白内障复明手术，佩戴老花镜。投资300余万元，改扩建来广营北路乡敬老院，建筑面积由原来的19间房、530平方米增加到40余间、5666平米，可供89位老人入住，增加阅览室、娱乐室、保健室等，主要接纳域内老、弱、重残人员。农民退休金标准增至每人每月1025元，此后每年递增10%，满10年不再递增。

“十二五”期间，朝来老年公寓建成。全地区（乡）累计发放居家养老助残券130万元，惠及1.1万人次；发放高龄津贴累计154900元、受益773人次。新增875人领取享用老年优待卡、324人领持优待证、177名老人办理“小帮手”通信终端机，城乡居民参加社会养老保险1356人。农民退休人员生活补助由2011年的每月825元增至2015年的每月1495元，同比上调15%，比5年前增长81.21%。

2015年1月24日，《来广营乡关于提高农民退休人员生活补助标准的意见》印发实施，自5月1日起，农民退休生活补助费上调15%，达1495元。同年，引入的汇晨老年公寓和来北家园国际老年公寓开业，辖区养老院增至5个，其中集体所有制1家、民营4家，合计建筑面积31466平方米、床位856个，收养老人176人。养老助餐示范点建成，“1+8+N”（以来广营大食堂为主，分设8个老年餐桌，引入N个社会单位参加）养老助餐体系初步建立。社区引进北京市首家工商注册的家福宁居家养老服务公司，各社区设立养老服务驿站，形成家庭、社区、社会三级养老体系，为老人生活提供多方面保障。

来广营地区办事处领导慰问敬老院老人（2014年摄）

医疗保障　20世纪60年代以前，域内居民患病就诊治疗完全自费，无医疗保障。60年代末，来广营人民公社实行合作医疗制度，社员自愿参加，每人每年交费2至3元，其中社员缴纳1元，余由所在生产队统一上缴。本大队社员看病挂号费3分钱，药费全免。红军营大队医疗站全年药费开支约700元，70年代每年药费超千元。各大队赤脚医生不拿工资，由所在生产队记工分作为服务报酬。1976年至1980年，合作医疗改为队办社管，合作医疗基金如果发生亏损，由公社统一缴补。1983年，以集体经济为财力基础的第一次农村合作医疗停办，村医疗站由村医承包经营。1987年，红军营村医疗站挂号费增至5分钱，药费半价收取；1993年挂号费增至0.2元，药费全免，由村集体每年补贴上万元。

1997年10月，来广营乡恢复推行合作医疗，制订《农村合作医疗管理办法（试行）》，全乡100%的行政村、76.9%的农民参加合作医疗，远超区定指标。2000年，来广营乡成立合作医疗大病风险保障基金会，提高合作医疗的保障水平和保大病抗风险的能力。至2002年，全乡累计报销村民合作医疗费32.17万元。

2004年始，推行新型农村合作医疗制度（简称“新农合”）及大病医疗费用统筹保险。至2007年，全地区（乡）基本合作医疗参保3585人，参保率86%，大病统筹医疗参保5530人，参保率98%。同时，1813名老人和小孩参加“一老一小”大病统筹医疗保险。为方便百姓就医，就近建有社区卫生服务站5个、社区卫生服务中心1个、二甲医院1所，村民就医基本上小病不出村（社区）、大病不出乡。来广营地区（乡）2004年至2006年均被评为“朝阳区新型农村合作医疗工作先进集体”。

“十一五”期间，逐年扩大医保覆盖面，基本医疗参保最多时达4806人，大病医疗参保最多时达6974人，人均保费565元，筹资最多时达1年69.72万元。全乡老人和孩子全部参加“一老一小”大病医疗保险，最多年份达2539人。至2010年，“新农合”参保率达99.23%。大病统筹与基本医疗相捆绑，参保费765元，全乡3347人参保，占农业人口的99.23%，大病统筹参保费38.28万元，基本医疗资金筹集115.47万元。至年末，基本医疗医药费实报74.9万元，报销1.06万人次。

2013年，制定实施《来广营乡农民重大疾病医疗救助办法》，对18类重大疾病医疗费用扣除起付线、报销费用和慈善、红十字会等临时救助资金的剩余部分，按40%比例进行再次救助；《来广营乡农村老年人基本医疗费用二次报销办法》，对男年满55岁、女年满50岁户籍农民的医疗费用，扣除起付线和新农合报销剩余部分，按照社区卫生服务中心（站）55%、二级以上医疗机构35%的比例进行二次报销。通过医疗救助和二次报销，农民重大疾病最高报销比例达85%。

至2015年，城乡居民参加社会合作基本医疗保险4240人，参保率98.29%，基本医疗基金筹集70.2万元，基本医疗报销73.33万元；大病统筹参保率98.24%，总筹资49.1万元，报销63.3万元；“新农合”覆盖1170人，占全乡农业人口的99.19%，人均筹资标准增至每人每年1385元（市区财政805元、乡财政235元、村集体185元、个人交160元），其中基本医疗440元、大病统筹945元，基本医疗报销比例提高5%，报销范围扩大到所有医疗费用，17类136种重大疾病在定点医疗机构住院医疗费用报销75%。农村老年人就医二次报销政策惠及922人。

最低生活保障　1996年7月1日，来广营乡根据朝阳区统一部署，在城镇居民主要是下岗职工中正式实施最低生活保障（简称“低保”）制度，保障标准每人每月170元，首批有14户城镇户籍残疾人特困户享受最低生活保障金。1998年，朝阳区建立农村居民“低保”制度，保障标准每人每月100元。来广营乡时有“低保”对象城镇户籍10户、农村户籍30户。此后，标准逐年调增，至2004年，城乡“低保”标准统一为290元。根据家庭收入增减情况，每年相应增减“低保”对象。

2006年，全辖“低保”户城市34户、66人，农村16户、26人，保障金总额22668.57元；城乡累计129户、253人。2008年，来广营办事处（乡）启动爱心家园超市，首批44名“低保”人员得到实物救助。全辖享受城市最低生活保障34户、66人，享受农村最低生活保障16户、26人，新增城市“低保”户3户、4人，农村“低保”户1户、1人，总保障金22668元。

至2015年，城乡“低保”标准调整为430元，全辖共有城市居民“低保”27户、47人，全年发放“低保”金36897元。

第八章 团体 群众自治组织

1949年至1951年，部分行政村建立新民主主义青年团和妇女会。1953年，来广营乡各村普遍建立团支部，1955年，和平乡设妇女联合会。20世纪60年代至80年代，团组织和妇联围绕党和政府各个时期的中心工作动员各自群体，在社会主义革命和建设事业中推动技术革新、增产节约运动，评选出各时期的青年突击手和“三八”红旗手。1983年以后，来广营乡所辖8个行政村选举产生村民委员会，推行民主自治，村民代表大会每年召开两次。随后，相继设置社区并选举成立居民委员会。1997年，来广营乡成立工会，与共青团、妇联一道，发挥各自的职能优势，在经济建设、社会发展中起到党与群众的桥梁、纽带作用。至2015年，来广营地区（乡）辖5个村民委员会和18个社区居民委员会。

第一节 人民团体 群众团体

一、工会

组织 1997年，来广营乡成立工会工作委员会，内设工会经费审查委员会，乡机关、北京万乐佳时装有限公司、峰华帽厂、新生砖厂均组建各自的职工工会。至2001年，来广营乡建立企业联合工会8个、企业独立工会95个，工会会员2725人。小型企业工会组织72个，会员2056人。企业建会率100%，职工入会率88%。2003年，来广营地区（乡）各社区、行政村和建筑企业开始发展工会组织。

2010年11月26日，来广营地区总工会成立，举行第一次职工代表大会，110名基层工会会员出席，张淑田当选为第一届总工会主席，选举产生首届工会委员会委员11名、经费审查委员会委员3人、女工委员会委员3人。全境建有工会组织的行政企事业单位58家，有职工4034人，其中工会会员2675人。2011年，87家基层工会办理法人资格登记证，办结率96.67%；联合工会“两批、两证、三章”办结率100%。2014年12月29日，乡总工会召开一届七次全会，选举李增华为总工会主席，张淑田因工作变动不再担任工会主席。

来广营地区总工会第一次代表大会（2010年摄）

2015年，来广营农工商实业总公司等11家企业独立成立工会，职工752人全部入会成为会员，新建19个职工之家。2月25日，地区总工会换届选举第二届工会委员会委员11人和经费审查委员会委员3人，李增华当选为总工会主席，王玉荣当选为总工会副主席，桂秀艳当选为经费审查委员会主任。至年末，辖区企业391家，建工会320家，其中：独立建工会企业118家，职工6970人，发展会员1142人；企业联合工会20家，覆盖基层小企业297家，职工3557人，发展会员2669人。

活动 1997年，来广营乡工会建立各企业工会，发展会员单位。2001年后，乡工会联合各基层企业工会，组建劳动争议委员会，依法推行签订集体劳动合同制度，通过法律途径保障职工的合法权益。2002年，企业工会与企业行政签订集体合同93份，乡工会收缴会费27.5万元，上缴区工会8.77万元。2003年3月始，工会贯彻执行区工会与区委组织部、区纪委联合印发的《关于建立健全职工（代表）大会民主评议监督企业领导干部制度的意见》，深化企业民主管理，推行职工代表大会制度和厂务公开。乡工会工作委员会围绕朝阳区"三化四区"和来广营乡农村城市化大局，加强维权机制，建设学习型工会组织，服务中心任务，实现维护地区稳定和促进经济发展双重目标，提高工会干部素质。2005年，经基层工会逐级评选，涌现出"安置劳动力就业先进单位"5家，"爱岗敬业先进工作者"20人，"经济技术创新标兵"10人，"自谋职业先进个人"10人，心系职工企业家9人，优秀工会工作者10人。

来广营乡企业组建工会工作会议（2004年摄）

2006年，乡工会着重建立和谐稳定劳动关系，帮助企业推行经济技术创新工程，促进建会、建家工作，有46家企业签订工资集体协商劳动协议书，签订率92%，并全部通过区劳动局审核。收取、管理职工互助保险费18万元，有癌症患者和受意外伤害职工受益获赔12000元。乡工会首次组织职工参加住院医疗保险，开展为工地农民工捐书送文化活动，组织民工观看演出。经工会联系安排，有43人参加职工素质培训取得结业证书，19个工地的农民工2086人接受工地夜校培训，北湖九号商务酒店派出9名服务员参加区职业技能大赛有6人获中级职业资格证书，朝来春花卉市场选派6名职工参加区插花技能大赛。2007年，44家企业与职工的集体劳动合同、工资集体协议、女职工集体合同签订续签率达100%。乡工会为工地农民工送去《外来务工进城读本》和劳动用工法律法规等各类书籍杂志300余本，组织农民工观看电影，工会建会单位和工会会员被评为北京市经济技术创新先进企事业单位1个、北京市经济技术创新标兵1人、朝阳区经济技术创新标兵4人、朝阳劳动奖章获得者1人。

2010年，来广营地区总工会推动基层工会进行法人资格登记，夯实工会组织基础，提升工会干部整体素质，健全完善劳动关系协调机制，以工会法律服务维护职工合法权益，创新机制，帮扶贫困职工。2011年，地区总工会为4名困难职工的5名子女申请"金球助学"款，"两节"慰问劳模和困难职工。2012年2月10日，北京朝来荣盛商业管理有限公司联合工会签订辖区首个联合工会企业集体合同、工资集体协商协议。以此为试点，辖区19个联合工会相继开展区域性集体协商。11月18日，地区总工会一届三次代表大会审议通过《来广营地区总工会2012年工作报告》《来广营地区总工会经费审查委员会关于预算、结算收支情况的报告》。2013年，有78家独立工会企业进行工资集体协商，16家联合工会企业签订区域性工资集体合同，覆盖小企业222家。

至2015年，79家独立建会企业均签订工资集体协商合同，16家建立联合工会企业签订区域性工资集体协商合同，覆盖小企业240家；15家企业参保"职工互助保障计划"，850名职工互助保险投保1819人次、投保金额103334元。开展职工素质教育，助推技能人才，组织工会会员参加朝阳区首届职工运动会。经工会层层遴选，建会企业职工赵朋欣被评选为北京市"五一劳动奖章"获得者。工会经费申报率保持在81%左右，会费缴纳率保持在96%以上。

二、共青团

组织　1949 年，各行政村发动青年组建民兵队，在摧垮保甲制、建立新政权工作中发展团员，建立新民主主义青年团组织。1950 年，来广营村荣淑珍等人加入青年团，全村有党团员 25 人。在农业互助合作运动中，团组织注意发展先进青年入团，组建团支部。1953 年 6 月，黄军营、安家坟村各自成立青年团支部。来广营村青年团员吴玉书等人以团员、青年为骨干的互助组转为农业生产合作社，吴玉书本人先后参加东郊区 1953 年第一次团代会和 1955 年第二次团代会。1955 年，和平乡建立新民主主义青年团总支部委员会，书记周翠。1957 年，新民主主义青年团改称共产主义青年团（简称"共青团"），乡团委下辖共青团员 97 人，其中，勇士营 8 人，顾家庄 9 人，安家坟 19 人，黄军营 16 人，北湖渠 13 人，南湖渠 4 人，刘各庄和来广营共 28 人。

1961 年，来广营人民公社组建共青团委员会，书记陈金凯。1970 年 4 月，来广营人民公社团委召开共青团第五次代表大会（前四次查无资料），与会团员代表听取公社团委工作报告，选举侯文治为团委书记，郭玉英、贺学敏为团委副书记。此后一般每隔三四年召开一次团代会，听取公社团委作共青团工作报告，选举产生新一届公社团委。"文化大革命"初期，社队共青团组织被"红代会"（红卫兵代表大会）替代，出现"一无纲，二无章，三无团中央"的无组织无规章乱象。1973 年 4 月，来广营人民公社第六次团员代表大会选举郭玉英为第六届公社团委书记。1976 年 4 月，第七届公社团委会有委员 21 人，常务委员会委员 7 人，白文茹为团委书记，孙建华、蒋桂荣为团委副书记。1979 年 3 月，第八届公社团委会委员 17 人，常务委员会委员 7 人，白文茹仍任团委书记，付德海、刘伯明为团委副书记。1981 年 7 月，全社有 8 个大队团总支、9 个企事业单位团支部。

1983 年 5 月，来广营乡召开第九次团代会，听取乡团委《共青团要为党的事业而奋斗》的工作报告，选举产生来广营乡团委会委员 7 人，选举刘伯明为乡团委书记，董善昊为乡团委副书记。1985 年，来广营乡各企业有团员 181 人，占青年职工的 15.17%；来广营村团总支下设

来广营乡召开第十次团代会（1987 年摄）

4 个团支部，有团员 37 人。1987 年 8 月，第十次团代会选举李爱丽为来广营乡团委书记、张淑敏为团委副书记。全乡有团总支 8 个、团支部 15 个，团员 370 人。

1992 年 1 月 8 日，第十一次团代会选举李爱丽为团委书记，张淑敏、马卫军任团委副书记。1995 年 9 月，李增华接任来广营乡团委书记。至 1998 年，来广营乡团委下辖团总支 7 个、团支部 9 个，共青团员 132 人。2007 年 7 月 2 日，李明哲任团委书记。2010 年 6 月 8 日，首个社区团组织——立城苑社区团支部成立，有团员 15 人。8 月 11 日，召开全地区（乡）团代会，选举出席朝阳区第十一次团代会代表。

2015 年 4 月 2 日，地区（乡）团工委召开扩大会议，选举产生新一届团工委委员 11 人，李明哲为团工委书记。至年末，来广营地区（乡）有团委 1 个、团总支 17 个（社区团组织）、团支部 30 个（含非公企业团组织），共青团员 406 人，专职团干部 21 人，兼职团干部 42 人。

活动 20 世纪 50 年代前期，在农村合作化运动中，团员、青年带头参加互助组、合作社。来广营村团员吴玉书以青年为骨干，积极组织互助组和农业生产合作社，响应党和政府迅速恢复生产、发展经济的号召，组织青年积肥、打虫、防汛，积极参加扫盲，有文化的当扫盲教师。团组织还成立 5 个青年生产队，154 个团员耕种 1000 亩地，平均亩产玉米 406 公斤，比其他队增产 1 倍多，受到团区委的奖励。1956 年 5 月，非洲 5 国来宾在青年团中央领导陪同下到和平乡安家坟村考察团组织工作。

20 世纪 60 年代，来广营人民公社团委组织团员，开展为农业丰收贡献力量的“五好”青年（听党的话、宣传执行政策好；带头出勤、劳动态度好；克服困难、突击作用好；爱护公物、维护集体利益好；团结社员、尊重师长、学习技术好）竞赛活动，工余时间义务种蓖麻等油料作物。1970 年后，公社团委组织团员和青年，积极参加农业学大寨运动，学习农业科技，开展劳动竞赛，参加北小河治理工程，争当农田基本建设突击手，作为青年突击队在农田水利基本建设中大干苦干，发挥了生力军作用。

黄军营村共青团员青年突击队（1958 年摄）

1981 年 1 月，来广营人民公社团委结合农村致富大讨论和落实联产承包经营责任制，整顿基层团组织，使各团支部适应农村新形势的发展。印发《关于“开展学雷锋、树新风，做社会主义精神文明的先锋活动月”的意见》，教育团员热爱党、热爱祖国、热爱社会主义制度，为建设家乡、实现“四化”（农业、工业、国防和科学技术四个现代化）出力。公社党委于 1982 年 3 月 3 日创办的《政工通讯》第一期，首版就向各大队、各行政企事业单位推介团组织开展文明礼貌月活动、为精神文明建设服务的情况。1982 年 9 月，公社团委举办全社第一届青年运动会。1985 年，来广营乡共青团开展“五讲四美三热爱”活动，组织植树造林，对青年职工进行政治轮训，接受中国近代史、革命史教育。1989 年 1 月至 3 月，全乡团组织首批颁发团员证，制定实施团证管理细则。5 月 4 日，为纪念五四运动 70 周年，乡团委组织开展大型共青团义务服务活动，免费为群众理发、修表、修半导体、修自行车，举办团的知识图片展览和文艺活动，召开大会表彰先进团总支、先进个人。

1990 年，来广营乡团委组建亚运会义务服务中队，承办域内火炬传递。1991 年，乡团委在全乡团员、青年中评选先锋班组、生产标兵，共评选出先锋班组 3 个，生产标兵 30 名，其中大队团总支和企业团支部各 15 名。1996 年 1 月，乡团委组织支援希望工程和为怀柔、密云边远山区建“希望图书馆”，全乡团员为此缴特别团费 1500 元、捐赠图书 700 多册，受到团区委表扬。

“十五”时期，来广营地区（乡）团组织加强团员教育与管理，协助乡党委做好干部后备人才工作，开展青年志愿者、青年文明号、青少年文明社区创建活动，团委举办“青年干部培训班”，建立学习型青年组织。2008 年初，为迎接北京奥运会，团委扩招志愿者组织，组建 526 人的城市志愿者队伍，奥运期间提供服务 6000 余次。2009 年 5 月，团委举办“弘扬五四精神谱写时代新曲”纪念五四运动 90 周年征文演讲比赛，9 月至 10 月初，组织青年志愿者 300 余人次在各固定站点值勤，服务保障国庆活动。

2012 年 3 月 13 日，团委书记李明哲主持召开青少年工作联席会议，部署加强青少年教育和权益维护工作。2015 年 4 月 25 日，31 家团组织以健康长跑迎接五四青年节。7 月，团委组织机关全体团员到平北抗日战争纪念园参观学习，进行集体宣誓，开展中国人民抗日战争暨世界反法西斯战争胜利 70 周年主题团日活动；团工委组织社区和企事业单位团干部 50 余人参观焦庄户地道战遗址纪念馆，举行“勿忘国耻，圆梦中华”主题团日活动，接受革命传统和爱国主义教育。至 2015 年末，全境已形成来广营地区、黄金苑社区和易事达企业等多个青年汇组织，吸收骨干青年 100 余人，每年开展活动几十次，服务基层青年 600 多人，调动激发青年参与来广营地区建设的活力。

三、妇女联合会

组织 1949 年，域内部分行政村建立妇女组织，由一名村干部兼管妇女工作。黄军营村刚满 16 岁的孙淑珍被推选为妇女主任。1950 年，来广营村民主妇女联合会有会员 39 人。1954 年，东郊区民主妇女联合会在和平乡试点整顿妇女组织。王玉珍任黄军营村妇女队长。1955 年，和平乡组建乡级妇女联合会，董瑞珍任妇女联合会主席。

1958 年 9 月，和平人民公社（小和平）设置妇女联合会，下属大队和生产队各设妇女队长。1962 年，来广营人民公社建立社、队两级妇女代表大会组织。“文化大革命”前期，公社妇联组织一度瘫痪；1970 年后恢复行使职能。1978 年，公社整顿基层妇代会，至 1980 年 8 个生产大队妇代会全部改选。

1983 年 8 月 6 日，来广营乡设置妇联组织，上与区妇联、下与村妇代会建立信访网，妇女权益维护等问题做到小问题不出村妇代会，一般问题不出乡，较大问题报区妇联协调解决。1987 年 7 月 22 日，召开全乡第六次妇女代表大会，选举产生 13 人组成的第六届妇联执委会，赵福兰被选为妇联主任。

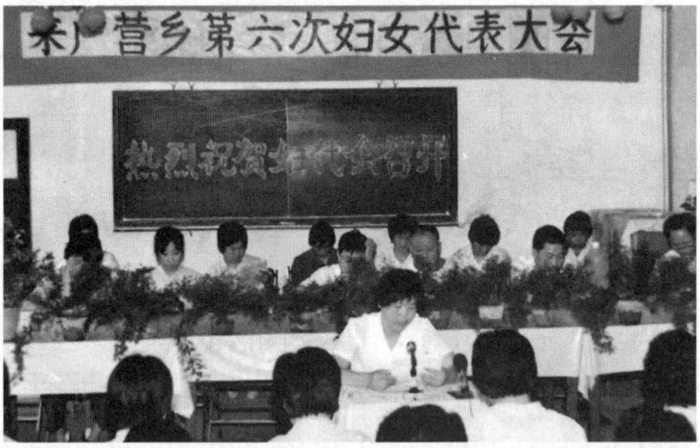

召开来广营乡第六次妇女代表大会（1987 年摄）

1992 年 9 月，乡第七届妇代会选举白淑芹为乡妇联主任。1994 年，各村妇代会换届选举，较大企业也成立妇代会。1997 年，召开全乡第八届妇代会，选举产生新一届妇联执委会。此后，妇联主席先后由李义香、王彩霞担任。2010 年，各村、社区普遍建立“妇女之家”，作为开展妇女工作的新阵地。

2012 年 7 月 25 日，来广营地区（乡）召开第一次妇女代表大会，选举产生第一届妇女联合会执委会成员 9 人，推选王玉荣为地区（乡）妇联主席。

2015 年，各社区妇联组织换届选举，共选出妇联执行委员会 18 个、委员 106 人，各妇联主席全部进入所在社区党支委、居委会。5 月 7 日，地区工委（乡党委）决定，龚平任地区妇联主席。至年末，全地区（乡）户籍妇女 26850 人，有 1 个地区（乡）妇联、21 个村和社区自办自管的“妇女之家”，实现两级妇女组织全覆盖。

活动　1950 年至 1954 年，各村妇女会着重宣传《中华人民共和国婚姻法》，废除封建婚姻制度，实行男女婚姻自由，提倡鼓励自由恋爱，保护妇女合法权益，动员妇女参加农业生产，组织妇女识字学文化。黄军营村妇女队长王玉珍，广泛动员妇女走出家门，积极参加集体劳动。她给妇女分派农活“三调三不调”注重生理特点，即妇女哺乳期调近不调远，月经期调干不调湿，孕育期调轻不调重，保护妇女的身体健康。她上下协调，积极筹建托儿所、幼儿园，解决劳动妇女的后顾之忧，使妇女参加劳动、学习的积极性大大提高，受到妇女姐妹的好评和市、区领导的表彰。1955 年，和平乡各村妇代会创办农忙托儿所和娃娃组。1957 年，和平乡妇联开展勤俭建国、勤俭持家教育。

20 世纪 60 年代，妇联组织义务服务小组，上门为孤老病残户送温暖，上街义务服务。70 年代后期，在集体生产劳动中，注重保护妇女经期、孕期、产褥期、哺乳期、青春期和更年期健康。1979 年，来广营人民公社妇联首次开展以争创“五好”（政治思想好、勤俭持家好、教育子女好、团结互助好、安全卫生好）家庭为内容的竞赛活动，引导妇女以增产、增收为目标学文化、学科学、学技术、学管理。1981 年，结合尊老敬老活动，组织“三八”家务服务组，为孤老、伤残等行动不便村民代买粮菜、取奶送报、送医送药等。

1983 年，乡妇联主持评选出南湖渠村王桂云、东湖渠村任淑贤、北湖渠村王桂英、来广营村张曼华、新生村张桂芹、红军营村张桂英、立水桥村刘洪英、企事业东秀清 8 户为“五好”家庭。8 月 6 日，乡妇联在清河营村召开“五好”家庭现场会，各村妇女干部、村主管妇女工作的党总支副书记、“五好”家庭代表、公社有关科室、各企业单位妇女干部共 56 人参会。会后，乡妇联走访各村“五好”家庭。采取国家、集体、个人一起上的方针兴办乡村托幼园所、乡幼儿中心园。各村妇联成立红娘组，为青年男女牵线配婚。乡妇联全年调解夫妻、婆媳争吵打架的家庭纠纷 8 起，维护了妇女权益。1989 年，妇联组织户籍女性村民接受防癌普查 2402 人；植树种花，创建“三八”绿地；发动

“女子爱国储蓄”，各村各企业女职工共储蓄 37920 元。1992 年，乡村妇女组织宣传新发布的《中华人民共和国妇女权益保障法》，教育妇女做“四自”（自尊、自信、自爱、自强）新女性。

1997 年，乡妇联制订实施《妇女工作发展规划》，开展“双学双比”（学文化、学技术、比成绩、比贡献）、大众读书会活动，订阅《婴幼儿家教报》817 份发放基层妇女组织，妇女受教育面达 75%。在“双学双比”活动中，实施“女性素质工程教育”，1999 年 3 月，红军营村李春华，被北京市妇联确认为科技致富女状元。2000 年，乡妇联召开各村“两委”成员和重点企业负责人的夫人座谈联谊会，宣传来广营乡正在兴建实施的中心任务、重大工程，以获取她们对丈夫工作的理解和支持，并组织妇女积极参加植树造林，建设绿化隔离带。在 5 月国际家庭纪念日，召开全乡“五好”家庭代表会，选择 8 人在会上介绍各自家庭和谐、子女教育、孝老睦邻、热爱公益的典型事迹，宣扬精神文明新风尚。全乡妇女积极筹款捐助，支持朝阳区“三八”世纪林工程、支援西部地区的“生命水窖”建设。

乡村妇女干部在宣传《妇女权益保障法》时合影（1992 年摄）

来广营乡女干部参加全国妇联组织的万人长跑活动（1995 年摄）

“十五”时期，乡妇联倡导创建“绿色文明家庭”、评选首届“首都好母亲”及“巾帼服务站”，以“我为家园添绿色”为主题，开展热爱家园、爱护环境系列活动。地区（乡）妇联宣传建设学习型家庭，举办学习型家庭成果展、家庭才艺展示，成立大众读书会，组织16名妇女参加朝阳区妇联举办的服装剪裁培训班，提高妇女就业技能，表彰文明家庭、和谐家庭。2004年5月15日“世界家庭日”大会表彰“文化兴家特色家庭”“健康环保特色家庭”“热心公益特色家庭”“科学教子特色家庭”“敬老和睦特色家庭”；建立维权新机制，制止对女性的家庭暴力；在企事业单位、社区中开展巾帼文明示范岗争优创先工作。

自2008年开始，持续开展妇女“两癌”筛查摸底工作，关注妇女健康和日常保健。2010年，地区（乡）妇联围绕保护妇女、儿童的合法权益，开展普法教育、组织知识竞赛和家庭教育知识讲座31场，为14名妇女安排就业，表彰“五好”文明家庭22户。14个社区（村）妇联均成立巧娘工作室。

“十五”时期，每年“三八”国际劳动妇女节，组织慰问基层妇女干部、优秀女职工、“最美家庭”、巾帼志愿者骨干等各类妇女群体，各“妇女之家”经常举办婚姻、家庭、健康、普法、就业等各类培训教育和文化娱乐活动，帮扶救助单亲母亲、贫困妇女和儿童等弱势对象。在18个社区成立巾帼亲情服务队，开展妇女素质教育、家庭教育、巧娘培训，发挥巧娘讲师团、巾帼志愿者和金玫瑰姐妹指路队的作用，促进社会和谐与精神文明建设。2015年，调查确认90户“最美家庭”，评选“五好”文明家庭、好家长之星和“美德少年”，组织妇女登山健步走比赛。12月5日，地区（乡）妇联陪同全国妇联副主席、书记处书记崔郁一行和市、区妇联干部，到来广营国际老年公寓开展巾帼志愿服务。

四、残疾人联合会

组织　20世纪50年代至80年代，无专门残疾人组织，残疾人事务由乡和公社民政科室兼管代理。各村成立残疾人协会。

1992年，来广营乡建立残疾人协会，与民政科同室办公。全乡时有残疾人387人，占总人口的1.34%。其中农民户籍297人，居民户籍90人；已经就业131人，有劳动能力尚未就业43人，没有劳动能力、依靠家庭和社会帮助者213人。1994年始，残疾人协会脱离民政科单列，由乡人民政府直接领导管理。1998 年 4 月 22 日，召开来广营乡第一次残疾人代表大会，表决通过由乡、村、社区、企事业单位推举的第一届残疾人代表大会主席团成员名单，听取张淑田做残疾人工作报告。根据中国残联章程和朝阳区残联通知精神，大会宣布残疾人协会易名残疾人联合会，简称“残联”。

2004 年，全乡各类残疾人 288 人，其中残困家庭 32 户、92 人。地区（乡）增设残联办公室，各村、社区建立基层康复站，5 个村成立残疾人协会。2007 年，召开第五次残疾人代表大会，选举新一届残联理事长、主席、副主席及委员。2009 年，地区（乡）投资 14.12 万元建成爱心超市、温馨家园，为残疾人提供救助、康复、娱乐、交流等服务。

2012 年 6 月 21 日，残疾人联合会第六次代表大会召开，选举新一届领导机构组成人员。

来广营地区（乡）残疾人联合会第六次代表大会（2012 年摄）

至 2015 年，来广营地区（乡）有残疾人家庭 301 户。残疾人组织机构除地区（乡）残联外，还有社区（村）残疾人协会、乡和基层康复站、爱心家园超市、温馨家园。残疾人白内障复明手术、儿麻矫治、聋儿语言训练、弱智和精神病患者等康复治疗机构，有中国聋儿康复研究中心、儿麻和肢体矫治中心、低视力康复中心、弱智儿童康复中心、冶金医院、中日友好医院、朝阳医院、区精神病防治所和托管农场、铁十六局医院等医疗网点。

服务保障 20 世纪 50 年代至 70 年代，乡和公社对残疾人视同一般困难弱势群体给予尽可能的救助，对无依无靠无劳动能力的残疾人，送敬老院赡养，实行“五保”。社队对有劳动能力的残疾人参加集体生产、口粮分配尽可能给予照顾。自 1983 年开始，来广营乡领导和工作人员每年元旦春节期间和 5

月全国助残日带着基本生活物品和现金上门慰问贫困残疾人家庭，为其排忧解难。1992 年始，乡残协宣传落实《中华人民共和国残疾人保障法》，贯彻实施《朝阳区残疾人个体劳动者养老保险办法》、党和政府有关残疾人的政策、法规，颁发残疾人证，组织送温暖服务队、青年志愿者、红领巾助残组包户服务，加强对残疾人权益福利的制度性保障，并为之提供服务，促进有劳动能力的残疾人就业。乡福利工厂按规定比例，接受残疾人上岗工作。全乡为 422 名残疾人发放残疾人证，享受相应的优惠保障政策。1996 年 3 月 4 日，乡人民政府制订实施《来广营乡残疾人特困户基金使用办法》，向企业每年收取残疾人就业保障金，残疾人贫困群体就业有了制度和财力保障。1996 年至 1998 年，为保障无收入和低收入残疾人的基本生活，乡人民政府发放就业保障金，城市户籍 4 名每人每月 200 元、农村户籍 16 名每人每月 100 元，14 户城镇户籍残疾人特困户享受“低保”金和粮油帮困卡待遇；乡财政发放 35 户特困残疾人家庭定期补助，节日和换衣季节另发临时补助和生活用品；55 名残疾人被安排就业，全乡 141 个单位安置残疾人就业 199 名，占职工总数的 1.75%，有劳动能力的残疾人就业率达 90% 以上，享受就业保障金 212192.44 元；64 个企业交纳残疾人就业保障金 359481 元。清河营村为 3 人残疾的 4 口之家建盖新房，民政、妇联、共青团分别组织人员为其义务劳动和服务。2000 年，乡域残疾人年收入人均 1440 元，比计划提高 144%。

2003 年至 2006 年，每年收取残疾人就业保障金 21 万元，用于残疾人事业，累计支付 38 万元专项解决残疾人生活困难问题。地区（乡）领导与 10 户贫困残疾人家庭结对子定向帮扶，残联联络 19 个助残单位的 91 名志愿者积极开展多种形式的结对帮扶活动，种植基金会捐赠贫困肢体残疾人轮椅。2010 年至 2014 年，为 615 人次的残疾人发放各种补助及慰问金 61.59 万元、197 人次助残券和各种补助 8 万元、55 人次残疾人机动轮椅车燃油补贴 14300 元、13 名贫困精神疾病患者诊疗费补贴 10437 元、3 名残疾儿童康复补贴 9630 元、1 名残疾人城镇个体就业社保补贴 4564.22 元，安置残疾人就业 8 人，为 18 名精神、智力残疾人申请阳光家园补助，为 6 名残疾的高中生、大学生申请扶残助学款 26500 元，为 11 名残疾儿童办理机构康复补贴 14600 元，为 14 名贫困精神疾病患者诊疗费补贴 6020 元，救助大病致困家庭 17 户，为 10 名贫困肢残人申办 500 元社区康复训练救助卡，为立水桥北里老旧小区和 33 名残疾人家庭进行无障碍设施改造，为 1 名贫困残疾人配装假肢，发放贫困肢残儿童座便椅、站立架、硬座轮椅、电子助视器等辅助器具，免费施行 2 人白内障复明手术、1 名儿童耳蜗植入手术、2 名残疾儿童和 1 名精神残疾患者入住康复机构。

2015 年，残联经手或联系的对残疾人的各种服务和福利保障项目，有残疾人就业、北京市城镇个体就业残疾人保险补贴、残疾儿童康复机构补贴、白内障患者免费复明手术、英智康复医院的居家康复训练、肢体残疾人康复救助卡、残疾人机动轮椅车车主燃油补贴、残疾人免费健康体检、精神残疾患者医药费报销、一级精神残疾家庭“阳光家园计划”居家养护、家庭无障碍设施改造、贫困残疾人子女助学补贴等，上述各项受益 924 人次。在元旦春节期间和 5 月助残日，地区（乡）领导与残联走访残疾人家庭 301 户，发放慰问金 13.9 万元。

第二节 群众自治组织

一、农民组织

中华民国时期，域内各村设保，保内设文书，村务农事由保甲管理，无专门的农民组织。

1949 年，土地改革工作组分赴各村，发动贫苦农民成立贫农团、农代会，后统称农民协会，推选正副主席，兼有政党、行政、司法、武装、教育功能。各村农民协会组织贫下中农，召开群众大会，批斗恶霸地主等封建势力，推翻保甲制，建立行政村政府，民主选举村干部，宣传共产党政治主张，维护治安，进行土地改革，没收地主土地，分配给无地缺地的贫雇农，按土地、人口、财产、放债等情况评定并张榜公布家庭成分。9 月，农会配合村政府选派每村七八人（来广营村 10 人），参加 10 月 1 日举行的天安门开国大典群众游行活动，以翻身农民当家作主人的欢乐姿态通过天安门，接受毛泽东主席等党和国家领导人的检阅。1950 年，来广营村农会会员 134 人，农会主任张德全，副主任孟广德；黄军营村农会主任臧禄。土地改革结束后，农会负责人大多进入各村党组织和村政府，成为基层政权骨干，农会也同时解散。

1963 年 10 月至 1964 年 4 月，各大队在社会主义教育运动中组建贫下中农协会，简称“贫协”。在党组织和上级派驻来广营的社教工作组领导下，贫协投入“四清”（初为清账目、清财务、清仓库、清工分，后升级为清政治、清经济、清思想、清组织）运动，主持队干部“上楼”自我检查、“洗手洗澡”，参与研究对犯错误干部、“四类分子”（地主、富农、反革命、右派）、房产等有关问题的处置。“文化大革命”结束后，贫协自然消失。

二、村民委员会

1982 年 11 月，来广营人民公社以原生产大队为基础，设立 8 个行政村，各村选举产生首届村民委员会，以生产队为基础设立村民小组。此后，村民委员会基本上 3 年一届，到期改选换届。

附 1982 年 11 月至 2015 年 12 月各行政村村委会主任名录。

来广营村村委会主任名录：

邵继东　　　1982 年 11 月—1986 年 2 月
王维华（女）1986 年 3 月—1986 年 9 月
王自强　　　1986 年 10 月—1989 年 12 月
赵嘉忠　　　1990 年 1 月—1994 年 12 月
　　　　　　1995 年 11 月—1996 年 11 月
王维华（女）1995 年 1 月—1995 年 10 月
李义香（女）1996 年 12 月—1997 年 6 月
蒋春茂　　　1997 年 7 月—1998 年 3 月
孟宪东　　　1998 年 4 月—2015 年 12 月

红军营村村委会主任名录：

李宝元　　　1991 年 8 月—1993 年 1 月
张贵山　　　1993 年 2 月—1995 年 10 月
王　琪　　　1995 年 11 月—1997 年 4 月
赵宝玉　　　1997 年 5 月—2001 年 6 月
崔建立　　　2001 年 7 月—2009 年 6 月
李鸿均　　　2009 年 7 月—2015 年 12 月

北湖渠村村委会主任名录：

郭益宗　　　1982 年 11 月—1988 年 1 月
崔建强　　　1988 年 2 月—1990 年 12 月
张东来　　　1991 年 1 月—1991 年 8 月
　　　　　　1991 年 9 月—1992 年 2 月

李振山　　　1992 年 3 月—1993 年 2 月
王立文　　　1993 年 3 月—1996 年 12 月
岳建华　　　1997 年 1 月—1999 年 3 月
李宝全　　　1999 年 4 月—2004 年 7 月
张　彬　　　2004 年 8 月—2015 年 12 月

新生村村委会主任名录：

马文虎　　　1982 年 11 月—1991 年 8 月
　　　　　　1991 年 9 月—1995 年 7 月
郑永生　　　1995 年 8 月—1996 年 12 月
谭　扬　　　1997 年 1 月—1999 年 12 月
周　明　　　2000 年 1 月—2000 年 2 月
芦永波　　　2000 年 3 月—2001 年 3 月
马　军（女）2001 年 4 月—2007 年 9 月

清河营村村委会主任名录：

崔宝华　　　1982 年 11 月—1984 年 10 月
钱景峰　　　1984 年 11 月—1986 年 2 月
马桂明（女）1986 年 3 月—1991 年 3 月
李海泉　　　1991 年 4 月—1991 年 8 月
　　　　　　1991 年 9 月—1997 年 3 月
何宝明　　　1997 年 4 月—1999 年 9 月
杨伯龙　　　1999 年 10 月—2001 年 3 月
何　芳　　　2001 年 4 月—2004 年 7 月
白桂新　　　2004 年 8 月—2015 年 12 月

南湖渠村村委会主任名录：

王云启　　　1982 年 11 月—1984 年 2 月
高登云（女）1984 年 3 月—1989 年 12 月
袁长顺　　　1990 年 1 月—1992 年 12 月
王德龙　　　1993 年 1 月—1995 年 6 月

立水桥村村委会主任名录：

张宝利　　　1982 年 11 月—1987 年 2 月
王秉仁　　　1987 年 3 月—1987 年 12 月
赵守荣（女）1988 年 1 月—1991 年 8 月

张宝勤　　　1991 年 9 月—2007 年 6 月（撤村后村委会暂留 6 年）

东湖渠村村委会主任名录：

张世俊　　　1982 年 11 月—1983 年 2 月

贾毅钦　　　1983 年 3 月—1986 年 3 月

宋秀华（女）1986 年 4 月—1997 年 12 月

董守强　　　1998 年 1 月—2009 年 6 月

三、居民委员会

1977 年 1 月，来广营人民公社按居民居住地设立 17 个居民（家属）委员会，由所在地大队代行管理。1995 年 8 月，成立南湖渠西里居委会，管辖居民 2620 人。1997 年，全乡有城镇户籍居民 22020 人，按建立选举委员会、选民登记、提名推荐候选人、投票选举等环节，换届改选新一届居（家）委会，全乡总计 23 个居（家）委会。12 月，召开各居（家）委会主任会议，研讨交流自身达标升级、规范化管理、户籍人口农转居、争取社会单位支持等工作。1998 年 7 月至 10 月，组建成立望京西园四区第一居委会、南湖东园第一居委会、东白家村居委会、柯家村居委会。2000 年，原东白家村居委会改名为望京西园一区第一居委会。6 月 7 日至 8 月 4 日，14 个居（家）委会进行第四届居（家）委会选举，选出新一届居（家）委会成员 60 人。其中：主任 14 人、副主任 21 人，其他委员 25 人；男 34 人，女 26 人；中共党员 33 人；文化程度大专及其以上 13 人，中专、高中 17 人，初中 30 人；年龄最小的 26 岁，平均年龄 51 岁。选后，立即组织新当选成员参加业务学习培训。

2003 年至 2015 年，为了更好地为广大居民提供全方位服务，地区工委、办事处先后组建 18 个社区，连同原有社区共 21 个，均依法定期选举居民委员会。2015 年 7 月 25 日至 26 日，各社区组织居民投票，进行第九届社区居民委员会换届选举。居民参选率 94.1%，候选人平均得票率 99.2%，共产生新一届居委会成员 126 人。各社区设立基层民主议事平台、民主监督平台。11 月 28 日，北卫家园、清河营中路、清苑路第二社区举行居委会选举会，100 余名居民代表投票产生首届社区居民委员会。

附：各社区简要情况和各社区自成立至2015年历任居民委员会主任名录。

紫绶园社区

1999年10月，立水桥村民因转工转居，成立立水桥居民委员会。2001年，居委会迁至紫绶园小区。2003年5月成立紫绶园社区首届居民委员会。居民大部分为原立水桥村和红军营三队（西坡子）村民。2014年，紫绶园社区居民委员会获北京市先进居委会称号。

紫绶园社区居委会主任名录：

赵守荣（女）2003年5月—2012年6月

张金普　　　2012年7月—2015年2月（2015年3月至6月无居委会主任）

李体仙　　　2015年7月—2015年12月

清友园社区

2003年8月，成立清友园社区首届居民委员会。2010年，清友园社区居民委员会获称北京市先进社区居民委员会。

清友园社区居委会主任名录：

师秀英（女）2003年8月—2009年5月

徐家祥　　　2009年6月—2012年6月（2013年6月至2015年6月无居委会主任）

张春玲（女）2012年7月—2013年5月

郝建华　　　2015年7月—2015年12月

绣菊园社区

2003年8月，绣菊园社区成立首届居民委员会。2005年，绣菊园社区居民委员会被评为北京市先进社区居委会。

绣菊园社区居委会主任名录：

郑秀芬（女）2003年8月—2012年6月

谷珅睿（女）2012年7月—2015年1月（2015年2月至6月无居委会主任）

张　英（女）2015年7月—2015年12月

朝来绿色家园社区

2006年5月，成立朝来绿色家园社区首届居民委员会。2006年，朝来绿色家园社区居民委员会获得北京市先进社区居委会称号；2015年，张金普获北京市先进居委会主任称号。

朝来绿色家园社区居委会主任名录：

蒋瑞金（女）2006年5月—2015年7月

张金普（男）2015 年 8 月—2015 年 12 月

青年城社区

2006 年 5 月，成立青年城社区首届居民委员会。2009 年，青年城社区居民委员会被北京市民政局评为先进社区居委会。

青年城社区居委会主任名录：

何桂清（女）2006 年 5 月—2012 年 6 月

张　华（女）2012 年 7 月—2013 年 5 月

张春玲（女）2013 年 6 月—2014 年 5 月（2014 年 6 月至 2015 年 1 月无居委会主任）

东贵杰（女）2015 年 2 月—2015 年 7 月临时负责人

2015 年 8 月—2015 年 12 月

莲葩园社区

2006 年 5 月，成立莲葩园社区首届居民委员会。2008 年，莲葩园社区居民委员会被评为北京市先进社区居民委员会。

莲葩园社区居委会主任名录：

郭淑珍（女）2006 年 5 月—2012 年 6 月

郭长福（女）2012 年 7 月—2015 年 7 月

李　岩　　　2015 年 8 月—2015 年 12 月

新街坊社区居委会

2006 年 5 月，成立新街坊社区首届居民委员会。

新街坊社区居委会主任名录：

王　威（女）2011 年 5 月—2015 年 6 月

贾春华　　　2015 年 7 月—2015 年 12 月

黄金苑社区居委会

2006 年 5 月，成立黄金苑社区首届居民委员。

附黄金苑社区居委会主任名录：

关广灿　　　2006 年 5 月—2009 年 4 月

张启增　　　2009 年 5 月—2012 年 6 月

璩红燕　　　2012 年 7 月—2015 年 12 月

时代庄园社区

2006 年 5 月，成立时代庄园社区首届居民委员会。

附时代庄园社区居委会主任名录：

宋宝玉　　　2006 年 5 月—2009 年 5 月
梁润平　　　2009 年 6 月—2012 年 6 月
姜永东　　　2012 年 7 月—2015 年 12 月

茉藜园社区

2006 年 5 月，成立茉藜园社区首届居民委员会。2007 年，茉藜园社区居民委员会获北京市先进社区居民委员会称号；2011 年，获北京市先进社区居民委员会称号；2014 年，获北京市先进社区居委会称号。

茉藜园社区居委会主任名录：

刘桂兰　　　2006 年 5 月—2012 年 5 月
胡秋霞　　　2012 年 6 月—2015 年 7 月
王春艳（女）2015 年 8 月—2015 年 12 月

立城苑社区

2006 年 5 月，成立立城苑社区首届居民委员会。2013 年，立城苑社区居民委员会被市民政局评为北京市先进社区居民委员会。

立城苑社区居委会主任名录：

王永春　　　2006 年 5 月—2015 年 7 月
钱凤雪　　　2015 年 8 月—2015 年 12 月

北苑一号院社区

20 世纪 80 年代中期，北苑一号院设有部队营区居民委员会、十一家干休所家属委员会、6109 工厂家属委员会。2002 年，以部队营区居委会为主体，将十一家干休所家委会、6109 工厂家委会合并为北苑一号院居民委员会。2008 年 10 月，正式选举成立北苑一号院社区居民委员会。

北苑一号院社区居委会主任名录：

于景华（女）1983 年 12 月—1991 年 5 月
贺业洵　　　1991 年 6 月—2003 年 5 月
彭俊儒（女）2003 年 6 月—2012 年 6 月
庞海英（女）2012 年 7 月—2015 年 7 月
李　杰（女）2015 年 8 月—2015 年 12 月

北苑二号院社区

2003 年 5 月，成立北苑二号院社区居民委员会。1984 年，628 所设家属委员会。2003 年，合并成立北苑二号院居民委员会。

北苑二号院社区居委会主任名录：

冯淑云（女）1984 年 3 月—1990 年 6 月
付聚忠　　　1990 年 7 月—1993 年 6 月
周玉华（女）1993 年 7 月—2000 年 6 月
刘长海　　　2000 年 7 月—2003 年 5 月
王美德　　　2003 年 6 月—2006 年 5 月
王进海　　　2006 年 6 月—2012 年 5 月
马　水　　　2012 年 6 月—2015 年 12 月

北苑三号院社区居委会

2003 年 5 月，航空工业中心医院家属委员会与当时的北京卫戍区部队家属委员会合并，于 2006 年选举成立北苑三号院社区居民委员会。2006 年 5 月，成立北苑三号院社区居民委员会。

附北苑三号院社区居委会主任名录：

马卫军（女）2003 年 5 月—2012 年 6 月
梁荣环（女）2012 年 7 月—2013 年 6 月
魏　媛（女）2015 年 7 月—2015 年 12 月

立清路第一社区居委会

2009 年 5 月，立清路第一社区成立首届居民委员会。

附立清路第一社区居委会主任名录：

孙继国　　　2009 年 5 月—2012 年 6 月
李世明　　　2012 年 7 月—2015 年 2 月（2015 年 3 月至 6 月无居委会主任）
王　辉（女）2015 年 7 月—2015 年 12 月

清苑路第一社区

2012 年 6 月，清苑路第一社区成立首届居民委员会。

清苑路第一社区居委会主任名录：

宁明杰　　　2012 年 6 月—2015 年 6 月
胡松彬　　　2015 年 7 月—2015 年 12 月

广达路社区

2012 年 6 月，成立广达路社区首届居民委员会。

广达路社区居委会主任名录：

李　平（女）2012 年 6 月—2015 年 6 月
张冬生（男）2015 年 7 月—2015 年 12 月

红军营社区

2013 年 10 月，成立红军营社区首届居民委员会。

红军营社区居委会主任名录：

李冬梅　　　2013 年 10 月—2015 年 12 月

北卫家园社区

2015 年 11 月，成立北卫家园社区首届居民委员会。

北卫家园社区居委会主任名录：

白文山　　　2015 年 11 月—2015 年 12 月

清河营中路社区

2015 年 11 月，成立清河营中路社区首届居民委员会。

清河营中路社区居委会主任名录：

张　华　　　2015 年 11 月—2015 年 12 月

清苑路第二社区

2015 年 11 月，成立清苑路第二社区首届居民委员。

清苑路第二社区居委会主任名录：

郭丽娟（女）2015 年 11 月—2015 年 12 月

第九章 军事

辖域自古即为屯兵重地。20世纪50年代，各村组建民兵队，乡设人民武装部，带领民兵以劳养武、战备执勤，配合维护社会治安，预备役管理、军事训练、征集新兵每年都按时按质完成。驻境军警积极支持来广营乡的农忙生产、植树造林、完成地方建设发展中的急难险重任务。军地双方相互支持，共建物质、精神两个文明，兴办4所少年军校，持续开展国防教育，先后被评为全国军民共建社会主义精神文明先进单位、北京市爱国拥军模范单位，多次获称朝阳区“双拥”工作先进模范乡。

第一节 驻军

域内西北部的北苑、西坡子等村域，元代以后历朝均为拱卫京师的屯兵重地。域内村名带“营”字者，如勇士营、清河营、黄军营、来广营等，多因明初驻军屯垦御边和清代驻扎八旗兵营而起。清朝正蓝旗兵营驻境，俗称“蓝营”，后因此而演变为村名。1919 年，段祺瑞执政时建北苑兵营，后归属北平警备司令部管辖。1933 年 1 月，由国民革命军第四师独立旅扩编的二十五师（师长关麟征，副师长杜聿明），在参加古北口长城抗战后，驻防北苑兵营两年多，时有一四五团、一四六团。1931 年 8 月国民革命军宋哲元部第二十九军曾长驻红军营村域，建立北苑兵营二十四营盘，遗址在今北苑第一、第三号院。1937 年，日军进犯北苑，域内被侵占。

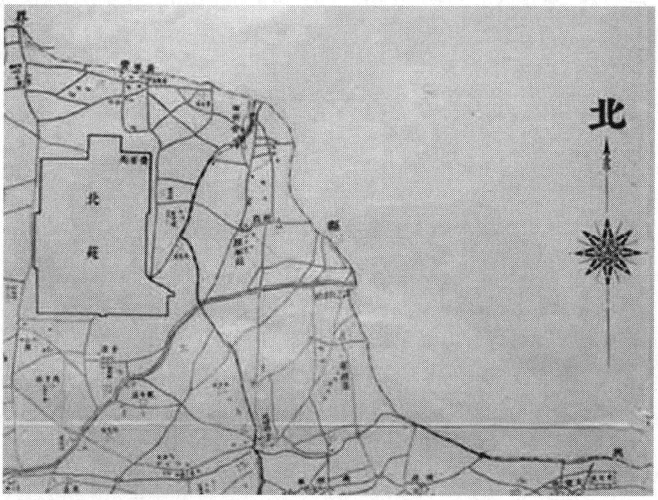

1915 年北苑兵营方位图

1949 年 7 月底编组的中国人民解放军第一九九步兵师，从天津调到北平后即入驻北苑兵营，在此经过两个月严格操练，组成 40 个方阵，携带缴获的各种武器，参加开国大典，走过天安门广场，接受党和国家领导人的检阅。中华人民共和国成立后，北苑兵营成为解放军总政治部军属大院。此后，域内一直驻扎北苑炮团等多支军警部队，各有更替。组建于抗日战争时期，有着悠久光荣战史的 66194 部队，于 1966 年入驻原炮团大院（北苑三号院）。该部在解放战争、抗美援朝中先后参加过孟良崮战斗、淮海战役、渡江战役、上甘岭战役等百余次战役战斗，自朝鲜归国后进驻北京，参加了首都 1959 年十大工程建设，完成奥运安保支援、北京“7·21”特大暴雨救灾等重大任务，被人力资源社会保障部、中央综治委授予“全国社会治安综合治理先进集体”称号，被北京市表彰为“首都精神文明建设先进单位”，被原北京军区评为“基层全面建设先进旅团级单位”。1995 年，驻乡域军警有北京军区干训队、武警交通指挥部、亚运村消防中队和 4 处不同番号的部队。2000 年至 2002 年，来广营乡域有干训队、后勤农场等驻军单位。至 2015 年，增加武警北京指挥学院、武警北京总队五支队等单位。

八一建军节前夕，来广营乡慰问驻辖区军队官兵（2000 年摄）

第二节　地方武装

中华民国时期，各保均设有自卫队，征收钱粮、抓丁拉伕，将 18 周岁至 40 周岁的男丁集中军训，称“练棍儿兵”，以木棍代替枪支训练。

1949 年，立水桥村成立民兵队，成员十四五人。来广营村在充分宣传、群众自愿申报的基础上，组建人民自卫队，以保护村民人身和财产安全。加入自卫队的条件是，长年劳动、忠诚可靠、政治清白、年龄适中。因调查扎实、走群众路线、工作做得较好，成立人民自卫队工作总结被北京市委郊区工作委员会转发各区参考。自卫队后转为村民兵。1952 年，来广营村民兵队有成员 47 人，其他各村也同时成立民兵队，身体健康的 18 周岁至 35 周岁青年全部编入。

1955 年，和平乡人民委员会设置人民武装部。1957 年 6 月，根据中央军委《关于改进兵役工作的指示》，民兵和预备役组织合二为一。1958 年 3 月，遵照国防部命令，预备役取消，各大队设置民兵营，年满18周岁至35周岁的社员均编入民兵。1958年5月，和平乡人民武装部改称为人民武装委员会，有委员10人，其中主任1人。1958年10月，和平人民公社（小和平）成立武装公安部，部长刘长安。武装公安部实行半军事化管理，即组织军事化、生产战斗化、生活集体化，协助公社带领社员鼓足干劲、力争上游、深翻土地，突击农业生产。1960年，和平人民公社（大和平）成立民兵工作组，组长霍建寅。1961年，来广营人民公社内设政法组，与民兵组合一。1962年，民兵工作组改为来广营人民公社人民武装部，部长霍建寅（任至1971年9月）。1964年，公社组建民兵连和独立排，分为基干民兵和普通民兵。各大队成立民兵营，党支部书记任政治教导员。20世纪60年代末，来广营人民公社武装部撤销，其职能并入革命委员会政工组。70年代，民兵压缩为1村1连，每年冬季集训1个月，用部队退弃的旧枪、手榴弹操练。“文化大革命”结束后，全公社民兵编为1个连，各大队设民兵排。每年民兵都有整组训练、战备值勤、维护治安秩序。公社恢复武装部建置，每年完成征兵任务，做好民兵工作“三落实”，组织民兵进行短期集中训练，保障“三夏”期间治安稳定、公粮等农业税收安全上缴。根据形势和工作需要，开展爱军习武教育，增强干部群众的国防观念。1971年9月，王玉亮接替霍建寅任武装部长（任至2000年10月）。1982年2月，来广营公社以武装部为指挥部成立交通战备领导小组，并制定发布交通战备工作预案。

1984年5月，按照新的《中华人民共和国兵役法》，来广营乡再次实行预备役与民兵合一的地方武装制度。基干民兵列为第一类预备役，普通民兵列为第二类预备役。1984年6月，来广营乡设立人民武装部，是乡党委的军事部门和乡人民政府的兵役工作机构。乡武装部把民兵预备役工作与社会治安、综合治理工作相结合，建立一支以民兵、预备役人员为主的农村联防队，包括联防大队、中队和专职联防队员。1985年，全乡进行民兵整组，清理“三种人”、违法乱纪和犯罪分子，组成乡民兵营和各村民兵连，共有民兵2035人。其中，基干民兵845人、普通民兵1190人。军人复员退伍后，多被编入民兵和预备役部队，较大的企事业单位各自编组为班、排、连。1990年，来广营乡从各单位基干民兵中抽调骨干分子，组建民兵执勤分队，总员额175人，分区、乡两个分队。区辖应急分队编制100人，有1个连、3个排、8个班；乡应急分队编制75人，有1个排、3个班。民兵随时出动，配合公安部门维护社会稳定，应对突发事件，救灾救急。1996年7月，红军营村民兵联防队蹲守 3 天 3 夜，终于抓获流窜犯罪嫌疑人，连长在与歹徒搏斗时身负重伤。1997 年初夏，乡组织基干民兵 150 人成立应急抢险突击队，迎接汛期，防洪救灾。朝阳区人武部评定来广营乡武装部为先进人武部，部长王玉亮为全区十佳人武部干部。2000 年 10 月，贾毅钦接替王玉亮任武装部长，朝阳区人武部评定来广营乡武装部为先进人武部，为原部长王玉亮记三等功。北京预备役部队高炮师评定来广营乡武装部长王玉亮为工兵营优秀预任军官。各村民兵连分别编组为反恐、通信、应急等专业分队，连级干部由乡党委考核任命，班排干部由村党总支任命，全员统一服装，配置头盔、警棍等装备。2007 年 12 月，韩永红接替王玉亮任武装部长至 2015 年。

20 世纪 90 年代红军营村民兵训练

2005 年，民兵组织缩编，另组建应急分队，配备服装、警棍、头盔，职责是处理域内急难险情和突发事件。2008 年，为保障北京奥运会安全稳定的交通秩序，80 名民兵日夜看护重要桥梁。2009 年，民兵连长由乡党委考核任命，村支部书记为民兵指导员，排长以下干部由村党总支任命。

2015 年，来广营地区（乡）地方武装有陆军预备役人员和民兵（分编为基干民兵、普通民兵）。各社区都建有“青年民兵之家”。通过政治理论、光荣传统、职能使命教育和军事训练，民兵和预备役人员素质优良，应对突发事件能力提高，在全国“两会”、903 大阅兵等重大政治军事活动期间，出动 1700 人次巡逻值勤，圆满完成日常守卫和应急任务。

第三节　征兵与退伍

抗日战争时期，域内有 2 名青年志愿参加中共武装部队。1949 年，有来广营村陈士贤等 4 人参加人民解放军。1950 年，为“抗美援朝、保家卫国”，适龄青年 2 人报名参加中国人民志愿军。安家坟村参军 7 人。

1955 年，根据《中华人民共和国兵役法》规定，开始实行义务兵役制。每年征兵时，由区下达征集兵员的人数指标，在党委领导下由人武部组织实施。20 世纪 50 年代，域内入伍青年分别服役于晋察冀 2 纵队 4 旅、东北军区防空独立 41 营、河北地方部队和人民解放军的 197 师、0952 部队等。1950 年至 1968 年共退伍 22 人，其中女性 3 人。1975 年，全公社退伍复员军人 29 人。

1978 年 3 月始，实行义务兵与志愿兵相结合的新兵役制度。1984 年，来广营乡贯彻执行重新修订的《中华人民共和国兵役法》，依照征兵时间和员额指标，每年为部队输送兵员，基本都能完成任务。1986 年，来广营乡征兵计划 12 名，实际征集兵员 17 人，超额完成任务。次年开始，征召女兵。1991 年至 1998 年，全乡共有 64 名青年应征入伍，分别服役陆军、炮兵、武警等，最多为 1993 年的 32 人、最少为 1996 年的 1 人；退伍复员军人 352 人。对服役期间立功者，乡政府给予奖励，鼓舞入伍战士努力上进。

清河营大队欢送新兵入伍合影（1960 年摄）

来广营乡武装部慰问立功士兵家属（1995 年摄）

2001 年起，征兵由夏季改为冬季，启动日期为 11 月 1 日，至 12 月 31 日结束。届时，乡成立征兵领导小组，设立征兵办公室，落实各部门责任制。当年，按照公安部、总参谋部、总政治部《关于征集公民服现役的政治条件的规定》和其他条件，共征兵 18 人，其中女兵 6 人。

2004 年至 2010 年，累计征兵计划 78 名，实征 83 人，其中女兵 55 人。征兵流程，一般为接受征兵命令，召开动员大会，散发张贴宣传材料，悬挂横幅，在各村、社区建立征兵站登记申报人员，通过基层推荐、逐级审核，组织初选人员进行全面体检和政治审查，最后送兵建档。至 2015 年，来广营地区（乡）

连年完成征兵任务，无一退兵退档。

2015年，来广营地区（乡）征收适龄合格青年入伍1人，系应届高中毕业的城镇居民户籍；复员退伍2人，1人来自93700部队，1人来自北京军区空军导5师。入伍服役或因公牺牲的烈士家属、复员退伍军人及军属享受定期抚恤和补助21人，历年革命伤残军人累计167人。

第四节　“双拥”共建与国防教育

1949年10月4日至5日，安家坟村组织上门慰问军人家属，并送白面、猪肉、月饼、花生、茶叶、水果、香烟，共支出15750元（首版人民币），由105户村民捐交。1967年5月至8月，北苑炮团卫生队为驻地各大队赤脚医生免费举办医疗速成班，进行专业培训。1973年，驻军66194部队与来广营人民公社建立军民共建点15个，支援地方完成农忙收种、水利抢修、旱涝救灾等突击任务，帮助驻地学校开展军训，提高国防意识。

1983年始，来广营乡人民政府成立“双拥”工作（拥军优属、拥政爱民）领导小组，把国防教育纳入地方精神文明和文化建设内容，每年在“八一”建军节、国防日、征兵期间集中大力宣传，提高全民的国防观念。驻军每年举行军事日活动，暑假举办暑期军训夏令营。

驻军66194部队官兵与当地群众共同开展环境卫生大扫除（1973年摄）

驻军66194部队帮助驻地学校开展军训（1986年摄）

1992年，来广营乡“双拥”领导小组成员走访5户军属、4户烈属和1名伤残军人，送去每户价值50元慰问品。红军营等8个村建立烈军属之家，成为村“两委”与优抚对象联谊固定点，乡村为15名优抚对象办理医疗减免，帮助1名退伍军人困难户建盖新房。7月27日，新生村与武警交通指挥部机械中队合办纪念建军65周年联谊会，双方签订警民共建协议书。1993年至1994年，来广营乡与驻军开展“双拥”共建活动，协调红军营村为驻军提供菜地、渔塘100亩，解决部队副食问题，连续两年被评为朝阳区“双拥”先进乡和“双拥”模范乡。1997年，乡资助51125部队军地两用人才培训工程6000元，帮助武警指挥学院创办猪场，解决官兵肉食问题。全乡7个村、朝来农艺园都与驻军建立了“双拥”共建关系。驻军也更加积极地参与地方各项经济建设、农忙生产、植树造林和重大社会活动。朝阳区人武部评定立水桥少年军校为国防教育标兵单位、晨曦幼儿园为国防教育先进单位。

来广营乡乡长带队为驻辖区部队送年货（1992年摄）

新生村与武警某部开展共建活动（1995年摄）

2000年至2002年，各村建立拥军优属服务小组28个，与驻军部队结成共建对子22对，帮助部队组建图书室，组织文艺演出进军营，投资5万元为武警指挥学院组建腰鼓队、投资3万元为司务长培训大队组建小乐队。乡制订施行《来广营乡优抚工作暂行条例》《来广营乡退伍军人安置办法》，召开优抚工作座谈会，为全乡11名义务兵和3名军烈属发放优待统筹金每人6000元，奖励4名立功士兵每人600元。接收安置退伍军人30多名，安置率100%。开展“爱心献功臣”活动，解决重点优抚对象生活、医疗、住房困难。来广营乡组织市民文明学校帮助部队培养人才，以较为贫困的西部籍战士为主，使他们在服役期间成为部队建设的骨干，退役后成为建设家乡的人才。同期，来广营乡协助区“双拥”办公室，投资80万元创办驻军“菜篮子工程培训中心”，4期培训班为驻乡部队培养260多名种植养殖技术骨干和计算机操作的军地两用人才，先后有300多名战士获得文化结业证、500多名官兵学到经营管理和种植养殖技术、30多名战士通过文化辅导学习考入军校，被解放军总后勤部、北京市人民政府评为“首都军地共建部队菜篮子工程先进单位”。全乡军警民共建文明单位，共同建设1条路、2条街、3个园、4个少年军校、5个民兵之家、6个菜篮子基地，连续5年被评为朝阳区“双拥”模范乡。乡民政科为17名复员军人办理医疗减免证，解决其看病费用报销问题；解决子女入托入学38名，安置随军家属工作16名。驻军部队也积极参与地方都市农业、“绿隔”建设，出动大批生力军突击作战，承担急难险重任务，成为地方物质和精神文明建设的重要力量。2005年，北苑小学成立少年军校，地区（乡）给予一定物力支持，驻辖区部队派出教官指导学习训练，北苑小学与驻辖区部队被评为全国军民共建社会主义精神文明先进单位。

“十二五”时期，来广营地区（乡）拨款50余万元，支持部队改造营房、购买办公用品、维修营区道路，年节慰问物品和现金累计180多万元，与驻军共建和谐社会、文明乡村、绿色家园。驻军出动300余人次参加地方文明建设、绿化美化环境，长期帮扶困难群众10余人。乡武装部制定国防教育计划，宣传国防法律法规，在全民国防教育日开展“勿忘国耻，固我国防”等主题活动，通过“军营一日”参观爱国主义教育基地，举办国防教育讲座、国防知识竞赛，国防宣传进社区，国防教育实现地域全覆盖，增强居民国防观念。少年军校利用寒暑假、八一建军节，组织青少年看望退伍战士。在第12个全民国防教育日，开展“热爱人民军队，共筑钢铁长城”主题宣传活动，宣传国防法、国防教育法、兵役法，组织以国防知识为主题的讲座、征文和知识竞赛。每年9月15日左右（日期临时确定），乡政府都在楼顶鸣响防空警报。

2015年，参与军地共建文明的驻境军警12支，承担8条街道的秩序引导和治安协助工作，组织便民小队走街串巷服务民众，部队文体、医疗、科普、助残、公益活动进社区实现常态化。驻境军警与地方共同举办军警民金秋艺术节、篮球友谊赛，形成定期交流联系机制。北苑小学少年军校与德育相结合开设幼儿国防教育小课堂，与常规体育教学相结合进行艰苦的队列训练，在朝阳区第八届少年军校汇报展示中获得优秀奖。来广营地区（乡）报刊开设“双拥”专栏，办事处（乡政府）投资完善营区基础设施，获评为全国军民共建社会主义精神文明先进单位、北京市爱国拥军模范单位，多次获得朝阳区“双拥”工作模范乡荣誉称号。来广营少年军校获评全区国防教育先进单位2次，军地“双拥工作”获评为全国先进单位1次、北京市先进单位1次、朝阳区先进单位9次。

驻辖区 66194 部队参与来广营乡绿色家园建设（2003 年摄）

第十章 区域经济

域内旧时产业，以农为主，个体经营，小农生产长期以原规模水平自我循环，效率低下，农产品几无剩余，百姓温饱无保障。1953 年成立来广营乡以后，生产业态经过建立集体经济、人民公社、家庭联产承包、适度规模经营、产权制度改革等体制变迁，通过计划经济、市场经济与时俱进的不同管理，呈现三个发展阶段：一是 20 世纪 50 年代至 70 年代，有闻名全国的农业合作化的亮点，有粮棉猪生产在市、区一马当先的光环，但在重积累轻分配、为城市建设单向输送农村收益的计划体制下，社队增产社员未增收，全社人均收入、口粮标准长期居全区末位，民生改善缓慢。二是 1980 年至 1995 年，农业多元发展，工业异军突起，乡村企业全面兴盛，加工制造业成为产业支柱和财税主要来源。三是 1996 年后，传统工农业潜力已竭，而第一、第二和第三产业相融合的都市农业则破土而出，逆势而上，朝来农艺园成为观光休闲采摘农事为一体的龙头企业；退耕造林的“绿隔”建设，使林业在种植结构中一枝独秀，低端工厂大片腾退，高耗能高污染低级次产业全面淘汰，高端高效高值的朝来科技产业园、汽车营销、商贸物流、现代服务业快速发展，成为地区经济发展的重要支撑。至 2015 年，来广营乡经济总收入居朝阳区各乡第二位。

第一节 经济发展

考古显示，早在八九千年前，先人已在域内从事农耕狩猎，繁衍生息。立水桥村域出现原始农业、畜牧业聚落。降至元明清三朝，域内仍是种粮为主的纯农区，二三产业都很落后。发展到中华民国时期，工商服务业也仅有规模不大、数量不多的小杂货店、手工作坊和修理摊铺。农户不仅粮菜自种自食，家用物品如粗布、纱线、酱醋等大多也是自纺自织、自酿自制，自用有余者，去街市以物易物交流互补，多属封闭循环的自然经济。

20 世纪 50 年代，农业生产合作社为载体的集体经济组织建立后，粮食增产较快，增收项目有组织挖沙、货物运输等，社员家庭自营副业有草编、挑花、自留地等，经济逐步发展。1958 年至 1959 年，域内所在的和平人民公社对经济资源的开发以劳动力为主，发动社员大规模平整土地，推广农业机械化，生产规模扩大。但高指标、瞎指挥、浮夸风和“一平二调”共产风的行政命令式管理，使工农业生产高投入、高消耗，低产出、低效益，社员生产积极性受到挫伤，粮食产量大跌，集体经济陷入低谷，民生困难。

1961 年始，来广营人民公社集体经济逐步恢复和发展。至 1965 年，全社经济总收入 225.93 万元，比 1963 年的 150.72 万元增长 49.9%；粮食总产 515.19 万公斤，比 1961 年的 207.95 万公斤增长 1.48 倍。“文化大革命”期间，虽然受政治运动冲击，经济受到一定影响，但农业学大寨运动最大限度地动员组织劳动力投入，粮食产量增长，1976 年粮食总产 641.85 万公斤，比 1965 年的 515.19 万公斤增长 24.59%。由于重积累轻分配、农村收益单向输送城市的计划体制，致集体增产社员未能增收，民生水平提高缓慢，分配社员劳动工分的人均收入 1977 年为 95.2 元，比 1965 年的 74.2 元增长 28.3%，12 年平均年增长仅 2.36%。为壮大集体经济、提高社员生活水平，各队兴办畜禽养殖场，有条件的生产队发展工副业，组织能工巧匠外出务工创收，通过为建筑工地和工厂提供劳动服务，增加年终分配额，国家、集体和社员个人三者兼顾。

党的十一届三中全会后，全境以经济建设为中心，“一手抓粮一手抓钱”，纠正原集体经营的平均主义积弊，联产承包责任制激发了农民积极性，推广应用先进科技，乡村干部忙于跑项目、融资金、选厂址，以工业为主导发展乡村企业，农林牧副渔、工商建运服全面繁荣，1980 年，全社集体经济积累 141 万元，1983 年上升 58.87% 达 224 万元。1985 年，乡党委提出“以农业为基础，工企业为主导，建筑业、商饮服务业、三产为两翼”的经济发展思路，大力发展外向型经济，1987年出口供货值达799万元，同比增长1.6倍。1988年6月20日，《北京日报》（郊区版）以“来广营外向型经济成倍增长”为题，头版头条报道来广营外向型经济发展情况。新生村1992年一年就创办8家合资企业，引进外资450多万美元，总投资900万美元，每年经济增长40%。全乡经济总收入1993年增至26780万元，比1978年的1198.8万元增长21.34倍，年均增长1.42倍。

1995年，全乡各类企业151个，其中乡办61个、村办90个，两级企业销售收入3.77亿元，乡村经济总收入7亿元，纯收入1.2亿元，上缴国家税金1294万元，跨入全区经济发展先进行列。“九五”计划时期，为贯彻朝阳区大力发展“三高”（高产、高质、高收益）都市农业的指导方针，兴建占地450亩的市重点工程之一蔬菜高科技示范园区、综合养殖区、农艺园区，时称“南水北调”“南菜北移”“南畜北上”“科技兴农”四大工程。2000年后，结合“绿隔”建设，发展绿色产业，对林区实行企业化经营。在北苑东路西侧、青年城南侧的北苑，规划建设占地2010亩的产业发展区，着重发展旅游观光、体育健身、文化休闲业。电子城西区、来广营西路的北工业区，占地981.45亩。全乡产业布局，在五环路以北，建设集高科技应用、高品质蔬菜生产、加工和休闲旅游于一体的绿色产业旅游观光区，在五环路南侧建设以足球训练场为中心的绿色文体产业区，形成域内三大产业精品，即占地800亩地的朝来森林公园，占地450亩、有8块连片绿茵足球场的朝来足球活动中心，占地450亩的朝来文化休闲公园。红军营村被北京市农工委认定为京郊农民人均收入超万元专业村、服装食品专业村和工业专业村。

来广营乡各村干部评估麦熟情况（1998年摄）

至2001年末，实现集体积累3851万元，都市农业总产值477.2万元，其中蔬菜428.1万元、花卉49.1万元，第一、第二、第三产业占比从1999年的11 ∶ 30 ∶ 59优化升级为4 ∶ 24 ∶ 72。

为实现京郊经济强乡和精神文明建设首善之乡的总目标，2002年开始综合发展，将“绿隔”建设、新村建设、基础设施、产业发展、村民就业统筹安排，统一规划、统一开发、统一建设、统一搬迁上楼。以体制机制创新、优化投资环境促进经济转变发展方式，服务企业提质增效，打破乡村界限，整合产业资源，大力发展乡级集体经济。2005年，农业生产经营单位降至16家，按经济总收入计算的三大产业结构，第一、第二、第三产业比例优化为2005年的0.4 ∶ 19.4 ∶ 80.2，经济总收入从2001年的18.97亿元提升至2005年的23.8亿元。在区级财政收入的前30名企业中，100万元以上10家，50万元至100万元7家。长期在基层担任厂长的王洪月，2002年调任乡农工商总公司经理后，开辟乡属经济跨跃式发展的新局面，公司的营业收入、营业利润、上缴国家税金、集体资产积累等指标每年都以50%的速度递增，成为全乡经济发展的领军人物。

2001年至2010年，乡域重点建设6大产业板块，即绿色产业、高科技产业、家居建材业、汽车专卖业、新村综合服务业、立水桥商业。绿色产业板块中，朝来足球活动中心、北湖9号高尔夫俱乐部、朝来森林公园、红太阳生态园等精品项目相继建成，成为绿色支柱产业；高科技产业板块中，杰华生物医药基地项目开工，中石油寰球项目立项批准；汽车专卖板块在来广营西路引进16家汽车4S店，年营业收入超过15亿元；世界500强之一的英国“百安居”、国内大型建材超市“东方家园”等企业入驻，家具建材产业板块已具规模；“朗元基搅拌站”等一批新兴工业应运而生，万乐佳服装有限公司等一批老企业焕发青春活力，规模企业产业板块效应突显；商业金融产业板块中，以“明天第一城”为代表的全部项目于2007年竣工并投入运营；近10万平方米的底商开始运营，综合服务经营板块建设启动。

“十二五”规划期间，禁止新建并逐步淘汰重污染、高能耗、低效益的低级次产业项目100余家，收购社区服务用房、来春园综合楼、中农大物业共2.6公顷，奥迪汽车培训服务中心、朝来老年公寓建成开业，引进高端产业，“腾笼换鸟，瘦身健体”，推进产业升级改造，确保可持续发展。中国寰球工程公司入驻办公。全境从事二、三产业的法人及其产业单位6032个，个体户10720个。

来广营乡召开经济工作会议（2015 年摄）

至 2015 年，域内已经形成高科技产业、绿色产业和商业服务三大产业集群。朝来科技园已建成 3 个地块 42 公顷，其中 B01 地块 13.3 公顷建设完成，实现招商，B09 地块 15 万平方米科技办公楼全部投入运营，成功引进中国寰球工程公司、网康科技等 50 余家高新技术企业，开始园区经济在域内的龙头效应开始显现。与“十一五”末的 2010 年相比，2015 年经济总收入 158.23 亿元，增长 96%；利润 8.43 亿元，增长 87%；实现区级财政收入 7.55 亿元，增长 136%；乡集体收益 4.32 亿元，较“十一五”末增长 550%；集体净资产 37.84 亿元，较“十一五”末增长 323%；辖区税金 26.62 亿元，增长 213%；人均劳动所得 36628 元，增长 63%；征收房产税 1714 万元，增长 71.4%。至 2015 年末，全境有生产经营单位 4524 家，其中个体工商户 949 家。地区（乡）直辖集体企业 6 个，朝来科技园入驻企业 50 余家，除中国寰球工程公司为大型国有企业外，余为跨国公司和民营企业。

表 10-1　2000 年至 2015 年来广营乡（地区）经济发展主要数据统计表

年份	集体经济总收入（万元）	利润总额（万元）	上缴税金（万元）	人均劳动所得（元）	财政收入（万元）
2000	168128	10226	1906	8026	/
2001	189800	12000	2182	8872	/
2002	217700	14400	2894	11889	/
2003	256900	16600	3960	12643	7512.4
2004	307200	19200	7690	13889	7060

续表

年份	集体经济总收入（万元）	利润总额（万元）	上缴税金（万元）	人均劳动所得（元）	财政收入（万元）
2005	364500	22100	9537	15007	7483.6
2006	416000	25000	14053	16204	/
2007	515100	28800	16528.8	17500	8590.6
2008	564900	27100	19115.8	18900	9380
2009	703100	32300	24823.6	20416	10136
2010	807900	40500	27244.8	22454	10980
2011	929102.9	45367.8	34716.5	24252	11860
2012	1091065.2	57351.9	48452.7	26723	57000
2013	1309952.6	69424.1	59105.2	29405	71600
2014	1441134	76534.4	65471.5	32494	78300
2015	1582253	84253.9	72467.6	36628	18857

说明：表中“/”表示无统计数据。

第二节 经济管理

一、组织机构

解放初，各行政村政府设财粮委员，如黄军营村财粮委员为明德庆。1952 年后，经济管理有农业生产合作社。1955 年，和平高级农业生产合作社有管理委员会，燕贺春任主任，吴玉书、李帮俊任副主任，张孝宗任会计，陈华任保管员。高级农业生产合作社下分 11 个生产大队，是长期稳定的农业管理基层组织。1957 年，和平高级农业生产合作社管理委员会有委员 13 人，其中主任燕贺春，副主任李长荣、吴玉书、贺连珍、蒋彬。乡人委经济管理机构增设畜牧办公室。1958 年 9 月，和平人民公社（小和平）管理经济的部门，有农业部、畜牧部、水利部、工业部、交通机械部、财经部、商业部。最基层的生产队只是劳动组织单位。

1961 年后，来广营人民公社管理委员会实行政经合一体制，下设生产大队，每个生产大队下设若干生产队。社队均有管理委员会，生产队由队长管理。公社各部门负责填报各大队统计资料。公社管委会设生产办公室，此后陆续增设蔬菜、水电、畜牧办公室。“文化大革命”期间，来广营人民公社经济管理设有生产组、畜牧组、水电组，负责种养业计划制订、实施及农机具管理。1972 年，增设工副业组。全社各生产队从事会计、统计、库管、采购等工作的管理人员 140 人。此后，陆续增设农机组（后称站）、水电站、农科站、畜牧水产站、经营管理办公室。1982 年，朝阳区在来广营公社试点，率先成立农工商联合总公司，管理人员设经理 1 名、副总经理 3 名，下设农业公司、工业公司、蔬菜公司、畜牧公司、商业公司、农机运输站。

1982 年 8 月，来广营人民公社被确定为北京市改革政社合一体制试点，政企分开，建立乡党政企领导班子，在全区率先建立乡农工商总公司，生产大队、生产队作为经济组织保留。1983 年后，来广营乡人民政府陆续下设农工商总公司办、畜牧水产办、工业办、经管站、农技站、林业站、水电站、农机站，另有粮林公司、工业委员会、农业委员会、开发公司。生产大队、生产队名存实亡，生产由农户自主经营管理。1985 年，设立统计科，各项数据的统计平衡从此系统化，调查工作也逐步专业化职能化。1988 年，成立乡企业公司，综合管理工商服务企业。

1991 年 1 月，来广营乡设立农业技术推广站、林业技术推广站、水产技术推广站、农业机械管理站、水利管理站、畜牧兽医管理站。1993 年后，陆续成立审计科、经济委员会、都市农业公司（办公室）、农村合作经济经营管理站。2000 年，各村成立资产管理委员会。2002 年，撤销审计科、经济委员会，农工商联合总公司改制为普通法人企业乡农工商实业总公司，其行政管理职能划归乡人民政府经济发展管理办公室。同时，成立来广营乡经济管理委员会，主任、副主任由乡党委书记和乡长兼任，委员由经管站、经济办、统计科、财政科、建管科、四大直属公司负责人、各村书记及社长兼任。审计事务先后由财政科、经管科负责。随着传统农业趋于消失，农业管理相应集中简化，农业综合服务中心、农村合作经营管理站，原农业技术推广站、水产技术推广站、农业机械管理站、水利管理站、畜牧兽医管理站、林业技术推广站合并为农业综合服务中心，朝来农艺园的园区生产经营，自行管理。2012 年，组建乡集体资产监督管理委员会。

至 2015 年，乡村经济管理组织和机构，有党委、政府领导下的乡“三资”（资金、资产、资源）监督管理委员会、乡农工商实业总公司、乡开发总公司、经济发展办公室、农村集体资产监督管理办公室、经管站和各村经济合作社。

表 10-2　1983 年至 2002 年来广营乡农工商总公司经理任职一览表

职务	姓名	任期
代经理	徐永年	1983 年 2 月至 1985 年 4 月
经理	李振山	1985 年 4 月至 1986 年 8 月
	胡德芳	1986 年 8 月至 1990 年 9 月
	赵宝贤	1990 年 9 月至 1992 年 3 月
	乔刚	1992 年 3 月至 1995 年 6 月
	赵全保	1995 年 6 月至 1998 年 1 月
	王健	1998 年 1 月至 2001 年 12 月
代副经理	张景元	1983 年 2 月至 1985 年 4 月
	李志刚	1983 年 2 月至 1985 年 4 月
副经理	李志刚	1985 年 4 月至 1997 年 4 月
	王玉亮	1985 年 4 月至 1992 年 9 月
	燕铁山	1985 年 4 月至 1986 年 10 月 1990 年 4 月至 1993 年 7 月
	胡德芳	1985 年 4 月至 1986 年 8 月
副经理	傅德海	1986 年 8 月至 1992 年 9 月
	李振山	1986 年 8 月至 1992 年 9 月
	赵万友	1986 年 11 月至 1996 年 10 月
	赵全保	1992 年 9 月至 1995 年 6 月
	夏玉茂	1993 年 8 月至 1997 年 2 月
	王健	1996 年 8 月至 1998 年 1 月
	马文虎	1997 年 4 月至 2002 年 1 月
	高建忠	1997 年 4 月至 1999 年 11 月
	芦桂萍（女）	1997 年 12 月至 2002 年 1 月
	齐淑萍（女）	1998 年 3 月至 1999 年 11 月
	蒋春茂	2000 年 6 月至 2002 年 1 月
	奚军	2001 年 8 月至 2002 年 1 月

二、农业管理

旧时，作为个体经济基础的小农生产，由农家自主经营自主管理。1955 年始，在计划经济体制下，区、乡、社层层下达粮棉油生产任务指标，社、队遵照执行。因行政指挥常不合实际，致使社队盲目投入大量劳动力，农业生产高耗低效。农业劳动管理，南湖渠农业生产合作社首先按社员体力强弱、技术高低分为4个等级，各级劳动力工分相差1分；再按季节劳动时间长短、劳动强度确定工分，特等劳动力工分为满分。

二十世纪六七十年代，来广营人民公社各生产队的农事统一由生产队长派活，社员出工集体劳动，每天根据出勤人的体力强弱和技术高低，晚上众议确定其应得工分，是计划经济体制下特定的劳动计酬办法，也是社员最主要的收入来源形式，人称“工分儿工分儿，社员的命根儿”。社员劳动一天，将当天活茬儿、报酬记在本人的《劳动手册》内或由生产队记工员记入《劳动工分日报明细表》，月末或季末或年末，“工分上墙”张榜公布。日工分最高10分，最低二三分。男劳动力（壮劳动力）一般八九分，女劳动力（弱劳动力）七八分，半劳动力四五分，中小学生寒暑假或农忙时回生产队参加劳动四五分（记在家长的《劳动手册》内或单开“工分条儿”）。有的生产队年初评定出劳动力的等级（一般分男一、二、三级，女一、二、三级），同龄男女一般相差一级。“三夏”“三秋”及平时加班加点，另记工分。“农业学大寨”时期，社队记工“自报公议”，每天收工前社员围坐在田间地头，自报工分，大家根据劳动的态度、数量、质量评定工分。年终，生产队全年总收入减去开支、扣除预留的“公积金”（主要用于来年发展生产等）、“公益金”（主要用于社员集体福利和贫困救助），余额按工分分配到社员家庭。各生产队的工分值不等，一般园田队（又称菜田队）较高，大田队（又称粮田队）较低，半菜半粮队居中。每工分值多的几分钱，少的几厘钱。农忙时节的劳动管理，早晚延长农活时间，每天劳动10多小时。有的生产队曾经一度推行天亮即开始干活，上午八九点才回家吃饭，中午再劳作几个小时，下午吃第二餐，饭后再下地干到天黑。凡在外务工的社员每年须交生产队一定的集体积累，作为允许其离队自营副业的前提条件。每年“三夏”前夕，公社都要专门召开会议动员突击，落实生产指标，确保夏收、夏种、夏管进度，事后开会总结。

农村改革开放初期，生产队劳动管理废除“大帮轰”“帇子工”，实行“定额管理”“小段包工”“计件包工”，劳动报酬仍以“工分”计算。20世纪80年代初，由于实行联产承包责任制，工分制才退出历史舞台，公用设施等应由村集体统一行使的管理也一度缺失。实行适度规模经营和专业化管理以后，乡村两级与承包专业户每年以契约式合同责任书确定双方权利、义务、交售农产品数额、税费指标。集体猪场与北京市肉联厂签订购销合同，合同数外的育肥猪由猪场自销。

进入21世纪，农业管理唯有农业综合服务中心对朝来农艺园等经营者进行专项统计。各基层农业主体的微观生产经营，按市场机制管理。

三、财税管理

中华人民共和国成立后，各行政村政府财粮委员负责征粮收税。安家坟村用于缴税的粮食，占全村总产量的17.1%。1951年，黄军营村耕地3615亩，计缴农业税总额36498斗粮食，亩均10.1斗，实缴5.56万公斤玉米，税额占全年粮食总收入的17%。农业合作社收益分配，将总收入扣除5%公积金、3%公益金，余额按土地四成、劳力六成分配。1956年，和平高级农业生产合作社建立正规财务管理机构和初始制度，配备会计、出纳、保管等财务人员。

二十世纪六七十年代，各生产队财务管理主要目标，是减少超支户、尽量保证集体积累，在此前提下视情提高社员分配额。社队公积金限用于购置生产资料、农田水利建设、农机修理等。民主理财的主要形式，是社队年终向社员公布账目。1972年，来广营人民公社财政总收入203.02万元，总支出140.34万元，纯收入62.68万元，总积累0.75万元，分配社员劳动报酬61.93万元。

1983年，来广营乡建立预算制度，征收农业特产税、耕地占用税。1986年成立乡财政所后，执行新的财政管理体制，对全乡财务管理、收支状况进行全面调查，清理乡自有资金，发挥财政监督作用。朝阳区工业局对来广营乡企业进行财务检查，暴露出成本核算和会计工作基础薄弱等问题，乡财政所立即对各企业财会人员组织业务培训，按照上级统一布置改革会计制度和记账方法。1988年，朝阳区在来广营新华砖厂试点成本核算，总结后在全区推广。至年末，乡办企业和村重点企业全部实行成本核算。此后，企业亏损减少。1989年，乡财政所举办6次财会学习班，培训近300名财会人员，经考核达到会计师17名、助理会计师25名。为加强成本管理，实行财务集中，对100多个企业进行检查指导。

1991年，乡财政所对乡开关厂、制药厂、京华首饰厂进行财务审计并协助区审计局对北湖渠村的中低产耕地开发资金使用情况进行专项审计，审计工作由此开始。1993年后，乡审计科定期对企业、村级经济组织等资产负债、经营情况、会计核算、收益分配及重大经营事项进行例行审计。20世纪90

年代后期，转变财税管理方式，对企业经济效益的管理方式由直接掌控转为宏观管理，只对国家及预算外专项资金进行监督，专注征收农业税，管理社会性支出、集资、罚没收入等。1995 年，来广营乡围绕资产清查、产权界定和建章立制等问题，开展清产核资。

来广营乡经济委员会召开清产核资工作动员大会（1995 年摄）

2005 年 8 月 6 日，乡政府制定实施来广营乡《集体土地征占收益管理使用暂行办法》，明确征地补偿费等收益的分配、用途、管理原则。“十一五”时期，财政管理重在征税增收、完成预算任务，积极为税源大户服务，总量控制支出规模，确保重点基础设施建设。每年对上年年终分配方案执行情况和干部任期绩效进行审计。2010 年，来广营地区（乡）财政管理、资金运用注重加快高科技产业园、朝来购物中心等重点项目建设、寻求新的经济增长点，优化支出结构、协调经济社会发展，提高财政资金使用效益。全年新增纳税企业 205 家、增收税金 800 多万元。乡人民政府制订印发《来广营乡个人出租房屋代征业务流程》、来广营乡《个人出租房屋税款征缴奖励制度》堵塞漏洞，规范租房缴税行为。此后，每年个人出租房屋税款均由乡代征。

2011 年，《来广营乡关于规范财务管理加强“小金库”专项治理的通知》出台实施，对集体资产进行清产核资。北湖渠、来广营、新生三行政村完成村账托管，由第三方代理。2012 年 10 月 18 日，召开集体资金资产资源管理工作会议，讨论布置加强“三资”管理的措施。乡集体资产监督管理委员会建立健全相关制度和办法，完成全乡所有经济合同占地情况的实地测绘，建立重点纳税企业数据库，跟踪分析纳税额前 100 家企业经营情况。按照纳税奖励规定，兑现 2011 年度异地纳税迁入企业的税收奖励 45 万元。2014 年，预算金额 710 万元，审减 130 万元，乡村集体财务均推行预算管理，改变过去支出的盲目性，控制费用增长，提升经营效益。“十二五”期间，审计项目新增公有制单位的资产清查，聘请中介机构对离任领导进行任期审计、农民负担审计、乡村两级15个单位的年终收益分配方案审计。

2015年，制订施行来广营乡《村级集体经济组织大额资金管理办法》、来广营乡《招投标实施管理办法》，完成村级账外资产清查试点，检查资金违规使用情况，规范乡实业总公司和荣盛商业公司纳税行为。朝来开发公司多年未进行明细核算，并存在账外资产，影响税收计算。特聘专业会计师对朝来开发公司的朝来小区项目及朝来融盛公司资产进行评估，为合理调整税费奠定了基础。经过长期持续的财税管理，财务制度逐步严谨周密，财务行为基本规范，乡村两级集体资金安全运行，未发生重大损失。

四、综合管理

1953年后，各产业经营数字统计由乡财粮员或政府秘书填报。1955年，供销社建立物价管理制度，确保工农业产品统一价格。1957年末，关闭全部集贸市场，粮油、棉花、蔬菜、副食、烟酒等关系国计民生的物资实行计划供应的达8类235种，确立社会主义公有制经济单位间的合同契约关系，各高级农业生产合作社基本建立起计划管理和工农业产品流通制度。1960年12月，和平人民公社贯彻中共中央《农村人民公社工作条例（草案）》（即农业60条），查找“共产风”“浮夸风”“瞎指挥”等问题，纠正“一平二调”共产风，推行“三包一奖”（包收入、包开支、包工、超产奖励）责任制，推行按劳分配，开始纠正极“左”政策。1961年，来广营人民公社管理委员会全面负责工业、农业、商业生产经营计划的制定、落实、检查，综合协调管理产、供、销的运行。1962年7月后，禁止恢复自由市场，取缔黑市交易，严格限制农民和私商长途贩运。1964年起，市场供应紧张情况好转，黑市交易活动逐渐减少。淘汰计量旧器具，市制、公制并存，市制1斤16两改为1斤10两。1965年，压缩合作商店和个体商贩。二十世纪六七十年代，工商管理对私自购售生猪等农产品一概禁止，受“文化大革命”冲击，合同管理工作一度停顿。针对产品标记、商标、厂名严重混用的情况，1974年社队企业印制商标、厂名实行许可证制度，经过清理，核发商标注册证。直至1979年后，商标管理逐步执行全国统一的规范制度，工商部门恢复经济合同管理职能，并对经济合同实行鉴证。

20 世纪 80 年代初，落实农村经济政策，工作重点转入经济建设，推行农业联产承包生产责任制为突破口的改革开放，打击经济领域的违法犯罪活动。1981 年后，逐步放宽个体经营，个体经济从业人员迅速增加。企业在完成计划外的业务承揽、利润留成、拒绝不合理摊派、人力接收使用、工资奖励等方面，政策赋予了充分的经营管理自主权，焕发出极大的积极性，普遍实行经济责任制，定人、定奖、定任务。1984 年，物流交易逐步推行统一的法定计量单位。各级企业推行厂长任期责任制，促进企业生产发展和经济效益提高。允许无营业执照的在职职工及社会人员在市场内出售自种、自养、自制产品，外地农民可以运销农副产品在来广营乡域市场内批量销售。经批准往外地采购农副产品的个体商贩，可进入集贸市场批量销售。1985 年后，来广营乡进行企业整顿和工业普查，对农贸市场蔬菜按区定标准规定最高限价，对放开价格的副食品、议价粮油实行提价预报制度，1988 年改为提价备案制。1989 年至 1990 年，乡政府配合区工商局开展市场达标创优评比活动，制定实施市场目标管理责任制，规范市场业主行为，街边零散摊贩腾路进场文明经营。针对过热的经济形势，全乡治理经济环境，整顿经济秩序，一批新生公司列入清理范围，对不合规合法者给予关停转业等处置。工农业生产资料价格，实行“双轨制”管理。1991 年后，农工商总公司确定专人负责企业和产品的标准化工作，开展全面质量管理，所有单位采用全国统一的法定计量单位，开始淘汰旧木杆秤。农副产品不再由国家明确定价，对牛羊猪肉实行指导价，其他农副产品售价以审核备案为主。对私营个体经济，“发展重引导，管理重规范”，开展法制教育和文明经营示范区活动，组织工商法

来广营乡政府和工商管理部门联合检查集贸市场（1994 年摄）

规培训班。各乡村企业负责人参加朝阳区厂长经理岗位培训班，学习企业领导学、市场与经营、经济法、企业改革、管理心理学等。对个体大户转办私营企业，成熟一个转办一个。通过各种经济检查，开展“三打”（打假打骗打击走私）专项斗争，查处经济违法案件。

1995年，计量统一国际化改革基本完成，旧木杆秤全部淘汰，农贸市场计量器具合格率达90%以上。农业部确定朝阳区为全国农村集体资产管理试点单位，朝阳区则以来广营乡为试点，围绕资产清查、产权界定和建章立制等问题开展清产核资工作。20世纪90年代，乡办企业普遍推行经营承包责任制和经济合同示范文本，扩大企业自主权，增强活力，亏损企业经营状况有所好转，企业管理初见成效。2002年，来广营乡经济管理委员会行使集体资产的管理监督职能，统管乡农工商实业总公司、北京朝来荣盛商业管理有限公司、北京朝来绿色家园房地产开发有限公司、农业综合服务中心及各村经济合作社。经济管理委员会下设办公室，与乡经济办公室一体。乡农工商实业总公司自负盈亏、独立核算、自主经营。2004年4月至2005年8月，开展第一次经济大普查。结果显示，全乡有法人单位890个，产业活动单位176个，个体经营户4740个。

至2006年，经济合同管理有85%以上都实现文本规范、履行严格、付款及时足额，乡经管站被评为朝阳区农村经管工作先进集体，地区（乡）被评为全国经济普查工作先进单位。2008年3月，立水桥村、东湖渠村依据《北京市撤制村队集体资产处置办法》（京政办发〔1999〕92号）和《朝阳区农村集体经济产权制度改革实施细则》（朝政办发〔2005〕33号）有关规定，开始撤村和集体资产处置工作，通过家底分配，至2009年完成。“十一五”规划时期开始，每年清理规范存量合同，调整物业和土地租价，运用综合执法实施工商管理，取缔低级次企业，集中查处无证照经营、非法运营机动车，收缴私自拉运的摩托车、人力三轮车。2012年，乡集体资产监督管理委员会建立健全相关管理制度和细则，对所有经济合同占地情况进行全面实测。发挥乡经委集体议事、科学决策职能，全年召开委员会会议9次，议定经济事项68件，完成11个项目评审，预算金额25905万元，评审金额22800万元，审减金额3105万元。2013年至2014年，第三次全国经济普查，因工作质量可靠、成效突出，被国务院“三普”领导小组授予先进集体称号，也是朝阳区唯一连续三年的先进集体。乡集体资产监督管理委员会每年民主议定合同签订、项目建设、大额资金支出等事项100多件。推行财务预算管理、合同联预审、项目评审和招投标制度，设置个人出租房屋税款代征点。朝来科技园成立管理委员会，负责产业发展、招商引资，强化为企业服务。

2015年，地区（乡）制订实施《村级集体经济组织大额资金管理办法》《招投标实施管理办法》和集中办公区产业指导目录，招商引资限于发展科技创新、文化创意、现代服务、高新技术、新能源、新材料、新生物医药、资源与环境、航空航天等行业。组织检查村级账外资产清查试点和资金违规使用情况。规范实业总公司和荣盛商业公司纳税行为，经济合同实行联预审，重大项目、大额资金的审批已经规范化。按照市、区疏解非首都功能要求，建立有形市场数据库，清理无证照经营。乡、村、社区集体所有的房地产对外出租，禁止承租方转租，否则解除租赁合同；不再签订超长期限合同，租价须不低于朝阳区指导价。凡新签租赁合同入驻企业，须在来广营域内注册、纳税。“三资”管理形成并巩固了“三重一大”决策制度，议事程序规范，管理成效明显。关于经济管理制度，有《来广营乡集体资产管理办法》《集体单位内部审计监督管理办法》《集体经济合同管理办法》《关于进一步加强集体经济合同管理的通知》《关于规范乡集体企事业单位劳动用工及休假的通知》《财务人员职业规范及管理办法》等规定。

第三节　生产关系变革

一、土地改革

民国时期，域内占居民4%左右的富户拥有本村50%以上的耕地，农地出赁的租金占耕地总收入的六成左右，高利贷利息为5分左右。至1949年，北湖渠村有地主15户，拥有耕地2030亩，占全村耕地的56.4%，人均15.6亩；全村贫雇农人均耕地1亩，中农人均3亩；南湖渠村有地主18户，拥有耕地2964亩，占全村耕地的44.2%，人均17.4亩；全村贫雇农人均耕地1亩，中农人均3.1亩。

1949年10月至1950年3月，各村分4个阶段开展土地制度改革。第一阶段，土改工作组每组三五人，进村后组织农民学习各项政策，召开家庭会、小组会、贫农会、村民代表会、村民大会等多种会议，安排“苦主”诉苦，打垮地主权威，使其低头认罪。第二阶段，自报与公议相结合划定阶级成分，无地者

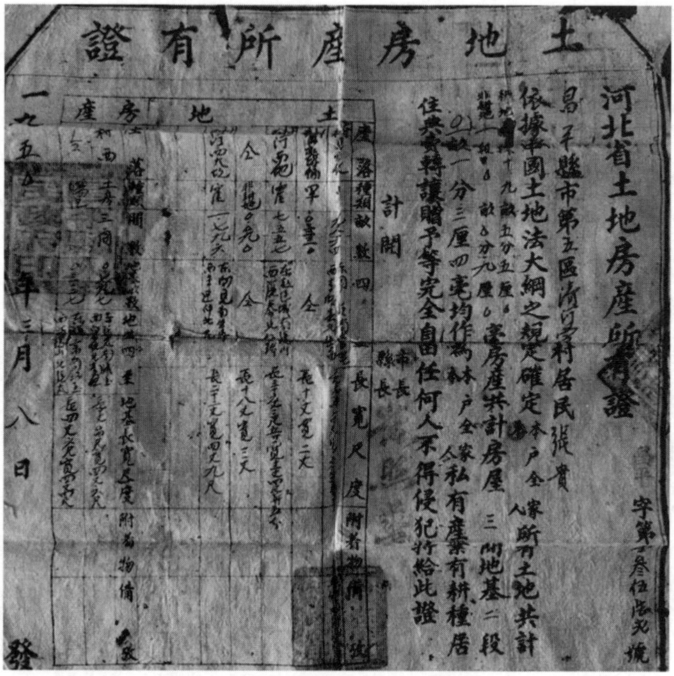

土地房產所有證

河北省土地房產所有證

昌平縣市第五區清河村居民張貴

依據中國土地法大綱之規定確定本戶全家 人所有土地共計

一九五〇年三月八日 發

1950 年 3 月 8 日清河村民张贵受颁土地房产证

划为雇农，少地者为贫农，有较多土地但不雇工者根据土地占有量分为上中农、中农、下中农，土地多余者、靠雇长短工或出租土地、放贷收取利息者，划为地主或富农。第三阶段，没收、征收地主富农土地、牲畜、农具、房屋等，责令地主、富农交出地契。第四阶段，没收地主应留份额以外的所有土地，征收富农出租之地，基本均等地分给贫雇农，“中间不动平两头”“抽多补少、抽肥补瘦、就近分配”，颁发土地证。自耕农包括富农自耕部分之土地所有权不变，农民原租种地主、富农之地被没收或征收后，仍由承租人继续耕种，不再交地租，只向政府缴纳统一的农业累进税，且大多作为分配的耕地归己所有。北湖渠村没收地主多余房屋 120 间、牲口 9 头、大车 11 辆、农具 1100 件，南湖渠村没收地主多余房屋 110 间、牲口 25 头、大车 22 辆、农具 2500 件。翻身农民兴高采烈，量地分房，进地主家赶走牲口、拉走大车。分得土地和财产的农民感激地吟颂道：“旧物归原主，地主回老家；农民翻了身，古树重开花；感谢共产党，建立新国家。”1950 年，土改结束。农民分得土地后，自主耕种经营，焕发了生产力，农业经济迅速恢复。1951 年粮食总产比 1949 年增长，北湖渠村增长 36.5%、南湖渠村增长 33%。

二、农业合作化

1950年春，土改刚结束，来广营村参加扫盲班结为一个小组的吴玉书、张会芝、许秀云、陈宝珍、景桂珍五姐妹，平均每家14亩多地，都缺乏男劳力，不能顺利耕种，耽误农时。吴玉书等五姐妹遂率先成立临时互助组，农忙时人、畜、农具集中轮户使用，优势互补，有效解决了生产资料不足的困难，五家春耕播种很快完成，比别的单干户都快。1951年，又有5户加入吴玉书互助组，土地增至120亩。8月，以黄军营村共产党员王进富为代表的“穷八家”也组成临时互助组，均成为当年最早走上互助合作道路的带头人。1952年1月，吴玉书临时互助组转为常年互助组，为全区第一个农业生产互助组，秋后收粮比单干农户每亩多40余公斤，北京市奖励互助组2头苏联大白猪、一头骡子和250公斤豆饼。至1952年末，建有互助组的村发展到安家坟村16个、黄军营村10个、勇士营村10个。

1952年10月27日，在来广营村娘娘庙院里，举行吴玉书互助组转为初级农业生产合作社仪式。农户入社时把自有的土地、畜力、大型农具交合作社统一经营使用，按照这些生产资料的质量和数量定股，社员统一劳动，评工记分。年终收益分红时，即把全年产量、收入扣除预留集体统一使用的5%公积金（用于发展生产）、3%公益金（用于社员福利）和一定的公共积累后，按土地四成、劳力工分六成分配，获取报酬。吴玉书为该社社长，是东郊区最早的初级农业生产合作社，为全区农村树起走集体化道路的榜样。吴玉书初级农业生产合作社有社员18户、109人，男女劳动力30人，耕地214.55亩，有骡子3头、马1匹，新式家具4架，水井1眼，猪场1个，养猪29头。同年，黄军营村王进富互助组、乔维华互助组亦各自转为初级农业生产合作社。1953年，同为来广营村的燕贺春互助组并入吴玉书初级农业生产合作社。当年该社玉米亩产217.8公斤，比上年增产43.4%，粮食总产40394公斤，比上年增产59.7%，副业收入2984.63万元。农业生产合作社增产的效果，使群众看到集体力量的强大和走社会主义道路的优越性，纷纷入社。初级农业生产合作社主要吸收中农以下农民入社，土地入股，统一经营，社员集体劳动，分工合作，产品统一分配，土地和劳动力按比例分红。12月，中共中央发布《关于发展农业生产合作社的决议》，来广营乡的广大群众积极响应，开展轰轰烈烈的合作化运动。1954年，东郊区工作组入村，进一步掀起入社热潮，“入社光荣”的舆论盛行一时。4月12日，东郊区委在来广营乡开会，布置试点互助合作网，周边10个农业生产合作社每月齐聚来广营交流一次。9月2日，东郊区委举办互助组骨干培训班，已被评为北京市农业劳动模范的吴玉书等人介绍经验。1955年2月，东郊区人民政府将来广营初级农业生产合作社作为转成高级农业生产合作社的试点，区委书记单昭祥亲自到场宣讲政策，水利部长傅作义莅临考察。高级农业生产合作社规模比初级农业生产合作社大，特点是土地、耕畜、大型农具等生产资料归集体所有，取消土地报酬分红，完全按劳分配。为进一步宣传推广办社经验，同年5月13日和10月9日，东郊区委组织乡干部50人、社外农民代表132人分两批参观来广营吴玉书高级农业生产合作社。 秋后，全区率先在来广营开展“合乡并社”试点工作，将周边相连4个小乡所辖8个农业生产合作社合并为1乡1社，即来广营乡的吴玉书高级农业社，安家坟乡成立于1952年的王进富初级社、红旗社（主任乔维华）、建业社（主任贺兰珍），五合村乡的刘力增社（主任刘力增）、和平社（主任蒋桂林，规模最大，有社员1971户）、五合村一社（主任蒋彬），南湖渠乡的南湖渠社（主任李帮俊），合并为和平乡和平高级农业生产合作社，燕贺春任主任，吴玉书、李帮俊任副主任，入社农民2647户。和平高级农业生产合作社管辖各村农业合作社，入社农户占全乡总户数的99.3%（全乡尚有17户未入社）。至此，和平乡基本实现农业生产合作化。此后，和平高级农业社作为全区农业合作化运动的样板，先后接待过苏联、印度、越南等多国领导人和代表团考察。

三、人民公社

1958年8月，朝阳区贯彻中共中央政治局北戴河会议精神和中共北京市委“大办人民公社”的指示，撤销和平高级农业生产合作社，成立和平人民公社（小和平）。根据中共中央《关于在农村建立人民公社问题的决议》和12月《关于人民公社若干问题的决议》，和平人民公社于1959年转为全民所有制的大和平人民公社，“一大二公，政社合一”，原属集体所有的财产和社员个人的自留地、家养畜禽、自种树木、大型农具全部归社所有，禁止社员从事家庭副业，实行“组织军事化，行动战斗化，生活集体化”，以大兵团作战和高指标命令指挥农业生产，开办公共食堂，社员统一在食堂就餐。和平人民公社与供销社、信用社、工商企业、文教卫生、武装组织合为一体，下设5个生产管理站，其中第四站管理原和平乡域，站长燕贺春，副站长3人。

1961年始，开展整风整社，纠正“五风”（即共产风、瞎指挥风、强迫命令风、浮夸风和干部特殊风）和“一平二调”，贯彻《农村人民公社工作条例（草案）》（即六十条），实行公社、大队、生产队“三级所有，队为基础”的管理制度，缩小公社规模，划小核算单位，以生产队为基本核算单位，取消社员分配上的供给制和平均主义。

1961年5月成立的来广营人民公社，以原和平乡为范围，恢复集体所有制性质，工农商一体、政经社合一，大村为生产大队，自然村或作业组为生产队，农活分派、工副业经营、每年的预算决算等都由生产队长具体负责安排，自主经营管理。1983年，随着行政村和村民小组的成立，生产队陆续撤销，“三级所有，队为基础” 的人民公社体制结束。

第四节　农村经济体制改革

一、联产承包经营责任制

党的十一届三中全会以后，来广营人民公社农业生产推行联产承包责任制，初期是包产到组，实行“四定一奖”，即定地块、定劳力、定工分、定产量产值、超产奖励；以后推行联产计酬责任制，按纯收入记工分；后又发展到实行专业承包，采取“五定一奖”，即定地块、定劳力、定工分、定产量产值、定开支、超产奖励，进入承包大户阶段。土地等生产资料仍为集体所有，把土地经营权、收益权下放给农户，以家庭经营为主。社员的生产积极性迅速高涨，农业全面增产增收，个体经济较快发展，农工商综合经营。来广营大队率先涌现了以承包316亩耕地的吴玉宝为首的7个种植专业大户，共承包经营1050亩，占全大队耕地面积的45%。

1981年，来广营人民公社的29个基本核算单位、91个作业组全部实行作业组、包片组、包干到户家庭经营等生产责任制，粮食总产757万公斤，创粮食产量历史最高纪录。

1982年，新生大队首先大胆实行包产到户的农业生产责任制，被公社党委办公室转发和推广。各行政村随之改为村委会一级核算体制，取消原生产队和村民小组。20世纪80年代中期，第一轮土地承包期从3年延长至15年，联产承包家庭经营责任制激发的个体生产力已基本释放出来，潜力发挥怠尽。来广营乡相继推行统分结合的双层经营体制、适度规模经营和专业化生产，

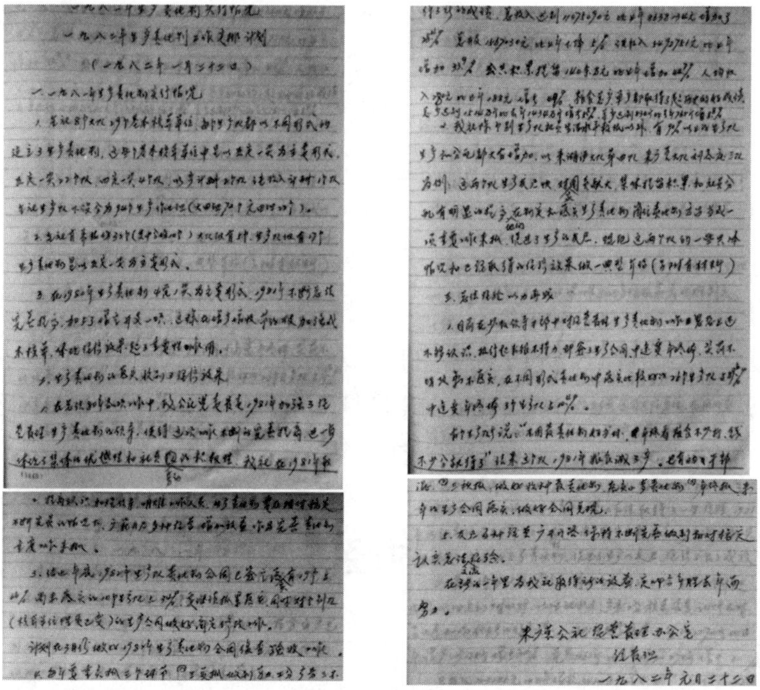

1982 年 1 月来广营公社的《1981 年生产责任制实行情况和 1982 年生产责任制工作计划安排》

耕地向种田能手集中，涌现出北湖渠村农工一体化承包模式、来广营村种粮大户吴宝柱等一大批专业户、重点户。1993 年，第二轮土地承包期从 15 年延长至 30 年。红军营村农用地集中承包，形成自主经营的 3 个农场，实行自负盈亏的场长负责制，至 2000 年随着城市化进程而撤销。联产承包经营责任制一直实行到农业生产退出经济领域的“十五”时期，经土地确权，承包户每年享受承包土地的收益，不再耕种经营。

二、企业重组转制

乡村企业发展至 20 世纪 90 年代，市场需求趋于饱和，工业初级生产力接近边际效应，潜力无多，生存维艰，业态式微。1997 年至 1999 年，来广营乡 139 家企业有 113 家重组专制，盘活资产存量 1.2 亿元。2000 年 8 月，集体企业北京鑫燕龙建筑材料厂改制为民营企业，更名为北京鑫燕龙建材有限公司，北京朝来农艺园有限责任公司和北京广增包装制品有限公司“十五”期间也转为民营企业，原“红帽子”企业（即以集体企业名义注册实为个人出资经营），摘掉“集体”帽子重新登记。至 2006 年，私营企业有 5 家系由原集体企业改制，另有5家集体企业未改制，其原因：一是乡域建筑行业的龙头企业北京市朝阳三建第五建筑工程公司，随着2008年奥运会申办成功、“绿隔”建设和城市化，还会有更大发展，且已安排大量乡籍劳动力；二是北京朝来绿色家园物业管理中心，是为解决农民上楼后的服务和管理而新建的，职工均为本土农民；三是北京朝来绿色家园房地产开发中心，专为开发农民新村南而新建，新村还未建设完毕；四是北京朝来足球活动中心，是“绿隔”建设中按以绿养绿原则新建的绿色产业；五是北京朝阳燕翔汽车修理部，效益较好。

“十二五”期间，探索乡村统筹发展的新形式，至2015年，形成“三三四”模式，即朝来购物中心项目由乡村集体股份合作方式投资，乡实业总公司作为立项主体，代表乡集体出资30%，红军营村出资30%，来广营、新生、北湖渠、清河营4个村合计出资40%。2015年，北京市委常委、统战部长牛有成到乡调研红星美凯龙二期工程，了解企业租赁模式和经营情况，朝来购物中心“三三四”的乡村均衡发展模式，受到市、区领导认可，被作为统筹改革经验刊登在市委办公厅《北京信息》和朝阳区委《朝阳信息》上。乡办广业劳务派遣公司，试点改革重组，与5家乡属企业对接1654名农转工人员分流安置、工资、社保、档案。

实行家庭联产承包责任制后，农民劳作于各自地块（1992年摄）

三、集体产权制度改革

1982年，朝阳区在来广营人民公社试点经济体制改革，率先建立农工商总公司，是具有法人资格的农民集体所有制合作经济组织，在公社党委、管委会领导下全面负责社队集体资产经营管理和经济发展。公司内辖农业公司、工业公司、蔬菜公司、畜牧公司、商业公司、建筑公司、农机运输站、水电站。1983 年，各行政村取消村民小组建置，改为村委会一级核算体制。

1984 年 6 月，南湖渠村作为朝阳区社会主义新农村改革的试点，成立村农工商联社。1990 年 5 月，来广营乡改革村级集体经济体制，在南湖渠和立水桥 2 村先期成立村经济合作社，同时撤销生产大队建置。1991 年，东湖渠、北湖渠、红军营、来广营、新生、清河营 6 村全部成立村经济合作社，在村党组织、村委会领导下主持管理全村经济事务。其民主管理机构是社员代表大会选举产生的管理委员会和监察委员会。社员代表由全体社员民主选举产生，每届任期三年。社员代表大会每年召开 2 次会议，主要审议和通过管理委员会工作报告，审查批准本社财政预算和决算、重大财务支出、重大建设项目，向管委会反映社员意见、建议和要求等。经济合作社管理委员会由社长、副社长、委员 7 至 11 人组成；监察委员会由主任 1 人、委员 2 人组成。

2000 年 7 月，红军营村在朝阳区农委指导下，试点社区股份合作制，制定《红军营村社区集体经济组织改制方案》，在全区率先进行村级产权制度改革。改革吸收股份制规则，劳动合作与资金联合相结合，形成产权清晰、权责明确、政企分开、管理科学的新型社区股份合作制模式。对村集体资产进行全面清产核资，在界定净资产所有权、核实社员农龄、明确对不具有股东资格人员补偿标准的基础上，设置集体股、个人农龄股和农业劳动力户籍股 3 种股权形式。同年 12 月，经社员股东代表大会通过，红军营村经济合作社正式改制为北苑实业发展有限公司，选举产生第一届董事会和监事会，制订通过《北京北苑实业发展公司章程》。2001 年 1 月，红军营村完成社区股份制改造，实现“资产变股权，村民当股东”的目标，形成每年股份分红的机制，确保社员利益，搞活经营机制，为防止集体资产流失、实现增值提供了机制保证，明晰了集体经济产权关系。

2002 年，各村建立农工商联合分公司和各种专业公司，发展都市农业。2004 年，来广营、新生、北湖渠 3 村开始土地确权，确权土地 7044.6 亩，涉地人员 4487 人。在土地收益 492 万元中，45.7% 用于收益分配，30% 用于积累，24.3% 用于新型农村合作医疗、社会养老保险、退休生活补助、农民自谋职业补贴、拆迁村农民上楼后的水电气费用补贴和全额物业费。2005 年，以上年土地确权数据为基础，按照乡土地确权方案和细则，3 个村续签土地确权协议 2040 份，确权土地 7038.33 亩，涉地人员 4507 人，土地收益 492

万元。此后，每年续签土地确权协议，根据协议分配确权土地收益。

2010年，乡村开展股份合作制试点，建立社区型股份合作制为主要形式的农村新型集体经济组织，探索出朝来购物中心（红星美凯龙）的乡村股份合作制，逐步实现从农村向城市的平稳过渡。2012年4月10日，各村经济合作社社员选举新一届社员代表、管委会和监委会委员；7月10日，选举乡联合社管委会和监委会成员，结束乡级集体资产所有者代表主体缺位的历史；11月2日，乡合作经济联合社正式成立，召开第一届第一次团体社员代表大会。2013年7月，经朝阳区农工委批复同意，来广营村、新生村、北湖渠村、清河营村启动集体经济产权制度改革，乡制定《村级集体经济制度改革工作方案》《参加集体资产处置人员身份界定和劳动年限统计实施方案》，经各村经济合作社社员代表大会表决通过，当年完成村级集体经济组织的劳动年龄统计，登记集体经济组织成员11780人，总劳动年限223973年，人均19年。经清产核资，4村集体净资产66305.78万元。

2015年，新生、来广营、清河营和北湖渠4村集体经济产权制度改革在上年劳龄统计三榜公示的基础上，完成清产核资、资产股份量化等工作，村级股份经济合作社登记成立，按区审定的集体资产处置方案等文件逐一落实，产权制度改革全面完成。

来广营村经济合作社举行社员代表选举（2012年摄）

来广营乡合作经济联合社举行第一届第一次团体社员代表大会(2012年摄）

红军营村集体经济在产权制度改革中已完全融入股份化的北苑实业发展公司（2015 年摄）

第十一章　农业

数千年前，域内出现新石器用具等北京较早的原始农业形态和畜牧聚落，但限于水土技术等自然社会条件，耕作粗放，生产力长期低下。

20 世纪 50 年代初，吴玉书、王进富等人带头互助合作，率先建立集体经济组织后，农业规模扩大，土地产出率提高。60 年代，社队大力垦荒拓土、平整岗坡地，农田从 17500 亩增至 70 年代最多时达 25300 亩，通过机械化、先进科技和双季轮作，1971 年粮、棉、油生产均达历史最高水平。生猪饲养也从合作化时期名扬全国，发展至 70 年代仍是北京养殖业典型，在来广营召开全市养猪工作会议，《北京日报》头版长篇报道。改革开放后，推行联产承包，调整种养业结构，农林牧渔全面繁荣。90 年代，随着不断征地，耕地骤减，都市农业进而取代传统耕作，建成朝来农艺园，向专业化、商品化、现代化发展，养猪业在全市依旧名列前茅。进入 21 世纪，农业锐减，种植总收入不足经济总量 5%，而林业则随绿隔建设迅速崛起。至 2015 年，农业总产值 1841 万元，其中绿色产业占 96%，作为农业主体一枝独秀。

域内都市农业就是朝来农艺园，故本章列为一节合写。

第一节 生产资源

一、农业用地

域内土壤以褐潮土为主，南北滨河地带耕层深厚，土质肥沃，属宜农区。西北部立水桥、清河营一带多沙土，北湖渠、红军营一带为潮黑土，适宜稻麦两茬作物，南境宜种小麦、玉米。土地资源自古开发有限，除兵营、猎场外，多为荒丘丛林、野岗湖泽，种植经营的成熟耕地少。清河营村娘娘庙古碑记载，清乾隆年间，该村地多沙碱，低洼易涝，难种五谷而适种杨柳。立水桥村1937年至1948年有土地700多亩。1949年，安家坟村有旱地3049.93亩，全村人均5.52亩。来广营村外土地3325亩，竟有2166亩未耕种。为迅速恢复发展农业生产，各行政村政府鼓励农民开荒种地，荒地变旱地，旱地变水田。北平军管会颁布《关于北平市辖区农业土地问题的决定》，规定一切可耕荒地，在不妨碍城市建设与风景的条件下，由政府统一分配予缺地农民耕种，视地质与位置而定免税1年至3年。至1955年的各村耕地面积，来广营村4875.3亩，勇士营村3336.17亩，黄军营村3515.7亩，安家坟村3201.1亩，北湖渠村2578.85亩。和平乡农用地总计33286亩，其中园田121.8亩，人均耕地3.09亩，役畜耕作量平均每头72亩。农业生产合作社广泛动员社员向生产的广度和深度进军，更大规模地斩棘辟壤，耕地面积逐年增加。

1962年，来广营人民公社耕地面积20270亩中，种植粮食作物14862.4亩、蔬菜作物3111.85亩、棉花作物829亩、油料作物554亩、青麻作物224亩，撂荒和其他用地688.75亩。按照中央对农民实行休养生息的政策，各生产队

20世纪70年代来广营公社麦收后起垄待种的耕地（1978年摄）

重新划分给社员自留地，每户不超过3分地，并允许社员自行开垦荒地，自种自收。二十世纪六七十年代，全社开展农业学大寨运动，组织劳力大规模平整土地，开荒造田，修建沟渠、道路工程，造就高产稳产“大寨田”，农田面积从1960年的17490亩增至1974年的25322亩历史最高峰，有相当部分是旱涝保收的丰产田。1977年，农田基本建设完成土石方200万立方米。

改革开放以后，随着国家建设不断征地，还有造林、挖河、建房等原因，农业用地面积逐年减少，耕地面积由1978年的23179亩降至1999年的6780亩。2000年，绿化隔离带建设退耕还林占用粮田2873亩、兴建北苑新村征用粮田464亩，至年末耕地面积仅剩3443亩，至2002年进一步锐减至904亩，且基本属于“一绿”隔离带的植被水浇地。2015年，全境农业用地真正属于农作物种植的耕地，仅有农业设施占地23亩、菜地播种97亩（含复种面积），余均为绿化林地。

表11-1　1961年至2009年部分年份来广营公社（乡）农业用地面积统计表

单位：亩

年份	总面积	水田	菜地	水浇地	旱地	集体耕地	社员自留地
1961	20104	/	/	/	/	/	/
1965	19903	/	/	/	/	/	/
1972	25175	818	834	13444	10079	23691	1484
1975	25025.5	2389	1272	13383	6446	23490	1535.5
1978	/	/	/	/	/	23179	1535
1980	/	/	/	/	/	22765	1535
1985	23757.2	5391	2740	10910.8	4715.4	22222	1535
1990	22104	4364	2651	13073	2016	20569	1535
1995	16424	2819	625	12980	625	16424	0
2000	8300	4300	2622		1378	7874	0
2001	4542	0	0	0	4542	4542	0
2002	904	0	558	346	0	904	0
2003	904	0	558	346	0	904	0
2004	3574.5	0	558	3016.5	0	3574.5	0
2005	3575	1174	408	1857	0	3575	0
2006	2879.2	1127.6	1280	212.8	258.9	2879.2	0
2007	3103.8	914.9	471	671.9	1046	3103.8	0

续表

年份	总面积	水田	菜地	水浇地	旱地	集体耕地	社员自留地
2008	3100.4	917	471	671.9	1040.5	3100.4	0
2009	603.4	0	89	514.4	0	603.4	0

说明：表中数据均系年末数。由于粮菜等传统农业种植基本消失，2010 年及以后均无耕地面积统计；表中“/”表示无统计数据。

二、劳动力

来广营域内劳动力自古就以农为主，是从事种植、养殖的小农经济主要资源。拥有耕地较多的农户，雇佣无地少地的农民作长工或忙季临时短工。1949 年，安家坟村家庭雇用长工 20 人，其中地主家庭雇用 17 人，富农家庭雇用 2 人，中农家庭雇用 1 人。

20 世纪 50 年代以后，在资金等外力投入不足的条件下，改善优化耕作基础设施、扩大农业规模、提高农产品产量，更是决定性的农业生产力。二十世纪五六十年代，在粮食短缺条件下，大多数社员都被农业生产合作社和人民公社动员投入农产品生产，从事粮菜种植、畜禽饲养。70 年代初，来广营人民公社劳动力总数 5554 人，其中整劳动力 4268 人，半劳动力 1286 人，参加农业生产者 5063 人。1973 年，劳动力总数 5779 人，其中在大队、生产队的劳动力 5134 人，而参加粮食生产者多达 3987 人，从事林业经营 36 人、养殖业 300 人，农业生产者占在队劳动力总数的 84%。在农业劳动力中，长期以粮食种植者居多。1983 年，来广营乡劳动力总数 8232 人，其中男劳动力 3921 人，女劳动力 4311 人，参加粮菜种植劳动力仍占半数以上。90 年代以后，从事粮食种植的人逐渐减少。21 世纪前 10 年，随着北京市第一道绿化隔离带建设，退耕还林，粮食种植、畜禽养殖业迅速萎缩，2007 年后，粮农基本消失，而投入植树绿化产业的林农，则成为唯一的农业生力军。2015 年，来广营地区（乡）农业劳动力仅剩管理维护绿化的专业人员 209 人。

三、农具农机

旧时，传统耕作农具主要有犁、铁锹、镢头、锄、耙、盖、薅锄等。1952 年，域内首次使用农业机械，北京市农机推广站开来拖拉机在吴玉书初级农业生产合作社土地上耕作。此后，各农业生产合作社推广新式农机具双轮双铧犁、马拉播种机等。1954 年，来广营初级农业生产合作社购置管式喷雾器 6 架、双轮双铧犁 1 部，试用马拉十行播种机种小麦。北湖渠村 1954 年至 1956 年增加新式步犁 8 部、喷雾器 9 部。1958 年末，和平人民公社划拨原和平乡的机车 3 台、机车操作员 10 人给第四站管理使用。

至 20 世纪 60 年代中期，随着农业机械化的推广，绝大多数传统农具淘汰，农用地基本实现机耕。1969 年，来广营人民公社购得驻境国营机站拖拉机及配套农具，建起社营农机修配站，增添设备、充实修理技工，承担起拖拉机、汽车、农机具的一般故障修理，后发展为农机修配厂。1972 年，几乎每个生产队都有农机修理点。全社农业机械有大中型拖拉机 16 台、手扶拖拉机 41 台，电动机 290 台、2056 千瓦，扬场机 42 台，脱粒机 62 台，铡草机 40 台，粉碎机 57 台。全年农机作业机耕 17744 亩、机播 10366 亩。此时，水稻种植进入高峰期，使用机动插秧机 10 架，手动插秧机 43 架。1979 年，农业机具增至拖拉机 33 台（链式拖拉机 13 台、轮式拖拉机 20 台）、油罐车 1 辆、植保机械 68 台、机动喷雾器 42 台、手动喷雾器 26 台。公社农机修配厂拥有机床 10 台，职工 83 人；大队农机修配组有 5 个，配置机床 6 台，职工 20 人。

1984 年后，来广营乡农业实行适度规模经营，农机使用更加专业化，各生产队农机不适用的逐步废弃闲置。1986 年，全乡农业机械总动力 28634.6 马力，有大中型拖拉机 56 台、小型拖拉机 61 台，农用排灌动力机械 459 台，联合收割机 17 台，机动脱粒机 54 台，机动喷雾器 58 台，手动喷雾器 38 架。1991 年 1 月，来广营乡设立农业机械管理站，负责全乡农机管理。此时，农业机械使用已经高度集约化，播种、植保、施肥、收割等农机操作成龙配套，现代农业生产力大为提高。

来广营乡“三夏”农忙时节机收小麦（1994 年摄）

1996年后，乡农机站下辖6个机务队，有55台大型农机具、68名农机驾驶员，是历年“三夏”“三秋”农忙季节的农作主力。2000年，全乡机耕面积6969亩，机收面积10309亩。进入21世纪，乡农机站随着传统农业退出而转向为都市观光农业和绿化隔离带建设服务，为朝来森林公园挖湖堆山、植被喷灌、开挖园内排水沟渠，大量不适用的农机具逐渐退出历史舞台。

表11-2　1973年至2005年部分年份来广营公社（乡）农机具统计表

单位：台

年份	大中型、手扶拖拉机	机引犁	机引耙	播种机	收割机	手扶拖车	农机总动力（千瓦）
1973	45	28	18	8	/	/	/
1977	64	126	/	35	59	64	/
1980	57	51	32	18	20	57	/
1985	64	77	21	25	23	60	/
1990	28	47	34	16	/	/	/
1995	51	12	9	7	20	0	25281
1999	51	18	22	8	13	0	17928
2001	24	4	7	4	1	0	14920
2005	7	0	0	0	0	0	14502

说明:2005年后耕作农机具已基本消失，无专项统计。表中“/”表示无统计数据。

表11-3　1972年至2005年部分年份来广营公社（乡）农机具统计表

单位：台

年份	电动机	机动插秧机	场院机械		畜牧机械			农用排灌水泵
			机动脱粒机	扬场机	粉碎机	切割机	铡草机	
1972	290	/	62	42	57	/	40	76
1973	283	10	70	43	57	6	42	73
1975	506	/	/	/	57	10	52	82
1977	717	35	104	47	62	23	46	141
1979	526	53	70	45	43	3	37	84
1980	527	52	73	53	42	3	33	121
1981	386	16	65	55	43	2	33	128
1982	481	8	48	52	36	/	33	141

续表

年份	电动机	机动插秧机	场院机械		畜牧机械			农用排灌水泵
			机动脱粒机	扬场机	粉碎机	切割机	铡草机	
1984	467	/	55	46	44	1	29	64
1985	462	/	37	27	40	/	36	56
1988	/	/	40	59	49	10	25	102
1989	/	/	40	/	/	/	/	319
1990	396	12	42	/	/	/	/	297
1992	/	11	39	/	/	5	25	321
1995	316	7	25	40	/	/	/	116
1996	320	/	10	40	/	/	/	116
1997	320	2	10	40	10	/	/	116
1998	116	2	10	40	/	/	/	116
1999	/	0	6	40	9	/	/	116
2001	/	0	4	4	0	0	0	71
2005	/	0	0	0	0	0	0	71

说明：2005年后域内传统农机具已基本消失，无专项统计。表中“/”表示无统计数据。

四、肥料

域内旧时农用肥料，主要是人畜粪便、土杂肥、草木灰等，用量不能满足农作物生长需要。二十世纪五六十年代，开始注重堆沤秸杆，制用绿肥。60年代末，随着菜田的扩大，农家肥严重不足，开始施用日本生产的尿素等化学肥料。

20世纪70年代，大量施用化肥，国产氮肥、磷肥、钾肥、复合肥等，均已普及成为主肥，与农家肥并用。1972年，全社农作物施用化肥106.5万公斤，小麦平均每亩施用万斤畜圈有机肥。有的生产队组建专门的积肥队，夜晚人工拉车进城掏挖故宫筒子河泥回村施地，冬春季节采挖坑塘泥作为优质肥料，夏季采用高温堆肥，将杂草秸秆发酵为肥。“文化大革命”结束后，由于规模猪场、鸡场的兴起，菜田农家肥大幅增长。

1980年至1982年，在朝阳区综合农业区划中，来广营人民公社部分大队因土壤肥力较高，水量充沛，灌溉方便，被划入粮食种植区的小麦水稻区；部分大队因土壤较为贫瘠，水源不足，被划入粮食种植区的小麦玉米区。

1986年，来广营乡农作物施用化肥1523吨（氮肥1206.5吨、磷肥202.5吨、复合肥114吨）。1991年8月，来广营垃圾消纳场机械化分离垃圾，分离出的肥料供乡施用于耕地124亩。为保持并提高地力，农用地恢复使用有机肥，适当施用含磷、钾的化肥。20世纪90年代使用的农药中，杀虫类有敌杀死等8种；杀菌类有瑞敌霉等13种。菜地50%以上面积施用化学除草。

1995年，全乡农作物施用化肥1186吨（氮肥1005吨、磷肥122吨、钾肥18吨、复合肥41吨）、农药7吨、农用薄膜4吨（其中用于地膜覆盖3吨）。“九五”时期兴建的朝来农艺园，为防止污染，不施撒化肥，采用测土配方施肥。乡粮林公司马文虎、李春、何镇研发“华孚植物促长剂在粮食生产中的应用与推广”，获朝阳区三等奖。2000年，小麦播种采用大平播，测土配方施肥，肥料结构为每亩尿素10公斤、磷酸二铵15公斤、钾肥0.75公斤，拔节肥平均亩施碳铵40公斤至50公斤，为小麦增产奠定了基础。玉米于6月22日前播种结束，亩施底肥磷酸二铵12.5公斤、尿素10公斤、钾肥5公斤。

至2015年，唯一从事农业种植的朝来农艺园，仍然采用测土配方施肥技术为各类蔬菜瓜果提供养分。园区专职人员根据作物需肥规律、园区土壤供肥性能和肥料效应，合理施用有机肥料的同时，科学确定氮、磷、钾及中、微量元素等的施用数量、施肥时期和施用方法，有针对性地补充作物所需营养素，实现各种养分平衡供应，提高肥料利用率和减少施用量，提高作物产量，改善农产品品质。

五、水利灌溉

域内农田灌溉自古采用河水或地下水，河水主要有清河、北小河，地下水以人力吊杆、辘轳、龙骨水车从井中提取。1950年大旱，各村贯彻第十七区人民政府指示，大力推广水车戽水抗旱。来广营互助组没有灌溉农具，就挑水点浇播种，称点水。1957年12月30日，和平乡党委决定由王润芳带领1000名民工支援京城东南郊灌渠建设，短时间内即完成46000立方米土方任务。1958年2月18日（农历正月初一），和平乡组织1万多人开工修建和平灌渠，总长35500米，动用土方104万立方米，完成64座建筑物，3月15日放水试渠。横贯域内中部的羊坊灌溉干渠同时建成投入灌溉，水源为清河和羊坊水库。此后，两大灌渠保障了域内农田的有效灌溉，旱能浇，涝能排。和平人民公社成立后，开发修建沟渠，扩大地表水利用，增加浇地面积，井、渠灌溉双保险。9 月 30 日，和平人民公社张祥、邱崇书带领 1200 名民工参加密云水库义务劳动。

1962 年冬至 1963 年夏，来广营人民公社南湖渠村在西八间房村北建扬水站，扩大灌溉面积。由于农业用水量增加，原有浅井水严重不足，1969 年，域内开始打深水机井、建扬水站、修建排灌渠。1972 年秋收后，全公社按照平均每个劳动力 1 亩旱涝保收稳产高产田的标准，大干一冬春，扩建赵家坟灌渠、五合三队灌渠，新修东湖二、三队斗渠工程，引清河、北小河水自流灌溉农田，并建成 50 眼电井。清河营二队大包扬水站由大队管理，大队投资修建支渠。干渠、支渠、机井和扬水站综合利用，灌溉沿线上万亩农田。南湖渠大队、清河营大队和五合大队实现不用羊坊水库灌溉。次年，机械提水灌溉 10936 亩，旱涝保收面积达 5635 亩。至 1977 年，全社有效灌溉面积增至 23000 亩、机电井 107 眼、装机 1700 千瓦、扬水站 35 处、装机 450 千瓦、配套电动机 35 台、450 千瓦，配套内燃机 2 台、110 马力，排灌机械保有量 251 台、2311 千瓦；防涝面积 2000 亩；水利建设完成土石方 80 万立方米。

1987 年，来广营乡依靠机电井 87 眼，对 16907 亩现代化菜田实施有效灌溉，菜田广泛应用塑料管道灌溉和滴灌技术。1989 年 11 月 15 日为农田水利建设日，全乡广泛掀起兴修高潮，驻境 15 个中央、市区属单位 2000 余人参加修建来广营至北苑路两侧排水沟，一天即疏通全渠近 5000 米长，受益面积 2500 多亩、动用土方 5000 余立方米。1991 年 1 月，来广营乡设立水利管理站，负责全乡水利建设、设施管理和高度使用。“八五”计划时期，建成沈家坟灌溉干渠，流经乡域东部边缘。

农田水利建设日，乡干部与群众在来广营村扩建排水沟（1994 年摄）

1995年5月20日，来广营乡埋设引关庄污水处理厂的净化水入境灌溉的“南水北调”地下输水管道，管道直径1米，总长2818米，引水可灌面积6000亩，解决乡中部都市农业灌溉缺少净水问题。2000年，全乡可灌溉面积12150亩，其中农田灌溉面积11100亩、林地灌溉750亩、其他300亩，实际灌溉5901亩，全面实施滴灌和陆地喷灌技术。乡农机站为朝来农艺园四期工程铺设节水型喷灌管道1907米，对红军营村396亩粮田进行节水改造，铺设喷灌管道5476米，发展清水稻生产。因区扬水站费用较高，域内农业灌溉尽量采用北湖扬水站提取清河水源。至2015年，农灌水利系统多数在建设“一绿”隔离带工程中被拆除平埋，可用者转用于草木绿植。

第二节 种植业

一、粮食生产

中华民国时期，境因土地肥沃，且荒闲地较多，来自河北、山东等地的农民在此开荒垦地，种植小麦、玉米、谷子、高粱。谷子、高粱产量较低，亩产不足100公斤。传统茬口安排，多为轮作，即春种玉米，秋种小麦，次年麦收后接种晚玉米。豆类多与玉米、高粱间作。基本上是一年一熟。

据土地改革工作组1950年1月对安家坟村地主、富农、中农、贫农各1户的典型家庭调查，4户均种有小麦、谷子、黄豆、玉米。此后，粮食品种增加，以小麦、玉米、谷子、高粱等为主。由于生产条件所限，加上气候的影响，产量低而不稳。1949年，安家坟村农作物收获玉米1721亩，谷子321亩，小麦285亩，高粱221亩，旱稻23.5亩。当年粮食因夏涝减产四成多，村民按照区政府号召生产自救，秋后突击补种麦1034亩。1950年，来广营村有耕地3325亩，播种粮食作物有小麦1159.4亩、玉米1395.5亩、大麦6.5亩、高粱108.6亩、谷子256.5亩，平均亩产100多公斤。1956年，和平乡粮食播种总面积21881亩，各村均种有玉米、小麦、谷子等。农作物茬口一年两熟，多为水浇地小麦与玉米轮浇或菜粮轮作，两年三熟多为水浇地春种果类菜，秋种小麦，第二年秋种菜或秋粮。与此同时，推广小垄密植，套种行距缩小到3至4尺（1至1.33米）。多采用4至6行大豆间作1行玉米形式，小麦用小垄和机播平作方式种植。1958年，和平人民公社有6万多亩粮食作物，平均亩产240公斤，比上年增产163.8%。同年，建立小面积高额丰产试验田，如董淑珍种植晚玉米 1.42 亩，亩产达 527.5 公斤。

1962 年，域内春旱、夏旱连秋旱，水浇地粮食亩产 225 公斤，旱地作物亩产不足 100 公斤。顾家坟生产队 120 亩小麦示范田，通过平整土地、排灌配套、使用良种、按规程管理，平均亩产超过 200 公斤。全公社粮食作物面积 14862.40 亩，总产量 205.4 万公斤。大规模水利建设，促使域内旱作农业转变为灌溉农业，黄军营等大队 1964 年开始种植水稻。公社党委书记石青，重视科学种田，推广玉米小麦套种和玉米双杂交，1965 年粮食单产、总产双翻番，总产量达 515 万公斤，比 1961 年增长 1.48 倍，来广营人民公社因此被评为“北京市农业社会主义建设先进单位”。1972 年，全公社粮食种植面积 20335 亩（含社员自留地、社外单位种粮及复种面积），总产量 399 万公斤。其中，社队集体粮食种植 13726 亩（含复种面积），总产量 380.5 万公斤。主要粮食品种，有稻谷 1916 亩，总产量 349882.5 公斤；玉米 9951 亩，总产量 117.97 万公斤；谷子 408 亩，总产量 2.24 万公斤；高粱 3782 亩，总产量 33.47 万公斤。水稻种植，主要分布在清河营村、南湖渠村、红军营村和立水桥村，品种有越富、早丰。域内危害农作物的地下害虫，主要是蝼蛄、地蚕，其次是金针虫。小麦害虫有蚜虫、火蜘蛛、麦叶蜂；玉米害虫有钻心虫，六七月为害尤甚；谷子害虫是黏虫。植保措施主要是有针对性地施用农药，1972 年全社用农药 29521 公斤。全社实行稻麦两茬耕作制度，为了不误农时，要求“早稻不插六月秧，晚稻不插七月秧”。同时，试行三种三收，即在 2.5 米宽的麦田畦埂上套种玉米等农作物，麦收后再种第三茬作物。农业茬口推行双季复播，大面积在麦田畦埂上套种中熟玉米，麦收后在 7 尺半畦中心种 2 行早熟玉米或高粱或豆类。1975 年，红军营大队推行“三种三收”制，在 2.5 米宽的麦田畦埂上套种玉米，麦收后紧接着播种第三茬农作物。1975 年后，由于农业机械的推广使用，粮食产量逐年增加。至 1979 年，全公社粮食总产 539 万公斤，居朝阳区第一位。

20 世纪 80 年代初，北湖渠第二生产队试验水稻旱种成功，平均亩产 1983 年 695 公斤，比 1982 年增长 1 倍。全社麦田面积减少，夏玉米和晚稻生产趋于稳定，谷子、高粱等极少种植，黍子、黏高粱已绝种。推行联产承包责任制、家庭自主经营承包地后，套种减少，平播增多。推广玉米高畦直播，进行“三三制”轮作，实行玉米、小麦、水稻等三大作物倒茬种植、水稻旱种等。植物保护工作主要防治蚜虫、菜青虫、地下害虫、纹枯病等粮菜病虫害，秋播小麦时用药剂拌种。田间除草开始广泛使用化学除草剂氟乐灵、地安乐等。

1986年，来广营乡农作物施用农药1.2万公斤、农用薄膜4.3万公斤，植物保护进一步加强。

“三夏”时节来广营乡农民忙于抢插晚稻（1992年摄）

1994年，种植200亩小麦高产试验田。1995年8月30日，乡农业公司何镇水稻优质品种高产高效栽培技术获农业部推广应用三等奖。1999年4月，乡农业公司与区农科所合作完成“麦茬稻微喷旱育秧的研究与应用”获朝阳区二等奖。2000年，来广营乡水稻早育早插，早稻于4月10日前完成育秧，5月28日前插完，亩均1.8万棵，每棵3至4苗，每亩基本苗6.5万根；晚稻于5月10日前完成育秧，6月28日前插完秧，亩均2万株，每株7至9苗，每亩基本苗12万根。全乡粮食播种6532亩，总产量252.3万公斤。当年秋收谷物播种2753亩，总产量124.6万公斤。其中，玉米全为夏播，播种450亩，平均亩产366.34公斤；稻谷播种2303亩，平均亩产469.47公斤。小麦经测量，亩均44.1万穗，穗均24.9粒，平均千粒重40.5克，全年总产小麦113.3万公斤。2000年后，随着粮食、蔬菜种植面积迅速减少，化学除草剂、农药不再使用。此后，粮食种植面积逐年减少，直至全面停产。

表11-4　1961年至2001年来广营公社（乡）主要粮食种植统计表

年份	主要粮食播种面积（亩）				总产量（万公斤）				平均亩产（公斤）		
	总计	主要粮食品种			合计	其中主要品种					
		麦子	水稻	玉米		麦子	水稻	玉米	麦子	水稻	玉米
1961	14757	/	/	/	165.47	/	/	/	112.13		
1973	31160	12206	1893	11989	498.5	212.67	38.8	194.8	267	205	162.5
1976	32356	15097	10553	4792	641.85	308.6	263	56.65	158	249	118
1980	32297	13547	7193	10451	1435	374.6	217	279.6	277	302	267.5

续表

年份	主要粮食播种面积（亩）				总产量（万公斤）				平均亩产（公斤）		
	总计	主要粮食品种			合计	其中主要品种					
		麦子	水稻	玉米		麦子	水稻	玉米	麦子	水稻	玉米
1985	25733	8000	9794	7939	750	176	379	195	220	387	245.6
1990	23296	8044	9530	5600	828.5	244.8	455	126.7	304	477	226.3
1995	18380	6000	8928	2310	718.3	248.8	371	74.7	415	416	323
1999	12382	4670	5627	1203	519.5	193.3	271	43.3	414	482	360
2001	1923	600	1323	0	83.1	22.3	60.8	0	372	460	0

说明：2002年至2015年无粮食生产统计；表中“/”表示无统计数据。

二、蔬菜种植

旧时，域内蔬菜种植主要是自产自食，有少数菜农大户种菜专供兵营。品种以大白菜较多，分春播和秋播两季。1950年，来广营村种植蔬菜5.3亩。1955年，和平乡蔬菜种植面积1216亩，其中南湖渠村种菜981亩。20世纪50年代中期后，和平乡贯彻“为城市服务，以菜为纲”的生产方针，扩建菜地，蔬菜生产和销售较快增长，蔬菜品种也开始增加。主要品种有西葫芦、架豆、老干葱、大蒜、土豆、 油菜、小白菜、萝卜、圆白菜，茄子、菠菜、韭菜、大椒、大白菜种植面积广、产量高。1957年，全乡兴建蔬菜温室288间，次年增至356间、冷盖750个。温室工艺技术普及后，蔬菜产量提高明显。

1962年，来广营人民公社从外地引进菜花、芥菜、水沟葱、红埋头菠菜等优良品种，蔬菜总产5950万公斤，收菜后兼顾缴售国家和社员自食。20世纪60年代后期，随着菜田的扩大，农家肥供不应需，开始施用日本生产的尿素等化学肥料。至1973年，引进西红柿等新品种，使越冬菜、早春风障菜、春播露地菜、夏秋冬蔬菜品种齐全，配套种植。全社种植蔬菜占地1069.2亩，总产432.5万公斤，其中入市销售288万公斤。蔬菜种植以春、夏、秋三季为主，有少量越冬根茬菜。白菜、菠菜、萝卜、茄子的种植面积大，产量高。蔬菜害虫较多，有钻心虫、菜蚜虫等十来种，病害有晚疫病、霜霉病、软腐病、弧丁病、叶霉病等。病虫害防治主要采用药物，使用较多的农药有敌敌畏、666、氧化乐果、乐果，一度改用菌酯类药物，后因害虫对其产生抗体，氧化乐果和乐果被再度使用。1978年，蔬菜种植2600亩，总产量671万公斤。二十世纪七八十年代，域内成为朝阳区重要的蔬菜生产基地。

中共十一届三中全会后，来广营人民公社贯彻执行北京市委提出的蔬菜生产要“巩固提高近郊，大力发展远郊，充分利用外阜优势”的方针，积极发展蔬菜生产，同时注重经济效益和实际收入，按照市场价格安排蔬菜种植计划。1980年至1983年朝阳区综合农业区划，将部分生产大队划入蔬菜种植区中的大路菜区。南湖渠生产大队的蔬菜品种，春播菜有强力米寿、茄门大茭、抱春甘兰、黄瓜津研2号等，夏播菜有老来黑、黄瓜津研4号等，秋播菜有宁心青等。其中，亩产最高的是黄瓜津研2号，平均每亩4000公斤。露地菜茬口有一年两熟和两年三熟。全境种植设施有温室160个、大棚14个、小弓棚255个。1984年，来广营乡蔬菜种植面积5046.7亩，亩产2148公斤，蔬菜总收入111万多元。1986年，全乡建设现代化商品菜田，主要蔬菜品种普遍选用杂交种子，蔬菜总收入达135.7万元，创历年蔬菜收入最高纪录。

20世纪90年代，伴随人民生活水平的提高，保护地面积增多，乡域蔬菜中特菜品类达上百种，尤其是都市农业的发展，使过去以“大老粗”即大白菜、季节菜、单一菜为主向四季都能生产的“细、鲜、嫩”的优质多品种蔬菜转变。1995年，来广营乡启动“百亩日光温室工程”，蔬菜生产“菜田北移”，开辟新菜田290亩。1999年4月，来广营乡水管站“菜田自动控制微灌系统研究”获朝阳区二等奖，朝来农艺园与北京霸新绿色种植园合作完成的“人参果、东棚王黄瓜、以色列大椒农艺栽培性状的研究”“保护地番茄新品种——以色列144号番茄试验与应用”，均获朝阳区三等奖。

朝来农艺园蔬菜大棚（1996年摄）

2000年，全乡蔬菜生产占地942亩，播种3836亩，总产量8488吨。至2015年，农业总产值1841万元中，除了林业1769.6万元，其余均为蔬菜种植，达71.4万元，全属朝来农艺园的设施农业。其中，设施占地23亩，播种面积 97 亩，系温室栽培，蔬菜产量 97 吨。为防止污染，一直应用环保绿色技术防治病虫害，提高农产品产量和品质。

三、其他种植

清乾隆年间，曾有栽植经济林木以济民生的农林种植。清河营村娘娘庙内“护林禁约碑”碑文记载，该村土多沙碱，难种五谷，村民们合议栽种杨柳，以备收成不济时卖充钱粮。为护杨柳不被砍伐，阖村立碑以作警示。

其他农作物，更多的棉花、油料、麻类、花生、瓜果经济作物等，豆类亩产 75 公斤左右。棉花旧时种植较少，仅北湖渠、安家坟有小面积种植，解放后根据国家需要大量发展，成为主要农作物之一，是北京市著名的棉花产地。

1949 年，安家坟村种植棉花 179 亩，芝麻 87 亩，花生 5 亩，黄豆 295 亩，小豆 119 亩，白薯 43 亩。据土地改革工作组对安家坟村地主、富农、中农、贫农各 1 户的典型家庭调查，当年 4 户均种有芝麻、棉花、白薯。

1950 年，来广营村播种芝麻 24 亩、棉花 10 亩、白薯 57.6 亩、黄豆 286 亩。黄军营村农民王桂敏种植花生 1.16 亩，用根瘤菌拌种，种籽由 15 公斤增至 20 公斤，并充分保障肥料，连年高产，最高达到亩产 385 公斤，远高于当时 50 公斤至 100 公斤亩产的水平，成为远近闻名的花生女状元。1954 年，来广营乡执行国家对棉花的统购统销政策，棉花产量 48000 公斤，除自留自用的 3000 公斤外，外销售棉花 45000 公斤，成为当时农业收入的主要来源之一。在计划经济时代，棉花主要按计划种植，面积、品种、产量均由市、区逐级下达到公社、大队、生产队，由大队与供销社或收购公司签订合同，公司派专人到大队采购。当年花生总产量 52500 公斤，其中，2000 公斤留作种子，其余进入市场销售。1955 年，种棉扩及北湖渠、安家坟、勇士营、来广营、刘各庄诸村，总面积 8338 亩，饲料及其他农作物 2200 亩，刘各庄还种有酒花 200 亩。全乡桃、梨、葡萄等果林面积 130.5 亩。农民受土地资源和传统种植观念的影响，油料只在自留地种植，榨油自食。1958 年，和平乡推广棉花密植增产技术，全乡种棉 1 万多亩，平均亩产 46.5 公斤皮棉，比 1957 年增产 71%，提前 9 年实现全国农业发展纲要所定指标，涌现出种棉能手马润章。同年，肖志山高产试验田种植的白薯，亩产达 2759.5 公斤。

1962 年，来广营人民公社油料种植 580 亩，总产量 34800 公斤；麻类 279 亩，总产量 5725 公斤。公社党委推广棉花种植，1963 年，全社棉花种植面积 2195 亩，总产量 43900 公斤，平均亩产 40.5 公斤，居北京市各公社首位。1968 年初，全国棉花生产工作会议在北京召开，公社主管领导干部和代表参加会议，周恩来嘱托来广营公社与会人员道：“你们回去以后要研究一下，棉花能不能不落桃儿、少落桃儿？这是对你们的希望！”1972 年，全社种棉 3028 亩，占全区的 27.09%，棉花总产量 43906 公斤；油料作物种植 302 亩，总产量 13052 公斤（其中花生种植 54 亩，总产量 8154 公斤；芝麻种植 248 亩，总产量 4898 公斤）；白薯 803 亩，总产量 13.92 万公斤；大豆 513 亩，总产量 3.93 万公斤；荞麦 48 亩，总产量 1200 公斤；果林面积 324 亩，零星果树 57407 棵。1975 年，全社种植麻类 140.2 亩，总产量 2510.5 公斤。此后，棉花播种面积逐年减少，至 1980 年已无种植。

1981 年，来广营人民公社果树产鲜果 6300 公斤，其中鲜枣 5000 公斤、鲜柿 1000 公斤，余为梨、桃等。甘薯、红小豆、绿豆等已极少种植。1988 年，来广营乡油料作物总产量 17000 公斤，花生总产量 1500 公斤；零星果木树产鲜果 3.01 万公斤，其中鲜柿 1.68 万公斤、鲜枣 1 万公斤、葡萄 0.16 万公斤，余为苹果、梨、桃、杏等。此后，域内只有零星柿、枣，产量不多。1995 年，来广营乡仍是北京啤酒厂的啤酒花原料基地，占地 150 亩。此后，未再种植油料作物。

朝来农艺园花卉培育温室大棚（1996 年摄）

来广营乡都市农业园区的矮种甜枣（1997 年摄）

2000 年，全乡种植经济作物 564 亩，依靠温室等设施栽培花卉 28000 盆，总产值 49.1 万元。大豆播种 888 亩，总产量 13.34 万公斤；薯类栽种 70 亩，平均亩产 500 公斤，总产 35000 公斤。进入 21 世纪，农业退耕还林，所有粮菜以外的传统农产品随同粮食作物一同退出，不再生产。

表 11-5 1959 年至 1999 年来广营公社（乡）非粮农作物种植统计表

年份	棉花		油料作物		花生		芝麻		蔬菜	
	面积(亩)	总产量（公斤）	面积（亩）	总产量（公斤）	面积（亩）	总产量（公斤）	面积（亩）	总产量（公斤）	面积（亩）	总产量（万公斤）
1959	1486	14750	/	/	200	11750	403	6195	/	/
1962	1615.5	52847.5	580	34800	/	/	/	/	2944	595.35
1975	2983	95000	239.5	10417.5	48.5	7045.5	184	3232	1085	426
1977	49	5005	825.5	90375	102.5	7021	542.5	19278.5	1850	546.5
1980	0	0	360	48005	85	16190	97	2205	2300	886
1985	0	0	360	65005	32	2500	159	15002	2740	1020.5
1988	0	0	360	17000	32	1500	0	0	4838	674.2
1991	0	0	360	18000	0	0	0	0	1700	814.5
1995	0	0	159	18000	0	0	0	0	2717	594.3
1999	0	0	0	0	0	0	0	0	2398	298.9

说明：2000 年后，除蔬菜外，其余农作物均无种植。表中“/”表示无统计数据。

第三节 养殖业

一、大牲畜养殖

域内大牲畜旧有驴、骡、马、牛等，均归富户大族农耕或拉车时役用，贫雇农无大牲畜。1937 年至 1945 年，立水桥村有役用牲畜 30 多头。1949 年初，安家坟村有驴 30 头、骡 9 头、马 2 匹。土地改革后，地主家的牛、马、驴、骡分配给贫困村民，用于耕地、播种、运输等。农业合作化运动后，大牲畜为合作社集体所有，统一使用。1955 年，来广营村有骡 5 头、马 2 匹、驴 24 头、牛 8 头，与大望京各有乳牛场 1 处。立水桥村有大牲畜 41 头，其中骡 10 头、马 7 匹、驴 20 头、牛 4 头。和平农业生产合作社有奶牛 310 头，耕牛 26 头、骡 159 头、马 57 匹、驴 200 头。1954 年至 1956 年新增大牲畜北湖渠村 12 头、南湖渠村 26 头。

二十世纪六七十年代，来广营人民公社普及农业机械，马、骡逐渐退出劳役，数量减少，役牛转向肉牛饲养，公社积极鼓励社员饲养肉牛，以提高经济收入。1973 年，全社各队养殖大牲畜 675 头，是历史上最多的一年。其中，牛 61 头、马 268 匹、驴 197 头、骡 149 头，其中参加农事劳作的役畜 545 头。

1982年，公社投资兴建1座占地1万多平方米的集体奶牛场，同时发展户养，当年即有社员建成2家私营牛场，品种为产奶较多的黑白花奶牛。

来广营乡成立后的1985年，集体奶牛场养牛40头，产奶15万公斤，产值8.5万元，比上年5.9万元增加2.6万元。至1989年，牛场存栏奶牛125头，产牛奶35万公斤，总产值30万元，分别比1985年增长312%、233%、352%，在北京市金牛杯劳动竞赛中，获银牛杯奖。1991年，全乡大牲畜发展到632头，成为接近20世纪70年代初历史最高峰的第二峰值。此后，来广营乡域大牲畜饲养逐年减少，至2003年未再饲养。

表11-6 1962年至2004年部分年份来广营乡大牲畜年末存栏统计表

单位：头（匹）

年份	合计	牛	马	驴	骡	役畜	能繁殖母畜
1962	486	50	193	243		/	/
1973	675	61	268	197	149	545	194
1975	634	58	257	162	157	529	141
1980	540	32	295	45	168	477	108
1985	614	40	207	4	363	580	19
1988	510	1	161	2	346	510	7
1991	632	130	139	3	360	502	114
1995	195	159	35	1	71	107	294
1997	74	44	20	2	8	30	156
1999	214	214	0	0	0	214	138
2000	220	220	0	0	0	/	156
2001	166	166	0	0	0	/	117
2002	151	151	0	0	0	0	0
2003	90	90	0	0	0	0	0
2004	75	75	0	0	0	0	0

说明：2004年后乡域已无大牲畜养殖。表中“/”表示无统计数据。

二、生猪饲养

域内养殖业，夙以养猪为主。旧时仅中农以上富裕家庭饲养，规模不大，多至三四头。1953年春，来广营村吴玉书初级农业生产合作社贷款创办集体猪场，组织社员在村西围建猪圈60余间，制订《吴玉书猪场管理规定》，利用北京市赠送的苏联大白猪繁殖，养猪32头，是北京郊区最早的集体养猪场之一。因缺少经验，饲养不善，母猪产仔少、小猪成活率不高，成猪多病，当年猪场亏损。1954年4月，该社换用热爱集体、踏实肯干的贫农陈玉当饲养员，在区技术指导站指导下，大猪、公猪、母猪分圈管理，消毒隔离，定时定量喂食、防疫，小猪细喂，精心饲养，勤扫圈勤洗槽，到年末生猪增至245头，出栏销售后扣除贷款和上年亏损，净赚3300余元，清圈积肥67.5万公斤。1955年10月，该社新建种猪场。至年末，猪场存栏生猪266头，净收入7800元，两年来供给社员仔猪140多头。在发展集体养猪事业的实践中，来广营农业生产合作社逐步摸索出建立一个得力的领导班子、培养一支热爱养猪事业的饲养员队伍、实行一套科学的饲养方法、实现“猪多、肥多、粮多、收入多”的经验，极大地推动了集体养猪事业的发展。北京市委农工部总结这一经验写成《来广营农业生产合作社是怎样把猪养好的》一文，收入《中国农村的社会主义高潮》时，毛泽东将题目改为《养猪模范的来广营合作社》，并写下按语“这个经验值得推广”。受此影响，黄军营、东湖渠在来广营合作社帮助下也各办一猪场，立水桥村养猪41头，和平农业生产合作社集体猪场养猪480头。1957年，和平乡集体和个人共养猪15000头，成为其后13年从未达到的最高峰。1958年上半年，来广营乡养猪23000头，比1957年增长65%。由于管理不专业，踩蹋发病，造成大量死亡。1960年后，砍猪场、拆猪圈，“猪只下放”，分到组、户饲养。

20世纪60年代前期，来广营人民公社通过奖励粮食、收购猪圈粪肥，大力发展养猪，各队兴办集体猪场，社员家庭养猪也逐年增多。年末生猪出栏，除了交售，宰杀自食比例提高，过年增加肉食，改善民生。

“文化大革命”初期，来广营人民公社养猪被认为是走资本主义道路，受到批判，发生“砍猪场，拆猪圈，杀母猪，分积累”事件，不准供给社员饲料，取消对养猪投肥的奖励，使养猪事业遭受挫折，全年累计养猪1967年6561头，比1965年只增加18头；1969年7552头，比上年减少1549头。1970年春，遵循毛泽东“养猪业必须有一个大发展”的批示，为了多积圈肥发展粮食生产，公社书记李智多次开会研究，提出“多养猪、多积肥、多打粮”，各大队也相继召开誓师大会，社队供猪苗、饲料，包防疫治病，卖猪交肥给予奖励，实行队繁（母猪）户养（小猪）。社员把毛泽东《关于发展养猪的指示信》贴在墙上，养猪卖给国家，积肥交给集体，不影响出工参加队里生产劳动。至年末，39 个生产队个个都办有猪场，全社圈养 11000 多头猪，户均 3 头多，生猪数量与质量在全市名列前茅，成为北京畜牧战线的先进典型。1971 年前 9 个月，建立种猪血缘谱系，改良品种，培育经济杂交猪，提高产仔率、育肥率，全社扩建猪圈 724 间，用篱笆草秸抹泥为顶，节约了水泥木材成本，饲养母猪 1400 多头、同比增长 1 倍。10 月，北京市在来广营人民公社召开全市养猪工作会议，推动养猪事业发展。

北京日报

抓革命，促生产

市革委会在来广营公社召开全市养猪工作会议

总结交流经验　推动养猪事业大发展

把养猪生产提高到一个新水平

沿着毛主席革命路线发展养猪事业

1971 年 10 月 24 日《北京日报》头版配发评论，专题报道来广营人民公社养猪事业

1973 年，全社养猪数量和质量在北京市名列前茅。各队经营的集体猪场 43 个，合计养猪 19781 头，年末存栏 10072 头，出售商品猪 9709 头，人均养猪 1.29 头，4 项指标均创历年最高纪录，且在朝阳区各公社遥居第一、再次名列全市前茅。此后至 20 世纪 80 年代末，全境养猪数量均未超此纪录。1977 年 10 月，为纪念毛泽东对来广营养猪场重要按语发表 22 周年，北京市革委会再次在来广营村召开养猪工作会议，推广来广营公社公私并举、大力发展养猪业的经验，各区县领导和畜牧战线先进代表 700 多人与会。

改革开放以后，养猪商品率显著提高，入市销售量大幅增加。1985 年，全社出栏肥猪 6109 头，占全年累计养猪 9810 头的 62.27%。猪的品种主要有“北京黑”“大白猪”“长白猪”等，对其常患的猪瘟、丹毒、肺疫、副伤寒，常年有一支30人左右的兽医防治队伍，各村都有防疫员。防疫办法是在疾病流行季节打疫苗、对病猪进行药物治疗、对生产区和工作人员经常进行消毒和清扫洗刷等。1987年，来广营乡开始发展规模化养殖，推广瘦肉型猪，集体给予补贴，每个规模化猪场补贴10万元至20万元，猪场与北京市肉联厂签订购销合同，合同数外猪场自销。1989年，实行收猪、供料一体化服务，全乡有规模化养猪场6个，代运饲料200多万公斤，全年出售肥猪8527头（其中集体出售3788头，村民出售4739头），养猪总产值300万元，比上年的150万元提高100%，来广营乡养猪事业从此登上持续10余年、横跨整个20世纪90年代的顶峰期。生猪品种增加美国杜洛克等，饲料广泛使用全价配合料，养猪由分散向专业化方向发展。1995年11月，随着望京新兴产业开发区的建设，原50年代的来广营养猪场从五合村北迁至新生村。为保证首都副食品供应，来广营乡投资1000万元建起一座现代化万头规模猪场。1998年，全乡专业化养猪场达58家，合计养猪106629头，创造域内养猪历史上的最高纪录。

来广营五合猪场圈舍（1995年8月摄）

进入21世纪，为实施首都“一绿”隔离工程、确保乡域环境卫生整洁、迎办北京奥运会，禁止繁殖小猪，养猪事业有步骤地退出。2001年，全境71个规模猪场只育肥出栏，对圈存生猪逐批清理，至2003年剩余2330头生猪全部出售，年末无一留存，为建设国际化大都市逐步退出养殖产业。

表 11-7 1957 年至 2003 年若干年份来广营乡养猪统计表

单位：头

年份	累计	年末存栏			全年出栏（含销售、自食）	年末存栏生猪中	
		合计	集体	家庭		成年母猪	种公猪
1957	15000	/	/	/	/	/	/
1962	1101	186	171	15	210	/	/
1965	6543	/	/	/	2762	/	/
1970	11107	4636	/	/	1647	/	/
1973	19781	10072	5383	4689	9709	/	/
1975	17201	10921	7015	3906	6277	1131	92
1978	16171	8222	5079	3143	7949	/	/
1980	16411	8121	5871	2250	8289	/	/
1981	15366	7249	/	/	8117	776	49
1982	12627	5922	/	/	6705	627	29
1983	13327	5637	/	/	/	591	46
1985	9810	3701	/	/	6109	448	35
1988	14618	7148	3072	4076	7470	414	25
1989	16620	8143	4218	3925	8477	547	27
1990	18674	8698	6281	2417	9976	600	21
1991	19854	8078	/	/	11776	841	28
1992	/	11155	/	/	11954	/	/
1993	22327	9847	/	/	12480	700	28
1994	/	13217	/	/	13500	26	/
1995	26717	13217	/	/	13500	800	36
1996	38400	19798	8600	11198	18602	880	55
1997	54079	18915	5610	13305	35164	/	/
1998	106629	34874	5836	29038	71755	/	/
1999	90717	29452	860	4300	61265	401	30
2000	43068	33967	/	/	77272	/	/
2001	69993	9625	/	/	60368	247	13
2002	39543	6413	/	/	33130	0	0
2003	2330	2330	/	/	/	0	0

说明：2003 年后乡域已无生猪养殖。表中“/”表示无统计数据。

三、家禽养殖

域内饲养鸡鸭家禽，旧以家庭为单位自由散养，每户一二十只，肉蛋部分用以招待来客或在年节自食，部分入市出售。饲料以菜叶、青草、人畜剩食为主，贫富家庭都有饲养。20 世纪 50 年代前期建立的集体经济组织，有的开始规模养殖家禽，供应首都市场。1955 年，来广营农业生产合作社养鸡 1086 只。1963 年，来广营人民公社建有养鸭场。各生产大队、生产队结合集体养猪，利用猪圈场地顺便养鸡，直至 70 年代中期，规模都不大。1975 年，来广营人民公社集体猪场养鸡 415 只（其中蛋鸡 283 只），全年出售商品肉鸡 250 只，年末仅剩肉鸡 78 只。养鸭只是作为副业，由社员散养，以补充家庭收入。从本年起，供销社建雏鸡孵化场，统一培育鸡苗，供社队集体和社员购买饲养。

1977 年，公社开始大规模养鸡，饲养的品种主要有白海赛、红海赛、京白 849、星杂 579 等，分集体专业养鸡和集体猪场结合养鸡两种。全公社有鸡场 14 个，鸡舍 151 间，养鸡 5233 只，其中集体专业鸡场养鸡 3046 只、猪场养鸡 2187 只，有母鸡 4312 只、全年产蛋 20870 公斤。养鸡饲料主要来自国营饲料厂。1981 年上半年农户家庭养鸡业发展加快，7 月全社存栏鸡猛增至 60624 只，是 1980 年末的 3 倍。其中，35 户饲养 50 只至 100 只，8 户饲养规模达 100 只以上。朝阳区畜牧兽医站《畜牧兽医情况》第 13 期介绍来广营和楼梓庄两个公社针对养鸡迅速发展中存在的物质准备不足、管理粗放问题宣传普及科技专业知识、加强滴鼻免疫防病的得力措施。1985 年，来广营乡建有养鸭场，养鸭 1053 只，产鸭蛋 2948.5 公斤。1989 年，乡村集体鸡场年末存栏蛋鸡 5.3 万只（其中农户自养 2.3 万只），产蛋 46.9 万公斤（农户养鸡产蛋 15.1 万公斤），出售鲜蛋 39 万公斤、肉鸡 3000 只。20 世纪 90 年代，养鸡事业进入快速发展期，全乡有集体专业化鸡场 5 个，分布在南湖、东湖、北湖、来广营 4 个村和乡办猪场。国家对规模养鸡场实行合同订购，国营商业部门统一订购 80%，其余 20% 自销。1995 年，乡鸭场养鸭 6000 只，当年全部出售，后未再养。1996 年，乡养鸡场产蛋 391 吨，比 1986 年翻了 25 倍，产鸡 33000 只，出售肉鸡 14000 只，国家取消合同订购，产品全部自销。全年出售鸭 1.2 万只，年末实有北京鸭 2000 只。此后乡域内养鸭逐年减少。至 2003 年，来广营乡鸡场、鸭场全部关闭，“十五”期间家禽养殖消失。

四、水产养殖

旧时域内人工养鱼等水产业很少。中华人民共和国成立后，渔业作为农业生产的补充，成为来广营集体经济的辅助经营项目。1958 年，和平人民公社养鱼 30 万尾，比 1957 年增加 500%。

二十世纪六七十年代，来广营人民公社利用南北两河和少量田间塘堰发展养鱼事业，从政策上鼓励支持生产大队和生产队开展渔业生产，给予一定投资补助。1972 年，全社水面面积 62 亩，实际利用水面面积 51 亩，放养鱼种 5 万尾，当年捕捞鲜鱼水产 938.5 公斤。经过历年扩建鱼塘水库，至 1979 年，水面资源增至 201 亩，实际养鱼面积 191 亩，其中，坑塘 71 亩，小水库 40 亩，当年放养鱼种 3 万尾，捕捞 1450 公斤。1981 年，全公社建成集体和专业户渔场 8 个，养鱼水面 148.5 亩，仍有 60% 的荒废坑塘尚未开发利用。4 月，在 108.5 亩水面中放养鱼苗 61940 尾，至 10 月末共捕捞成鱼 10417 公斤，其中入市销售商品鱼 6406.5 公斤，同比增长 19.9%，总产值 13000 元。1982 年，公社投资近百万元，建成 200 多亩水面的社办养鱼场，红军营村建起 100 亩水面的集体渔场。

1986 年，来广营乡有 78 人专门从事水产养殖。渔场水面总计 750 亩，放养 5529.48 万尾，捕捞 3518.68 万尾，品种有鲤鱼、青草鱼、鲫鱼、鲢鱼；育种池 94 亩，成鱼产量 15.15 万公斤，亩产 221.8 公斤，商品量 146300 公斤，鱼种产量 35186.8 万尾。1996 年，渔场配置增氧机 51 部、153 千瓦，捕捞成鱼 45 万公斤，完成年计划的 103%；产值 650 万元。2000 年，全乡养殖水面 399 亩，捕捞上市鲜鱼达 302 吨。红军营村成立渔业公司，从事水产养殖、销售。2003 年，渔业养殖水面 96 亩，从事渔业生产 10 人。此后，由于产业调整，渔业生产愈益萎缩，逐步退出。

五、其他养殖

由于域内地势平坦，岗坡林草资源不多，故农户养羊较少。1955 年，来广营乡养羊 32 只，均为村民家庭私养，用以食用、剪毛。1958 年，和平人民公社集体养兔 443 只，供公共食堂和首都市场肉用。1973 年，来广营人民公社社员饲养山绵羊 569 只，年末存栏 664 只，作为家庭副业，自宰自食自售。至 20 世纪 90 年代，域内还陆续饲养过蚕、蜂、兔，规模不大。1999 年至 2000 年，农户家庭养羊出栏 167 只，年末存栏 135 只。都市农业发展中，曾养殖肉鸽500只、貂100只、狐870只、鹦鹉2153只、稻田养蟹120亩，特色养殖业丰富了旅游观光农业的内涵，也拓宽了农民收入来源。“十五”时期至2015年，全境除饲养家鸽外，别无其他养殖。

第四节　都市农业和朝来农艺园

1994年末，朝阳区第七次党代会提出“建设以‘三高’（高产、高值、高效）为中心的具有旅游、观赏、无公害等特点的都市农业”的发展方针，随后确定来广营乡为全区都市农业重点乡。乡党委、乡政府积极贯彻区党代会精神，大力创办都市农业，根据北京市总体规划尤其是在京郊建设“绿色通气孔”和“菜篮子工程”的要求，于1995年结合全乡实际制订都市农业规划，确定建设蔬菜高科技示范园区和畜牧水产养殖区，成立由党、政、经三套机构负责人领衔的都市农业总公司，总投资1亿元建设朝来农艺园，被定为朝阳区都市农业示范工程，率先在京郊创建起全新业态的都市农业。

朝来农艺园是集蔬菜生产加工销售、观光休闲体验、采摘餐饮娱乐于一体的生态农业，展示现代农业的公园风采和乡村田园风光。园区占地30公顷，总投资1亿多元，分三期建设。一期工程1996年动工兴建，兴建54栋高标准百亩日光温室，当年建成投产。作物栽培不使用化肥、农药，采用有机种植方式和先进的滴灌、测土配方施肥等20余项科技成果，确保“绿色、生态、有机”食品蔬菜生产。二期工程包括农家小院、综合服务楼、净菜加工车间、观赏河、人工湖、甬路、小桥等，1997年6月完工，包括一期工程在内的农艺园正式运营，对外开放。1997年12月，园区被国家科委授予“工厂化高效农业朝阳示范区”称号，成为市区田园风光式的旅游休闲胜地。三期工程从荷兰引进先进温室设备，1999年9月建成4万平方米完全由计算机控制的大型高科技连栋智能玻璃温室，无土栽培，全自动化生产。同年建成朝阳区青少年科技实践园，供青少年通过农艺劳动、科普参观、聆听讲座开阔眼界，增长科学知识。“九五”计划期末，朝来农艺园基本建成。1999年12月，实践园被中国科协确定为“全国科普教育基地”，2003年1月被北京市人民政府确定为“北京市爱国主义教育基地”。

朝来农艺园从日本、韩国、美国、德国、以色列等国和中国香港、台湾地区引进太空种子黄色大番茄、黄瓜、彩椒、五彩玉米、飞蝶西葫芦、串珠番茄、香蕉番茄等新品种23类100多个。飞蝶西葫芦适应冬、春、秋三季生长，极受市场欢迎，每公斤价二三十元。产量高、品质好、果实独特、耐储存的名特优新蔬菜品种，有彩甜椒、五彩西红柿、袖珍西瓜、樱桃番茄、香蕉西葫芦、紫背天葵、樱桃萝卜、四棱豆、飞碟瓜。园区引进的台湾圣女番茄，亩产3年从400公斤提高至1250公斤；彩色大椒被选用作为航空食品。

2002年7月，朝来农艺园与吴龙投资有限公司合作，在园区智能玻璃温室开发建设红太阳美食生态园，2003年1月18日竣工开业。红太阳美食生态园以生态环保养生为主题经营餐饮业，占地4公顷，设7个就餐区、580张餐桌，可同时容纳3000人就餐，总投资1800万元。园内安装从台湾引进的智能喷雾系统，调湿降温、杀菌消毒。朝来农艺园于2003年3月成立朝来旅行社，11月成立北京中农大朝来农产品配送中心。2007年，园区蔬菜生产亩产值最高达3.7万元，相当于普通菜田的3至5倍。蔬菜种植产、供、销一体化，成菜经过严格的农药残毒检测，合格者进行净菜加工，统一包装，配送全市20多个超市、宾馆、饭店，形成“朝来绿色食品”的知名品牌，累计接待国内外游客150万人次，中央电视台、北京电视台等多家媒体进行专题宣传报道。2008年10月，园内鲜切花基地开业。2009年至2010年，园区改造种植基地、北侧部分日光温室及露天菜地，建设采摘园二期工程，成为集农业种植、农副产品加工销售、休闲娱乐、旅游观光、科普教育于一体的北京市农业公园。

朝来农艺园建设过程中，党和国家领导人万里、姜春云、何鲁丽、彭珮云，由北京市长贾庆林等人陪同，多次前来视察，35个国家驻华大使及日本、荷兰、英国、法国、韩国友人前来参观考察；山东、河北、四川、广东、黑龙江等

来宾参观朝来农艺园（1997年摄）

省及港台地区人大代表前来考察。2015 年，朝来农艺园设施农业高峰期从业人员 33 人，接待观光来客 2500 人，观光旅游总收入 837 万元（其中出售农产品 78.4 万元，休闲食宿观光等其他收入 758.6 万元）。

来宾参观朝来农艺园（2001 年摄）

表 11-8　1972 年至 2015 年部分年份来广营公社（乡）农业总产值统计表

单位：万元

年份	农业总产值	种植业	林业	畜牧业	渔业
1972	203	141.92	0.61	21.67	0.13
1979	266.3	230.9	2.9	32.4	0.1
1985	735.2	441.3	3.6	246.3	44
1990	836.2	550.7	0.7	223.7	61.1
1995	4227.7	2346.5	55.7	1121.8	703.7
2000	8730.4	2084.2	919.5	5196.3	530.4
2005	1733.5	1409.5	324	0	0
2010	1063.4	57.3	981.1	0	0
2011	1016.2	55.2	961	0	0
2012	3343.9	53.5	3290.4	0	0
2013	1006.2	65.8	940.4	0	0
2014	1594.7	56	1538.7	0	0
2015	1841	71.4	1769.6	0	0

第十二章 工业 建筑业

域内工业旧时仅有零散的手工作坊和兵工维修。1957 年，和平乡农业生产合作社创建 6 家工厂，现代工业由此起步。20 世纪 70 年代后期，社队工业兴起第一波高潮，工副业收入占农业收入之比从 1975 年的 17% 跃升至 1979 年的 206%，比全区各乡平均值高 171%，社队企业数、企业总产值、总收入均遥居朝阳区各公社第一。八九十年代，乡村工业更是遍地开花，达到历史最高峰。至 1996 年，来广营乡年产值超 1000 万元的企业 15 家，年产值超 500 万元的企业 13 家，乡村企业总收入 70470 万元，比 1984 年增长 24.5 倍，占全乡经济总收入的 92.3%。进入 21 世纪，工业重组转制，结构优化升级，高能耗重污染的低级次产业淘汰，旧厂房因“绿隔”建设和城市化而大面积腾退拆迁，由优质高效的工业项目取代，兴建朝来科技产业园，至 2015 年，工业总产值已是农业的 14.7 倍。

同为第二产业的建筑业，始于 20 世纪 80 年代。乡村建筑队在文明村创建中，发挥主力军作用，改造兴修道路、水电等公用设施，乡容村貌焕然一新。随之而起的专业化建筑公司，更是在 21 世纪的“三化三区”“一绿”工程和城市建设中，根本改观了域内千百年来的乡土旧貌，公园、产业、民居等物业面貌发生翻天覆地的变化，建筑企业自身也成为来广营经济的重要支柱，2015 年建筑业总产值 32538 万元，高于工农业总值之和 28901 万元的 13%。

第一节 民营工业

旧时，域内制造业有烧锅酿酒、建窑烧制砖瓦陶盆、铁匠铺、钉马掌、加工生产食用油和豆腐等的小型私营作坊。北苑小街有农具铺、缝纫铺、棺材铺、酱醋坊、豆腐坊，自产自销。中华人民共和国成立初期，域内有私人窑场和居民家庭从事个体手工业，但规模小，产量低，发展缓慢。黄军营村有3家豆腐坊专门做豆腐出售。北苑村“李二”开棺材铺，自己加工制作，自产自销，至1956年关张停业。此外，还有木匠、瓦匠、棚匠、铁匠、铜匠、钉掌等加工服务性手艺人。20世纪50年代中期的“一化三改造”（逐步实现社会主义工业化，逐步实现对农业、手工业和资本主义工商业的社会主义改造）后，大部分民营手工业并入合作社，少部分转为公私合营。北苑小街新增铁器、木器、笼箩、自行车修理铺，合营后的各加工作坊多归东郊区手工业联合社管理。1964年，在“四清”运动中，各种手工业、副业被视作资本主义尾巴强行割除，社员极少从事各种手工业和家庭副业生产经营活动，全社无一民营工业。

1989年5月9日，朝阳区首家独资私营企业通达彩板房屋厂在来广营乡开业，从业9人，技术人员4人，固定资产24万元，流动资金29万元。该厂除生产金属活动房屋、商亭，还有配套厨房设备加工、室内外装修等业务。20世纪90年代，民营工业恢复发展，除原有老匠工外，还新出现电工、焊工、修理工。1992年，叶氏服装服饰设计社发展至1995年，已成长为叶氏集团有限公司，注册资金3000万元，在紧邻北五环路的中关村电子城西区望京工业开发区购置10000平方米土地，投资兴建五星级商务写字楼叶青大厦，总建筑面积6万多平方米，安装日本重机设备组成的5条流水线生产叶青牌和都市丽影牌男女成衣，年产能力50万件（套），年产值5000万元，年营业额8000万元。3年创建7个跨行业、跨国界（包括美国洛杉矶、澳大利亚悉尼等）子公司。至2015年总资产3.6亿元，产值2.1亿元。

1997年，民营制造企业北京利德曼生化技术有限公司入驻北苑5号院，生产化学原料，员工125人。2000年后，国家明确私营和个体经济是社会主义经济的重要组成部分，在政策上给予扶持，政府部门做好服务管理工作。来广营乡对域内私有制的个体、民营企业建立管理体系，纳入全乡经济统计范畴，对从事个体私营的本地人员给予鼓励和优惠，同时引进资金、创造条件，吸引各方人才到乡域民营企业工作。2001年至2002年，民营服装企业北京利德曼生化技术有限公司入驻红军营村，员工 36 人；民营制造企业北京朗原基混凝土有限责任公司入驻新生村东，加工生产搅拌混凝土，员工 70 人。“十五”计划时期，乡党委、政府制订切实可行的民营经济优惠政策，加大扶持力度，为个体、私营企业的发展创造宽松的条件，村民创业热情高涨，民营工业快速成长。叶青大厦于 2003 年获得 ISO9001 国际质量体系认证后，吸引韩泰轮胎、鼎桥通信等众多国内外著名工业企业入驻经营，每年入驻企业生产总值超 400 亿元、缴税 15 亿元以上，成为中关村电子城重点功能产业园，为来广营乃至朝阳区高新技术产业集群做出突出贡献。

“十二五”规划期间，禁止新建并逐步淘汰重污染、高能耗、低效益的低级次私有企业。朝来科技园在 2014 年累计入驻建峰集团等众多民营企业 26 家，实现收入占园区经济总收入的 50%。至 2015 年，朝来科技产业园入驻企业 50 余家，除中国寰球工程公司为大型国有企业外，余为跨国公司和民营企业。来广营地区（乡）非公有经济控制的民营企业有 82 个、在岗职工 5520 人，其中私有独资企业 79 个、在岗职工 3111 人，个体工商户 949 家；规模民营企业有正汇电子有限责任公司、建峰集团、华油能源集团、国科天创有限责任公司等。

第二节　集体工业

域内集体工业发端于 20 世纪 50 年代中期的农业生产合作社副业生产。1956 年，和平高级农业生产合作社开办集体砖窑 1 座、豆腐坊 2 处，次年创建社办工厂 6 家，企业职工 140 人。东郊区在北苑小街设立第二缝纫社，员工 20 余人，由北苑、孙河、小庄、五路居 4 个服装生产组组成。1958 年末，和平人民公社掀起轰轰烈烈的大炼钢铁运动，兴建立水桥玉器厂，生产加工手饰、玉器等小手工艺品。60 年代前期，来广营人民公社创办华艺玉器厂，其他社队工业主要是服务于农业的农产品加工和农机修理。1972 年，公社创办化工厂；农机修配厂生产铁制小器具，全年总产值 23 万元，有员工 84 人、切削机床 5 台；从事玉器加工的玉器厂，全年总产值 8.4 万元，有员工 43 人。各队办企业从事粮油加工的机械设备，有碾米机、面粉机、小钢磨、粉碎机、榨油机总计 112 台。1973 年，成立来广营喷漆厂。社办工厂全年铸造井圈井盖 2555 套，生产化工产品硫酸锰 49.3 吨，采河砂 1.1 万立方米，河光石 2000 立方米，窑场生产砖 20 万块；工业销售收入水泥构件 92000 元，喷漆加工25万元，工艺美术品15.4万元，农副产品加工37585元，农机具修理16885元，手工制造28.83万元，草编1440元，其他工业30809元。红军营等大队也兴办工厂，进行翻砂、木材加工、首饰加工，生产饮料、口罩、纸盒等轻工产品。至1977年，公社已新办医疗器械厂（主要产品有恒温箱、鼓风机、铅箱、铅屏风）、铸造厂（主要产品有铸件）、喷漆厂（主要工艺是喷、刷、烤）、玉器厂（加工玉件），4个企业职工合计512人，总产值242.1万元。东湖大队创建电机电器修理厂，生产电动机。

中共十一届三中全会后，域内掀起办厂热，出现第一波工业高潮。1979年12月，来广营人民公社学习贯彻国务院《关于发展社队企业若干问题的决定》、朝阳区《关于加强社队企业发展的意见》，大力振兴工业，有一定规模的社队企业增至26个、工业企业总产值1138.6万元、工业企业总收入1049.3万元，均遥居朝阳区各公社第一位。1980年，公社一年内就创办8家新厂，全社集体企业总计30家，从业人数1509人，实现产值694.7万元，利润206.4万元。政策赋予了企业充分的经营管理自主权，可自行决定计划外的业务承揽、利润留成、拒绝不合理摊派、人力接收使用、工资奖励水平。各村办集体工业，有清河营的玉器厂、首饰厂、砂轮厂和粉丝厂，北湖渠村的工艺美术首饰厂、光明灯具厂、塑料制品厂等十几家企业，南湖渠村的二砖厂、于庄砖厂、瓷件厂、化工厂、首饰厂、享得开食品公司、饮料厂等近20家企业，立水桥村的机床加工厂、农机具修配厂、砂石厂、水泥构件厂、人防水泥构件厂、牡丹电子设备联营分厂、塑料制品厂、羊毛绒厂等企业，东湖渠村的汽车修理厂、开关控制设备厂、水磨石厂、面粉加工厂、首饰厂、喷漆厂、印染厂等村办企业。

全社产值超500万元的规模骨干企业有：

新生砖厂于1980年投产，职工350人，采用人工天然干燥方式生产的建筑用砖，在同行业中产量、经济效益均居前列，为全乡经济发展做出贡献（2002年因乡域进行绿化建设和经济结构调整关闭）。

北京广益搪瓷厂于1981年9月投产，与北京市日用搪瓷厂联合经营。1984年后，自主经营。产品以各种搪瓷面釉为主，销往全国各地，并与上海外贸公司合作出口。20世纪80年代中后期，经济效益达到历史最高值，年产值600万元以上。

燕华服装厂于1980年8月新建，1981年10月投产，以服装加工为主，安置本乡200余名富余劳动力就业（2006年因绿化隔离地区建设而关闭）。

新华砖厂于1982年投产，职工260人，采用机械化方式生产的建筑用砖，产量高，经济效益好，是当时来广营乡经济支柱企业之一，为全乡经济发展做出贡献（2002年因乡域进行绿化建设和经济结构调整关闭）。

峰华帽厂于1982年8月开业投产，职工130人，属外贸生产型企业，年产值500万元，产品长期出口日本、德国、荷兰、法国等国家，是来广营乡唯一一家产品全部出口的创汇企业（2006年因绿化隔离地区建设而关闭）。

峰华帽厂车间（1982年摄）

创办于人民公社初期的华艺玉器厂，因无高水平技师，生产一直不景气。该厂聘请北京有30多年生产经验的老工艺师王俊申当顾问，培养出一批技术骨干，产品由原来的简单加工发展为玉雕、玉器盆景、玉葡萄珠等高档系列，成为国际市场的俏货。1987年，来广营乡又创办生产景泰蓝、首饰等出口企业，当年创汇折合人民币477万元，占全乡出口总额的60%。

20世纪80年代中后期，队队办厂，乡村企业全面开花，仅红军营村就有电机厂、水泥厂、塑料厂、汽车修配厂、岩棉厂、有机玻璃厂、编织材料厂等20多个企业。20世纪90年代初，来广营乡提出“以农业为基础，工业为主导，以商饮业、建筑业、交运业为两翼”的经济发展方针，利用清河故道滩地沙层丰厚的优势发展水泥建材业，工业制造成为全乡经济收入的第一支柱。1993年3月12日，首都规划委员会批准开发88公顷的朝阳区望京工业区起步区，在东湖渠村二队征地，1994年7月1日开工兴建。该工业区位于望京新区北部，建成后包括起步区88公顷在内总占地494.25公顷。同年，来广营南湖饮料厂名优产品京得开果茶被市经委颁授“北京市好产品”称号。

1995年，为使开发区内的企业顺利搬迁，来广营乡在南至五环路、北至中建一局四公司建筑制品厂的范围内兴建一工业新区，占地8公顷，总建筑面积3.5万平方米，有喷漆厂、磁钢铸钢厂、酵母厂等8家企业入驻于此。全乡各类企业151家，其中乡办61家，村办90家，职工6369人。主要企业有星火制衣厂、克拉斯门窗厂、富乐宫酒楼等。特种工艺品行业有景泰蓝工艺厂10家、玉器厂1家。主要工业门类有服装、建材、食品、家具、化工、电子原件和特种工艺等。乡村两级企业产品销售收入37783万元，占经济总收入的54%。红军营村利用征地拆迁机遇，大力兴办企业，创建无污染、低能耗、年产值超千万元的企业5家，并集中连片形成自己的工业小区，其中的正汇电子公司被列入北京市和朝阳区的“星火计划”，全村集体经济总收入达7000万元，同比增长40%。1997年至1999年，集体企业实施名牌战略，与国际接轨，发展高科技产业和名牌产品；调整产业结构，使工业布局、产品结构适应市场需要；改变企业投资体制，变乡村集体单独投资为乡村集体、社会法人、个人、外商、国营企业等多渠道多元化投资。1999年，全乡各类企业134个、年均人数5626人、时价总产值56382万元，其中乡办42个、年均人数2224人、时价总产值4737万元，村办73个、年均人数3161人、时价总产值33114万元，行业有印刷、制砖、制衣、制药、食品加工、建筑材料、机电制造修理等。

来广营乡集体企业——北京朝阳展望印刷厂（1990年摄）

2000 年后，随着绿化隔离带建设和城市化进程的加快，工业逐步减少，部分企业关停并转，实施资产重组。传统工业占比逐年下降，高端工业项目却迎势兴起，形成来广营村东工业园区、新生保留企业工业园区、新北工业园区、乡北工业园区，促进招商引资工作成效显现，“朗元基搅拌站”、杰华生物医药基地等新兴工业应运而生。“十一五”规划期间，15 家企业入驻新北工业区，“绿隔”建设中的保留企业进行改造升级。随着商贸服务业的发展，至 2008 年，工业收入占全乡经济总收入的比重降至 19.4%。“十二五”时期，绝大多数集体工业企业腾退拆迁，占比进一步下降。至 2015 年，来广营地区（乡）公有经济控制的直辖集体企业仅农工商实业总公司、朝来荣盛、朝来开发等有限责任公司 5 个，在岗职工 1123 人。

第三节　外资合作企业

20 世纪 80 年代后，对内搞活对外开放，域内逐渐出现合资合作企业。1993 年 11 月，来广营乡通过招商引资，引进第一家合资企业——新生村与香港正大集团合资成立北京万乐佳时装有限公司，占地 2.6 公顷，建筑面积 7500 平方米，固定资产 1474 万元，招用职工 500 人、技术人员 30 人，主要从事时装设计、生产、销售，年产值最高达 8000 万元。该公司以职业女装为主的服装产品，被市技术监督局推荐为用料、款式、销售、质量、服务五最佳的“北京市好产品”，1993 年至 1995 年连续三年获国际羊毛局东南亚分局颁发的“长城杯”纯羊毛标志产品“最佳销售”奖，1995 年销售收入 2860 万元、利润 158 万元，获国内贸易部全国服装市场“名牌产品”称号，至 1997 年连续 5 年获中国国家信息中心统计的北京市亿元商场女装销售第一名。公司年产时装 40 万件，固定资产增至 4000 多万元。至 1998 年，乡域合资企业已达几十家，涌现出一批年产值超过 500 万元的龙头企业。2000 年 1 月，外资企业北京利德曼生化技术有限公司入驻域内北苑 5 号院，从事化工制造，生产销售化学原料，有员工 125 人。至年末，乡域年产值超亿元的合资企业 5 家。2004 年，全乡 80 家企业中，外资企业 6 家，主要涉及服装生产、电子制造等行业。2008 年 3 月，外资企业北京奥特视电子科技有限公司入驻域内来广营西路 8 号，生产销售电子产品，有员工 25 人。“十二五”时期，外资合作工业企业腾退拆迁，至 2015 年，域内已无外资合作企业进行工业生产。

中共来广营乡代表大会代表参观万乐佳时装厂车间（1996 年摄）

表 12-1　1972 年至 2015 年部分年份来广营乡工业企业主要经济指标统计表

单位：千元

年度	企业（家）	资产合计	工业总产值	利润总额	所得税、增值税总额	职工（人）
1972	2	/	314	/	/	127
1976	5	303	1908	294	/	383
1983	11	/	9280	342	557	1197
1990	105	/	7441.6	264.7	/	2702
1995	79	223122	18265.6	-707	6057	5551
1999	91	323306	228848	2229	6442	/
2001	109	1037552	542196	20308	19081	7322
2005	37	1293089	680839	-10429	21910	5761
2010	17	1130815	525902	17243	16233	1355
2011	11	1182605	509146	11800	13098	1277
2012	9	1218680	509039	20193	14204	/
2013	8	1037004	407988	13354	16312	/
2014	7	955527	326660	11893	19701	/
2015	6	926359	270599	12185	20329	/

说明：表中数据包含集体、民营、外资企业，表中“/”表示无统计数据。

第四节 建筑业

一、施工企业

20 世纪 70 年代以前，域内有建筑活动但无建筑产业。无论是元明清的兵营、寺庙、民宅，还是解放后的铁路、公路建设，都只是对建材的采集、加工、运输最后组合成形的社会行为，施工均为个体工匠带徒手工操作或者是有组织的集群劳动，未形成经济性质的规模产业，处于自然发展状态。改革开放以后，建筑业开始起步。1983 年，来广营乡有 1 个社办建筑队，员工 107 人，全年总收入 21.5 万元，尚未盈利。此后各村也陆续成立建筑队，至 1984 年乡村建筑队增至 7 个。

1985 年 8 月，朝阳第三建筑工程公司开来分公司成立，是来广营乡直属建筑企业。公司成立后，企业效益快速发展。20 世纪 90 年代初，建筑公司先后承接北京市第四十八中学、北苑中学及 5 所小学的新建和改扩建工程。建筑公司因工程质量好，工期速度快，同年获得市级文明工地的称号。1994 年 6 月 8 日，该公司加入多法人制的田华建筑集团公司，更名为朝阳三建第五建筑工程公司。1998 年，全境乡村建筑企业共 9 家，全年平均员工 791 人。其中，乡办建筑企业 6 家，全年平均员工 666 人；余均为村办建筑施工队。

2000 年 3 月，来广营乡根据北京市绿化隔离带建设需要，成立农民新村建设开发办公室；7 月，更名为北京朝来绿色家园房地产开发有限公司，为乡属企业，注册资金 5000 万元，企业资质为房地产开发暂定资质，员工 26 人，自筹资金、自我开发、自我建设、自我管理。乡政府对在乡外施工的建筑企业建立注册登记档案，加强对外施队伍的管理。至年末，域内有集体建筑企业 2 个，自有机械设备 133 台、1285 千瓦，施工产值 3035.2 万元，竣工产值 421.1 万元。业主单位工程施工 6 个、竣工 4 个，房屋施工面积 16716 平方米、竣工面积 2373 平方米。至 2002 年，北京朗原基混凝土有限责任公司、北京朝来天陆置业有限公司入驻来广营乡域。2002 年 2 月，来广营乡将朝来绿色家园房地产开发中心、朝阳三建公司第五建筑工程公司和朝来绿色家园物业管理中心等乡属企业整合为朝来开发总公司，各自业务独立经营；2002 年 5 月，朝阳三建第五建筑工程公司增挂“田华建筑集团公司第八工程部”牌子，一个实体一套班子。2003 年 10 月，又转制为朝来绿色家园房地产开发有限公司，企业性质由乡镇企业改为股份制合作企业。2008 年 1 月，朝来绿色家园房地产开发有限公司改为朝来四合苑商务会所下属企业，员工 425 人，大部分为本乡农民转居人员，企业资质升级为房地产开发二级。2009 年 9 月，田华建筑集团公司第八工程部更名为朝阳田华建筑集团公司第八分公司。

2015 年，来广营地区（乡）有朝阳三建公司第五建筑工程公司等建筑企业 14 个，固定资产总计 209645.6 万元，营业收入 66208.2 万元，营业利润 3965.4 万元，利润总额 3951.6 万元，上缴增值税 54.5 万元。

表 12-2 1996 年至 2015 年部分年份来广营乡建筑企业主要经营指标统计表

年份	企业（家）	建筑业总产值（千元）	竣工产值（千元）	利润总额（千元）	施工面积（平方米）	竣工面积（平方米）	自有机械台数（台/千瓦）	机械设备净值（千元）
1996	2	18600	15000	85	4514	4514	237/1049	1314
2000	2	30352	4211	153	16716	2373	133/1285	1356
2001	9	83223	67377	-135	94759	76959	291/3138	2203
2002	6	110840	55570	2647	69052	43348	568/7072	6110
2003	8	195890	75330	2252	26623	13480	574/3617	7840
2004	8	300380	65760	730	207660	15815	579/2583	6370
2005	10	359903	81424	72	258611	37866	697/7321	10043
2006	6	66187	190936	1042	191962	146384	184/5295	9705
2007	10	309915	220792	16921	42735	250	327/4604	16890
2008	13	460823	352534	16496	46320	20161	466/7989	19558
2009	15	769626	287950	23416	315998	13851	308/5663	16185
2010	16	798163	573463	23960	393821	208292	217/5551	13733
2011	15	676755	196299	30803	483737	0	151/5282	13105
2012	15	535838	187839	26997	487799	0	166/5426	13100
2013	14	422515	169544	33079	483737	0	166/5437	13054
2014	14	358784	818300	35184	483737	265474	/	/
2015	14	325382	209828	39516	343969	2272	/	/

说明：2014 年始不再统计机械设备数。表中“/”表示无统计数据。

二、建筑工程

1985年，来广营乡建筑工地开复工面积3万余平方米，建筑总产值500余万元。1986年，全乡从事施工安装的建筑员工94人，建筑业年收入505万元，与乡镇工业一起，形成全乡经济结构的两翼。

1992年末竣工的北京市第四十八中学新教学楼，建筑面积5000平方米，北苑中学占地17637平方米，建筑面积5000多平方米。全年来广营乡建筑业总收入1659万元，占经济总收入的10.6%，取得历史性突破。“八五”计划时期，东湖渠村投资100万元建起全区农村第一座小学三层新教学楼。全乡共投资1000多万元，改造扩建12所小学校舍。朝阳三建第五建筑工程公司陆续承接北京市四十八中学、北苑中学及5所小学的新建和改扩建工程，因施工质量好、工期速度快、作业安全无事故，获市级文明工地称号。乡党委、政府把建筑业作为重要产业大力扶持。在建设都市农业、绿化隔离带以及农村城市化进程中，全乡建筑业大显身手，高质量完成各项任务。1997年6月，乡投资438万元新建的晨曦幼儿园完工，占地5000多平方米，建筑面积1875平方米，建有活动室、体操厅、厨房等设施。1998年，建筑施工时价总产值2035万元，其中乡办建筑企业建筑总产值1375万元。

进入21世纪，来广营乡规划建设“三化三区”（农村城市化、经济繁荣化、地区文明化和城市居住区、绿色生态区、产业发展区），城市化进程加快，房地产开发工程量越来越大，带动建筑业和建材、家居业的发展。总建筑面积121.79万平方米的农民回迁住宅区朝来绿色家园，由乡人民政府与具有国家甲级资质的中外建工程设计与顾问有限公司共同设计，朝阳三建第五建筑工程公司承建。朝来绿色家园工程分三期。2000年8月29日开工的朝来绿色家园第一期来春园小区，建筑结构为25栋多层板楼；2001年3月28日开工的第二期广华居、赢秋苑小区商品楼的建筑结构为32栋多层楼房，另有7栋高层塔楼；2004年6月16日开工的第三期蕴实园小区，建筑结构是10栋高层板楼和10栋多层楼房。到2006年底，朝来绿色家园67栋多层板楼、10栋高层板楼和7栋高层塔楼住宅楼工程以及幼儿园、小学、中学、综合服务楼、物业办公楼、地下车库、俱乐部等配套设施全部竣工，16.8万平方米农民安置房经市国土资源局批准上市销售。

2003年8月，占地6000平方米、建筑面积4700平方米的朝来绿色家园配套幼儿园和占地14000平方米、建筑面积8350平方米的朝来绿色家园配套小学开工建设，2005 年 9 月完工交付使用。2004 年 8 月，占地 26000 平方米、建筑面积 12500 平方米的和平街第一中学北苑校区中学建成，占地面积 6900 平方米、建筑面积 11072 平方米的朝来绿色家园综合服务楼工程开工建设，2006 年 9 月投入使用。

2015 年，来广营地区（乡）房地产开发项目 16 个，累计完成投资 60.70 亿元，其中基础设施投资 7019 万元、住宅投资 30129.2 万元。全年在建工程项目 14 处，建筑业总产值 32538.2 万元，竣工产值 20982.8 万元，房屋建筑施工面积 343969 平方米，房屋竣工面积 2272 平方米。在全年区级收入 75454 万元中，房地产行业 39455 万元，占比 52.3%，成为区级收入的主体和地方经济的支柱。但因土地开发建设潜力几尽，余地日益缩小，建筑业税收由升趋降。

第十三章 商贸服务

域内商品流通和各种服务，昔无完整产业，唯紧靠京城中轴线的立水桥、北苑一带，集聚了部分私商，各有所营。1953年后，区供销合作社在域内设置网点，成为工农业产品流通主渠道，购销城乡生产生活商品物资。二十世纪六七十年代，来广营人民公社每年都向国家交售公余粮，积极完成农产品订购任务，但许多工业品稀缺，凭票限量供应，食宿、修理等传统服务也不能满足人们的生产生活需要，供不应求。中共十一届三中全会后，放开个体经营，各村商贸服务业迅速兴起。至1999年，全乡公私商户32家，形成商业中心一条街和6个农贸市场，现代服务业取代工业成为重要的经济支柱，第三产业总收入7亿元，占比从1994年的24%增至59%。

进入21世纪，商务服务、物业租赁、金融旅游等生产经营性现代新型服务业迅速兴起，引导、规划和促进汽车专卖、家居建材等商贸板块物流活跃，供销兴旺，形成立水桥商业街、汽车4S店、欧尚超市、百安居、东方家园、华贸城等繁荣的商贸产业集群。服务业从2002年的资产57536.9万元、收入35220.8万元、利润4454.6万元，发展到2010年的资产593491万元、收入319752.7万元、利润30122.1万元。至2015年，全境第三产业经营单位168家，总资产749.44亿元，总收入241.97亿元，利润总额18.76亿元，从业21259人，均居朝阳区19个乡第二位，成为地方经济的主体。

第一节 店铺商场

旧时，域内没有巨贾大店，只有稀落的小商铺、杂货店、酒馆、菜摊等，物流设施简陋。各村商户在自家临路开一铺面，经营杂粮、食物和日常生活用品。有少数商家经营长途贩运、从事货物批发，加工制作的商品多从朝阳门外关厢进货，土特农产品多从口北运供。京城中轴线北向御道东侧人口较为密集的立水桥、北苑小街一带，中华民国时期商户已经较多，是域内经济社会生活最繁华兴盛的街区。顾客群体主要是北苑兵营军人。小街南北两侧各有 30 余家店铺，如菜铺、药铺、肉店、食品店、小百货等，多为商住两用的连家铺，由外来居民经营，所售货物多为中上等家庭需用品和生活消费。有的店铺与生产加工作坊相结合，前店后坊。

解放初年，各村店铺仍旧开业，经营饮食烟酒、日用杂物、菜蔬调料，自组货源、自主销售，资金流量多在百元以下。北苑小街始有本地居民如红军营村人利用此传统有形市场从商营业，摆摊零食。据北京市政府档案，安家坟乡北湖渠村有老商号泰华斋糕点铺，经理崔万钟。北苑有 1 家副食品店，来广营村有小贩 2 人，走村串巷沿路叫卖，零售火柴、针线、肥皂等小百货，本小利微。粮食流通已由国家直接管理，购销实行统一牌价。1953 年后，区供销合作分社在域内布设网点，一村一店或邻近几村一店。供销系统除收购农产品、销售工业品外，还引进优良品种猪苗、雏鸡、家兔供应村民喂养，基层店设专职畜牧员提供科学指导。1955 年，和平乡供销社设置分销处 5 个，其中 1 个生产资料供应站、4 个零售商店，经营百货、副食、煤炭等，棉布实行计划供应，对蔬菜、食糖开始统购统销，代市食品公司收购肉猪。供销社菜站负责收购各社队按上级下达的计划种植的大宗蔬菜，供应市区居民。1956 年，计划供应的物资达 8 类 235 种。有固定经营地点的私营坐商在社会主义改造中有的公私合营成为合作经济，有的关店歇业，人员就地参加农业生产合作社集体生产。从此，域内商品流通唯国营商业和供销社两大渠道，自行车、毛衣、童装、肥皂凭票购买。供销社在北苑小街增设生产资料综合商店，销售火柴、煤球等。除门市外，还组织人员深入各村上门收购鲜蛋，以增加市场供应。1958 年，农贸集市取消，禁止社队集体或社员个人私自出售农产品，生猪、蔬菜、鸡蛋等交售供销社。摊贩游商也组织合作社，连同坐商店铺一起分类并入国营商业和供销社。并入国营的全民商业由国家独资经营，统收统支，网点逐步收缩集中。1960 年，区供销社设置来广营基层供销社。

1961 年来广营人民公社成立后，社员生产生活用品，仍由国营百货商店和供销社基层村店供应。因货物紧缺，肉蛋副食凭票证定量供应。对肉猪实行派购，购留比例为集体饲养的购九留一，社员家庭饲养的购六留四，由粮食部门按毛重奖励饲料粮和工业品购物券。1963 年，蔬菜不再凭票限供，先到先买，售完为止，其他商品多数也不再限购，敞开销售。黄军营村每年农历七月十三，在常兴寺举办 3 天庙会，文化搭台、经济唱戏，村民摆摊零售多余的农产品和自纺纱线、粗布，外来商贩更多。1972 年，全社各队向菜站交售蔬菜 358 万公斤。农民自产农副产品如鸡蛋、蔬菜、瓜果鲜枣等，自食有余者，在路边摆摊零卖。1974 年起，对鸡蛋实行计划收购。有的生产队为增加集体收益、方便社员购物，兴办代销性商品小卖部。1976 年，生猪派购改为定购，价格淡旺季上下浮动 5%，瘦肉型猪收购价高于脂肪型肉猪 20%。

1979 年始，逐步改革流通体制，放开多种经营，个体商户兴起，摊贩经营顿时活跃。社队集体商店主要经营计划外商品，农贸集市陆续恢复开放，立水桥大队建立大型建材百货集贸市场。猪肉取消票证定量限制，市场敞开供应。但生活用煤一度紧缺，开始按户发证、定量供应，用户持证到煤场自购。至 1985 年，棉布、棉花不再凭票购买，鲜蛋也取消计划收购和票证限供，蔬菜价格放开，市场自由销售。大型猪场直接与市食品公司按国家保护价签订订购合同，淡旺季价格上下浮动 10%。各村门店铺面鳞次栉比，日常商品供销渠道顺畅，批零业态全面繁荣。村店以自营零售较多，批发业务少。大量外省市务工经商人员涌入乡域，更推动商贸物流业的发展。此后，逐渐出现代销、代购、租赁等经营业态，但全乡大商场少，网点比例不协调，布局不够合理。1987 年，来广营乡专职从商人员总计 75 人，其中乡办商业 7 人，村及村以下经办商业 68 人（村集体商业 58 人，个体商户 10 人）。为了加强对商贸的集约管理，1992 年，来广营乡兴建商业中心一条街和立水桥商业街。商贸网点建设向“大中心、中群体、小进巷，大综合、中专业、小便民”的方向发展。1993 年，北京路易速冻食品有限公司落户新生村，年销售额千万元。全乡商品购进总额 2750.5 万元，商品销售总额 2649.6 万元。立水桥集市逐步建成朝阳区三大农贸综合市场（东坝、立水桥、太阳宫）之一，菜农不再向国家交售蔬菜，直接进菜市出售。旧时，传统商区北苑小街重新繁荣活跃，个体商户聚此扎堆经营。1998 年，全乡 32 家从事商品流通企业中，乡办 16 家，余为村办。为促进商务规范健康地更好发展，整治、兴建立水桥、北湖渠、来广营等地 6 个市场，制订惠商政策，促进招商引资。2000 年，来广营乡参加北京朝阳国际商务节特菜展销和北京第二届农业精品展销，经济和广告宣传效益显著。全年公私商贸社会消费品零售总额 1432.1 万元，商业企业销售收入 1386.7 万元，销售利润 17.8 万元。

望京家具建材装饰城开业（1998 年摄）

进入 21 世纪，商贸业态更多的是由政府规划主导，企业兴建商场设施，为广大商户提供物业和商务服务，由商家租赁场地，自主经营。朝来农艺园自立销售部和销售中心，营销方式除了批发零售的传统手段，还有宾馆、饭店、超市的订购、团体消费和配送服务，其自产绿色精品食材已远程销售到深圳，并通过华威实业有限公司销往香港地区和新加坡。2002 年，全乡从事批发零售贸易服务业员工 285 人。成立北京中农大朝来农产品配送中心，建成红军营村建材大世界、普尔斯马特超市和占地 65 亩的花卉大市场。商业企业资产总计 7920.7 万元、销售收入 17535.7 万元、销售利润 523.6 万元。2003 年 9 月，外资企业北京百安居装饰建材有限公司入驻来广营香宾路 66 号经营零售业。2004 年 4 月开业的百安居建材家居超市，位于北五环广顺北大街出口广顺桥西北角，占地 3.5 万平方米，建筑面积 4 万平方米，总投资 7200 万元，是望京地区最大的家居购物中心，安置乡劳动力 2000 人，全年实现营业额 5.4 亿元，税金 2952 万元。2004 年至 2006 年，来广营地区（乡）经济规划了 7 大产业板块，其中两大板块属商品供销，即汽车专卖板块和家具建材板块。

英国家居建材零售集团百安居北京来广营店开业（2004 年摄）

望京农贸综合批发市场（2004 年摄）

“十一五”期间，商贸企业进一步凝聚整合。汽车专卖板块引进 4 家特许经营模式 4S 店，新开业的 16 家汽车专卖店形成有一定规模的汽车专卖服务一条街，年营业收入超过 15 亿元；家具建材板块，有已入驻营业的世界 500 强企业——英国大型国际家居建材零售集团百安居、东方家园建材超市、红星美凯龙家具广场等，2006 年年产值 58 亿元。东方家园建材连锁超市位于来广营西路 55 号，占地 5.33 公顷，建筑面积 4.6 平方米，总投资 1 亿元，安置乡劳动力 600 人。域内朝来万通望京农贸综合批发市场、北苑亚吉星综合市场、北京立水桥聚元建材市场、北京天华小商品市场、亿客隆北苑综合市场进行改造整治，更新陈旧设施，购物环境获得改善提升，整洁有序，秩序规范。朝来购物中心建成，欧尚超市、北苑商贸城开业、农民新村小区底商、立水桥商业街等聚集调整为“三点连两线”，即立水桥商业区、北苑产业区、来广营产业区，新村底商带和汽车专卖一条街连接，形成地跨来广营中心地带的商业集群。2009 年，红军营村招商引资建设占地 10 万平方米的汽车城奥迪园区，红星美凯龙家具城开业。外资企业上海特力生活家商业有限公司北京分公司、特力屋（北京）商贸有限公司、北京欧尚超市有限公司来广营店同在香宾路66号开业，经营零售业。2010年，从事批发零售餐饮住宿服务人员3478人。

2011年至2015年，朝来汽车展示中心建成，朝来便民市场升级为封闭式格局，改造后占地0.3公顷。闵龙国际家居生活广场、“绿隔”建设中的保留企业升级改造项目——英菲尼迪和东风本田两个汽车4S店也相继建成开业运营，乡集体通过回购拥有全部股权的朝来购物中心顺利营业。朝来绿色家园农贸市场位于红军营路甲5号，东和南均至时代家园小区，西至公交场站，北至道路，用地3880平方米，建筑面积2980平方米。

2010年入驻域内新北路1号的北京北湖九号商务酒店有限责任公司有员工312人，通过住宿餐饮主业提供酒店服务。

表13-1　2010年来广营地区（乡）商贸企业一览表

单位：人

企业名称	地址	行业	产品或主业	从业人数	入驻年份
北京市塑化贸易有限公司	红军营东路甲1号	批发零售	商品贸易	56	1996
北京德万隆经贸有限公司	来广营西路8号	批发零售	汽车销售	60	1999
来广营（北京）装饰建材有限公司	来广营西路	批发零售	建材销售	166	2001
北京骏宝威汽车贸易有限公司	来广营西路12号	批发零售	汽车销售	160	2001
北京卓瑞兴业珠宝贸易有限公司	来广营西路5号	批发零售	珠宝首饰	35	2002
北京科拉斯化工技术有限公司	来广营西路5号	批发零售	化工品	30	2002
北京亚辰伟业联创汽车销售服务公司	来广营西路甲8号	批发零售	汽车销售	122	2002
北京百安居装饰建材有限公司	来广营香宾路66号	批发零售	建材销售	455	2003
北京乐驰经贸有限公司	来广营立水桥	批发零售	汽车销售	145	2003
北京睿达森化工技术有限公司	来广营西路5号	批发零售	化工品	113	2004

续表

企业名称	地址	行业	产品或主业	从业人数	入驻年份
北京汇杰伟业汽车销售有限责任公司	来广营西路 55 号	批发零售	汽车销售	38	2004
北京国生汽车销售服务有限公司	来广营西路 8 号	批发零售	汽车销售	90	2004
北京天之龙汽车销售服务有限公司	来广营西路 88 号	批发零售	汽车销售	60	2004
北京达世行北苑汽车销售服务有限公司	来广营西路 99 号	批发零售	汽车销售	128	2004
北京联通鼎盛汽车销售后服务有限公司	来广营西路甲 8 号	批发零售	汽车销售	202	2005
北京联福通达汽车销售服务有限公司	来广营西路 318 号	批发零售	汽车销售	100	2005
北京万福骏达汽车销售服务有限公司	来广营西路甲 8 号	批发零售	汽车销售	90	2006
北京京华嘉典建筑工程有限公司	来广营清河营	批发零售	汽车销售	36	2006
北京东仁庆开汽车销售服务有限公司	来广营西路	批发零售	汽车销售	50	2007
北京汇京世纪汽车贸易发展有限公司	来广营西路 18 号	批发零售	汽车销售	90	2007
北京中林达汽车销售服务有限责任公司	来广营西路甲 18 号	批发零售	汽车销售	95	2010
北京欧尚超市有限公司来广营店	来广营乡香宾路	批发零售	商品零售	315	2010

2015 年，来广营地区（乡）已形成立水桥商业街、闵龙国际家居生活广场、北辰购物中心、红星美凯龙、北五环汽配城、朝来汽车展示中心、汽车 4S 店、朝来购物中心、欧尚超市、百安居、东方家园、中铁国际城、华贸城、朝来绿色家园底商和农贸市场等繁荣的商贸产业集群，批发零售业实现区级收入 8685 万元。全境从事批发零售食宿行业员工 2382 人，商贸规模企业 55 个，资产总计 43.38 亿元，营业收入 108 亿元，营业利润 1395.4 万元，利润总额 1595 万元。

表 13-2　2002 年至 2020 年来广营乡（地区）商业企业主要经营指标统计表

单位：万元

年度	企业（家）	资产总计	营业收入	利润总额	税金总额
2002	/	7920.7	17535.7	-310.6	147.5
2003	/	31997	40555.7	155.6	162.3
2004	/	18833	45947.7	-50.8	137
2005	/	79599.3	207269.3	1151.2	1674.4
2006	/	111120.6	314471.9	-64.9	7617.8
2007	/	178651.9	378375.6	-819.3	4799
2008	/	233130.7	542542.1	-13853.4	5522
2009	/	248366.4	657265.6	-8041.9	8651.7
2010	/	317004	880080.9	-3689.2	10805.9
2011	/	402981.3	858812	16718.6	13214.5
2012	60	399447.6	911316.8	341	14117.5
2013	54	359076.8	874552.2	8548.4	14907
2014	59	438051.2	1045400.6	581.3	19997.8
2015	55	433845.2	1080384.8	1595.1	18685.1

表中“/”表示无统计数据。

第二节　粮食计划购销

土地改革结束后，农民多余的粮食可通过市场自由流通，也可交售给国家，但无购销任务。1953 年，中共北京市委农村组及东郊区工作组来本地调查村民粮食需求，统计出每月需要面粉来广营村 1455 公斤、安家坟村 1377 公斤、南湖渠村 3876 公斤，为实施粮食计划购销作准备。10 月后，始行计划经济，粮食统购统销，由区、乡每年下达应交售的粮食指标，在村民留足口粮、种子后，其余上交国家，粮油购销由粮站统一经营，供销合作社兼营粮油。统购统销后，取消自由市场，禁止粮食在计划外渠道流通。1953 年东郊区下达来广营乡的粮食统购任务 118276.5 公斤，在缺粮户占 22% 的情况下，全乡交售粮食 129928.5 公斤，超额 11652 公斤。东郊区每月返供来广营乡农民粮食 935.5 公斤，缺粮农户凭户口本购买。区、乡留备一定的机动粮，作为灾荒、年节和农民病伤、婚丧嫁娶之用。1956 年，东郊区粮食局在和平乡分设 3 个粮食零售店，专营粮食购销，收购公粮、统购粮，供应居民主食、副食及油料。

1956 年 8 月，北湖渠粮店销售大米、白面 3500 余公斤；10 月，来广营粮店销售大米 2665.5 公斤，面粉 5000 公斤，分别比上年 10 月增售 77.1% 和 3.55 倍。1958 年，不允许社队集体或社员个人私自出售粮食。

1961 年来广营人民公社成立后，各社队的粮油主要供应首都市场，当作任务交售国营商业和供销社设在域内各网点。国家每年定向征收粮食实物税后，剩余粮食可以通过粮站流通。饮食业用粮，全部凭粮票供应，无一例外。20 世纪 60 年代后期，国家征购来广营人民公社粮食每年 50 万公斤以上。1973 年，全社粮食总产 498 万公斤，征购 67.5 万公斤，统销 33.5 万公斤，各队完成公余粮任务后，又为缺粮户回购统销粮 60 万公斤。

1979 年，征购来广营人民公社粮食 56 万公斤，统销全社粮食 88 万公斤。立水桥农贸市场始有议价粮经销，工商企业用粮实行部分议价，并逐年缩小平价粮，扩大议价比例，直至全部经由市场供应。20 世纪 80 年代，国家逐渐取消粮食计划收购和合同定购，放开市场，农民不再缴售征购粮。1985 年，来广营乡成立乡粮林公司，第二年更名为粮食公司，完全通过市场流通渠道经营粮食。1995 年，全乡粮食销售总收入 1496 万元。粮食计划购销到 20 世纪 90 年代全部终止。

表 13-3　1972 年至 1983 年来广营人民公社（乡）粮食购销储备情况统计表

单位：万公斤

年份	总产量	征购数	统销数	累计粮食储备	人均口粮（公斤）
1972	399	11	60	74.5	201
1973	498	67.5	33.5	98.5	/
1974	480.5	50.5	44	85.5	313
1975	632.32	97.5	43.5	110.5	323.5
1976	641.85	93	48.5	115.5	332
1977	561.65	76	53.8	80.25	337.6
1978	737	96	72.95	108.6	358.5
1979	541	56	88	103.5	218.25
1980	718	137.1	62.65	146.75	350
1981	757.45	190.5	67.05	170.45	358.85
1982	644.45	107.5	58.95	149.6	360.15
1983	758.35	134.85	61.6	155.35	369.1

表中“/”表示无统计数据。

第三节 服务业

一、食宿与传统服务

中华民国时期，域内传统服务业有零散的酒馆、磨刀匠、铁皮加工、夫妇小旅店，理发挑子走村串户，上门服务。北苑村开设有车马店，内设通铺大炕，仅铺炕席，行李由客商自带或租用店家被褥。大院内设有骡马棚、饮水槽、大井，备有草料。北苑小街有酒馆、饭馆、照相馆、当铺、澡堂、戏馆、印章社、修表店、修鞋铺、理发铺、洗衣坊、缝纫铺、首饰加工店，立水桥村有饮食店，经营烧饼、面条、豆腐、馄饨、油条、小米粥等。

中华人民共和国成立后，原修鞋摊、个体小旅店、理发铺继续营业。理发铺设备简陋，收费低廉。北苑村车马店依旧经营，接待贩运牲畜、生猪和粮菜的商户。1952 年，来广营村有手工艺人 2 人，上门服务。1957 年，个体餐饮店实行公私合营的社会主义改造，改为集体饭馆，有的关闭歇业，饮食网点减少，村民外出就餐不便。1958 年，住宿、理发、修理等传统服务摊点也进入集体所有制的手工业合作社，不久后一起并入国营商业部门和供销合作社。二十世纪六七十年代，各集体餐饮店馒头、包子、饭菜品种式样类同，味道单一，互无特色，“早晨一大锅，三餐差不多”。由于食源紧缺，饭店稀少，顾客就餐常需排队等候。1973 年，来广营人民公社在敬老院、托儿所专门服务老人、小孩共 6 人；全社服务性副业收入 84.16 万元，1979 年增至 499.5 万元。

1980 年后，改革开放允许多种经营，自由职业者自主从事个体服务，各村食宿行业兴起。1987 年，来广营乡从事餐饮行业人员有乡办服务实体 17 人、村办饮食业 26 人，其他传统服务从业人员乡级 9 人、村级 24 人。中小饭馆经营品类主食从一般馒头、米饭增至十余种，炒菜有高中低档合计上百种，专业饮食店有中西式各种糕点，小吃有炸糕、焦圈、莲花酥等一二十种。1993 年，乡域餐饮网点 5 个，从业 69 人 ，营业收入 65.9 万元。20 世纪 90 年代，随着外来长住人员增多，乡域个体户服务发展迅速，经营涉及房屋装修、食品加工、电器修理、美容美发等行业。来广营乡利用开发小区的地位优势，建成 1.5 公里长的第三产业服务一条街，有餐饮大店引进各省名菜和厨师，竞相比拼风味特色，开始品牌竞争。各村建设浴池，提供洗浴服务。2000 年，全乡餐饮企业营业收入 51.7 万元，其他传统服务业营业收入 749.2 万元，利润总额 0.84 万元，缴税 37.7 万元。

进入 21 世纪，各村利用自有水井水源，陆续新办公共浴池，针对村民作息时段提供营业性洗浴服务。北京市在域内北四环路与京城中轴线交汇处建设北京会议中心，是首都五环内最大的园林式会议接待单位、2008 年第 29 届奥运会签约酒店，总占地 52 万平方米，园林绿化占总面积的 66%，有 7 栋客房楼、1000 余间（套）客房，可同时为近 2000 人提供食宿服务。来广营地区（乡）餐饮企业从 2004 年的资产总计 528.9 万元、营业收入 601.1 万元、从事商贸餐饮住宿服务人员 295 人，发展到 2010 年食宿企业的资产总计 58574.4 万元、营业收入 19527.8 万元、从事商贸餐饮住宿服务人员 3478 人。“十二五”时期，从事食宿服务实体已实现品牌化业态升级，其中有北京聚福瑞、龙悦福、禄鼎记、天红济、御湘堂、味多美西饼店、驿苑阁茶楼、陇原人家牛肉面馆等餐饮规模企业 14 个，资产总计 56783.6 万元，营业收入 21085.5 万元。至 2015 年，来广营地区（乡）全境有北京会议中心、北苑大酒店、北京航空城宾馆等规模餐饮住宿企业 14 个，资产总计 56783.6 万元，营业收入 21085.5 万元、从事商贸餐饮住宿服务人员 2382 人。所有服务企业 59 个，资产总计 286.06 亿元，营业收入 81.06 亿元，营业利润 108271.4 万元，利润总额 121128.2 万元。

二、客货运输

根据北京物资学院运河文化研究所资料，满清一朝，域北清河曾是京畿的物流运河之一。陆运则在晚清始有人力独轮车和畜力二轮车承载客货中远途运输。清光绪年间，南湖渠村人称“马歪子”就以赶车跑长途运输谋生，本人也曾出资 40 吊钱雇轿坐行。民国时期，铁轮代替木轮，出现人力二轮车，多在城区拉运单客。货物运输有专门行当称脚行、马帮，驭车人称赶脚，运输车辆有双轮铁瓦车、独轮铁瓦车、手推车。单人远行，有的租雇役畜，骑马、驴、骡或坐轿出行，在城里车行从事修理的职员有自行车上下班。

中华人民共和国成立后，胶轮代替铁轮，马拉胶轮大车日益成为域内的主要运输工具。物流运输主要是农业生产中的肥料、农用地基本建设中的土石、农作物收获后的粮食，运输工具初有传统的胶轮大车、手推车。客流运输有农村长途客车和市区统一运营的公共交通，但村民为了省钱和出于习惯，到孙河、立水桥、北苑、光熙门等商贸集市没有自行车者仍主要步行，较少坐公交车。1955 年，来广营农业生产合作社有畜力运输大车 17 辆，南湖渠农业生产合作社有胶轮车 10 辆、反瓦车 32 辆、铁皮车 7 辆。入冬后，和平农业生产合作社有运输汽车 2 辆、畜力大车 180 辆。1958 年，58 路公交车自安定门通向立水桥，一天一趟，在北苑一号院西门外设一停靠站点。1969 年，来广营人民公社有了自己的拖拉机，除农事耕作外，也用于粮食、化肥运输、社员远行或办喜事接送之用。1972 年，来广营人民公社运输车辆有载重汽车 4 辆、胶轮手推车 258 辆、畜力大车 264 辆。公社修配厂有自用货运卡车 3 辆。多数家庭已有自行车，在市区和社队企业上班的职工大多骑车早出晚归。1979 年，运输机车有载重汽车 27 辆、汽车拖车 3 辆、拖拉机 33 台、三轮卡车 1 辆、胶轮大车 241 辆、胶轮手推车 971 辆。新增来广营村发往朝阳门公交车，一天一趟。

1980 年后，改革开放政策允许个体经营，私营运输业兴起，有村民开出租车日夜载客，或购进大卡车从事长途货运，有的购买摩托车自用。1985 年，来广营乡从事运输的专业户 63 户。1987 年，来广营乡从事交通运输业 149 人，乡村共有农用载重汽车 182 辆，大中小型拖车 94 辆，大中型拖拉机 55 台、手扶拖拉机 60 台，胶轮大车 101 辆、胶轮手推车 5367 辆。红军营村创办汽车运输场，从事专业货物运输。1991 年 8 月 30 日，来广营乡域的 409 路公共汽车开通，途经东湖、白庙、中日友好医院至樱花西街，全长 10.9 公里。

第一辆 409 路公共汽车从来广营乡始发（1991 年摄）

1995 年，来广营乡有运输单位 45 家，从事交通运输邮政业员工 194 人，单位和个人合计拥有汽车 858 辆、可用于运输的大中型拖拉机 51 台、小四轮及手扶拖拉机 37 辆、马车 46 辆，家庭摩托车基本普及。当年全乡运输业总收入 5866 万元。1998 年，乡办运输公司从业员工 14 人，运输服务年产值

324 万元。随着外来运输车辆逐年增多，域内物流运输也迅速繁荣。家庭自用小轿车迅速增多，仅红军营村就有近百辆。2000 年 9 月 28 日，北京巴士双层客运分公司 707 路公交车路线从市区延长到乡域朝来农艺园。2005 年，来广营地区（乡）从事交通运输仓储邮政业员工 78 人，运输单位和村民个人合计拥有载重汽车 159 辆、小型拖车 4 辆、可用于运输的大中小型拖拉机（含手扶拖拉机）7 台，家用小轿车也开始增多，至“十一五”期间多数家庭均有私家车。2008 年后，为迎办北京奥运会，公交车票价大幅下降，10 公里以内统一为 0.4 元，65 岁以上老人持老年证可免费乘坐公交车。2011 年，全境从事物流交通运输邮电仓服务业 771 人，流通企业资产总计 84.82 亿元，营业收入 56.13 亿元，营业利润 51376.6 万元，利润总额 60441.9 万元。经与公交管理部门协调，延长 517 路公交线路，增设专 20 路、专 37 路公交线，解决居民“最后一公里”出行问题。2012 年，协调有关部门，开通途经北京会议中心、城市绿洲、北苑一号院社区的 569 路公交车，缓解北五环路两侧居民出行难问题。“十二五”时期，因土地储备、“一绿”工程和城市化建设，域内运输企业和专业户已大多拆迁停业，有少数仍从事出租车经营。

至 2015 年，全境从事交通运输邮政仓储服务业 780 人。经过长期的道路建设，域内形成四通八达的公共交通网，在此基础上，陆续开设运营经过来广营域内的公共汽车路线，计有 46 路、386 路、404 路、409 路、415 路、422 路、467 路、530 路、569 路、596 路、621 路、630 路、660 路、677 路、682 路、707 路、913 路、939 路、944 路、966 路、975 路、991 路、运通 110 线、运通 111 线、运通 113 线、运通 117 线、运通 201 线、专 20 线、专 37 线等。除了过境货运，域内还有 3 条地铁线路和京包铁路承载跨境客货运输。家用小车已经普及，人们出行，或自开私家车，或乘坐地铁、公交车、和出租车，骑自行车大为减少。

三、旅游休闲

20 世纪 90 年代后期建成的都市农业重点项目朝来农艺园，在乡域最早提供采摘观光等度假休闲服务，利用优越的生态环境发展旅游业，同中国国际旅行社总社为代表的 20 多个旅游团体联系，签订“都市农业观光游”协议。2000 年 6 月开始，朝来农艺园筹建旅游公司，联合中华民族友好协会农业委员会等多家机构，与具备一级资质的幸福国际旅行社合作创办绿色产业文化旅游部，推出来广营绿色文化游。园区举办“金秋情韵”大型文艺演出、周末电影晚会、消夏之夜等公益活动，增加休闲旅游的文化内涵，全年接待采摘、观光、垂钓、休闲、体验等游客16.2万人次，旺季一天多达4225人次。2002年3月，来广营乡朝来旅行社正式营业；8月，在清河营村南、时代庄园北侧建成占地780亩的北京国都宠物乐园。2003年1月，位于朝来农艺园南侧、新北路西侧的红太阳美食生态园正式营业，年收入3000万元，上缴税金60万元，是当时北京最大一家以生态环保为主题的餐饮企业，占地面积3.34公顷。生态园一期总投资3000万元，建筑面积15000平方米，能同时容纳3000人就餐，可举行大型晚会、宴会、商务、庆祝活动；二期开发商务、会议、娱乐、健身等项目，建筑面积20000平方米。朝来球艺中心引进资金1700余万元，改造高尔夫训练场。本年入驻来广营乡北湖的北京四海博业有限责任公司有员工125人，通过球类体育等休闲度假服务活动，拓展域内绿色产业。朝来足球活动中心扩建集住宿、娱乐、健身、洗浴、桑拿、会议接待于一体的综合服务楼——大潮会馆，建筑面积11000平方米，能提供食宿、会议、休闲、健身、娱乐等服务，年营业收入3000万元，利润500万元，是北京当时最大的足球训练基地，位于来广营新北路1号，占地33.4公顷，总投资4500万元，有正规的比赛和训练场地12块，可同时供5000人观看比赛。2005年，大潮会馆和北湖高尔夫球场重组为北湖9号，逐步发展成足球、高尔夫球、网球等综合球类运动场所，年收入总额6000余万元，利税达1000万元。至2007年，北湖9号投资8000多万元开工建设北湖馨叶高尔夫球场，占地80公顷，为18洞国际锦标级球场，球道总长7000码，100个打位练习场，球场配有更衣室、化妆室、桑拿浴室、中西餐厅、咖啡厅、高尔夫用品店等配套设施。“十一五”期间，来广营地区（乡）产业形成7大板块，其中的绿色产业板块朝来森林公园、红太阳生态园、北湖9号高尔夫俱乐部建设成为服务业品牌，成为旅游观光、体育健身、休闲娱乐为一体的度假乐园。

2015年，来广营地区（乡）文体娱乐等休闲旅游服务行业实现区级收入8888万元，同比增长2.2%。旅游休闲服务实体尚有朝来农艺园、朝来森林公园、北湖9号高尔夫俱乐部。朝来农艺园设施农业接待来客观光旅游总收入837万元，其中出售农产品78.4万元，休闲食宿观光等其他收入758.6万元。

四、生产经营服务（金融商务租赁）

20 世纪 50 年代初，东郊区供销社为来广营互助组和初级农业生产合作社发放春季农业贷款，为棉农进行技术培训，发放预付款订购棉花。1953 年，信用合作社贷款给来广营村吴玉书初级农业生产合作社，创办当时北京郊区最早的集体猪场。1954 年，安家坟乡设立信用合作社，主要为农业生产和农民存贷款提供金融服务。1955 年，和平乡设置信用合作社网点 4 个，20 世纪 60 年代易名来广营农村信用合作社。1963 年春旱，供销社及时组织抗旱物资，供应电机、电线给社队用于机井提水灌溉，促进春种，此后每年都配合农业生产需求，及时组织柴油、化肥、农药和农用薄膜供应。1973 年，来广营人民公社为组织生产、发展经济而从事行政管理、科技服务人员公社级 119 人、生产大队和生产队级 143 人（队干部、财务统计、采购库管等）。1979 年，供销系统为来广营人民公社各生产队胶修、胶补农机具，国营银行和信用社为社队集体农业提供贷款总计 72.8 万元（当年收回 69 万元），有力地支持了集体经济发展，当年社队企业总产值、总收入均遥居朝阳区各公社第一位。1984 年，供销社建立农副产品展销部，为乡村企业推销产品。1987 年，来广营乡从事房地产管理、金融保险人员乡级 5 人、村级 67 人，银行和信用社提供各项贷款年末余额 7549 万元，其中企事业贷款 588.1 万元、集体农业贷款 164.2 万元、承包专业户贷款 2.6 万元，各项贷款累计收回 910.6 万元、累计放出 990.2 万元。

1992 年入驻来广营乡立水桥村的北京笔克展览服务有限公司有员工 60 人，为企业提供商务服务，设计制作对外展览媒介宣传产品。1998 年，东方环宇科贸有限公司在朝阳区来广营西路 518 号设立，注册资本 200 万元，以房产投资、开发、出租及物业管理为主业。20 世纪 90 年代后，各省市入京人员愈益增多，俗称“瓦片经济”，为生产生活服务的房地产租赁成为一方经济主体。乡域形成物业租赁服务板块，“明天第一城”商务楼工程竣工并投入运营，兴建朝来商务服务中心。2000 年入驻来广营乡立水桥村的北京市华清地热开发有限责任公司有员工 100 人，通过地热开发为都市农业提供技术支撑。2003 年底，总投资 8000 万元，在安立路西侧建成通厦博览中心，2004 年开业，占地 2 公顷，主要经营花卉销售、租赁、展览展示等商务服务项目。2006 年，全境个人出租房屋税款 25.9 万元；此后逐年猛增。2008 年 3 月，专事商务服务管理的朝来商业运营管理服务公司，易名北京朝来荣盛商业管理有限公司，属来广营地区（乡）直辖企业，占地2126.67公顷，建筑面积7.69万平方米，总投资15558万元，负责朝来绿色家园底商出租和物业管理，有职工82人。2010年，该公司经济总收入13亿元，利润总额6800万元，上缴税金2900万元。同年，北京东方艾地景观设计有限公司入驻来广营西路5号森根国际，从事商务技术服务业。

2012年，全境出租房屋税款1250万元，同比增长11.6%。2013年，朝来科技产业园B09地块完成招商，经营模式不再是简单的物业出租，而是集约经营集体土地资产，使之每年可增收3亿多元。2014年，乡集体经济组织农工商实业总公司回购朝来绿色家园来春园综合楼12780平方米建筑、中国农业大学7500平方米升级改造项目，新增物业经营的基础资产。

2015年，来广营地区（乡）服务于生产生活的出租房屋9475户、29154间，其中楼房9343户、平房94户、地下空间38户。出租房物权以个人所有为主，占99.20%，单位物权占0.80%户。出租的物业中，住宅9407户、写字楼38户、生产建筑9户、公共建筑2户、其他形式建筑物19户。全境租赁和商务服务业实现区级收入6602万元，同比增长44.2%；科学研究和技术服务业实现区级收入4805万元，同比增长40.4%；金融服务企业5个，资产总计36389.4万元，营业收入8122.6万元。

表13-4　2010年至2015年来广营乡（地区）服务企业主要经营指标统计表

单位：千元

年度	企业（家）	资产总计	营业收入	利润总额
2010	/	5934910	3197527	376406
2011	/	8482158	5612970	604419
2012	54	12503046	11195076	784074
2013	62	19232098	12971744	882781
2014	50	23107525	14412877	622000
2015	59	28606104	8105782	1211282

说明：表中“/”表示无统计数据。

第十四章 教育 卫生 体育

域内教育，先后有民国期间的私塾学堂、国民学校，中华人民共和国成立后的幼儿园、小学、中学教育和成人教育，普及民众文化成效显著的是20世纪50年代开始的扫盲运动、学校教育，提升文化层次较快的是80年代开始的学历教育。至2015年，全境有幼儿园22所、小学8所、中学4所，域内中青年居民多有高中以上学历。

卫生事业，从旧时缺医少药发展到乡卫生院、专业医院，医疗卫生机构经多次调整、扩建，引进现代化设备，医疗防疫水平不断提高，一般常见多发病可获有效治疗，每年开展灭鼠蟑蚊蝇、卫生大扫除、疫苗接种活动。至2015年，全境形成社区卫生服务站、卫生服务中心和众多医疗机构组成的医疗防疫网，居民看病有合作医疗的经费保障、先进仪器和各类医师专家的技术保障，平均寿命显著提高。

20世纪50年代始，体育活动率先在团员青年、民兵中展开。1980年后，群众性体育普遍兴起，每年都有业余体育比赛。2000年前后，兴建朝来足球活动中心等体育场所设施，配置健身器材。至2015年，已有体育健身场地和设施63处，经常性参加文体活动居民8000余人，社会体育指导员95人，累计举办全民运动会14届，获10多次市级和全国专项竞技比赛奖项。

第一节 教育

一、私塾

旧时教育以私塾为主，教学设备简陋。私塾学童每月交一定的钱、粮、肉作学费，自备桌凳和学习用具笔、墨、纸、砚。塾舍有的设在塾师家中，有的是村庙闲屋。20 世纪 30 年代，黄军营和北苑村各有一私塾，蒙童各 10 余人，年龄多在 10 岁左右。日伪时期，北苑私塾有学童增至三四十人，只有 1 个教师，抗战结束后撤销。北湖渠私塾学堂在北庙，学生二三十人，塾师六七人。刘各庄、勇士营、清河营、东湖渠、五合村亦各有私塾学堂。民国末期，域内共有 8 所私塾学堂。

私塾教材，初学《三字经》《百家姓》《千字文》《弟子规》，进而读四书（《大学》《中庸》《论语》《孟子》）、《幼学琼林》等，极少数人能读五经（《诗经》《书经》《易经》《礼记》《春秋左传》）。除以上课程外，珠算、写字（毛笔大小楷）也是重要的教学内容。教学方法主要是读、背，私塾先生一般不讲解，学四书、五经时才重点诠释，谓之“开讲”。最后阶段，练习写作八股文，但一般学童读不及此。私塾检查学生作业主要靠考试，分日考、月考和季考。

中华人民共和国成立后，各村私塾停办，适龄儿童均进小学就读。

二、幼儿园（班）

1949 年，驻军部队大院自办幼儿园，招收年满 3 周岁以上幼儿入园，7 岁离园入小学。1955 年起，各村为解放妇女参加农业生产合作社集体劳动，纷纷兴办托幼班，托管照看 2 周岁以上幼儿。驻军部队大院自办有条件较好的幼儿园。各幼儿班自行选择教学内容，无统一教材。1958 年，每个生产大队都办有幼儿队，幼儿队有专用房屋、玩具，公社无偿供应主副食。每个教养员平均带 5 至 7 岁的幼儿 15 个。1959 年，和平人民公社幼儿园园长马秀玲被评为北京市社会主义建设先进个人。

20 世纪 60 年代，来广营人民公社部分生产大队创办幼儿班。1970 年后，所有生产大队均办有幼儿班，用房、桌椅、用品和保育员工作报酬由村集体负责解决，教育业务由区教育局初级教育科指导。幼儿班按课业时间分为半日制、全日制，入班年龄为 3 岁。教学活动项目有语言、体育、认识环境、音乐、图画、手工、计算等。幼儿班在上课、游戏、活动中，利用图片、画册、小型实物进行简单的识字、计算教学，课余作游戏，启发幼儿动手、动脑、动嘴，使教学更生动。至1978年，各生产大队幼儿班已改称幼儿园，学制定为3年，按照《幼儿园教育大纲》组织教学。幼儿入园年龄改为3岁半，6岁半离园入小学。

20世纪80年代，幼儿教育逐步规范化、专业化。幼儿园教学课目调整为语言、常识、计算、音乐、美术、体育。小班每节15分钟，每周6—8节课；中班每节20分钟，每周12节课；大班每节30分钟，每周12节课，中、小班课时较短，适当增加自由活动或休息。1983年，来广营乡成立乡中心幼儿园，张翠为首任园长。全乡8个村均建有幼儿园，其中乡幼儿园、东湖园、南湖园、红军营园办得较好，各收幼儿百名以上，购置有丰富的图书、教学画、玩具。幼儿教师多为毕业后的中学生。1989年，乡中心幼儿园和8个村幼儿园合计27个班级，其中6个大班、12个中班、9个小班，幼儿园教职工76人，在园幼儿605人。课程有语言、常识、计算、音乐、美术、体育等。

来广营乡中心幼儿园儿童表演节目（1983年摄）

来广营乡领导与南湖渠幼儿园保教人员、幼儿合影（1990年摄）

基础教育下放乡村管理以后，乡村两级加大幼儿教育投资。1991年至1993年，村集体为托幼事业累计投资19万元，乡投资1万余元。乡人民政府专配托幼干部，加强幼教管理和质量提升工作，幼师持证上岗率很快达80%以上，每个幼儿园设置教研组，组长主抓教育教学质量。1991年至1992年，来广营乡连续2年被评为区级托幼工作先进单位。1995年，北湖渠村投资4000元为幼儿园购置录音机、大型玩具、卫生保健用品、毛巾被，新生村投资7500元为幼儿园购置冰箱、电子钢琴、彩电、桌椅、幼儿服装，红军营村投资5500元购置洗衣机、排风扇、热水器、幼儿服装。全乡8所幼儿园收托幼儿 472 名，入园率 90%，教材选用朝阳区幼教教研室自编的音乐、常识、语言、计算等部分教案作参考。1997 年 6 月 1 日，乡投资新建的乡中心幼儿园晨曦幼儿园开园，接收社会学前儿童 180 人。该园有 6 个教学班，建有活动室、体操厅、厨房等设施，后又购置钢琴、大中小型玩具，植树绿化，建成花园式幼儿园。

2003 年，域内多数幼儿园课程都有英语、美术、体育、音乐等。2005 年，朝来绿色家园配套建设 18 个班的幼儿园物业建筑交付使用。2008 年 3 月 3 日，来广营地区（乡）朝来天使双语幼儿园开园。该园位于朝来绿色家园农民新村，总投资 850 万元，建筑面积 3500 平方米，硬件设施、师资队伍参照北京市一级幼儿园标准配备，可容纳 12 个班级 360 名幼儿，从教人员全部达到大专以上文化程度并具有相应的教师资格证书。2010 年，惠新里幼儿园建成开园，为十二年一贯制。随着幼儿增多，至“十二五”时期，公立幼儿园承载力不足，供需失衡，私立幼儿园成本高、收费贵、师资流动频繁。

朝来天使双语幼儿园（2009 年摄）

至 2015 年，来广营地区（乡）新增朝阳区北方之星艺术幼儿园。全境幼儿园有区教育部门 2 所、部队 1 所、乡中心幼儿园 1 所、事业单位 3 所、民办 14 所，总计 22 所，有 232 个班，在园幼儿 5966 人。

三、小学教育

1918 年，来广营村在娘娘庙建京兆大兴县来广营国民学校，有一个复式班，教师 1 人。清河营村在关帝庙建京兆大兴县清河营国民学校，学生 38 名，教师 1 人，1937 年后解散。此二校均为初级小学。1944 年，兴办北平北郊黄军营村小学，教师 1 人；1947 年扩建为北平二十区第五保国民学校，为国立小学，初高两级“四二”学制，有学生六七十人，设一至四年级各 1 个班，4 个教师、1 个校长。同年，创设数校，其中：昌平县立水桥初级小学，有 2 个复式班，学生 70 人，教师 2 名；侯庄小学学生一二十人，教师 1 名；东湖渠、五合村私塾均改为初级小学。各校课程有国语、算术、社会、自然、音乐、体育、美术、劳作、公民训练 9 科。

1949 年，各行政村接管和新建的小学，仍为初级小学，绝大多数为复式班。原来广营国民学校易名为北京市第十区来广营小学，有一至四年级 2 个复式班。黄军营小学初小有 4 个班，学生 150 人，另有高小五六年级，教职工 6 人。新建北湖渠小学、勇士营小学、望京南湖东园小学和北苑小学。1950 年 5 月，南湖渠娘娘庙私塾学堂改为南湖渠中心小学，有学生 100 多人，教师六七人。1952 年，北苑小学与黄军营小学合并，改称“东郊区黄军营小学北苑分校”，设 1—3 年级，有初小复式班 2 个，教师 2 人。驻境北苑炮团自办北苑炮校子弟小学。1955 年，和平乡共有小学 9 所、40 个班，在校学生 1854 人，课程为语文、算术、历史、地理、自然、音乐、体育、美术、手工劳动、生产常识、周会 11 科。部分村初级小学增设高小五六年级。北湖渠小学 1956 年学生 167 人，比 1949 年增长 3 倍多；南湖渠两所小学 1956 年学生合计 422 人，比 1948 年增长 6 倍。

20 世纪 60 年代，因入学人数聚增，教室紧张，来广营人民公社采取“二部制”，即两个年级按半天制轮流上课。1963 年后，小学普遍开展向雷锋学习活动。“文化大革命”期间，全公社小学教育受到严重干扰，正常的教育秩序被打乱，曾一度停课，不久又恢复正常教学秩序，贯彻“教育为无产阶级政治服务，教育与生产劳动相结合”的方针，批判重智力、轻劳动、忽视政治倾向，开辟工农业生产劳动课程，师生义务劳动偏多，教学质量下降。教学课程设政治、语文、算术、常识、音乐、美术、体育 7 科，另有学工、学农课。1971 年，北湖渠小学独立建校为完全小学。北苑小学与驻同村某军事单位子弟小学（友爱小学）合并，独立建校为六年制完全小学，占地面积 0.95 公顷，建筑面积 2152 平方米，操场面积 3100 平方米，教室 15 间，有 8 个班、15 名教师。1978 年，小学入学年龄从 7 周岁改为 6 岁半。每年 9 月招生，有名额随时插班。

1980 年，各小学贯彻重新修订颁布的《小学生守则》。1983 年，来广营乡各学校开展定校歌、校训、校规活动，建立升国旗制度。1986 年 7 月后，推行九年制义务教育，加强学籍管理，着重减少学生流失，全乡适龄小学生流失率逐年减少。开设课程执行北京市教育局规定，有品德、语文、数学、自然、地理、历史、体育、音乐、美术、手工、劳动 11 科，部分学校增设英语、计算机课程。1988 年至 1989 年，东湖渠小学另建新校园，五合村小学并入。1991 年，来广营小学被定为乡中心小学，南湖渠中心小学更名为南湖渠第一小学，分出部分师生成立南湖渠第二小学，有教学班 12 个，学生 460 名，教职工 31 人。

清河营小学应届毕业班师生合影（1984 年摄）

1995 年，来广营乡有小学 11 所，其中普通农村小学 10 所，在校学生 3342 人，专职教师 260 人。全乡小学入学率为 100%，合格率为 98.9%，毕业率为 100%。各校开展小学生质量综合评价工作，学习朝阳区教育局制定的《小学德育工作指导》《小学生心理健康读本》。

2000 年，望京南湖东园小学（原 1950 年私塾改建的南湖渠小学）重建后，占地 1.1 公顷，有 30 个教学班，学生 921 人，教职工 72 人，其中北京市骨干教师 4 人，市紫金杯优秀班主任获得者 2 人。2002 年，在北苑家园清友园 15 号楼创办和平街一中附属小学，有教师 50 余人，其中小学高级教师 32 人，学生 700 多人，22 个教学班；2003 年至 2005 年，该校获评为朝阳区小学教学管理先进校、先进少年军校，被国家教育部授予“十五”期间学校体育卫生科研规划重点课题《体育教学中的合作教育应用研究》实验学校。北苑小学先后被评为“北京市古诗文经典诵读工程优秀校”“朝阳区教育科研先进单位”“朝阳区教学管理先进校”、朝阳区“科技教育示范校”，获颁北京市“星星火炬奖”，其少先队组织被评为“朝阳区优秀少先大队”。

2009 年，各小学开展“小手拉大手，做文明小使者”“寻找身边的榜样”等主题教育活动，2010 年，组织开展小学生学习习惯培养工程。在南湖东园小学召开现场会，促进学生养成良好学习习惯，提高教学质量。紫绶园小学并入和平街一中附属小学，成为北苑校区小学部，在校生 1364 人（包括外省市借读生 651 人）。2012 年，红军营小学建筑拆迁，学生就近并入北苑小学和其他小学就读。2013 年 7 月，花家地实验小学朝来校区被朝阳区委教工委、区教委评定为“十二五”时期素质教育示范学校。

至 2015 年，来广营地区（乡）总计有朝阳区望京南湖东园小学青年城校区、朝阳区实验小学润泽校区、朝阳区花家地实验小学朝来校区、北京市和平街第一中学北苑校区小学部、朝阳外国语学校北苑分校小学部共 5 所小学部或小学校区，其中朝阳区实验小学润泽校区为 5 个年级，余均为 6 个年级，5 校合计 128 个班、在校学生 4328 人，教职工 315 人。居民适龄子女接受义务教育，由朝阳区教育局和乡教委统一安排就近入学就读。

四、中学教育

1952 年，东郊区在南湖渠村中心小学附设初中班基础上首建北京市第四十八中学，至 1955 年，四十八中发展为 10 个班、516 名学生。初中课程开设政治、语文、历史、地理、俄语、数学（代数、几何）、物理、化学、生物（植物、动物、生理卫生）、体育、音乐、图画等，高中开设政治、语文、历史、地理、数学（代数、几何、三角）、物理、化学、英语（或俄语）、体育共 9 门课，后增设生产劳动课。学校以过渡时期总路线精神教育学生，加强爱国主义教育、阶级教育、劳动教育和集体主义教育，鼓励学生“一颗红心、两种准备”，毕业后未能升学就回村从事农业生产。南湖渠小学 1956 年新设中学班。20 世纪 60 年代，适龄少年上中学，除位于南湖渠村的北京市第四十八中学外，有的就近去大屯北京市第八十二中学就读。农村中学初一增设珠算课，初二增设农业生产知识课，初三增设农业生产知识和农业会计常识课。“文化大革命”初期学校停课，“复课闹革命”后，开设政治、语文、数学等 9 门课及“学军、学工、学农”。1967 年，红军营小学附设初中班。1970 年以后，开设政治、语文、数学、外语、工业基本知识、农业基础知识、史地、卫生、军体、革命文艺等10门课。外语课设俄、英2个语种，部分学校因缺外语教师，不能开课。

1971年12月，在红军营小学初中班、清河营小学初中班合并基础上创建北苑初级中学，与北京市第四十八中学同为农村普通中学。1972年2月，北苑中学招收新生6个班，学生330多人；1975年增设高中，由公社筹资，增建教室至24个，修建有200米跑道的操场，逐步发展成一所完全中学，最多时学生1500多人、28个班、80多名教职工。党的十一届三中全会以后，全日制六年制中学开设政治、语文、数学、外语、物理、化学、历史、地理、生物、生理卫生、体育、音乐、美术、劳动技术等14门课（高中不设生理卫生、音乐、美术）。外语课多数学校设英语课、少数学校设俄语课，重点中学英、俄语并设。

1983年9月，北京和平街第四中学改建为北京化工大学附属中学，并在域内创办朝来校区，与惠新里高中部、安苑北里初中部共同组成一校三址的完全中学。1986年，来广营乡第一批中等专业毕业生7人，至1995年增至309人。1991年，乡人民政府集资重建北京市第四十八中学和占地面积17637平方米的北苑中学。1995年，北京市第四十八中学和北苑中学在校学生1500人，专职教师160人。2002年至2004年，和平街第一中学在北苑家园建成北苑校区，发展为一校三址，合计占地面积60666平方米，2005年被市教育工作委员会评为北京市示范性普通高中学校，属北京市重点中学。2010年9月，和平街一中北苑校区初中部迁至北苑家园莲葩园1号。北苑校区中学部北部由西向东建有1座2层清真食堂、1座4层学生宿舍楼，南部建有1座5层综合楼，楼顶建有天文观测台，楼西为操场，有400米环形跑道。

北京化工大学附属中学（2009年摄）

中学部合计在校初中生 771 人、高中生 1086 人。至年末，来广营域内有北京市北苑中学、北京市和平街第一中学、北京化工大学附属中学（位于朝来家园赢秋苑小区 21 号），共有学生 1800 多人、教职工 200 多人。

2015 年 4 月 1 日，北京化工大学附属中学迁离来广营，其校址由北京市和平街第一中学接收，成为其驻境校区。和平街第一中学至年末，来广营办事处（乡）有北京市和平街第一中学朝来校区（2 个年级）、朝阳外国语学校分校（3 个年级）、朝阳外国语学校北苑分校（9 个年级九年一贯制）共 3 所中等学校校区或分校，合计 45 个班、在校学生 1634 人，教职工 202 人。北京市和平街第一中学北苑校区被北京市评为“北京市示范性普通高中”。

五、成人教育

1950 年春，北京市第十三区教育局在来广营村办民校试点班，吴玉书等 5 姐妹报名参加扫盲班，组成学习互助小组互帮互学。南湖渠村池百川为帮助农民扫除文盲、学习文化，在本村办民校，利用农余时间和夜晚教成人识字。1952 年，域内各村大多创办冬学，入学成人 1412 人，当年结业 240 人。1950 年至 1955 年实际扫除文盲 619 人，占 14 岁至 40 岁人口的 22.8%。1955 年，和平乡在冬学学习的成人 759 人。其中，在北湖渠小学兴办的民校有成人学员 95 人，南湖渠池百川民校学生 324 人。民校结业者中有 22 名留作民校教员，还有部分人成为国营商店经理、粮站干部、小学教师。至年末，全乡累计有 1153 人接受扫盲，占 14 岁至 50 岁人口的 51.5%，其中有 168 人达到高小语文毕业水平，南湖渠村成为东郊区第一个“无盲村”。各村 14 岁至 50 岁共有 3373 人，其中文盲 1646 人，占 48.8%，半文盲 593 人，占 17.6%，非文盲 1134 人，占 33.6%。文盲、半文盲人中，应入学 2575 人，已有 1914 人参加 31 个扫盲班，分 58 组接受识字教学，参加学习者至 1958 年基本摘掉“文盲帽子”。

20 世纪 60 年代至 70 年代末，来广营人民公社鼓励社员业余参加农业培训，普及先进适用技术。1981 年，公社结合当时特点，采取多渠道、多投入的方法正式开展成人教育工作。同时，选派基层骨干到朝阳区职工大学农机学校、朝阳区农民技术学校学习。

1983 年，来广营乡投资 25 万元兴建农民职业学校，首期开设蔬菜、服装、幼师、机电等 4 个学习专业，招收对象为应届初、高中毕业生和部分在岗职工，进行为期 1 年的专业培训。学员考试合格后，领取结业证书，并被分配到相关岗位。1985 年，来广营乡农民职业学校停办，在乡人民政府西院另行成立来广营农民文化技术学校，占地面积 800 平方米，其中体育室 60 平方米、图书室 60 平方米，配新课桌椅 55 套、录音机 1 台、录像机 1 台，各类图书 3000 余册。学校有专职教师 1 名、兼职教师 5 名。1986 年，乡职业学校接收近 200 名回乡初高中毕业生，进行学制 1 年的成人教育培训。学生经考核合格发给结业证书，并被分配到所需单位，有不少成为生产经营的重点户、专业户。1981 年至 1989 年，接受过成人教育的，在朝阳区职工大学、中央电视大学、北京农业大学毕业 10 人，在北京市高等教育自学考试毕业 11 人，在朝阳区农民技术学校毕业 9 人，在中央农业广播学校毕业 51 人，在农业财务函授中专班毕业 44 人，在来广营乡农民职业学校毕业 170 人，农广校三期学员共 44 人。1991 年，来广营乡被评为北京市教育先进乡。至 1998 年，全乡成年人中，大中专毕业生增至 143 人。

第一批成人教育广播中专生毕业时合影（1986 年摄）

2000 年，来广营乡投资 80 万元兴建军地两用人才成人教育学校，配置电脑、投影仪等现代教学设备。2002 年，乡成人教育学校在 2 个大专班和 1 个物业管理中专班的基础上，开办 1 个经济管理大专班、2 期计算机培训班。2003 年后，来广营地区（乡）实行“分类培训大教育”，着眼终身教育和素质教育，每年投资 200 万元，经费主要用于教学设施改善、各类培训和成教奖励。

2006 年，市教委投资 20 万元在朝来绿色家园建设用于成人教育的 18 台计算机房和两个多媒体教室，北湖渠村开办村民素质培训班。2006 年至 2010 年，来广营成人教育学校聘请专职教授和专家，开办北京市委党校经济管理大专班 6 期、工商本科班 1 期、物业中专班 1 期，共计毕业生 714 人。

至 2015 年，各社区充分利用市、区社区服务中心提供的教育资源和本地的公益服务资源，开展社区大课堂系列活动每年几十次，内容包括法律规章、医疗保健、日常卫生等，形成遵循课程选录、安排时间、课后反馈的成教流程，保障居民需有所学、学有所教、教有所得、得有所用。经几十年持续不懈的成人教育，全境常住人口中，中青年多为高中以上学历，而文盲和小学文化人口越来越少，且主要是老年人。流动人口中，小学及以下文化 5888 人，占总数的 4.78%，余均为初中以上文化。除来广营地区（乡）自办成人教育外，域内还有北京市对外贸易学校、北京农业职业学院国际教育学院、中国医科大学北京临床学院等成人教育。

六、教育管理

民国初期建立的来广营、清河营两村国民学校，学制均为 6 年。私塾一般只招收男童，年龄参差不齐，多在 7 岁至 15 岁。私塾无学期制，只分常年和短期两种。富者念常年，贫困者多念短期或冬三月。学童入学时无须考试，在孔子牌位或画像前恭立、敬礼并向老师行拜师礼即可。正规的国民教育，要求“强体魄，重科学，守道德，能文章”。1947 年后，各村的初级小学、简易小学、短期小学统一编为国民小学，实行初高两级“四二学制”（初级小学 4 个年级，高级小学 2 个年级）。

1949 年初，域内已经解放，人民政权接管各类小学，设置学区管理学校。各校沿用“四二学制”。贯彻华北人民政府小学教育会议精神，改造强制性灌输的旧教法，取消公民训练课，建立中华人民共和国德育标准，纠正民国时期社会活动过多影响学习的偏向，加强文化教育，注重培养儿童读、写、算的能力。建立校会、班会、队会等制度和校外活动小组，在各项活动中进行爱祖国、爱人民、爱劳动、爱科学、爱护公共财物“五爱”教育。幼儿在园时间分为半日制、全日制和寄宿制 3 种。幼儿班村办村管，业务由区文教科领导，提出教学质量要求。1956 年，各校复式班全部取消。

1969 年后，贯彻毛泽东“学制要缩短”的指示，小学改为五年学制，春季始业。中学实行初中三年、高中两年的“三二制”。“文化大革命”期间，一度实行贫下中农管理学校，由所在大队党支部安排一位贫农主管。1980 年后，小学恢复六年学制，中学恢复“三三制”。

中共十一届三中全会后，纠正忽视教育质量的做法。1981 年，来广营人民公社在职业学校举办幼儿教师技能技巧培训班。20 世纪 80 年代后期，改革农村教育体制，基础教育分级管理，乡政府直接领导主要招收农业户籍学生的小学和初中，区政府督学室巡访视察督导，区教育局分类指导，教育经费以乡村为主，区财政拨款为辅。来广营乡接管基础教育以后，首先成立教育委员会，统筹领导幼教、普教和成人教育，实行中小学校长负责制，大力投入，改善办学环境。1988 年至 1989 年，区、乡、村投资建东湖渠小学新校，五合村小学并入。新校占地 0.87 公顷，建筑面积 2207 平方米，操场面积 6250 平方米，教室 17 个。1991 年，来广营乡为改善四十八中学和北苑中学教学条件，广为动员，号召集资建校。4 月 12 日乡十届人大二次会议上，乡长陈雅芝提出“党团员、干部带头捐资助学”，会议安排全体代表观看录像《四十八中学校舍现状》，担任党、政、企业领导职务的人大代表在会议现场带头捐款，随后在全乡掀起广泛的全民募捐热潮，社会各界人士合计捐款 300 多万元，成为朝阳区社会重教助学的首善盛举。在朝阳区大力支持下，累计投资 600 多万元，改建四十八中学和北苑中学教学大楼。东湖渠村投资 100 万元，建起全区农村小学第一座三层教学楼，被区政府督学室评价为“我区农村小学中一流的小学。在校舍改造方面给各乡带了一个好头。四十八中良好的教育内部环境和教学设施，也属我区农村中学一流学校。”此外，来广营乡还重建了立水桥小学教学楼和新的清河营小学。勇士营等 5 所小学也都进行了不同程度的改造，彻底改观优化校园面貌，为广大师生创造了良好的教学环境，成为当时的一大善政和闪亮的办学业绩。整个“八五”计划时期，全乡共投资 1000 多万元，改造扩建 12 所小学校舍，为此来广营乡被评为北京市教育先进乡。同时，各托幼班经自我评估，由区检查验收通过。各中小学广泛推行素质教育，教改实践屡出成果。20 世纪 90 年代开始，每年召开一次全乡教育大会，表彰奖励教育工作先进单位和个人。来广营乡引进首都师范大学创办来广营分部、北京京华医科大学入驻辖区。1996 年，乡征收教育费附加 17 万元。1998 年始，按上年年末分配总额提取 2% 作为乡统筹费，其中 40% 用于教育。

来广营乡成立教育委员会并召开教师节座谈会（1986 年摄）

新生村募集兴教助学款 12 万元送乡用于改善教学环境（1991 年摄）

“十五”期间，来广营乡政府每年投入资金数十万元用于教师节慰问教师。对农业户籍高考录取到普通大学的学生奖励 5000 元、录取到重点大学奖励 15000 元。来广营村接受义务教育的农户学生学费一律由村集体支付。2005 年，初步建立校校共建、师资共享、资源共用的教育模式，开展公立学校和打工子弟学校“手拉手”“心连心”活动，保障流动人口子女享受同等教育。朝来绿色家园配套建设的可容 24 个班的小学等物业建筑交付使用。2008 年，为高考录取进入全日制公立学校的 5 名本科生、1 名专科生办理朝阳区 2008 年“爱心成就未来”助学项目手续，按照本科生每人每年 4000 元、专科生每人每年 3000 元标准减轻家庭子女就学负担，使低收入家庭子女都能顺利入学。

2013 年，制定《来广营地区百名优秀教师评选办法》，此后每年教师节都奖励百名优秀教师、校长、园长，根据《来广营乡农业户籍学生助学奖励办法》，发放考入全日制本科大学学生每人 5000 元的助学奖励金。清理整顿无证办学机构，依法取缔英才实验学校并分流学生 500 人，解决辖区 60 余名适龄儿童不能正常入学问题。

2015 年 5 月，全境有 24 个小区子女入学无对应管辖学校，地区办事处报区教委后，已全部就近落实入读学校。“十二五”期间，引入北方之星等 4 所幼儿园、朝阳外国语学校来广营分校等 3 所九年一贯制学校，奖励考入全日制本科大学的乡农业户籍学生 35 人助学金 17.5 万元，表彰 312 名优秀教师和 49 名优秀校长、幼儿园园长，颁发奖金 77.1 万元。同时，解决来北家园等 6 个社区适龄儿童入学问题，为 417 名非京籍儿童办理就读证明。望京南湖东园小学青年城校区隶属酒仙桥学区管理，其余中小学均归朝阳区教育部门直接管理。

第二节 卫生

一、医疗机构和医药服务

中华民国时期，域内有中医在自家或药店挂牌应诊，中医多兼营中药，药源自采为主，有的每年去祁州、安国等药材集散地选购。中药加工，主要是饮片炮制和各种丸散膏丹制剂等小批量成药。黄军营村章玉禄在颐和园青龙桥诊所学中医 8 年后，1920 年举家迁至西坡子村，与儿子章德贵开设全科诊所和中药房，儿子专责抓药，自己坐堂号脉，只收药钱不收诊费。后正式成立诊所，挂牌“全成堂”，医疗服务范围东至孙河，南至太阳宫，西至清河，北至小汤山。北苑小街则有外地中医陈阔泉人称陈先生开设中医诊所，另有一药铺，北苑兵营曾有军医，别无西医和专门卫生防疫机构驻境。村民生病就医选择，除各村中医外，大多去东郊平民医院（即 1978 年后的小庄医院）或关厢医院就诊。

1951 年，北京市南苑全科医生王文柱来北苑小街租用 4 间房开设西医诊所，有医生、护士各 2 人。1953 年，来广营乡广播组用铁喇叭喊话，宣传安全卫生和防疫知识。各村个体开业医生均由区卫生科实行专业管理，逐步向合作化、集体化医疗机构转变。医疗用药多从市药品主营公司或朝阳门外关厢护城河桥头路北一元堂进货，橘子皮、瓜蒌等少量中药饮片在药品市场或直接向药农采购。1955 年，和平乡建有妇幼保健站、诊疗所各 1 处。乡域西部北苑小街王文柱的西医诊所在公私合营后归属东郊区卫生局管理，继续开办经营，陈阔泉中医诊所关闭，章玉禄全成堂继续独力经营。村民也有到洼里诊所就医治病。1958 年上半年，和平乡建立联合诊疗所，从业医务人员 13 人，各门诊检查室面积合计 200 平方米。药店配方须符合市中成药统一配方。黄军营村 3 个生产队社员集资赠匾全成堂，誉为“功在桑梓”。全成堂经营服务至 1960 年关闭停业。

1961 年后，来广营人民公社建一新诊疗所，村村建有大队简易诊所，供销社系统有部分常用药品向公社诊疗所推销，初步形成医药、预防、保健网络。1965 年，遵照毛泽东“把医疗卫生工作的重点放到农村去”的指示，区卫生部门为来广营人民公社培训一批农村赤脚医生，赤脚医生负责所在村医疗卫生和防疫工作。二十世纪六七十年代，各大队成立医疗站，亦称卫生室，内设门诊、药房、注射室，由本村经过初步专业培训的赤脚医生二人至三人为社员看病，医治感冒、肚疼等简单常见的多发病，每天就诊一二十人。村民初病，可得到最早的医疗处置、伤口包扎，初步改变城乡缺医少药治病难的落后面貌。但因赤脚医生未经正规院校的专业教育学习，医疗水平不高，只能处理小伤小病，且使用民间传统土方疗法较多。

1970 年，来广营人民公社在诊疗所基础上成立公社卫生院，归属区卫生局，内设中医科和西医内科，有床位 6 张，医生 9 人、护士 5 人、其他卫生技术人员 1 人，13 个生产大队全部实行合作医疗，共有赤脚医生 48 人。“文化大革命”前期，卫生院借批判 “管卡压”群众的规章制度，取消医嘱本和必要的基本制度。后经拨乱反正，逐步恢复医嘱本，健全以岗位责任制为中心的各项制度，卫生医疗事业逐年发展，机构和人员逐渐增加，设备更新改善，疗效渐高。朝阳区供销联社指导帮助社队在沟渠路边闲散地种植板蓝根、大青叶、紫苏、瓜蒌等传统药材，同时向社员收集野生动植物中药原料。1973 年，来广营卫生院从事医疗卫生服务 19 人，各大队、生产队赤脚医生 40 人，普遍按合作医疗制度为社员提供医药服务。1977 年 5 月，经朝阳区人民政府批准，公社卫生院改建为来广营医院（与卫生院两个名称一度通用），设有内科、外科、中医科、儿科、妇产科、口腔科、放射科、检验科、皮肤科、病房科、急诊室、B 超室，床位 20 张，医务人员 38 人，可做心电图、胃肠造影及乙状直肠镜等检查，护理人员除维持门诊秩序，仅能操作一般注射和消毒。全社的初级卫生保健基本达到验收标准。至 20 世纪 80 年代初，第一次合作医疗制度随联产承包责任制的推行而停止。

1984 年，来广营医院有医务人员 45 人，内设小型制药房，添置医疗设备，全乡村医从此可就近接受专业培训和实习。20 世纪 90 年代，部分村卫生医疗站承包给驻站村医经营，提供基本的医药服务。来广营乡初级卫生保健工作全面达到验收标准。来广营医院在南湖渠、立水桥、新生村设立分院，但分院医务人员流动频繁，不利于卫生事业的稳定。1997 年 10 月，朝阳区计委批复同意区卫生局迁址广顺桥西南利泽西园另建来广营医院。新院占地 0. 34 公顷，区乡共同投资 685 万元新建门诊综合楼，总建筑面积 1500 平方米，购置先进医疗专用设备，分设 16 个科室，有主治医师 6 人、主管护师 3 人、医师和护师 16 人、医士和护士共 8 人，重建后成为一级甲等医院。各村医疗站承包给村医经营服务。1999 年，来广营医院迁入新楼，治疗技术能力可做一般性手术，护理工作设有护士长，统一执行基础护理技术操作规程，实现一人一针一管，推广一次性密闭输液，全境基本达到小病不出村、大病不出乡的要求。来广营医院各科医生每遇年节或公益日，到乡敬老院为住院老人检查身体，预防疾病。同年，恢复合作医疗制度，开展血液透析和全民性保健工作，定期为村民检查身体。

“十五”期间，朝阳区、来广营乡投资近500万元迁建来广营医院，与来广营社区卫生所合并，添置高科技医疗机械，开设10余个门诊科室，引进高中级医务人员。全院有床位20张，人员50人，其中卫生技术人员有中医师4人、西医师12人、护师8人、护士7人、药剂师2人、检验师1人。2005年，对重点地域联合执法整治，取缔非法行医60家。2007年6月，来广营医院（社区卫生所）迁建于朝来家园赢秋苑小区，更名为来广营社区卫生服务中心。至年末，为3051名65岁以上老人建健康档案。2008年，新建青年城等3个社区卫生服务站，全境累计社区卫生服务站6个。原有各村卫生医疗站多随城市化、绿隔建设和土地储备而拆迁，更新为社区卫生服务站，每年为老年人和妇女进行体检。

至2015年，来广营地区（乡）域内有医院3所，社区卫生服务中心1所、社区卫生服务站6所，社区卫生服务中心设有全科诊室，与中日友好医院、中国医科大学航空总医院结对共建医疗网，服务域内全体居民。卫生防疫和妇幼保健工作管理机构有乡公共卫生科。此外，域内另有朝阳区卫生局卫生监督所北片分所、行业或社会经办的众多医疗机构。“十二五”时期，全乡被评为北京市“药品安全示范乡”。中日友好医院等优质医疗机构专家受邀到来广营社区卫生服务中心出诊457次，门诊4184人次，转诊120人。

来广营社区卫生服务中心：位于朝来绿色家园赢秋苑小区北侧综合服务楼，建筑面积3300平方米，设有全科、保健科、中医科、妇科等5个科室，另有保健中心和中医康复区。各类医务人员112人，其中有高级职称者6人，中级职称者28人。该中心担负着来广营社区居民的预防、保健、康复、健康教育、计划生育服务、基本医疗等六位一体的社区卫生服务工作。

航空总医院（361医院）：位于北苑路3号院，隶属于中国航空工业集团公司，是二级甲等综合医院。医院占地面积约2.8公顷，建筑面积约7万平方米；编制床位600张，实有床位720张。职工1100余人，其中技术人员955人，具有副主任医师以上职称者145人，博士18人、硕士136人。医院下设30个临床、医技科室，专业设置齐全，有现代化的手术部、重症医学科、静脉输液配置中心。特色专业为口腔诊疗中心、骨科、妇产科、血管外科及胃食管反流中心、罗氏正骨、疼痛中心、脑脊液病中心，集医疗、教学、科研、预防为一体，是北京市规划十大发展区域之一的北苑边缘集团区域医疗中心、联合国和卫生部授予的爱婴医院、中国医院协会授予的“全国百姓放心示范医院”、北京市首批社会医疗保险定点医疗机构、北京中医药大学教学医院、中央国家机关文明单位。

航空总医院内景（2009年5月摄）

北京万和颈椎病医院：位于立水桥地铁站A口北侧，是中国第一家颈椎病专科医院，北京市医保定点专科医院。医院开设颈椎病、颈源病、腰椎间盘突出、强直性脊柱炎、风湿免疫、骨关节病、骨坏死、疼痛、微创激光介入、脊柱外科、正脊推拿、康复治疗、疗养等专科治疗。

北京东苑中医医院：位于北苑东路广华居18号，建筑面积1万平方米，是久善投资管理集团和北京同仁堂京北企业管理有限公司合资兴建的医疗、保健、科研、教育为一体的综合性二级中医医院，设有20余个专业科室，包括中医综合门诊（内科、外科、妇科、儿科）、中西医结合门诊、肿瘤科、脊柱科、风湿科、疼痛科、肝病科、针灸推拿科、口腔科、血液科、肾病科、检验科、放射科、B超室、心电图室等，有两个病区，一病区为中医产后康复中心，二病区为综合病区。设置床位160张，拥有500毫安自动胃肠仪、美国利普刀、波姆红光治疗仪、现代化生化检查仪、彩超等一流医疗设备。

二、卫生防疫和妇幼保健

旧时因受卫生条件限制，域内常有疫病传染得不到有效预防和治疗，妇科病相当普遍，婴儿死亡率高。

1949年冬，张家口发生鼠疫。为防止察北疫情蔓延入境，各村响应东郊区政府号召，突击行动，开展清洁卫生大扫除，紧急灭鼠，交鼠尾者均有奖励。同时，分内外二线进行防护性封锁，外线自北苑西至清河镇，设北苑、下清河、清河三卡，防止张北方向来人进入辖区。1950年末，麻疹流行，各村组织村民普遍开展爱国卫生运动，打扫清理环境，保持村容干净卫生整洁，除害灭菌、防疫消病。此后，以大扫除为中心的爱国卫生运动每年在春夏或除夕前进行，历久不懈，已成惯例和习俗。同时，妇幼保健工作开始加强，农业合作化运动中，乡妇女干部深入农业生产合作社了解妇女劳动保护情况，宣传针对妇女生理特点安排生产劳动。1955年，和平乡在爱国卫生运动中，灭鼠6352只、消灭麻雀15628只。为防止结核病，开始接种卡介苗，随后逐步建立起新生儿普种和小学、初中一年级复种制度。1958年冬，在大跃进运动中，因过于注重工农业生产，忽视公共食堂饮食卫生，传染麻疹。二十世纪五六十年代，域内每隔一两年流行一次麻疹，脊髓灰质炎发病率也较高。1959年冬至1960年春和1963年，麻疹两度在域内大流行，医疗单位全力投入抢救，开设专科、专室门诊，单设临时隔离病床，收治麻疹合并肺炎重症弱儿住院，预防蔓延。虽采取措施，终因缺乏特效手段，未能有效控制疫情，传染病发病率为7103.7/10万。60年代中期，开始对患者施用脊髓灰质炎疫苗，小儿麻痹症发病显著减少。1965年10月，来广营人民公社开始使用“京（55）株麻疹减毒活疫苗”，发病率迅速下降。70年代，随着社会经济的发展，公社妇幼保健工作逐步健全，公社有了卫生室，孕妇的孕检、接生由当地接生员负责。80年代初，改用免疫期较长的“沪（9）株减毒活疫苗”，对区域麻疹疫情采取全面控制手段。1986年，对脊髓灰质炎改接疫苗，接种率达100%。

来广营乡卫生院与乡妇联开展儿童保健咨询宣传和现场查诊活动（1987年摄）

1988年，全乡爱国卫生运动中，发放灭蚊蝇药250多公斤，各村同时投放，有效减少蚊蝇；投放鼠药1500余公斤，制作和购买毒饵盆370个，对重点行业如餐厅、仓库等定期进行卫生检查。防范结核病的卡介苗普种率达到90%，复种率达到100%。经过多年持续坚持，乡域结核病发病率大幅下降。20世纪90年代后，持续开展幼儿保健和妇女防癌普查，每年为此投资10余万元。各村建设浴池，提供洗浴服务。同期，乡域麻疹病基本得到控制。

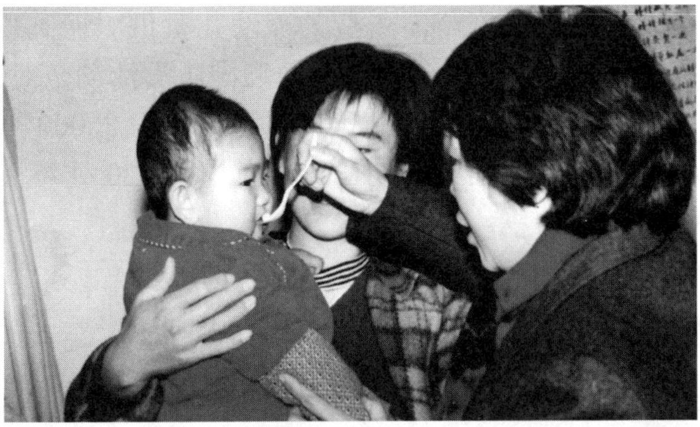

1994年12月5日为全国第二次统一消灭小儿麻痹首日，乡政府组织专人为所有4岁以下儿童服用脊灰疫苗糖丸。图为乡长陈雅芝（右）在为儿童喂服脊灰疫苗糖丸

进入21世纪，随着医疗条件的改善，孕妇均在国家正规医院建立孕检档案，并定期孕检，在医院生育、在单位上班的产妇按规定休产假。2002年，乡域暴发流行性麻疹，蔓延较快。乡医院为8104人注射疫苗，有效控制了麻疹蔓延。2003年4月9日至5月26日，全境突发“非典型性肺炎”病例6人、疑似病例31人、密切接触者223人，防控形势严峻。乡村紧急动员，“非典”防控专项投资371.14万元，组建采购小组到全国各地购买消毒药剂、体温计、隔离服，为乡卫生院、361医院和来广营派出所提供资金和专用物品。为有效阻断疫情传播途径，全境高度动员、严密组织，“以村为战，以单位为战，以工地为战”，加强封闭管理。不符合防控标准的22所流动人口子弟学校及时停课，通风差、人流密集的3个大市场关闭，各村日夜严查、监督出入人员消毒，严格实施出入证制度，限制无证人员流入。辖区所有居民每天两次测量体温，医院开设发热门诊，设立隔离观察病房，对医护人员进行紧急培训，先后接待2000余名发热患者，收治70多名疑似病人，设立可容纳40余

人的600平方米集中隔离场所。6月，所有被隔离监控和医学观察者全部解控，“非典”患者和疑似病人均康复出院，实现住院患者零死亡、医护人员零感染。乡电视站自制播出专题节目“非典防范知识”。同年，为清河营村1905人次接种麻疹疫苗，举办各种卫生知识讲座，强化外来儿童免疫，北湖渠村和来广营村代表朝阳区一次性通过市疾控中心检查验收。2003年后，为防止致病性禽流感传播，全境禁止放飞家鸽。“十五”时期开始，每年对重点地域联合执法整治，取缔不符合卫生要求的食品摊点。为集中用工单位外来务工人员接种麻疹和流脑免疫疫苗，免费为流动儿童供服糖丸疫苗。2009年9月，全境开展“除四害、讲卫生、干干净净迎国庆”活动，对23个无物业公司的小区组织卫生大扫除，清除卫生死角，清扫面积25000平方米，整理绿地8000余平方米，捡拾白色垃圾40公斤，对辖区120处垃圾桶站、楼门进行灭蚊蝇药物喷洒。

朝阳区、来广营乡领导护士节期间慰问抗击“非典”一线的医护人员（2003年摄）

随着流动人口增加，除做好本地妇女保健工作外，开始加强流动育龄妇女的同病防疫和保健。2010年，为方便流动育龄妇女参加生殖保健检查，把每年4次的定期生殖保健检查改为不定期请和平医院大夫到各村进行，为1190名学龄前流动儿童查漏补种疫苗。同年12月6日至10日，全地区（乡）组织开展统一灭鼠灭蟑工作，社区居委会为居民购买灭蟑药物。此后每年坚持不懈。

至2015年，婴幼儿达到适合年龄即进行脊髓灰质炎等疫病种苗接种。驻境各单位均建立食品安全卫生责任制，签订责任书，建设食品卫生区。清扫环境卫生从原来一年数次集中突击发展到各社区每周末开展一次例行大扫除，定期消杀全域病菌传染介质。通过每年的多次检查整治、灭鼠灭蟑灭蚊蝇、例行卫生大扫除、为特定人群接种或供服各类传染病疫苗，域内已基本没有不卫生食品摊点，多年未发生暴发性传染疫病。

第三节 体育

一、体育设施

20世纪50年代至70年代，无专门体育设施，唯中小学有上体育课的操场、球场，配设专职体育教师，有的学校建立运动队或锻炼小组，民兵、共青团等组织球赛活动。各村参与体育活动较多者是中学毕业生和复员军人。1975年后，有公社文教组负责体育工作。中小学大多建有学校球队（足球、篮球、排球），企业团支部因陋就简地开辟足球和篮球场地。

中共十一届三中全会后，各村、社区、单位按照年龄结构和自身特点，组建多支体育队伍。1983年，来广营乡政府设置文化站，兼管体育。1991年文化站与乡团委合为一室，直至1994年分开单独办公。各村相继建成文体场所，配置健身器材。1995年，朝来农艺园建成占地30公顷的篮球场、乒乓球室等健身场所。1996年，来广营乡成立农民体育协会，管理协调各体育组织。乡文化站聘请多名教练，在各村配置7名社会体育指导员，组织和指导村民开展体育活动。至20世纪90年代末，已有新生村兴建的500平方米综合运动场，东湖渠村、清河营村修建的游泳池、足球场、摔跤场，北湖渠村、红军营村的乒乓球室，每村都有一名社会体育指导员，专事群众体育的场地和组织管理，聘师教授各项体育活动。乡投资60万元，于1999年6月建成4000平方米的文体活动中心，内设体质测试站、网球场、篮球场、乒乓球室，健身场安装各类体育器材。总投资3500万元于2000年8月建成的朝来足球活动中心，位于五环路以南，占地33.33公顷，有10块标准的足球训练场、1块国际标准的赛场和5000座的看台，被指定为第21届世界大学生运动会足球训练场地。乡村投资35万元，在新生村兴建4800平方米的心艺健身园，半为篮球场半为健身场，每晚都有男女老少在此健身休闲。

2001年，全乡有13块固定体育活动场地，占地37公顷。村级文体活动中心7个，内设乒乓球室、棋艺室和健身房；高标准游泳场馆3个。各村建街心花园，供居民散步、跳舞、唱戏等。2002年，来广营乡与朝阳区体育局合作，在农民新村周边建成集乒乓球、网球、篮球、游泳馆等为一体的占地14.67公顷的文体场馆。成立来广营乡文体协会，制订《来广营地区文体协会章程》。全乡组建有10支足球队、6支乒乓球队、3支篮球队。2004年，来广营地区（乡）文化服务中心组建朝来新村文体活动队伍和花毽协会。2009年，1200平方米的蕴实园文化广场启用。文化服务中心从居民中选出文化、体育指导员，建立专兼职结合的文体指导员队伍。通过培训和考核，40人注册为北京市社会体育指导员，其中15人注册为1级社体指导员，5人注册为2级社体指导员，20人注册为3级社体指导员。2010年，建成坐落在勇士营郊野公园内4000平米的体育休闲公园。2013年，启用面积4000多平方米的来广营乡文化广场、体育健身休闲广场。2014年，域内北部文体中心建成，对外开放。

至2015年，各村、社区共有体育健身场地或设施63处，其中室外56处、室内7处。兴建最早的是2001年，最晚的是2015年，面积最大者是朝来绿色家园有3处健身场地各1000平方米，面积最小者有5处不足，50平方米。全地区（乡）有文体协会、羽毛球协会、百人健身球队等多个体育组织，社会体育指导员95人，级别为1级至3级，类型为组织管理和技能指导。

勇士营郊野公园体育设施和社区健身场地（2010年摄）

二、体育活动

旧时，域内民间传统体育活动有拳术、摔跤、射箭、空竹、踢毽、五虎棍等。20 世纪 50 年代，部分村传统体育曾在年节或庙会上竞技、表演。毕业回村的中学生和复员退伍军人增加后，体育项目增加篮球、乒乓球等。各中小学都开设体育课，教练队列、体操、跳高跳远、赛跑。1954 年，小学试行“劳卫制”（1952 年 5 月，中华全国体育总会筹备委员会公布了《〈准备劳动与保卫祖国〉体育制度试行条例》（草案）），推广第一套和第二套广播体操及少年广播体操。1956 年，红军营村五虎棍参加天安门广场庆祝公私合营成功表演。1960 年至 1961 年，由于食物缺乏学生营养不足，学校体育活动减少，有的学校一度停上体育课。1963 年，学校恢复每周两节体育课。六七十年代，随着经济恢复、生活好转，幼儿园把体育娱乐活动作为学前教育的重要内容，每天组织幼儿进行半小时以上的体育活动和肢体游戏，学校则大力开展国防体育活动。企事业单位、共青团开展适合职工和青年特点的群众体育活动，乒乓球、篮球、田径运动有较大发展。有的大队青年自发组织足球赛、摔跤比赛。

1982 年 9 月，来广营人民公社团委举办全社第一届青年运动会，由各大队团总支、企业团支部组队参加，竞赛项目有跑、掷、投等 13 项。1986 年 9 月 2 日，来广营乡在北苑中学举办首届农民运动会，竞技项目有百米短跑、跳高等田径运动和趣味运动比赛共 14 项。1987 年 10 月，举办第二届农民运动会，共设 12 个项目，11 个单位 130 多人参加。此后，形成两年一届的全民体育运动会通例。1994 年 4 月，乡机关和全乡 10 所小学教师联合在来广营中心小学操场上举办春季运动会。乡文教办公室组织落实全民健身计划，推广第七套广播体操，做操成为当时每天早晨干部职工和许多村民的必修课。乒乓球运动成为来广营乡代表性体育项目，在朝阳区第四届农民运动会乒乓球比赛中，来广营乡分获男单、女单、团体第一名，并在代表朝阳区参加的北京市第四届农民运动会上取得前六名的竞技成绩。各村成立乒乓球队、篮球队、足球队、太极拳协会，举办趣味运动会。全乡常年参与各项体育锻炼活动的村民占成人半数以上，其中大部分人每天坚持半小时左右，企事业单位职工和机关工作人员每天早晨做广播体操。因来广营乡常年开展各项群众性体育活动，被北京市体委、农民体育协会评为 1994 年度至 1995 年度北京体育先进乡镇和朝阳区农村体育工作先进单位。1999 年，来广营乡被评为市农村体育先进乡。

来广营乡在北苑中学举办首届农民运动会。图为女子百米赛跑（1986 年摄）

来广营青年在举行足球赛（2000 年摄）

2000 年 3 月，北京市农民体协在来广营乡举办全市农民体育工作表彰会。4 月，来广营乡在北苑中学举办第八届农民运动会，在新建成的朝来足球活动中心举办第二届“朝来杯”足球赛。9 月 25 日至 29 日，国家男子足球队主教练米卢率队在朝来足球活动中心进行为期一周的训练；9 月 30 日，国务院总理朱镕基到朝来足球活动中心视察，北京市委书记贾庆林、市长刘淇陪同。朝来足球活动中心受到国家体育界及社会的良好赞誉，亚足联代表、国家足协主席年维泗，北京市足协主席张衡也都来此考察、检查，亚洲杯足球赛国家足球队员在此进行封闭式训练。10 月，在四川绵阳市举办的中国第四届农民运动会上，来广营乡被国家体育总局、国家农业部授予“亿万农民健身活动”先进乡镇称号。2001年，举办第九届全乡农民运动会，竞技项目有跑、跳、投掷、拔河、广播体操、家庭老少三代接力赛等。2002年9月3日，中国女子足球队入驻朝来足球活动中心集训，备战韩国釜山亚运会。

2003年6月17日至9月22日，来广营地区（乡）组队先后参加朝阳区第六届农民运动会、朝阳区第七届全民运动会、北京市第五届农民运动会。2004年，来广营地区（乡）举办第一届朝来文化体育节，活动内容有乒乓球比赛、全民健身展示等。当年举办的全乡农民运动会已至第十届，参与人数达3000余人。此后，每年都有多次体育活动，有朝阳区全民健身进万家暨来广营地区健康家庭比赛、象棋培训、花剑培训、台球比赛、乒乓球联赛等。2005年6月，举办乒乓球比赛，辖区27个单位参加，历时3天，参赛510余人次，是来广营乡有史以来举办乒乓球比赛规模最大的一次。2006年，两年一届的农民运动会更名为全民运动会。因多年组织体育活动和竞赛工作得力、成效突出，乡文化服务中心2009年被市体育局授予优秀组织奖称号。2010年，来广营地区（乡）获得北京市农民象棋比赛（团体）第七名、朝阳区第四届“和谐杯”乒乓球总决赛二等奖。2011年，获朝阳区“和谐杯”乒乓球比赛第一名、北京市第七届农民运动会象棋比赛体育道德风尚奖、北京市第七届农民运动会单项比赛优秀组织奖、北京市“全民健身明星指导员”称号、北京·朝阳国际体育文化节机关公务员乒乓球比赛团体季军。

来广营地区（乡）乒乓球赛比赛现场（2005年摄）

2012年5月26日，组队参加朝阳区第六届“和谐杯”乒乓球比赛，获第一；10月20日，举办第十三届全民运动会暨“和谐杯”篮球比赛，15支代表队的 75 名运动员参赛。2013 年 5 月 26 日，组队参加朝阳区“和谐杯”乒乓球决赛并获一等奖。2014 年 9 月 14 日，在和平街一中北苑校区体育场举办第十四届全民运动会，市农民体协秘书长王树华参加开幕式。运动会设乒乓球、象棋、趣味运动等 20 余个竞赛项目，36 支队伍近 3000 人参赛和演出。

2015 年，来广营地区（乡）“欢庆锣鼓队”获国家体育总局、中华体育总会等部门颁授全国“全民健身日”主题示范活动“最佳展示奖”，象棋代表队参加全国第十二届农民象棋赛获新人奖和优秀组织奖，乒乓球代表队获朝阳区第六届和谐杯乒乓球比赛总决赛一等奖和街乡组团体二等奖、第二届“奥体杯”大众乒乓球友谊赛优秀组织奖，体操队获朝阳区第八届农村地区全民运动会第九套广播体操比赛二等奖。北京市和平街第一中学北苑校区被国家教育部评为“贯彻《学校体育工作条例》优秀学校”。社会体育指导员每周指导各类体育健身活动 3 次至 7 次，多年来年均组织乡级中型以上体育活动 4 次，来广营全民运动会共举行 14 届（1986 年始）。

社区居民参与北京“全民健身日”活动（2010 年摄）

第十五章　文化

域内文化，古今一脉，虽无乡邻间突出的地域差别，却步步烙入京郊变迁的时代特色。清代《护林禁约碑》文中自律顾本的远忧精神遗传至今，成为当代来广营人在城市化进程中以京都总体规划为根本服从大局的远见卓识；作为人文遗存的寺庙、花会、秧歌，如今已欢天喜地的欣然融入新时代气象万千、繁花似锦的现代文化生活——五月鲜花、文化广场、森林音乐、金秋艺术、军地共建……无一不积淀着这块屯兵古地的历史基因。计划经济时期迎合时政需要的社队宣传队的文化阵地，现已嬗变为自助图书馆、广播电视站、电子阅览室、歌舞排练厅、书画摄影展等的时代舞台，曾长期作为村民文化生活“主食”的大众电影，也已演变成为高档雅致的剧场文化。

群众文艺繁荣发展，文化设施普及惠民。至2015年，辖区已形成一南一北双中心的文化格局，全境共有文化娱乐广场3处、自助图书馆5处、艺术园区1个，文体协会地区级13支、社区级150支，经常参加群众性文体活动的居民8000余人。

第一节 公共文化

一、文化设施

中华民国时期，北苑小街开有戏馆，1937 年日军侵占后被拆。1953 年，来广营乡成立广播组，用铁喇叭喊话。1955 年冬，和平乡党总支宣传干事兼管文化工作。1956 年，和平乡建立广播放大站，配备 1000 瓦扩大机。1957 年，和平乡筹建图书馆 2 个。1958 年 5 月，和平乡人民委员会内设文教卫生委员会，委员 8 人，文化工作归其管理。同年 9 月，和平人民公社设置文教卫生组，有电影机 2 套。

20 世纪 60 年代，来广营人民公社建立广播站，各大队建有广播室，开通有线广播，每天有专人广播。大队在公共场合安装大喇叭、在农户家庭安装小喇叭，农村室内室外、场院田间都能听到有线广播。1974 年，来广营人民公社设置文教组。各大队陆续购进黑白电视机，专人管理，置于队部，晚间播放节目，可收看两三个频道，每晚村民前往大队部观看电视节目。

1983 年，来广营乡人民政府设文化站。1984 年以后，随着电视机普及和固定影剧院建设，露天电影、有线广播逐渐退出乡村。1987 年，来广营乡图书室藏书 4562 册、报纸 8 种，杂志 58 种，每星期二、四对村民开放。各村相继建成文化休闲场所。1991 年，乡政府另设文教办公室，乡文化站与团委合室办公，直至 1994 年分立单独办公。1995 年，全境有乡图书阅览室 1 个、村办图书阅览室 4 个。1997 年，乡文化站购置电影放映机一部，培训放映员，在各村、社区巡映室内电影。1998 年 9 月，乡有线广播电视站建成开播，时有专职 3 人、兼职 3 人，置备摄像、播放、监视设备。电视播放时间从初期每天 2 小时增至 2000 年后 4 小时，覆盖各村 1150 户和望京新城。2000 年，在朝来森林公园建成演出场地，在东湖渠村域建成 8000 平方米老年活动中心。

2001 年，全乡组建 8 支中老年秧歌队，文体活动场所 20 多处，总占地面积 37 公顷。2002 年 12 月 6 日，在各村、社区专业文体协会基础上，成立来广营乡文体协会。2003 年，乡广播电视站更新旧设备，实现采编数字化。同年 9 月，文化站与广播电视站合并为文化服务中心，负责文化事业管理与服务，并担负部分宣传职能，指导和组织各文艺团体、协会专业活动。2005 年，广播电视站停办。2006 年，全地区（乡）建成存书量万册以上图书室 1 处、文化活动基地 10 处。2007 年，朝阳区文化委为来广营地区（乡）配备流动电影放映设备一套。2009 年 5 月，茉藜园社区建成 650 平方米面积科普文化活动中心，内有水资源科普展室、互动展室、益智展室、图书阅览室、居民活动室。7 月 1 日，地区工委、地区办事处主办半月刊《来广营报》创刊发行，4 版 4 开彩印。中川矿业为域内 9 所中小学捐赠图书 5000 册。2010 年，莲葩园社区建成社区文化活动中心。朝阳区图书馆赠予乡图书馆 3000 册图书，每个社区 5 个书柜、2000 余册图书，居民不出小区就能自助办理图书借阅。

2012 年，成立欢庆锣鼓队，注重建设文化品牌。地区（乡）图书馆周一至周六面向居民免费开放。域内设置 24 小时自助图书馆 5 处，建成 3 家数字化社区。2013 年 3 月，成立乡域摄影协会，会员 20 人。北部文化服务中心建成，面积 2793 平方米。区、乡投资 150 万元，改造勇士营郊野公园 4000 平方米来广营文化广场、新建 500 平方米交谊舞场地，广场周边安装路灯。

2015 年 4 月 21 日，集图书馆、电子阅览室、道德讲堂、歌舞排练厅、书画摄影活动展厅等功能为一体的北部文化活动中心正式开放，域内形成一南一北双中心文化格局。5 月 28 日，全国政协副主席卢展工率文艺界部分政协委员，参观来广营地区（乡）北部文化活动中心，为制定“十三五”规划议政建言进行调研，座谈如何提高公共文化设施管理水平和服务效益问题。至年末，域内有文化活动中心 2 处、艺术园区 1 个、文化娱乐广场 3 处、社区文化活动室 18 个；地区（乡）级图书馆 2 处、社区图书室 18 处、24 小时自助图书馆 5 处，藏存图书 46000 册；文体协会有地区级 13 个、社区级文体队伍 150 支，经常参加秧歌、花会、腰鼓等表演和书画创作的有 8000 余人。此外，还有网吧、音像制品店、报刊亭、电玩城等众多的文化市场经营单位。

“十二五”时期建设的勇士营郊野公园来广营文化广场（2015 年摄）

二、文化生活

媒体文化 20 世纪 50 年代中期开始，各乡村订阅报纸《人民日报》《北京日报》等。

1959 年，和平人民公社电影组轮流在各村露天放映新电影《林则徐》《聂耳》《青春之歌》《林家铺子》《老兵新传》《五朵金花》。二十世纪六七十年代，来广营人民公社电影组巡映故事片《甲午风云》《革命家庭》《红旗谱》《舞台姐妹》《小兵张嘎》《英雄儿女》《农奴》《杨门女将》和美术片《大闹天宫》《小蝌蚪找妈妈》等，每次正片放映前常加映纪录片。公社广播站、大队广播室一线多用，既转播中央、北京人民广播电台节目，也播送区、社、大队自编文化节目。各大队、中小学校订阅两报一刊（《人民日报》《解放军报》《红旗》杂志）、《参考消息》等。

中共十一届三中全会后，公社配置新式电影放映机，放映影片有《天云山传奇》《喜盈门》《高山下的花环》《骆驼祥子》《南昌起义》《西安事变》《老井》《红高粱》《秋菊打官司》等。各村订阅报纸有《人民日报》《北京日报》等，村民个人也开始订阅《北京晚报》《北京晨报》《京华时报》《北京青年报》等。1982 年，公社创办党政机关期刊《政工通讯》，在报道时政新闻之外，还负责宣传各类文化艺术和精神文明建设活动。1989 年至 1990 年，来广营乡连续两年成为《北京广播电视报》发行先进单位。原《红旗》杂志停刊后，乡村接订《求是》杂志。1998 年创始的有线广播电视站节目，每天播映 2 小时，内容除时政形势，主要是本乡文艺体育、社会民生、“我们身边的好人好事”等，极大丰富村民文化生活。自办节目有每周一栏新闻，后新办《娱乐广场》，主要播放域内村民文体生活、外出表演或竞技类节目。乡党委、政府机关刊物《来广营简讯》同期印发各村、社区。

2002 年，乡广播电视站自办电视节目在全乡 1200 多户有线用户中收看率占 78%，《来广营新闻》栏目成为收视热点。2003 年后，电视站自制播出五集系列节目《回眸 2003》、专题片《迎着朝阳腾飞的来广营》《新班子访谈》《社区文化行》《从教 20 年系列报道》等，2004 年累计制作专题片 10 部 48 集，用固定时段安排社交礼仪等方面电视教育。

来广营乡报刊发行员将《北京广播电视报》送至订户（1990 年摄）

“十一五”时期，区、乡每年都下达为基层放映电影任务，文化服务中心开展数字电影放映周活动。2007 年，使用区文化委配备的流动电影放映设备，完成放映 200 场电影任务。2009 年，为纪念中华人民共和国成立 60 周年，来广营地区（乡）举办“银幕上看祖国——爱国主义影片展映”活动，地区（乡）电影队获北京市农村电影放映工程优秀放映队称号。同年创办党政机关半月刊《来广营报》，在第三、四版图文并茂地选登文化艺术、精神文明类报道。

2015 年，党政企事业单位、各社区、村委会仍在订阅的报刊，除《人民日报》《北京日报》《求是》杂志《朝阳报》外，还有《前线》杂志和《新华每日电讯》等。书画爱好者订有《中国书画艺术报》《中国书法》《书与画》等，老干部、土秀才仍习惯订阅自己喜欢的社科文史类报刊，选择范围更广。普通居民作为受众，每天视听欣赏的媒体有众多电视节目、网络文化、手机视频、图书报刊，在北部文化活动中心办理图书借阅卡 220 多张，全年借阅图书 5000 余册，放映电影 15 场。计划经济时期长期作为文化生活主食的电影，已是高档雅致的剧场文化，成为可供选择的休闲文化副食。

群众文化　辖区传统群众文化活动，各村有民间花会、高跷会、舞龙、五虎棍、小车会、秧歌，在年节前后走街串巷，或有红白喜事时，大户人家雇请上门表演。1949 年 9 月，每村选派政治可靠的传统演艺人员七八人（来广营村 10 人），经反复演练，10 月 1 日参加下午 3 时举行的天安门开国大典群众游行活动。20 世纪 50 年代前期，群众文化生活仍然是看花会、看杂耍、逛庙会、听戏等。

1957年，和平乡各村组建剧团3个、歌咏组5个，排演《小女婿》《刘巧儿》等新剧。黄军营村被东郊区推荐参加天安门广场国庆节高跷表演。该村还每年农历七月十三，在常兴寺举办3天庙会，邀请各地小车会和本村高跷队、五虎棍表演助兴。二十世纪六七十年代，前述传统文艺被批判为封建余孽，未再活动，但公社和大队组建的文艺宣传队，配合政治运动和中心工作，自编自演文艺节目，形式有小合唱、快板、三句半、表演唱、新题材小戏剧等。

20世纪80年代后期开始，每年举办“五月鲜花”歌咏比赛、夏日文化广场演艺活动、卡拉OK歌赛和一年一次的“金色的秋天”群众艺术节，内容包括花会表演、书画摄影作品展示交流、各种游艺活动等。观看电视节目、录像碟片日益成为寻常的群众文化生活，传统文艺高跷、舞龙等表演活动也陆续恢复，全境有10余支中老年秧歌队常年扭秧歌。1987年10月，来广营乡举办书画展，展览书法绘画作品54幅，作者年龄最大的60多岁、最小的5岁。1992年9月11日，来广营乡举办首届群众艺术节。1993年9月，全乡在立水桥公园举办“绿色畅想”纪念活动暨第二届“金色的秋天”群众艺术节，相声表演艺术家郭全宝、歌唱家谢莉斯和王洁实等人领衔表演。1999年始，乡宣传科与有线电视站每年都组织有才艺的村民自编自演节目，举办乡土春节联欢会。红军营村秧歌队，新生村诗朗诵，北湖渠村三句半《北湖村的变化大》，来广营村与共建文明部队合作的柳琴《“双拥”之花别样红》，特别受村民欢迎，有的村领导也参与节目，鼓舞群众知家乡爱家乡建设家乡。从2000年4月来广营乡第八届农民运动会开始，每届开幕式均有文体表演。同年，乡政府出资8万余元，邀请评剧团进各村慰问演出；组织2000多人参加大型军、警、民慰问演出，其中有延请专业演员表演的专场演出，以示对驻军积极参与地方绿化建设的感谢。金秋艺术节突破历年只举行半天的惯例，连续举行3天，每天活动内容均不一样，乡书法协会亦到场献艺助兴。

来广营乡举办首届群众艺术节，左图为演出场地入场口，右图为红军营村高跷队（1992年摄）

朝来绿色家园来春园举行第十五届“金秋艺术节”
开幕式活动（2004 年摄）

2003 年 4 月中旬，北湖渠村李生个人书法展在北京植物园举行。2004 年，来广营地区（乡）举办第一届朝来文化体育节，活动内容有演出、书画展、家庭才艺展示及体育项目。此后，每年都有多次大中型群众性演艺展示或比赛，除“五月鲜花”夏日文化广场、金秋艺术节等例行活动，还有配合时政和年节纪庆的军警民迎新春联欢会、纪念建党 84 周年革命歌曲大家唱、金秋文体展示月、翰墨笔会、交谊舞大赛，奥运系列合唱比赛、小品、舞蹈、快板、书画，地区（乡）多次组团参与区组织的统一文化活动，并多次获奖。2011 年 4 月 21 日，来广营和谐之声合唱团参加中央电视台音乐频道《歌声与微笑》栏目节目录制，获最佳表现奖。2013 年，来广营地区举办形象标识（LOGO）征集大赛，雅韵戏迷汇参加朝阳区品牌团队认定戏曲比赛获一等奖，金苑之声民乐队参加朝阳区品牌团队认定器乐比赛获优秀奖，交谊舞队参加朝阳区中复杯第六届炫舞朝阳舞蹈比赛获一等奖。广场舞队参加北京电视台“奥运大舞台”广场舞展演。

“五月鲜花”夏日文化广场活动（2007 年摄）

书画协会会员在交流（2008 年摄）

2015 年 10 月 16 日至 17 日，政府搭台购买服务，在勇士营郊野公园举办首届朝来森林音乐节。全年共举办近 30 场文化品牌活动，2 万余人参与。其中，创办于 1994 年的“五月鲜花”夏日文化广场演出持续开展 22 年被朝阳区文化委员会评定为品牌文化活动，军警民金秋艺术节持续开展至第 21 届，来广营地区（乡）梦之舞舞蹈队被区文化委员会评定为“朝阳区品牌群众文艺团队”。来广营地区（乡）引进社会力量，举办儿童棋艺、舞蹈、书画等培训排练活动，其中公益免费艺术培训讲座 80 余期，举办较大文化艺术展演活动 30 余场，受益观赏群体有老年人、未成年人、外来人员、残疾人等，累计 3 万余人次。域内居民在北部文化活动中心刷卡参与活动达 6000 人次以上。“十二五”时期，累计开展各类群众文化性活动 160 余场，参与群众年均 3 万人次。“五六零舞蹈队”获全国中老年广场舞公开选拔赛优秀团队奖，舞蹈节目《田野》获“欢乐飞飏”北京社区舞蹈大赛优秀奖。北京市和平街第一中学北苑校区被北京市教委评为“北京市中小学艺术教育特色学校”。

第二节 文物古迹

域内北苑，古为京师四大御苑之一，元明清三朝为皇家围狩猎场，明清至民国时期是屯兵重地，今北苑一号院、三号院尚存旧营房遗址。

一、寺庙

域内有建于明清时期的寺庙 7 处，兹一一简介如下。

东湖渠关帝庙：位于东湖渠村北，始建于明代，为区级文物保护单位。2004 年，开发建设东湖渠村时，将该庙西移 1500 米按原规制迁建：硬山筒瓦过垄脊随墙式小门楼；正殿 3 间，硬山筒瓦箍头脊；耳房各 2 间，硬山筒瓦过垄脊；东西配殿，硬山筒瓦过垄脊。

北湖渠护国天仙圣母庙：位于北湖渠村南，南邻北小河，建于明代，清光绪年间重修，供奉天仙圣母碧霞元君，为区级文物保护单位。该庙坐北朝南，现存正殿 3 间，进深 2 间，硬山筒瓦结构，带东西耳房各 3 间。2005 年，复建山门 1 座、东配殿 1 座，东配殿面阔 3 间，进深 2 间。2009 年，由使用方北湖 9 号业主投资修缮西配殿 1 座，与东配殿对称。庙内东西山墙残存 2 幅碧霞元君初世图壁画，为朝阳区文物古建中仅存，修缮中对壁画做专业揭取和保护。

南湖渠娘娘庙：位于南湖渠村内，建于明代，为区级文物保护单位。

清河营娘娘庙：位于清河营村内，润泽庄园西北角，建于清代，为区级文物保护单位。原庙中立有清乾隆年间大兴县正堂禁谕碑。碑座双面浮雕“二龙戏珠”，碑阳上额浮雕“五福捧寿”纹，额题“万古流芳”；碑阴浮雕“灵芝瑞草”纹，额题似为“永垂万年”。碑文为昌平生员王臣敬撰写，落款“乾隆五十八年（1793 年）”。碑文记载该村因地多沙碱，难种五谷，遂合村公议栽种杨柳，以备旱涝灾歉时伐交钱粮。为保护杨柳不被乱砍滥伐，特立碑警示。该庙至新中国成立时除东西配殿外多坍塌残缺，碑有损补，耳房曾在二十世纪六七十年代“文化大革命”期间修缮。2008 年，清河营村拆迁，根据项目规划，经文物部门批准，润泽庄苑房地产开发有限公司出资 1500 万元将该庙北移 1500 米，至清河南岸落地重修东西配殿，坐北朝南复建娘娘殿、菩萨殿、山门殿及钟鼓二楼，环以墙垣，正对山门立一影壁。迁移修建中，在耳房落架时发现带有“五七”“反帝”“反修”“清窑”字样压模红砖和清乾隆碑，遂将该古碑移立于庙前，至 2015 年未变。

重修清河营娘娘庙山门殿（2008 年摄）

清乾隆年间大兴县正堂禁谕碑（2008 年摄）

重修清河营娘娘庙正殿（2008 年摄）

清河营娘娘庙外貌（2008 年摄）

来广营娘娘庙：位于来广营村内，与来广营关帝庙相隔约 400 米。建于清代，为区级文物保护单位。该庙坐西朝东，正殿面阔 3 间，进深 3 间，前后出廊。东西配殿各 3 间，现代装修。该村居民搬迁后，庙内暂由外来居民租住。因已年久失修，损毁严重，至 2015 年庙已修好。

来广营关帝庙：位于来广营村北，始建于清代，属区级文物保护单位。据《1928 年北平特别市寺庙登记》记载：该庙当年“坐落北郊一分署蓝旗营房一二八号，属官建。本庙占地面积一亩二分，房屋十二间。”该庙“管理及使用状况”为该旗官庙，由执事人保元、同惠、奇荣轮流值宿看管。庙内法物有土偶关圣大帝、火神、马王、武虎、药王、娘娘等 9 位菩萨，铁磬 4 个，木鱼 1 个，石铁香炉 2 个，磁锡泥皮五供 56 件，玻璃挂灯 1 对，大小牛角灯 8 个，另有石碑 1 对，旗杆 1 对，大小槐、榆、松、楸树共 9 棵。该庙在二十世纪五六十年代曾用于粮店经营，后由村委会占用，因年久失修无法使用后闲置。2007 年，由中赫房地产开发有限公司投资修缮复建。现存院落一进，院门为筒瓦过垄脊门楼，院内正殿面阔 3 间，进深 3 间，为大式硬山过垄脊筒瓦建筑，前后出廊，有东西耳房各 2 间。殿内供奉关帝神像 1 尊，两侧山墙、后山墙绘制关公事迹壁画。东西配殿各 3 间，为硬山过垄脊筒瓦建筑，各面阔 3 间，进深 1 间。来广营村于 2006 年搬迁后，遗存此庙未拆，作为该村地标性建筑，又是北京市水平坐标基准点位，现由所在地广达路社区管辖守护。

来广营关帝庙外门（2015 年摄）

朝阳区文委铭刻关帝庙重修碑（2008 年摄）

来广营关帝庙内院（2015 年摄）

常兴寺：位于红军营村，是较有影响的一座佛教庙宇，始建年份不详。寺庙占地 50 多亩，规制恢宏，有三重大殿，雕梁画栋，气势非凡，晚清至中华民国前期一直香火兴旺，信众广泛。20 世纪 30 年代逐渐衰落，1944 年在后殿一间庙堂兴办黄军营村学堂。1947 年，北平市第二十区拆并改造后殿，扩建为国立黄军营小学。1967 年寺庙全部拆毁，兴建附设初中班的红军营完全小学。

二、古墓

域内以墓主或守坟人姓氏为村名的自然村有 14 个，王公贵族及其附葬者坟茔有文字可考者达 10 余座。

北湖渠村内曾有 3 座明清古墓：一是明代瑞安大长公主墓。据《明史》记载，瑞安大长公主系明穆宗朱载垕第五女，万历十三年（1585 年）下嫁万炜，死后葬于此地。二是明代驸马蔡震祖墓。《明史》称，明英宗朱祁镇第三女淳安公主于成化二年（1466 年）下嫁蔡震，后蔡震官至太保，死后葬此。三是清末总管内务府大臣启秀被诛后亦北葬于此。启秀字颖之，库雅拉氏，满洲正白旗人，出身进士，戊戌变法后授总管内务府大臣、军机大臣兼总理各国事务衙门大臣。光绪二十六年（1900 年），义和团运动中，启秀主张利用义和团抗击洋人入侵，资助董福祥攻打各国驻清使馆。八国联军侵入北京后，启秀遭指控为“罪首”，被绑赴菜市口处斩。上述 3 座古墓均有史料记载，惜墓茔早已无存。

白家坟村附近亦曾有两座清代墓葬：一座是黑龙江将军傅尔丹墓，傅尔丹为清代开国功臣费英东曾孙，初袭三等公，曾任振武将军，后任护军统领，谥号温悫；另一座是领侍卫内大臣苏勒达墓，苏勒达系费英东九弟卫齐之孙。现两墓亦无幸存。

除以上古墓，域内还有六公主坟村清道光帝第六女寿恩固伦公主坟、东湖渠村域清代二等男爵庄机达墓。

第三节 精神文明创建

中共十一届三中全会后，各村在创建文明村同时，开始注重精神文明建设。1979 年，来广营人民公社妇联首次开展争创五好家庭竞赛活动。1980 年后，公社妇联每年组织“三八”家务服务组，为孤老、伤残等困难人员代买粮菜、取奶送报、送医送药。1981 年 1 月，公社团委动员团员和青年率先开展“学雷锋、树新风，做社会主义精神文明先锋”活动。1982 年 3 月创办的公社党政机关简报《政工通讯》在第一期首版，报道公社党委办公室转发公社团委

《关于积极行动起来努力搞好全社的文明礼貌月活动》的通知，向各大队、各科室、企事业单位推介团组织开展文明礼貌活动、为两个文明建设服务事迹；《政工通讯》第二期报道红军营大队马海、王香菊等青年男女移风易俗婚事新办新风尚。公社党委同期开展的解放思想和真理标准大讨论，促进干部群众长期被“文化大革命”压抑混淆的思想迅速拨乱反正，人们精神焕发，心情舒畅，使20世纪80年代前期成为与新中国成立初期同样风清气正、政通人和的两大开明时段。1983年来广营乡设立后，成立党政领导为组长的精神文明建设领导小组，领导创建城乡精神文明。通过各种报刊、广播和电视，宣传并组织起群众性“五讲四美三热爱”（讲文明、讲礼貌、讲卫生、讲秩序、讲道德，心灵美、语言美、行为美、环境美，热爱祖国、热爱社会主义、热爱中国共产党）活动，弘扬社会主义精神文明。1985年，来广营乡被评为朝阳区“五讲四美三热爱”文明单位，次年被朝阳区委、区政府评为全区精神文明建设先进单位。90年代中期，全乡妇女大力开展“双学双比”、大众读书会、评选“五好”家庭活动，倡导健康向上的社会风尚。北京万乐佳时装有限公司、立水桥村村委会、新生村村委会分别被评为北京市精神文明建设先进单位和先进村委会，立水桥村、达子坟村成为市级文明村。1997年初，召开全乡精神文明建设动员大会，制定精神文明建设三年规划。北京万乐佳时装有限公司连续两年被评为首都文明单位。1998年9月开播的乡有线广播电视站节目内容，除时政形势，还有中国特色社会主义理论、文艺体育、身边的好人好事等，1999年电视站创办“创建精神文明示范乡”地方新闻栏目，对端正全乡思想舆论倾向、提高道德素养、树立社会主义核心价值观、促进精神文明建设起到引领作用，当年来广营乡被评为“朝阳区精神文明示范乡”和“首都文明乡镇”。2001年，来广营乡组织学习《公民道德建设实施纲要》，

来广营地区召开“五好”家庭座谈会（1993年摄）

来广营地区举办为创建全国文明城区做贡献动员大会（2002年摄）

提升环境文明和居民公德水平，被国家5部委确定为全国文明小镇示范点、首都文明乡镇。

2005年，来广营地区（乡）成立15个学雷锋小组、10个青年志愿者服务站、55支帮困小分队，与孤、残、病、老等弱势群体结成帮扶对子122对，常年开展义务服务活动，为群众解难题办实事26项。大力开展未成年人思想道德教育，建立家长学校，打造和谐家庭教育模式，开办母亲讲座12次，“十五”期间干部群众年年完成义务献血任务。

2006年8月8日和12月16日，妇联开展两次“金玫瑰”行动，组织巾帼志愿者传播文明礼仪知识和健康生活理念。综合治理办公室组织成立治安巡逻志愿者分队、环境保洁志愿者分队、社区关怀志愿者分队、交通文明岗志愿者分队共80余人上路上岗、入园入户，共建文明街巷、文明小区。团委开展以“服务世青赛为荣，青年文明号在行动”活动，提高青年文明号窗口行业服务水平。2007年，在党内外广泛学习宣传“八荣八耻”，树立社会主义荣辱价值观，组建以服务奥运为核心的263人城市志愿者服务团，为贫困地区儿童募捐图书，组织奥运礼仪、奥运常识、心理调节、急救常识等全民性培训4期，受训600人次。2009年7月始，《来广营报》引导宣扬社会主义核心价值观和精神文明。2010年，结合五一、七一、十一等重大节庆，开展演讲比赛、征文比赛、慰问演出，举办15场“讲文明、促创建、文化社区行”活动，科教、文体、法律、卫生进社区，通过多场故事会宣传，以身边人和事带动更多人参与文明社区创建工作。11月5日，朝阳区在来广营召开创建全国文明城区农村系统工作例会暨条块联动经验推广会，提升文明创建知晓率，形成全面创建、全域创建大格局。

“十二五”期间，来广营地区（乡）一手抓精神文明建设，一手抓“黄赌毒”清理，每年都组织有关部门以网吧治理为重点联合集中进行“扫黄打非”行动，除污净网，加强文化阵地建设，建成北部文化服务中心，改造提升文体活动广场。组织成立社区志愿者服务站18个、企业志愿者服务队4个，经常参加活动的志愿者达3000多人，21个社区全部建立道德讲坛和宣讲团队，月月有精神文明弘扬活动，组织开展“最美来广营人”百姓宣讲、“邻里守望”和谐社区宣传和两届“我身边的道德模范”评选活动，李增江、魏志联、何素利等16人获此称号。2014年10月14日，市社会科学联合会与来广营地区办事处合办“社会科学普及走进来广营茉藜园社区——弘扬社会主义核心价值观”巡展。

2015年，稽查人员出动40人次、机动车20多车次，清查没收淫秽色情、侵权盗版等有害非法出版物，收缴盗版书刊、视频光盘（DVD）200余册，文化艺术产品未再发现制假售假、侵权违法和黄赌毒现象，有效净化青少年成长环境，保护知识产权，维护健康繁荣的文化市场。为促进社会和谐，在社区乐龄帮扶基础上成立乐龄之家，组织志愿者与残困家庭、空巢老人结对帮扶。依居民需求，重点建设发展青少年流动读书柜、社区书屋，开展“朝阳伴夕阳”志愿服务等活动，便利、丰富、充实基层群众两个文明生活。来广营地区（乡）先后被评为精神文明建设先进单位区级3次、市级2次、全国性1次，村、社区和企事业单位被评为社会主义精神文明建设先进单位市级41次、全国性1次。

第十六章 科技

20世纪50年代，域内农业合作社就注重应用小垄密植法先进种植技术夺得玉米高产，通过科学养猪，集体饲养业一举创造毛泽东批示推广的“来广营经验”。1958年，就有企业加入中华科普协会。60年代，公社、生产大队、生产队三级科技网实施农业“八字宪法”，棉花单产居全市首位，粮食单产、总产翻番，被评为北京市农业社会主义建设先进单位。“九五”计划时期开始，来广营乡先后创建朝来农艺园、全国科普教育和朝来科技产业园几大基地，研究试验出一大批市级以上科技成果，吸引高新科技企业纷纷入驻。朝阳区科技先导工程3个科技示范基地，有两个在来广营乡。至“十二五”时期，在涌现出一批北京市级优秀科普社区基础上，茉藜园、绣菊园和清苑路第一社区更是先后被评为全国科普示范社区，地区科协被评为全国科协系统先进集体，高科技产业也已成为来广营域内三大产业之一。

第一节 机构与管理

1958年9月，和平人民公社设科学研究所。1961年，来广营人民公社各生产大队配置农业兼职技术员。1963年，来广营人民公社、生产大队、生产队建立三级科技网，大队设科技大队长，生产队设蔬菜技术员、植保员等科技人员。公社重视科技人才培养和科学种田，按照农业“八字宪法”（土、肥、水、种、密、保、管、工）管理，推广植棉技术、玉米小麦套种和玉米双杂交，棉花单产居全市首位，粮食单产、总产翻番，被评为北京市农业社会主义建设先进单位，公社党委书记石青受到市、区表彰和国家科委领导单独接见。1972年9月，公社生产组向各大队发布施行《来广营公社“千亩丰产田”技术管理措施》。1974年，公社设立科技站，公社、生产大队、生产队均有植物保护组织，有植保、配种、兽医等专职科技人员，负责指导防治病虫害等植物保护工作。1977年，科技站分设为农科站、农技站。

1983年，来广营乡人民政府下设科技站。此后，航空航天工业部在来广营乡建设科技研究院，研制航空发动机。1991年1月，来广营乡成立科技进步领导小组，设立农业技术推广站、林业技术推广站、水产技术推广站、畜牧兽医管理站，负责全乡农林畜牧科技推广。1996年，朝阳区实施科技先导工程，区农委、科委、农林局启动3个科技示范基地，其中两个在来广营乡，一为新生村蔬菜科技示范基地，一为北湖渠村粮食科技示范基地。区、乡共同管理的科技项目，有朝来农艺园的国家科委工厂化高效农业朝阳示范区、蔬菜公司的北京市重大科技成果推广项目——高效观赏盆栽蔬菜、正汇电子公司的北京市火炬计划等。

2002年，农技站、水产站、农机站、水利站、兽医站、林业站并入农业综合服务中心。“十五”时期，调整经济结构，淘汰低产低值、高消耗高污染产业，集中兴办高新技术项目，建设朝来科技产业园，以优惠政策吸引科技人员到乡域企业从事科研。2011年，来广营地区（乡）科学技术协会被评为全国科协系统先进集体。至2015年，来广营地区（乡）科技事业归口科教文体办公室管理，朝来科技产业园由其管理委员会管理。北京市和平街第一中学北苑校区、花家地实验小学朝来校区被北京市教委评为“北京市中小学科技教育示范学校”。

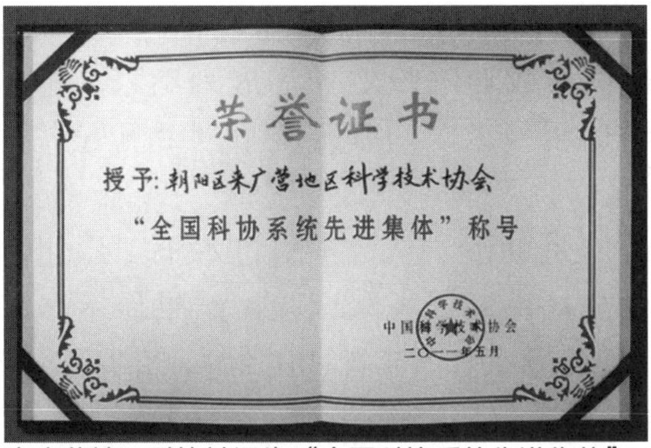

来广营地区科协被评为“全国科协系统先进集体”荣誉证书（2011 年摄）

北京朝来高科技产业园管委会揭牌成立（2014 年摄）

第二节　科技应用与科普活动

1954 年，勇士营村建立初级农业生产合作社学习应用先进播种技术，实施玉米种植一步三棵苗小垄密植法，夺得玉米平均亩产 400 多公斤空前高产。1958 年，和平乡南湖渠砖瓦厂申请加入中华科学技术普及协会，获批成为中华科普协会正式会员。1963 年，来广营人民公社发挥三级科技队伍作用，科学种棉走在全市前列，棉花平均亩产 40 余公斤，居北京市各公社首位。1965 年 3 月，清河营生产队成立 7 人科技小组，推广水稻半旱育秧，成功使用塑料薄膜，建立种子田繁殖良种，找出适合本地水土的稻麦两茬品种——北京五号，当年增产稻谷 13 万公斤，增产 1 倍多，亩产 400 多公斤，从缺粮队变成余粮队。其他大队也逐步重视科学种田。1975 年，开始培育良种实验，公社与各生产大队建立科学协作组，增加育苗设备，负责项目攻关、试验、推广。引进吕梁849号玉米试种成功，1979年后成为当家品种。公社鼓励农民参加科技培训，普及先进适用技术。妇联开展争创“五好”竞赛活动，组织妇女以增产增收为目标，学科学、学技术。

1980年，在市政府资助下，从日本引进水稻工厂化育秧设备和插秧机，由区农科所到来广营公社南湖渠大队试验，结果显示，该套设备能机械流水作业，可人工控制水肥温湿条件，节省秧田90%，节省种子50%，节省化肥、水、电80%，成秧率95%。这种水稻机插旱育、苗期旱长、后期灌水方法试行成功后，迅速推广。因水稻旱种前期不灌水，使土壤氧化还原电位较高，土中微生物活跃，有利于分解土壤养分，减少微生物反硝化作用，促进水稻根系发达、吸收养分；旱稻苗多穗多，容易增产；旱种又易于化学除草，使水稻从苗期开始就没有杂草与之争肥争水争阳光；旱种稻不受水资源限制，可及时栽种，不违农时，利于增产。1983年，北湖渠第二生产队试验水稻旱种，平均亩产642.5公斤。同期，水稻化学除草试验成功，被广泛使用，除草化学品有氟乐灵、地乐安、除草剂1号等9种。1991年后，蔬菜化学除草推广至菜播面积50%左右。试种高油玉米，发展高科技农业，实施测土配方施肥。1995年，朝阳区在来广营乡开展粮田应用计算机决策系统高产栽培示范。乡蔬菜公司高效观赏盆栽蔬菜，被定为北京市重大科技成果推广项目。经1996年3月北京市农委、市农业局批准，来广营乡建设北京市郊唯一蔬菜高科技示范园区，称朝来农艺园，兴建占地450亩蔬菜高科技示范园区，成为当时全境四大工程之一的科技兴农基地，1997年12月被国家科委评定为“工厂化高效农业朝阳示范区”。朝来农艺园集高科技生产、科普教育于一体，采用先进滴灌、测土配方施肥等20余项科技成果。来广营乡发展高科技产业，蓝剑防火材料有限公司被评为朝阳区科技先导企业。1999年，乡投资3300万元，朝来农艺园从荷兰引进设备，兴建4万平方米完全由电脑控制的大型高科技连栋智能玻璃温室，采用水培法无土栽培，与荷兰专家合作，运用电脑管理，自动化生产无污染无公害绿色食品。乌干达总统夫人珍妮特·穆塞韦尼参观后说：“中国农业已成为我国学习的楷模，高新技术的应用更值得我们进一步学习，希望能够带领家人一同前来观看中国的现代农业。”同时，在园区建成朝阳区青少年科技实践园，1999年12月被中国科协确定为全国科普教育基地。青少年在此参加农艺劳动、科普体验、专题视听等活动，开阔眼界，增长科学知识。乡妇联在双学双比活动中，提高农村妇女科技素质，红军营村李春华被北京市妇联确认为科技致富女状元。2000 年，有 27 名劳动妇女通过学习培训与考试，获得朝阳区农林局颁发的绿色证书，6 名妇女参加市妇联农业科技培训班培训学习，成为农业科技发展带头人。

来广营乡从荷兰引进的高科技智能温室大棚正在施工安装（1996 年摄）

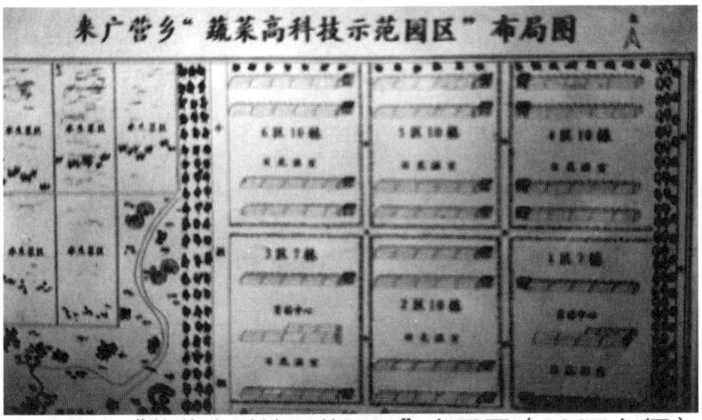

来广营乡“蔬菜高科技示范园区”布局图（1997 年摄）

2000 年，小麦播种 50% 以上面积采用种子包衣技术。应用计算机专家决策系统，测土配方施肥 2000 亩，科学施肥为小麦增产奠定了基础。当年全乡设施农业占地 572 亩，其中砖钢结构温室 157 亩，大棚 170 亩，中小棚 246 亩，设施蔬菜面积占菜田总面积 42%。朝来农艺园与中国农科院蔬菜花卉研究所签约获取其新品种、新技术、高科技信息和专业培训。智能玻璃温室的蔬菜生产，全部采用蜜蜂授粉，提高坐果率和蔬果品质，也免除了人工授粉的手工劳动。企业科技活动中，清河营镇流器、正汇电子铁路系统、华儒网络技术申报为北京市星火项目，金路易兔肉工厂化规模生产申报科技合作项目。2000 年 6 月 1 日，朝阳区青少年科技园在来广营朝来农艺园建成开园，朝来农艺园成为科普教育基地。7 月至 9 月，为提高公务员科技素质，乡党委书记亲自开会动员，组织干部学习《科学技术的新发展与现代化建设》。

“十五”时期，开始建设朝来科技产业园，吸引招纳高新技术企业入驻。社会治安综合治理工作推行科技创安，关键街口和重要部位安装红外线探头和报警器。2007 年至 2008 年，东湖渠村与北京望京科技孵化服务有限公司结成城乡携手主题实践科技交流单位。2008 年，全地区开展争创优秀科普社区活动，莲葩园社区被北京市科协评为“北京市社区科普益民计划优秀科普社区”，2009 年又与茉藜园、绣菊园社区同被北京市科协评为北京市第三批“创新型科普社区”。茉藜园社区建成科普文化活动中心，面积 650 平方米，内有水资源展室、节水展室、水处理展室、互动展室、益智展室、新能源展室、节电展室、低碳展室等，获“北京市社区科普益民计划优秀科普社区”称号。2010 年 3 月，外资企业北京奥特视电子科技有限公司入驻来广营地区（乡），高科技产业成为乡域重点建设的 6 大产业板块之一。全国 100 多名处级以上科协干部考察绣菊园、茉藜园社区和温馨家园科普建设情况。10 月 25 日，北京市科协科普部副部长张士贤带领市创新型科普社区指导员及新疆和田地区科协一行 70 余人，考察绣菊园科普建设情况。各社区举办科技周活动，茉藜园、绣菊园再次被市科协评为“北京市社区科普益民计划优秀科普社区”，清友园被评授全国百县百项科技专项奖。2011 年 9 月 9 日，中国科协常务副主席陈希率队考察来广营社区科普工作。绣菊园再度被评为北京市“创新型科普社区”。

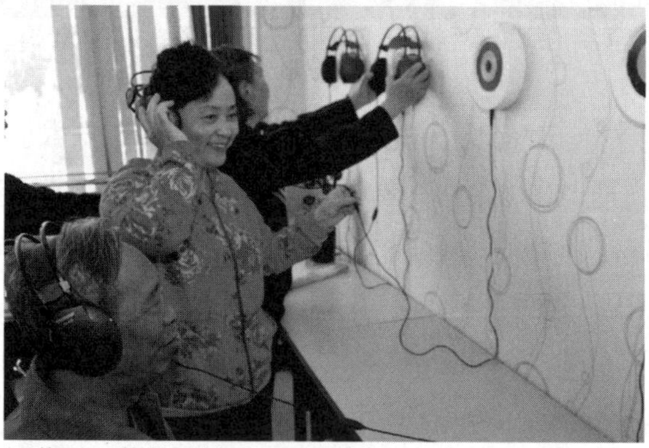

绣菊园、茉藜园社区居民科普体验（2011 年摄）

“十二五”时期，全境建成 4 个“全国科普示范社区”、8 个“北京市社区科普益民计划优秀科普社区”、2 个“北京市科委系统创新型科普社区”，来广营乡被评为全国科普工作先进单位、《全民科学素质行动计划纲要》实施工作先进集体。各社区每年开展科普活动几十次。2012 年，茉藜园被评为北京市“创新型科普社区”，与绣菊园社区同被评为全国科普示范社区。2013 年，享受中关村科技园政策的高科技产业园 B09 地块一、二、三期项目完成招商，每年增收 3 亿多元。6 月 5 日，地区工委书记左景全作为北京市唯一基层单位代表，在全国城镇社区科普工作会议上作典型发言。至 2014 年 9 月，建成朝来绿色家园社区市级“牵手蓝天，绿色生活”科普体验厅、清苑路第一社区“健康新起点”科普体验场馆，茉藜园、清苑路第一社区被评为“北京市社区科普益民计划优秀科普社区”。高科技产业杰华二期项目完成招商，三期项目开工。2015 年，清苑路第一社区获全国科普示范社区称号，红军营社区获“北京市社区科普益民计划优秀科普社区”称号。朝来科技产业园入驻企业 50 余家，其中规模企业有正汇电子有限责任公司、建峰集团、华油能源集团、国科天创有限责任公司等，园区 B01 地块 13.3 万平方米项目建成招商，B09 地块三期项目正式运营，高科技产业成为三大产业集群之一、来广营地方经济重要支柱板块，科学研究和技术服务业实现区级收入 4805 万元，同比增长 40.4%。

朝来科技产业园园区（2015 年摄）

第三节　科技成果

1986 年，来广营乡植保公司陈金良、王凤岐、池凤芹水稻旱种除草一茎叶处理效果研究，获朝阳区科技成果二等奖。1995 年 8 月 30 日，农业部颁授来广营乡农业公司何镇水稻优质品种高产高效栽培技术推广应用三等奖。1996 年，红军营村梦彤洗衣粉厂获朝阳区科技进步一等奖。1998 年 10 月 9

日，北京市农业局授予来广营乡农业公司“智能化管理在我区小麦上的开发与应用”项目技术改进三等奖。1999 年 4 月，朝阳区水利局与来广营乡水管站完成的“菜田自动控制微灌系统研究”、区农科所与来广营乡农业公司完成的“麦茬稻微喷旱育秧的研究与应用”均获二等奖，区农科所、来广营乡朝来农艺园与北京霸新绿色种植园完成的“人参果、东棚王黄瓜、以色列大椒农艺栽培性状的研究”“保护地番茄新品种——以色列 144 号番茄试验与应用”，来广营乡粮林公司马文虎、李春、何镇完成的“华孚植物促长剂在粮食生产中的应用与推广”，均获三等奖。2000 年，来广营乡科技项目获区二、三等奖数项，市级二等奖一项。2003 年至 2005 年，北苑小学先后获评为“朝阳区教育科研先进单位”、朝阳区“科技教育示范校”。和平街一中驻境附属小学获评为“十五”学校体育卫生科研规划重点课题《体育教学中的合作教育应用研究》实验学校。驻境中国航空研究院发动机研究所副所长吴大观，毕生研制新型航空发动机，创下中国航空工业 9 项“第一”，为航空发动机设计研制和中国航空工业振兴作出重要贡献，2009 年被评为百位“感动中国”人物之一。至 2015 年的 30 年间，来广营域内共取得科研成果和技术推广奖近 30 项。

第十七章 居民生活

域内百姓自古半饥半暖、勉为生存。20世纪50年代建立集体经济组织后，发挥抱团互济的整合力量，社队保障群众口粮基本供给。虽然劳动收入、生活水平提升缓慢，每个大队都有生产难敷需求的超支户，“三百六吃不饱肚，丈八布露着肉”，但困难家庭依靠集体可赊借度日，多数社员都可凭劳动生存，有的更新住房、置办大型家具，决算有进项、银行有存款，成为远近之羡。

20世纪80年代，农民享受体制改革之利，一举解决困扰千百年的温饱难题，衣食住行面貌一新，生活物资极大丰富，市场供销繁荣兴旺。“绿隔”建设、农村城市化和社会保障，更使民生根本改善，户籍居民全部纳入医疗、养老、就业等社保体系，生活水平上无质量封顶，下有政策托底。人们食有鱼、出有车，营来广厦千万间，河湖渠水俱新生，“吃水不用吊，运输不用挑，看病不用跑”，世代种地的普通农民从散乱无序的平房土屋迁居厅室厨卫功能齐全、水电气暖支用便捷的现代城区住宅，小区绿树成荫，鸟语花香。这一千年变局、辖区民生的凤凰涅槃，换来数万来广营人的永久新生。

第一节 居民收入

先民初以务农为业，垦食自给，男耕女炊，生活勉可维持，清静无扰。京城建都后，域内谋职营生机会比外地多，历代都有庞杂的建筑、运输行业工役需求，如窑工、瓦木匠、赶驴脚、看坟人、小商贩、勤行（炊厨业）、装卸搬运、挑“八股绝”（货郎担），有的进城当学徒、保姆、役工，但收入微薄。多数无地少地的普通农民，主要靠租种别人耕地谋生，自种自给，因生产力低下，难以养家糊口。晚清以后，人们被迫扛长活、打短工，有的拉洋车，家计稍宽裕者开小杂货铺、手工作坊。

表 17-1　1950 年 1 月安家坟村典型农户经济收入一览表

项目 \ 户主姓名			陈琛	安瑞彭	蔡富有	崔万福
阶层			地主	富农	老中农	贫农（新中农）
人口			10	12	8	7
种植业收入	粮油收入（市斤）	麦	194	64	17	13
		谷	137	55	34	11
		黄豆	160	57	46	14
		玉米	1126	297	251	91
		芝麻	7.54	5.72	5.72	0
		共折谷	1624	479	354	129
		人均	162.4	39.9	44	18.4
		占农业总收入	91.26%	82.64%	93.91%	71.52%
	其他作物收入（市斤）	棉花	64	18	0	22.86
		白薯	80	34	23	29
		菜	0	48	0	0
		共折谷	144	101	23	51
		人均	14.4	8.4	2.9	7
		占其他总收入	8.14%	17.36%	6.07%	28.48%
副业收入		饲养收入	22.86	22.67	25.9	0
		赶脚	0	0	0	91
		共折谷	22.86	22.67	25.9	91
		人均	2.29	2.22	3.24	13
		占副业总收入	10.8%	4.4%	5.25%	33.61%

续表

项目 \ 户主姓名	陈琛	安瑞彭	蔡富有	崔万福
阶层	地主	富农	老中农	贫农（新中农）
总计收入折谷（市斤）	1792	606	403	272
人均（市斤）	179.2	50.51	50.39	38.86

1949年初，安家坟村有20人为人打长工，其中17人劳役在地主家、2人在富农家、1人在中农家。至1949年秋后，因遭受严重涝灾粮食减产四成多，村民按照北平市第十七区人民政府号召组织副业生产自救，拉沙子、跑运输、打草绳、卖黄土，谋取劳务收入买粮维生。据土地改革工作组1950年1月对安家坟村地主、富农、老中农、贫农各1户典型家庭调查，4户1949年粮食和副业（饲养）收入折谷人均39.67公斤，户际收入差距在土改后仍然较大，分别为地主家庭89.59公斤、富农家庭25.25公斤、老中农家庭25.19公斤、贫农家庭19.43公斤。

20世纪50年代前期建立集体经济组织后，农业合作社社员参加社队生产劳动，每日记取工分，年终按工分分配粮食等农副产品和现金。平时农户消费支用，先在社队借钱赊粮，年终决分时扣还，工分值不够扣除的超支户，待下年分配时再行追扣。此后每年社队生产的粮食，一部分上缴国库，即农业产品税，称为交公粮，一部分按劳动工分分给社员作口粮。1955年，来广营农业生产合作社年终决算，集体农副业总收入204246.72元，社员442户、1908人的土地总分红22040元，劳动工分总分配81438元、人均42.68元，工分值0.14元/分（强劳动力劳作一天10工分）。村民自营收入项目，有少数家庭做豆腐、从事食品加工。社队集体分配给社员的自留地总共160.5亩，每户0.36亩地，由社员自种、自管、自收、自食、自售。各社队耕地资源量不一，故分到每户社员的自留地面积也不均衡。社员参加集体劳动下工后，多在自留地种植蔬菜或经济作物，打草饲喂畜禽，农产品自食有余者，入市出售。社员劳动所得，勉敷温饱。1957年，和平乡和平农业生产合作社社员比1955年增加收入的家庭1947户，减少收入的家庭513户。

表 17-2　1957 年和平农业合作社新老社员收入与 1955 年对比情况统计表

家庭成分	老社员			新社员		
	总户数	增收户数	减收户数	总户数	增收户数	减收户数
贫农	927	718	209	374	303	71
中农	312	243	69	408	363	85
上中农	75	58	17	90	72	18
富农	4	3	1	90	73	17
地主	1	1	0	139	113	26
合计	1319	1023	296	1101	924	217

1958 年 10 月至 1959 年上半年，和平人民公社分配实行半供给、半工资制，对全体社员一度包吃饭、看病、丧葬、生育、教育、养老、托儿、婚娶、理发、洗澡、看戏、看电影。公社敬老院发放院内老人每月 0.5 元现金零用，老人自己的劳动收入则归己自由支配。据 1961 年 5 月北京市委调查，和平人民公社来广营生产大队曾实行供给与工资相结合分配办法，1960 年社员分配总额 84453 元，平均每户 284 元，每个劳动力 200 元，每人收入 67 元。在分配总额中，物资供给占 29.3%，工资占 70.7%。社员全年共劳动 890710 分工分，平均每分工值 0.07 元（不含物资供给）。1962 年，为让农民休养生息，国家允许把大公社时期收回的社员自留地归还农户，各生产队重新划分自留地，每户 0.3 亩左右，并允许社员自行开荒，养殖畜禽，自营自收。当年风调雨顺，农产丰收，粮食基本自给有余。全年来广营人民公社集体收益分配人均 81.5 元，劳均 208.8 元。此后，社队集体和社员家庭交售粮食、蔬菜、畜禽蛋等农产品，国家往往有工业品、食品、化肥等商品券奖励。孩子多、劳力少的纯农户（无人从事其他行业或无人在城区上班的农户），在生产队劳动一年，年终决算分红时，扣除平时借支、预分钱和全家口粮钱等，往往收不抵支，倒欠生产队，俗称超支户。这些家庭的日常花销往往指望“鸡屁股银行”（即喂养几只老母鸡，鸡下蛋卖钱零花及交孩子学杂费），或靠养猪、打草卖钱接济，或向生产队借支。家人有在城区上班的农户称“半工半农户”，生活相对宽裕。

表 17-3　1963 年至 1983 年来广营人民公社收益分配统计表

单位：元

年度	总收入	纯收入	社员分配总额	社员人均分配
1963	1507212	837359	663557	52.60
1964	1672884	921971	623203	44.64
1965	2259330	1540081	990179	74.20
1966	1886456	936758	713086	57.58
1967	2236568	1363790	1008038	73.17
1968	2235178	1341636	1006393	70.90
1969	2022018	1001723	806389	55.60
1970	2323796	1267089	965284	65.48
1971	2539400	1409856	1080877	73.67
1972	2030216	626843	683571	46.00
1973	2737050	1179504	935475	62.90
1974	2584750	1090380	903109	60.8
1975	2985000	1221000	973000	65.4
1976	3440000	1597000	1799000	136.40
1978	6753000	3585000	2143000	143.8
1979	7793000	3788000	2392000	167.5
1980	8638000	4103000	2649000	188.2
1982	13116000	6179000	4226000	330
1983	36143000	12658000	8481000	511

说明：1977 年、1981 年统计数据查无资料。

1973 年，来广营人民公社集体总收入 2737050 元，纯收入 1179504 元，积累 97310 元。社员分配总额 935475 元，占总收入 34.2%；年末分配现金 211511 元、粮菜等实物折款 661739 元，人均分配 62.9 元。为巩固壮大集体经济，在整个计划体制时期分配率偏低而积累率偏高，长期坚持先国家后集体再个人，重积累轻分配，致民生水平提高缓慢，有的农户在温饱线上徘徊，社员人均收入 1975 年 65.4 元，仅比 1963 年增长 24%。1978 年，来广营人民公社集体收益分配社员现金 103 万元、粮菜等实物折款 77.9 万元，人均分配 143.8 元，比 1977 年增长 51%。此后，由于家庭联产承包责任制激发农民生产积极性，人均收入连年大幅增长，从 1980 年的 188 元提升至 1983 年的 511 元。1983 年，来广营乡村民家庭自营收入 29.1 万元，人均分配 23 元，此后增速快于集体分配收入增长。朝阳区统计局1978年至1988年统计年鉴概述资料显示，10年间农村人均收入增长7.7倍，城乡储蓄存款增长12倍。

表17-4　1983年至1993年部分年份来广营乡集体收益分配农民劳动所得统计表

年份	总收入（万元）	纯收入（万元）	劳均所得（万元）	人均所得（元）
1983	3614.3	1265.8	848.1	511
1985	6074	2070	1311	1617
1986	7047	2527	1533	1781
1987	8302	2780	1638	960
1988	10040	3202	1767	1034
1989	10729	3374	1743	1038
1990	11510	3500	1809	1075
1991	12715	3597	1970	1208
1993	26780	7311	3812	2374
1996	72853	4394	9421	3160

说明：1996年后无同口径统计数字。

1997年，全乡集体经营收益分配人均3836元，比1983年增长6.51倍，家庭自营劳动收入人均743元，比1983年增长31.3倍。农民人均公私总收入中，以第二、三产业为主，其中，第一产业804元，占18%，第二产业2370元，占52%，第三产业1405元，占30%。

2000年，全乡行政企事业单位职工人均年薪14139元，城镇居民人均可支配收入10503元，农民人均劳动所得9681元、人均收入4536元，全乡养殖专业户156户，养殖收入基本上全属家庭自营。红军营村被北京市农工委认定为京郊农民人均收入超万元专业村。据乡经济办公室调查，2005年，制造业和商务服务劳动力薪酬标准，中低文化职工人均每月600元至800元，较高文化技能职工每月1000元至2000元，有的用人单位为职工缴纳社会保险。2010年，行政企事业单位职工人均年薪44503元，城镇居民人均可支配收入30134元，农村居民人均劳动所得22453.8元，人均所有者权益194598.9元。2014年，乡集体单位在岗就业人员最低工资由原来每月1700元调增至2000元，乡集体安置农转工内退人员生活费由原来每月1400元调增至1560元。“十二五”期间，腾退拆迁住房居民获取相应补偿性财产收入，每户数额不等，大多在几十万元以上。集体产权制度改革后，农民转居后每年都有集体分配的收入保障，针对不同群体分别发放的公共福利项目有体检费、计生费、高校毕业生奖励、老人洗浴费、医药费、职工福利、自谋职业保险金等。

2015 年，来广营地区（乡）户均就业 1.2 人，每一从业者需赡养 2 人。行政事业单位和工业建筑商饮物流服务业在岗职工平均年薪 89469 元，农村人均劳动所得 36628.4 元，城镇居民人均可支配收入 55450 元。城镇居民人均可支配收入中，工资性收入 32081 元，经营性净收入 1962 元，财产性净收入 10449 元，转移性净收入 10958 元。

第二节　居民消费

一、主副食品烟酒消费

域内自古依靠南北两河河滨地带和湖渠周边水丰土厚之利，一般小农不遇灾年勉可耕食自给，主食原粮均为粗粮。富户平常年份可“衣食有余，家给人足”，遇水旱则依赖口北粮商运供，招待一般来客，也只是白菜、豆腐和小米饭。晚清民国时期，兵燹频仍，军阀混战，盗匪蜂起，经济衰落，致村民陷入贫困，生计日窘，日食三餐无保障，逢年过节也大多难以吃上白面，半年糠菜半年粮，常以草根儿、树叶、柳芽、榆钱、米糠补充，野菜有荠菜、曲麻菜（败酱草）、刺菜（小蓟）、马蔺菜（马齿苋）、人人菜（苋菜），野菜食品有“狗拉车”即用野菜和粮食混合制作的窝头或贴饼子，“小豆腐”即用野菜和玉米面混煮的菜粥。当时人们基本处于半饥饿状态，每村都有乞讨漂泊、孤苦终生者。日占时期，市面供应“共和面”，内掺锯末渣、发霉豆饼，吃完难以消化。

1949 年，典型农户调查显示，安家坟村地主、富农、老中农、贫农各 1 户全年消费粮食种类有玉米、豆类、白薯等，折成谷子分别为地主家庭 189.78 公斤、富农家庭 206.61 公斤、老中农家庭 138.3 公斤、贫农家庭 114.87 公斤，占各自餐饮消费总额比例分别为地主家庭 87.59%、富农家庭 91.55%、老中农家庭 90.21%、贫农家庭 92.41%；消费食用油支出额为地主家庭 12.86 元、富农家庭 12.43 元、老中农家庭 6 元，贫农家庭无食用油支出，消费食盐支出额为地主家庭 25.71 元、富农家庭 25.71 元、老中农家庭 24 元、贫农家庭 18.86 元。

表 17-5　1949 年安家坟村各阶层典型户生活消费调查一览表

项目 \ 户主姓名			陈琛	安瑞彭	蔡富有	崔万福
阶层			地主	富农	老中农	贫农（新中农）
人口			10	12	8	7
食用	粮菜消费（计量单位依价折谷：斗）	黄豆	23	45	43	0
		黑豆	46	34	2	0
		玉米	230	266	181	206
		谷米	40	43	25	18
		蔬菜	38	18	11	0
		共折谷	380	413	277	230
		人均	38	34	35	33
	调料（计量单位：斤）	食油	12.56	12.43	6	0
		食盐	25.71	25.71	24	18.86
		其他	15.24	0	0	0
零用（计量单位：元）		送礼	22.86	16.76	5.72	0
		茶品	15.24	5.33	0	0
		煤炭	91.44	76.19	57.15	0
		其他	30.47	15.24	0	0

1953 年，北京市、东郊区工作组为推行计划体制作准备，调查村民粮食需求，统计出安家坟、来广营、南湖渠三村每月面粉需求量，座谈评议农民需粮标准，确定粮农包含年节人均每月需供 1 斤至 2 斤，菜农和非农业人口略高。10 月后，东郊区开始计划供应面粉。当年来广营乡共有 592 户，其中：有余粮户 251 户，占 44%；粮食不缺不余户 206 户，占 34%；缺粮户 135 户，占 22%。东郊区每月返供来广营乡农民粮食 935.5 公斤，缺粮农户凭户口本去国营粮店购买。区乡留备一定数额机动粮，作为灾荒、年节和居民病伤、婚丧嫁娶临时配用。1956 年，南、北湖渠村可吃上细粮，合作社仅 8 月就销售大米、白面 3500 余公斤，黄军营村 200 多户村民一个月购买 100 多公斤白酒、70 多条香烟。

1958 年 10 月至 1959 年上半年，为了配合生产大跃进，实施行动军事化、生产战斗化，解放妇女劳动力，和平人民公社在各生产大队创办公共食堂，社员自愿参加，不参加者可在家吃饭，但必须按规定时间统一出工。公共食堂一般按居住情况和生产组织形式确定，50 户以下办食堂 1 个，每个食堂就餐最少不低于 20 户，50 户以上可办 2 个。每个食堂单独核算，要求勤俭节约，不浪费、不盈利，炊厨用具由社员凑齐，不够者补购。餐具由就餐社员自带，每 30 人至 40 人用餐设 1 名炊事员。食堂不赊账、不收现金，成人每月伙食费不得超过 5 元，社员家庭不再购买粮油，购粮证、食油证集中由会计保管，各户存粮全部交食堂换为粮票，就餐无论社员或临时来客均必交粮票，亲友居住 10 天以上者还须交油票。食堂蔬菜由各园田队按市价供应。食堂账目每月公布一次，经济公开，民主管理。每个食堂设管委会 3 人至 5 人，正副主任各 1 人，会计 1 人，管理员 1 人。各大队兴办的幼儿班，由公社无偿供应主副食，一日三餐粗细粮各半。公社敬老院食堂细粮较多，每餐都有一两个菜和汤。产妇产假 40 天，每人领享白面 3 公斤、大米 2.5 公斤、小米 5 公斤和 2 元现金的蛋粮费。实践中，黄军营第六队食堂开展“十好”运动：一是花钱少，吃得好；二是花样调剂好，粗粮细做，建立食谱；三是经管节约好；四是照顾老弱病残产妇好；五是托儿幼儿食堂吃得好，每日 3 餐至 4 餐；六是清洁卫生好，包括环境和个人卫生，消灭蚊蝇，餐具消毒；七是技术革命、发明创造好，推进炊事半机械化、机械化；八是炊管人员学习团结好；九是安保工作好，夜里设人值班；十是领导政治挂帅，思想工作和民主管理好。1959 年下半年始，因生产高耗低效、粮食大幅减产，民生进入艰难的饥荒时期，社员每人每月粮食定量 9 公斤，时称“17 点儿”。为了果腹，常以葱叶、玉米芯、粉渣、豆饼补充主粮。在城区单位工作的职工，下班后回村时带上口袋，沿路在红薯地翻找未收净的剩薯和薯须充饥。

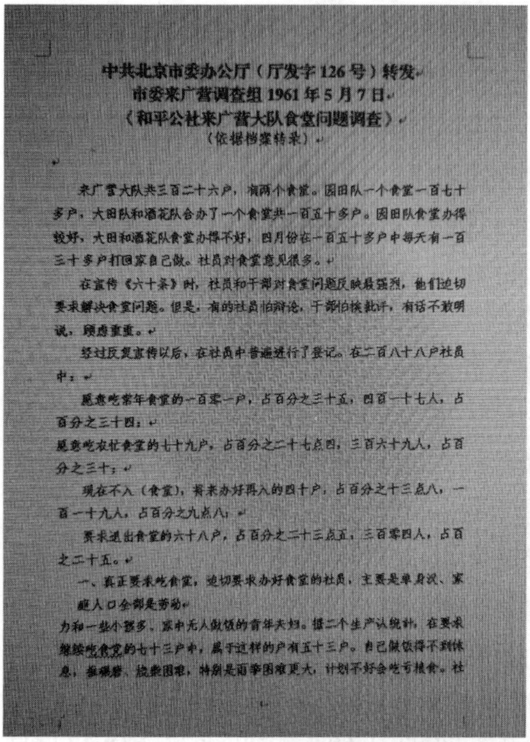

中共北京市委办公厅（厅发字126号）转发
市委来广营调查组1961年5月7日
《和平公社来广营大队食堂问题调查》

（依据档案转录）

来广营大队共三百二十六户，有两个食堂。园田队一个食堂一百七十多户，大田队和酒花队合办了一个食堂共一百五十多户。园田队食堂办得较好，大田和酒花队食堂办得不好，四月份在一百五十多户中每天有一百三十多户打回家自己做。社员对食堂意见很多。

在宣传《六十条》时，社员和干部对食堂问题反映最强烈，他们迫切要求解决食堂问题。但是，有的社员怕辩论，干部怕挨批评，有话不敢明说，顾虑重重。

经过反复宣传以后，在社员中普遍进行了登记。在二百八十八户社员中：

愿意吃常年食堂的一百零一户，占百分之三十五，四百一十七人，占百分之三十四；

愿意吃农忙食堂的七十九户，占百分之二十七点四，三百六十九人，占百分之三十；

现在不入（食堂），将来办好再入的四十户，占百分之十三点八，一百一十九人，占百分之九点八；

要求退出食堂的六十八户，占百分之二十三点五，三百零四人，占百分之二十五。

一、真正要求吃食堂，迫切要求办好食堂的社员，主要是单身汉、家庭人口全部是劳动力和一些小孩多、家中无人做饭的青年夫妇。据二个生产队统计，在要求继续吃食堂的七十三户中，属于这样的户有五十三户。自己做饭得不到休息，推碾磨、烧柴困难，特别是雨季困难更大，计划不好会吃亏粮食。社

1

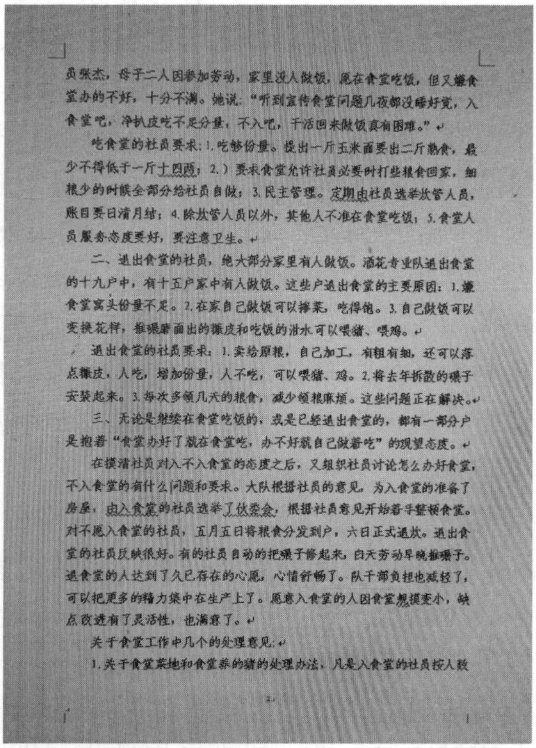

员张杰，母子二人因参加劳动，家里没人做饭，愿在食堂吃饭，但又嫌食堂办的不好，十分不满。她说："听到宣传食堂问题几夜都没睡好觉，入食堂吧，净扒皮吃不足分量，不入吧，干活回来做饭真有困难。"

吃食堂的社员要求：1.吃够份量。提出一斤玉米面要出二斤熟食，最少不得低于一斤十四两；2.）要求食堂允许社员必要时打些粮食回家，细粮少的时候全部分给社员自做；3.民主管理。定期由社员选举炊管人员，账目要日清月结；4.除炊管人员以外，其他人不准在食堂吃饭；5.食堂人员服务态度要好，要注意卫生。

二、退出食堂的社员，绝大部分家里有人做饭。酒花专业队退出食堂的十九户中，有十五户家中有人做饭。这些户退出食堂的主要原因：1.嫌食堂窝头份量不足。2.在家自己做饭可以掺菜，吃得饱。3.自己做饭可以变换花样，推碾磨面出的糠皮和吃饭的泔水可以喂猪、喂鸡。

退出食堂的社员要求：1.卖给原粮，自己加工，有粗有细，还可以落点糠皮，人吃，增加份量，人不吃，可以喂猪、鸡。2.将去年拆散的碾子安装起来。3.每次多领几天的粮食，减少领粮麻烦。这些问题正在解决。

三、无论是继续在食堂吃饭的，或是已经退出食堂的，都有一部分户是抱着"食堂办好了就在食堂吃，办不好就自己做着吃"的观望态度。

在摸清社员对入不入食堂的态度之后，又组织社员讨论怎么办好食堂，不入食堂的有什么问题和要求。大队根据社员的意见，为入食堂的准备了房屋，由入食堂的社员选举了伙委会，根据社员意见开始着手整顿食堂。对不愿入食堂的社员，五月五日将粮食分发到户，六日正式退伙。退出食堂的社员反映很好。有的社员自动的把碾子修起来，白天劳动早晚推碾子。退食堂的人达到了久已存在的心愿，心情舒畅了。队干部负担也减轻了，可以把更多的精力集中在生产上了。愿意入食堂的人因食堂规模变小，缺点改进有了灵活性，也满意了。

关于食堂工作中几个的处理意见：

1.关于食堂菜地和食堂养的猪的处理办法。凡是入食堂的社员按人数

2

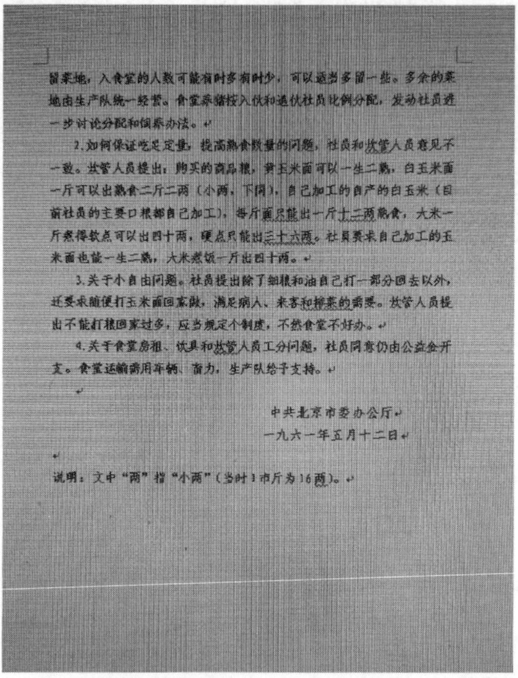

留菜地，入食堂的人数可能有时多有时少，可以适当多留一些。多余的菜地由生产队统一经营。食堂养猪按入伙和退伙社员比例分配，发动社员进一步讨论分配和饲养办法。

2.如何保证吃足定量，提高熟食数量的问题，社员和炊管人员意见不一致。炊管人员提出：购买的商品粮，黄玉米面可以一生二熟，白玉米面一斤可以出熟食二斤二两（小两，下同），自己加工的自产的白玉米（目前社员的主要口粮都自己加工），每斤面只能出一斤十二两熟食，大米一斤煮得软点可以出四十两，硬点只能出三十六两。社员要求自己加工的玉米面也能一生二熟，大米煮饭一斤出四十两。

3.关于小自由问题。社员提出除了细粮和油自己打一部分回去以外，还要求能便打玉米面回家做，满足病人、来客和掺菜的需要。炊管人员提出不能打粮回家过多，应当规定个制度，不然食堂不好办。

4.关于食堂房租、炊具和炊管人员工分问题，社员同意仍由公益金开支。食堂运输需用车辆、畜力，生产队给予支持。

中共北京市委办公厅

一九六一年五月十二日

说明：文中"两"指"小两"（当时1市斤为16两）。

1961年5月，中共北京市委调查组对来广营大队公共食堂的调查报告

1961 年，来广营人民公社成立后，社员口粮由所在生产队根据当年自有粮食多少和产量确定每人标准，不够吃的家庭，向生产队赊借，年终决算分配时，在工分款中扣还粮价款和下年口粮指标，俗称“寅吃卯粮”。缺粮较多的生产队，国家按政策返销部分粮食分配给缺粮户。社员每人每年吃饭开支一二十元。由于品种较少，居民在粮店只能买到“两白一黄”（即白色的大米、面粉和黄色的大馍）。肉蛋副食也很紧缺，均凭票证定量供应，白酒、糕点、糖果等在供销社分布各村的网点购买。农民自产农副产品如鸡、蛋、蔬菜、瓜果等，可自由处置，大多自食，有多余部分或急需用钱时，在路边摆摊或进集贸市场零售。因现金收入和可买到的食物少，社员日常购物只有食盐酱醋和低档烟酒，家人有在城区工作每月领薪补贴家用者，食用消费稍高，5 口之家全年开支包括非食品消费 300 元左右。1972 年，全公社人均口粮 201 公斤，各生产队粮食储备合计 71.5 万公斤，出售、自食肉牛或淘汰的役牛 18 头。因肉油食用少，人们饭量大，强壮劳动力吃米饭至少需 3 大碗才饱，十多岁少年一餐可吃完 1 斤干面条煮成的熟面。粮食标准不够吃时，有的社员把生产队分配的细粮换成数量较多的粗粮。凭票购肉时，尽量买肥肉，以增加脂肪性营养。过年过节，有熟人的托人内部买大油，炼成猪化油补充定量食用油不足。病人和幼儿食用牛奶，需到东郊农场畜牧二分场购买。这一时期主食以粗粮为主，有棒碴粥、玉米面窝头、玉米面贴饼子。秋冬辅吃白薯，有的将薯干碾成面粮，再制作成烙饼、面条，但口感不良。园田队扩大蔬菜生产后，菜农可享受每人每月细粮 5 公斤、食用油 0.17 公斤补贴。1979 年，社员人均口粮全年 218.25 公斤，生产队用于战备、灾荒、年节、红白喜事临时调剂的储备粮 103.5 万公斤、自留机动粮 17 万公斤，安排陈粮 4.5 万公斤周济缺粮户。至 20 世纪 80 年代中期，城乡居民均已解决温饱问题，除极少数特殊家庭外，绝大多数农户粮食已经够吃，从千百年来的半饱状态达到食无上限、充分满足每人食量的水平。猪肉取消持票证定量购买限制，市场敞开供应。由于畜禽肉食消费增加，粮食消费量相应减少，加上农户自留粮充足，1990 年，来广营乡为村民留的口粮比 1985 年少 1 万公斤，累计储备粮减少 9 万公斤。1993 年始，全面放开粮价和市场自由经营，城镇居民粮食定量供应取消，城乡居民自主上市场购买粮油食品。村民保健意识增强，时兴吃粗粮。主食占比下降，而副食肉、蛋、奶、菜、饮料等占比上升，糖果、糕点、烟酒、茶叶消费量大幅增加。商店超市水果糖、牛奶糖、巧克力等琳琅满目，成为小孩、家庭日常零食和待客备品，砂糖入厨成为烹炒调味品。

进入21世纪，人们饮食追求从短缺经济时期吃饱、改革开放以后的美味，逐渐转向营养、绿色、健康。2005年后，城乡户籍居民分批分期纳入社会保障体系，饮食等生活水平上无质量封顶，下有政策托底。至2015年，来广营地区（乡）已无五保户，低保对象从2006年的129户、253人降至27户、47人，许多人饮食如同天天过年。城乡居民人均消费支出39660元，其中：主副食品、烟酒、糖果等人均8432元，恩格尔系数从2001年34.76%降至2015年21.26%，15年间下降13.5%。

二、住宅衣物用品消费

明清以来，域内村民大多居住茅草房和土坯碎砖为墙的低矮平房，间架结构简单，“庶民庐舍不过三间五架……”较好者为砖木结构，一户三间，中间为堂屋，俗称“外屋地”，周边增建畜圈茅厕。少数富户则自建瓦房，青砖到顶，方砖铺地，纸糊窗户。总体结构为三合院或四合院，有藩篱之围护，有院墙之守望。房屋院落多为坐北朝南，北3间为正房，东西耳房各1间，东西厢房各3间，南房6间（含大门1间）。最好的四合院墙清一色青砖到顶，石雕木刻、影壁门楼、窗柱檐瓦、高宅大院，瓦屋顶、木格窗，俗称“闷子房”。民国后期，贫困之家无论棉单服装，布料低劣，大多破旧，衣难蔽体，补丁衣裤常有，出无完衣，卧无全被。穿鞋破旧者多，有不少前露脚趾后露脚跟。各村民宅仍多为低矮简陋土坯平房，四壁泥坯，顶覆茅土，但仍难免春夏漏雨，冬难御寒。无房者有的挤住亲友家闲屋杂院或寺庙偏房，有的租住村邻家中。

据1950年1月土地改革工作组对安家坟村地主、富农、老中农、贫农各1户典型家庭生活消费调查，4户1949年消费煤柴开支分别为地主家庭91.44元、富农家庭76.19元、老中农家庭57.15元，贫农家庭自打柴草燃用；购买布匹开支分别为地主家庭45.00元、富农家庭42.96元、老中农家庭23.57元，贫农家庭12.86元；衣裤穿着开支分别为地主家庭购买染料、棉花11.14元，富农家庭8.23元，老中农家庭3.66元，贫农家庭无此购买。

1954年11月起，棉布实行计划供应，发放布票每人定量56尺，持票购买，棉花票则由供销社按人口发放。1955年至1956年，来广营村村民盖房29户94间，其中贫农16户、老中农13户；南湖渠村建盖新房120间，北湖渠村建盖新房56间。红军营村部分民宅从泥草房更新为土坯房、泥瓦房，但仍较矮小。1956年，北湖渠村民购买布匹2600多尺，人均2尺多。家居开始出现搪瓷脸盆、热水瓶、座钟甚至收音机等现代生活用品，在城区工作者有的购有自行车。年轻人开始买穿成品布鞋、胶鞋，知识女性时兴列宁装。二十世纪六七十年代，中年男人以中山装制服为时尚款式，并逐渐成为男装主流。面料多为平纹的咔叽、机织斜纹、华达呢等。因棉花供不敷需，布票每年每人1米，定量限购。孩子衣裤，同旧时一样，大多兄弟姐妹相传，老大穿不上给老二、老三接着穿。自行车等紧俏工业品半数左右家庭都有1辆，手表、收音机、缝纫机不少家庭也有。民宅仅少数社员翻新改建，多数农户住房已多年未能修缮、重建，更新缓慢，陈旧不堪，危房增多，以致来广营公社在民间被戏称为“赖广营”，域内姑娘选择婚恋对象“宁往南一尺，不往北一寸”。

“文化大革命”结束后，村民经济收入提高，危旧住宅及家居陆续拆迁翻建或改造，土坯房迅速减少，代之以砖灰或砖混结构独门小院，部分农民自建双层小楼。1978年，红军营村户均住房面积29平方米，人均7.83平方米。1985年，全乡294户村民翻建房屋1296间，建筑面积21178平方米，户均建筑面积72平方米。手提录放机、黑白电视机逐渐普及。据对城市居民生活抽样调查，1988年，人均生活费用每月支出125.3元，消费结构有较大变化，城市居民家庭中彩电、冰箱、洗衣机相当普遍，农村半数家庭开始出现电风扇、收录机等这些高档消费品。尤其是衣饰，城区每有新时尚，来广营乡青年即迅速跟风，“城中好大袖，四方全匹帛”，人们衣着从追求保暖到追求美观、体面，西装、夹克衫、牛仔裤和各式长短风衣普遍流行，各类化纤、呢绒增加，混纺及麻、毛、羽绒、裘皮、人造革等中高档面料深受喜爱。人们服装消费量，从一衣多季迅速发展到一季多衣。1989年，翻建新建民房163户，占村民总户数3%。至1995年，各村家居基本更新为砖混钢木结构民宅，且楼房渐多，人均建筑面积20平方米。新房宽敞明亮，卧室、客厅、厨房、洗浴间、暖气配套，正房前出廊，铝合金门窗、贴面瓷砖装修。在农业户籍5003户中，大部分家庭购买冰箱、洗衣机、彩电，接入有线电视。在外上班或经商者，有的开始购买摩托车出行，小货车、小客车、小轿车陆续进入村民家庭。全乡计有二轮及轻便摩托车57辆、自行车8687辆。2000年，全乡城镇居民人均消费支出7997元，农村居民人均消费支出5475元，建房购房成为最大家庭支出。有的家庭安装固定电话，自购小轿车作为私家出行工具。2008年，审批经济适用房17户、廉租住房4户、限价房24户。2010年，城镇居民人均消费支出22406元，农村居民人均消费支出15224元，私家车普及。

红军营村民在购买生活消费品（2004 年摄）

至 2015 年末，来广营地区（乡）全境村民多余住房用于出租的有 9475 户、29154 间。流动人员居住状况，租住房屋的 30007 人、占流动人口总数 24.40%，居住在单位的 13108 人、占 10.66%，借住和寄宿的 31762 人、占 25.83%，住在建筑工地工棚等场所的 9993 人、占 8.12%，居住自购房屋的 31850 人、占 25.90%，居住其他类型房屋的 6269 人、占 5.10%。出租房屋以楼房居多，共 9343 户，平房 94 户，地下空间 38 户。户籍居民迁入小区定制户型的住宅，客厅、卧室、厨卫、电视通信网络功能俱全，水电气暖支用便捷。家居环境安全整洁，小区内外绿树草坪青秀美观，出行方便。全地区（乡）人均消费支出 39660 元，其中：衣着鞋帽支出 2810 元，居住支出 13083 元，生活用品及服务支出 2608 元，交通和通信支出 5109 元，文教娱乐支出 3978 元，医疗保健支出 2332 元，其他支出 1408 元；非食品类消费占比从 2001 年的 65.24% 提高至 2015 年的 78.74%，15 年间上升 13.5%，消费结构转型升级，基本达到小康家境，部分居民接近中产阶层。

第十八章 民俗

域内村民在千百年的生产生活中，形成内容丰富、形式多样的生活、礼仪、岁时、农事习俗和谚语、地方词汇。这些民俗在长期的横向交流、互相影响中，逐渐融汇为大同小异的京畿民间文化圈，既有相对独立的历史稳定性，又有与时俱进的地域适应性。尤其是近半个世纪社会变迁、体制转型、文化更新的大变革中，来广营人不拘旧节，移风易俗。为存史留念，本章选取域内民众遵从的主流习俗风尚，摘要记述。

第一节 生活习俗

一、餐饮习俗

旧时，域内居民饮食传统，春、夏、秋三季一日三餐，中午吃干食，早晚喝稀饭；冬天农闲时大多一日两餐，早喝稀饭晚吃干食。日常食物种类，粗粮制品有贴饼子、摇淼淼、打糊饼、打扒拉、面粥、窝头、玉米粥、棒碴饭、小米饭、烙糕子，粉面制品有烙饼、烙盒子、轧饸饹、面条、饺子、包子、猫耳朵、炸油饼、馒头、花卷，其他还有白薯、糖三角、排叉、大饽饽等。加工原粮成面粉的设施，有传统的石碾、石磨，富户各有一盘，平时也供村邻使用，碾、磨均靠驴拉，也有人推。推石磨、碾子的工具，有碾棍、笤帚、簸箕、笸箩等。东家给长工的伙食，逢五月节、八月节，一般要增加白面、肉类；收麦时每天均须有一餐白面。遇灾年饥荒，常吃加黏合剂的榆皮面。谁家盖房放树，如砍回的有榆树，贫穷农户常让小孩去敲剥榆树皮，去掉外层粗皮，把有黏性的嫩里皮晒干，碾成面即可食用。更多的村民采挖荠菜、马齿苋、苣荬菜、刺儿菜充饥果腹。

20 世纪 50 年代后，村民将粗粮细做，如把高粱等杂粮磨成面，加入榆皮面压饸饹、包饺子，用小米面制作烙糕。传统小吃仍有油条、烧饼、麻花、火烧、排叉、年糕、凉粉和螺丝转等，大多为年节或待客时自做，也有摊贩在城乡设点零食或走村串巷叫卖。副食冬以大白菜为主，有将菜帮剁馅用棒子面包成菜团吃；夏有倭瓜、扁豆、豇豆等，常以凉拌菜为食，如酱油拌白菜丝、萝卜丝、圆白菜丝、拍黄瓜等，滴入香油即食用。一般收入的家庭仅以咸菜下饭，家人有在单位上班拿工资的家庭偶尔能吃到熟食和炒菜。中等收入以上家庭备有菜缸、酱坛，腌渍大萝卜、咸菜、芥菜等，均为长年食用主菜，平时肉食极少，过年才有荤腥。打春即立春之日，吃荷叶饼，一种由两单层合为一起的薄饼。入伏后，餐饮习俗吃头伏饺子二伏面，三伏烙饼摊鸡蛋。年节互赠或看望病人携带食物礼品，有平常难吃到的桃酥、月饼、蛋糕、酥皮、蜜贡之类上等点心。

当时尚无自来水，农人渴了多从水缸里舀取凉水喝，夏热暑季喝凉沁心脾的井水，称“井拔凉”。过年才购备少量档次不高的茶叶、碎茶末或茶叶梗，以及香山烟、水果糖招待来客。喝酒则主要去店铺打散酒或喝老白干，有的买些花生米当场消遣。作料黄酱多为家庭自制，至 20 世纪 60 年代后商店有多种酱品供应，自制黄酱的家庭逐渐减少。70年代，碾磨粗粮逐渐由电动小钢磨代替，每个大队都有。粗杂粮减少。村民用谷类杂粮豆薯制作烙饼、面条、饺子、窝头、贴饼子、棒碴粥、小米饭、玉米面糊糊为主食，年节待客偶食大米、白面。每年秋收大白菜，户户沿旧俗挖窖储藏，以备冬春菜食。80年代，待客多为奶糖、红梅烟。随着农产品空前丰富，饮食结构改变，细粮开始进入普通农户，主食多以面粉、大米为主，或粗细参半。立春时节吃的春饼，新增酱牛肉、酱肘子等美食为馅。喝酒不再是散装零打，多买瓶装酒，北京56度红星二锅头最受欢迎，啤酒也逐渐流行开来。传统旱烟抽吸已少，购吸卷制香烟者渐多，卷烟品牌有大前门、恒大、红梅，中高档有红塔山、中南海、大中华等。自90年代起，农民家庭除米饭外，自己加工主食减少，购买成品半成品馒头、花卷、面条、烙饼、熟食、速冻食品及方便食品增多。京外小吃进入来广营乡域，新增煎饼、肉包、肉饼、麻团、元宵、汤圆、米粉、肉炸、烤制小吃等。同时，人们在摊铺吃早点、来客带进饭馆餐宴日益增多。水果开始增加南方品种。待客用烟一般是红塔山、红双喜牌。进入21世纪，朝来农艺园栽培的各类引进或自主培养的新型蔬菜进入居民厨房，村民饮食开始讲究营养，购食绿色环保食物。酒类中，牛栏山二锅头和38度、42度低度酒普遍流行。

至2015年，各种反季节蔬菜、畜禽鲜肉、水产海鲜、有机时蔬、转基因食物，早已进入寻常百姓家庭，精制粗粮成为待客新鲜主食。喝酒不再限于白酒，劝酒旧习逐渐减少，饮料品类丰富，红酒、黄酒、啤酒自主选择，饮量从豪饮大喝互相拼酒转换为节制理性，各自多以保健养生为原则，醉酒显著减少。

二、穿着习俗

旧时域内虽产棉花，但无染织业，故布料多仰赖口北物流渠道运供，全为棉布。日伪时期始有机织布，称“洋布”。本地村民穿“洋布”极少，衣料多以自家土织粗布为主，棉布从集市、布店购买。女性以红、白、阴丹士林蓝及各色花布为主。绅士、富商多为粗绸毛褐、棉纱夏布。农民春秋季一般不戴帽子，头部裹系毛巾，上披对襟大褂、大襟夹袄，下穿免裆裤。夏穿对襟纽扣汗褟即单布褂，没有内衣，雨天下地则外披蓑衣。冬穿对襟袄、空心棉袄，内无衬衣外无罩褂，下穿棉裤、扎腿带，戴毡帽。富家大户、士绅塾师外出多戴礼帽，遇礼仪场合外罩大褂，或有里有面的双层夹袄。衣服颜色，男性春秋冬多以蓝黑色为主，夏季以白灰色为主。冬戴毡帽，老年女性戴“老太太帽”。女性上衣右扣对襟纽襻，大襟衣，裤脚绑腿带。无论男女，衣裳多为自己缝制，或请裁缝裁制中式棉袄棉裤。终年劳动的农民除冬天外，很少穿鞋，脚底磨积厚皮老茧，碰到蒺藜一蹭即掉落，一般根茎小刺扎不进肉。白天干完活回家洗脚后，多穿布面老山鞋或拉尖鞋，往往打补丁和前后掌，不穿袜子；其他人常穿“没脸鞋”，棉鞋多为“耳靴鞋”或毡鞋。年轻女子爱穿花鞋，不戴帽，外出只系头巾。中老年妇女缠足者穿平底软帮尖口尖脚鞋。夏季穿单面鞋，冬穿骆驼鞍双面棉鞋，俗称“毛窝”。

20世纪50年代，村民穿衣仍为对襟小褂、免裆裤，干部、教师、员工等公职人员始穿中山装（干部服）。夏季年轻女教师、女干部有的穿百褶裙和连衣裙。春秋季节时兴穿绒衣、绒裤，外罩短大衣。土布逐渐消失，细布服装开始出现。妇女衣服花色增多，头颈裹系头巾、围巾，学生始着制服。人民公社时期，年轻人不再穿对襟褂、免裆裤，女性不扎腿带，服装款式流行建设服。自织土布已少，社员买回衣料请裁缝制作成衣。买布时，对布料讲究结实耐磨。年轻人以棉猴（带风帽、衣领的棉大衣）、小大衣、长棉大衣时尚，老人推崇皮袄、皮坎肩、套裤。无论男女，仍然脚穿细麻线纳底、粗麻线上帮的“踢死牛鞋”，中青年女性偶穿尖口红面绣花鞋，供销社已有售胶皮鞋、塑料凉鞋、松紧口布鞋、布棉鞋。“文化大革命”中，青年男女以身着草绿色军装、头戴军帽为荣，面料多为易洗的的确良，冬季外出多穿军大衣或蓝色棉大衣。夏季男性下地劳动时头戴草帽。穿鞋多为自制鞋，家家剪鞋样、糊袼褙、纳鞋底、搓麻绳，制作方口、圆口布鞋，或系带的五眼棉鞋。商店已有成品布鞋、胶鞋、解放鞋，开始流行带梁鞋、松紧口布鞋、塑料凉鞋、翻毛皮鞋、网球鞋、塑料底布鞋。对于鞋的追求，主要是舒适、合脚、耐穿。始穿传统自制长筒布袜、机制线袜，时髦者流行尼龙袜、混纺袜、涤纶袜、锦纶袜、短筒袜。时尚的涤纶等耐磨化纤服装也已出现，人们以身穿的确良、人造棉衣服为傲。80年代，村民穿着的服饰面料、款式、花色日趋新颖。衣裤用料和样式随季节变化功能各异，有保暖和纳凉之分。请裁缝制衣渐少，购买成衣渐多。衣料除传统纯棉布料外，腈纶等各类化纤、混纺及麻、毛、羽绒、裘皮、人造革等中高档面料也开始进村入户，西服、夹克衫、各式长短袖衬衣、T恤兴起。脚穿棉线袜、真丝袜、纯棉线袜、尼龙丝袜。二十世纪八九十年代，村民穿着购买成衣，不再自己缝制或请裁缝量体定制，也不兴戴帽。化纤布开始冷落，内衣追求纯棉、麻、丝绸衣料，服装讲究自然色调，款式丰富多彩。春秋有西服、便服、牛仔服、运动服，戴运动帽、旅游帽、休闲帽。女性春秋季节围真丝纱巾，夏季有各式便裙、连衣裙，男女戴凉帽、太阳帽。冬季男女均有各式风衣、长短大衣、羽绒服、皮夹克和皮大衣等，多戴棉帽保暖。儿童中流行戴军帽、警官帽、太阳帽、凉帽等；鞋类时兴旅游鞋、运动鞋、皮鞋，男性有各式运动鞋，女性有高跟鞋、平跟皮鞋，同时开始流行各式室内拖鞋，穿布鞋的逐渐减少。年轻女性穿高弹袜、无跟袜、长筒袜、弹性裤袜等。2001 年至 2015 年，人们穿着的服装品种更趋丰富，款式与时俱进，每年都有新款，村民着装不但追求时尚、好看，更注重品质，穿衣走向个性化、休闲化、时尚化。外出恢复戴帽习俗，但帽子不再是只为遮阳挡雨，而是主要作为与衣裤配衬的装饰品，种类面料愈益丰富讲究，夏有遮阳帽、长舌帽，冬有棉帽、皮帽、针织帽。

三、发型佩饰习俗

清朝，域内男性村民皆蓄长辫，未婚女性扎麻花辫，系红头绳，已婚妇女皆盘发髻。逢年过节或回娘家，爱在发髻上插戴有图案的绒花或金银制头饰，老年妇女头戴具有吉祥喜庆之意的饰物。民国时期，男性劳动农民平头、寸头较多，少数剃光头，公职人员、学生有的理分头，女性未婚时梳长辫，婚后盘发髻。佩戴饰物多为簪、钗、耳环、耳坠、镯子、戒指等，质地因家庭条件有所不同。儿童脖戴银圈或长命金锁，手腕套金属箍。

新中国成立后，男子仍多短发平头，光头，中青年男子留分头增多，青年妇女梳两条长辫，中年妇女留齐脖短发。大多数妇女参加集体生产劳动后，不再佩戴饰物。二十世纪六七十年代，中小学女生梳两条小辫或留短发。成年男女发型有运动式、青年式、波浪式等。“文化大革命”中取消烫发，剪短发、留短辫。80 年代，男性发型出现“一边倒”，中青年光头渐少，有的留大背头、鬓角；中青年女性时兴烫发、披肩发，有奔式、坎式、双蝶式、蘑菇式、秀芝式、蓓蕾式等，推行两次修剪、一次定型；中老年人和少数青年男女兴染发。90 年代以后至 2015 年，时兴佩戴金银项链、戒指等贵重饰物，女性有耳环、耳坠、手链、珍珠项链等，质地因经济条件和个人喜好而有所不同。中青年女性发型最多的是马尾辫，装饰发卡或漂亮发套，老年女性盘髻也已极少。男性也有佩戴金链、戒指者，但为数不多。随着社会的发展与进步，人们的发型、饰物也与时俱进，发生着不断的改变。

四、建房家居习俗

民间建房为大事，旧俗动工之前要请阴阳先生堪测确定宅基地和房屋朝向，选择开槽、上梁的吉日良辰。其规则主要是：建房首先须避开直面道路的冲射、他人房角冲对以及衙前庙后和坟地。房基地地形要前低后高，南北进深要大，东西开间长度要小于南北纵深。房屋朝向不能正向坐北朝南，而是以东南或西南为向。房间数目，多建单数三间或五间，不留向北的后窗，盖耳房、侧房时接东不接西。如果房子建成四合院，院落大门要建在东南方，不能在其他方位设院门，境有“坎宅必巽（东南向）门，建房不用问”之说。非四合院房子可以开设南向前门，但不能建在南院墙正中与住房形成一条直线。院落大门不能与正房窗户相对，否则犯冲射，对主人不利。山墙上房脊也不能正对院落大门，必须错开位置。不能把坑填平改建宅院大门或在上面建房，俗有“坑上建房，家破人亡”之戒。建房开工部位要避开“太岁”方位，如首先在“在太岁头上动土”容易出祸事。旧俗开工日须烧香磕头，求佛保佑，防止灾异工伤。建房上檩条时，檩条根节要冲东，梢节冲西。檩条单数，不能成双，但房柁必须是双数，单数不吉利。上大梁时，要在大梁上钉铜钱和红布，燃放鞭炮，以驱邪保平安。搬进新房入住也要择吉，家境困窘的主人一家要吃“翻身饼”，期待命运从此翻转，全家日益兴旺。如果房子建好入住以后，周围新出现外来对角冲射，须立“泰山石敢当”或建一道影壁墙挡住院门，以求化解抵消。“文化大革命”时期，建房旧俗都被视为封建迷信受到批判，销声匿迹，但其中的种种禁忌仍在民间保留延续。改革开放后，人们建房仍有意无意避免犯禁之习，有的习俗有所恢复，如盖房落成之日燃放鞭炮，亲友送礼相贺，房东则设宴款谢，其他习俗较前简略，有的未再恢复。

每年春季平顶房屋须抹光一层新泥防漏。程序是先拆炕，把炕坯捣碎加水涂抹于房顶，烟熏一年的炕土无虫无籽，不易长草生洞，故光滑泻水快，房屋不易漏雨。拆炕后，再费心费力地另盘新炕。家居内室，堂屋正面靠北墙旧设佛龛、香炉，供奉财神爷或其他神祇，同时在堂屋东墙供奉宅神、在灶台旁墙上供奉灶王爷，目的是让神佛保佑全家平安、健康、幸福、发财，吉星高照，常走红运。明代以后，宗族大家在堂屋正中靠北墙摆放厚重木质条几，其上供奉祖宗牌位，富户在堂屋条几前摆设八仙桌、木椅、大小板凳，条几上放置座钟、茶具，供客人就座喝茶，过年时供奉美酒佳肴让祖宗享用。平时如家里吃饺子等，须先敬祖宗，然后全家再吃。堂屋两侧摆放墙柜、连三即并排有三个抽屉的老式桌子，还有大水缸、锅台，用于炊煮做饭，既是客厅，又是厨房。东西两间是卧室。卧室多盘有土炕、火炕，有的有木质炕沿，上铺芦席，也叫炕席。餐桌低矮，置于炕上，炕为餐厅，一家人盘腿围食。入冬天寒时，每天必需的重要家务，就是傍晚先在堂屋灶口向灶膛塞草加柴烧火，烟火经炕腹空隙通过时加热炕面，再向房山墙烟囱窝子排出。全家在炕上睡觉、吃饭、待客、聊天或休息，温热全室。烧炕是民间最主要的传统取暖习俗，是冬天每天必需的最重要家务，否则夜卧许久被窝才能捂暖。烧炕引火初用火石、火绒，后有火柴，时称“洋火”。火柴初为白磷燃料，随处一擦即可起火，极具危险性，20 世纪 50 年代以后改用安全的红磷燃料。

全家睡觉时，老人睡炕头，中年人睡炕脚，小孩睡中间。睡前室内放置一大尿盆，全家共用，早晨倒入茅厕。装被褥、衣服和贵重物品，有木制大炕柜或大木箱。窗户较讲究的有木格糊纸，每年秋凉时节，在窗内侧糊上一层高粱窗纸防寒，以后始有窗玻璃。入夜照明，初有油灯碗，用食用油作燃料，内置一灯芯，点燃后烟较大。民国中期开始，人们普遍使用煤油灯，高脚灯座，灯肚内空装煤油，灯罩葫芦形，以小齿轮调节捻子升降，以控制灯光亮度大小。以煤油为燃料的灯具，还有桅灯、汽灯，多在公共场合使用，风吹不灭。内室顶棚，请棚匠用高粱杆糊纸棚作天花板，贫寒之家无顶棚。家中来了客人，一般与其在堂屋相见座谈。居住传统，遵从东为上、西为下习俗，长辈住东屋，晚辈住西屋，未婚儿女与父母同睡一炕，婚后住正屋里间，或耳房、配房。二十世纪六七十年代，儿子结婚多另择地建盖新房，婚后与父母分住。建成新宅或搬入新居，亲朋好友携带礼物前来贺喜，主人设宴款待来客，又称贺新居，现称乔迁之喜。做饭供暖始有煤球炉，先在屋外点燃煤球，起火后搬入屋内做饭取暖。晚间炉熄后，余热仍可散温，与火炉、火炕交替供暖。

20 世纪 80 年代以后，有的家庭不再睡炕，改为睡木板床，冬季靠土暖气取暖。在外上班的青年婚后有的居住单位房或自购房，少数与父母同住。90 年代以后，村民自住楼多为四合院，青砖灰瓦，砌有门楼，雕梁画栋，装修精细。厨房、厕所综合设计、单独建筑，地面多为水磨石，卧室睡具流行沙发软床，追求舒适方便。村民回迁上楼的新房，墙壁、天花板、地面、卫生间装修日益精致奢华。至 2015 年，城乡居民基本上都搬进朝来绿色家园宽敞明亮、环境优雅、道路宽阔、生活设施先进的现代化小区，家居设施夏有空调，冬有自动供暖，朝来绿缘文化广场、万册图书室、票友茶社等设施，为居民提供学习、健身、娱乐、休闲场所，现代化城市文明生活方式逐步形成，旧俗消淡，新风始兴。

五、休闲娱乐习俗

域内农民冬闲时无事，每天上午九时左右即出门，聚集在村口路边，靠墙跟蹲着晒太阳，抽着旱烟，天南地北互相聊天，偶尔在棉袄棉裤里捉捉虱子，一待就是半晌。雨雪天则聚在室内打麻将、斗牌，或互相串门唠嗑。夏夜串门，点燃火绳驱蚊，每人手拿一把大蒲扇，各坐一个小板凳，互聊家常。冬天则盘坐热炕，喝着主家沏的茶末，言今论明。有大户人家豢养宠物，除猫狗外，还有蝈蝈、蟋蟀和鸽子、八哥、黄雀、百灵等鸟类。穷人无暇玩乐，但有人在野外专门寻找捕获蝈蝈、蟋蟀，用秫秸皮编织精巧小笼子装上，持往城区专门市场出售。少年儿童，在完成父母交代的割草、挖野菜、推碾子、采猪食等家务后，常聚在一起玩风筝、做游戏，游戏形式有砍瓦（用土埋住玉米秸秆，从远处用圆形瓦片扔砍秸秆，砍得多者为胜）、跳房子（在地上画出若干方格，每格丢一石子。两人轮流单脚跳进格中捡起石子再单脚跳出，捡石子多者为胜）、推铁环、抓子、跳皮筋等。前述玩乐习俗，沿袭至二十世纪六七十年代。

20 世纪 90 年代以后，娱乐形态与时俱进，内容更新。主要有文体健身，看电视上网，外出旅游等。每天早晚业余时间，人们快走慢跑遛弯散步，几人相约同行。有的学练太极、跳舞、做操，或在文体活动中心打球、看书、上网，在小区玩健身器材，均成为新的时尚。“十五”时期开始，各村、社区组织特定人群参观有学习教育意义的展览、馆藏、科普宣传，进行红色旅游，越来越多的个人自发外出，游览国内外景点。

第二节　礼仪习俗

一、婚嫁

民间视结婚为大喜事，婚事要办得隆重、喜庆、圆满。域内婚俗传统在相亲后一般有相家、下帖、筹备、迎娶、送亲、婚礼、婚宴等环节。

相家，即相亲，女方经人介绍，决定先探看男方的家境。富户欢迎相家，贫穷家庭担心相家后亲事不成，往往借来家具摆设和衣被充门面，事后归还。女方家人亲戚来家看后，如在此吃饭，就表示初步同意结亲。二十世纪六七十年代，因地处朝阳区北境的来广营人民公社经济落后，民生贫困，姑娘婚嫁选择是“宁往南一尺，不往北一寸。”

下帖，俗称“定日子”。旧时男方通过媒人取得女子的生辰八字后，将其放在祖先牌位前香炉下 3 日。在此期间，如果家中人畜有病变损伤，表示先祖未准，就把八字退回女方，婚事作罢；如果其间人畜无害、全家平安，表示先祖已同意，男方即用红纸把男女双方的姓名、生辰八字并排写好，随携礼品四盒，称“肉面盒”，含猪肉、白酒、面粉、茶叶各一份，送往女家，俗称“下帖”。女方接下帖子，就表示最后正式答应这门亲事，是谓小定。男方回来后，再请风水先生根据双方生辰八字推算选择吉日，确定婚期，写出合婚帖子，注明婚日、上下轿时辰及方向、到夫家后禁忌何种属相的人进入婚房等，然后到女方家商定结婚细节、给女方多少彩礼，买多少衣服、哪些首饰项链，是谓大定。20 世纪 50 年代中期以后，乡域村民遵行《中华人民共和国婚姻法》，结婚日期由男女双方直接见面商定。进入 90 年代，男女婚期多定在周末或节假日，以便亲友有空前来贺喜共庆。

筹备结婚，男方首先要收拾新房、购置备办大型家具、婚后必备生活用品。20 世纪 50 年代，结婚准备的主要物品，一般为二三节衣柜、梳妆台、床上用品、新桌椅、热水瓶、脸盆、洗漱用品等；人民公社时期，需备大衣柜、碗橱、收音机（话匣子）、座钟、写字台等，有条件的置备“三大件”即自行车、手表、缝纫机，最为时尚；二十世纪八九十年代，结婚有的需建盖新房，新房摆设主要有组合衣柜、沙发、新“三大件”即彩电、冰箱、洗衣机；进入 21 世纪，结婚用品有电脑、时尚手机，最重要的是独套婚房，请专业摄影公司拍摄成套婚纱照。

迎娶也称迎亲、接亲。迎娶之日，新郎西装革履，系领带，新娘清早梳洗等专业化妆，离家前穿好白色婚纱。男方院门、正门和新房都张贴写有“囍”字的大红纸，从东辛店、立水桥等村订雇喜轿。大户之家雇用八人轿、八面鼓、旗锣伞扇齐备，贫寒之家雇用四人轿、四面鼓，如果确无钱雇用花轿，就用驴、马迎娶，由新郎的弟弟、侄子参加，挑着酒、肉、米、面等礼品（俗称离娘肉、面）送至女方家。新娘出嫁身穿红衣、红裤，腰系红带，怀掖镜子，脚穿红布绣花鞋，头蒙红布“盖头”，由两位妇女扶上轿。沿途由 6 个至 8 个吹鼓手吹奏喜庆乐曲，并赶在午前返回男方，新娘吉时下轿拜堂。一路均由能说会道善于应变的娶亲太太乘坐另轿同行。成婚当日，男方家不能有孕妇、孀女和事先由风水先生写注的特定属相的女人在场观看。女方到新郎家门口停轿后，由两位妇女扶新娘下轿，新娘脚踏红毯、跨马鞍、跳火盆，取意“平安”“红火”。进屋后，男方招待女方所有新亲每人一碗饽饽茶，内容是甜点加茶水（现改甜茶）。在懂礼节的“支客”安排下，双方逐一认亲，新娘见认公婆。20世纪50年代初，勇士营村刘某娶亲，仍用木轿迎娶。进入社会主义时期，新郎多着中山装或时尚便装，新娘仍着红装；迎娶不再用轿，路近者多步行，远者多用畜力车，有马拉轿车带四面鼓，有的用自行车或坐公共汽车，也有借用社队集体的拖拉机、货用汽车娶亲。70年代，有用手扶拖拉机、130汽车迎亲，改革开放后多用小轿车、面包车，车的数量为4辆、6辆或8辆等双数，一路燃放鞭炮，礼乐齐鸣。车到夫家，由新郎从车抱出新娘至新房。事先安排专人撒抛彩纸花屑、喷彩胶条，专职摄影人员一直随行拍摄迎亲视频，直至婚礼结束，剪辑留存，以资纪念。

送亲，即婚日娘家备茶点招待迎娶新娘的一行客人，由新娘的兄弟或侄子参加送亲。女家陪送的嫁妆，要在迎娶之日或前一天送到男方家，由女方弟弟把带来的门帘钉在门上，男方给红包感谢。传统嫁妆一般有条几、联三、梳妆台、箱子、被褥等，大家富族还陪送立柜、顶箱、瓷器、帽筒、花瓶，有的还有盆景、座钟、尿盆、铜旋子（铜脸盆）等。女方亲戚除送份子礼金交账房记账以外，还另送点心即饽饽匣子放在嫁妆中一并送至新郎家，叫“添箱”，再给出嫁女一些可多可少的体己钱，不记账，叫“压腰钱”，便其到婆家后有钱自由支配。送亲起轿后，一路吹吹打打，迎亲的人在花轿前行，送亲的人在花轿后跟随。对于女方来人，男方均须按其男女人数多少、辈分高低对应安排接待，全程陪同。

传统结婚仪式也称拜天地或拜堂。农村婚礼在新郎家举办，大多是3天。第一天搭棚，准备熟食等半成品，由“支应”即婚事主持人，安排摆席；第二天中午开始热闹，下午摆正餐，来人最多，主要宴请街坊村邻聚喝喜酒，同庆共乐，为重头戏；第三天是正式婚礼，宴席重点是宴请女方来宾至亲，将“新亲”安排招待好后，再安排其他来客用餐。在“支应”主持下，新郎新娘一拜天地、二拜高堂、夫妻对拜后进入洞房。20世纪50年代后，在城区工作的男女结婚仪式仍多在农村家中举办，但比较简单，新人向毛泽东主席像鞠躬、向父母鞠躬，再互相鞠躬；新郎新娘向来宾发喜糖、喜烟。有的青年男女结婚新事新办，参加所在单位举办的集体婚礼或旅游结婚。80年代后，婚礼仪式由主持人安排宣读结婚证书、鞠躬拜见父母、男女互拜、互赠纪念品（戒指等）、证婚人或父母讲话等。

结婚仪式最后的环节，是举行婚宴。双方都要提前给亲友当面邀约参加婚宴喝喜酒。受邀人送份子礼，关系较亲近者送一副红色绸缎被面，称“喜絓”，在新房高悬。二十世纪六七十年代，送新婚礼物多为床单、枕巾、澡盆、铝锅、脸盆、暖瓶、镜子等，如是送礼金，多为 1 元至 2 元。婚宴由男方自备米、面、肉、菜、酒，请民间会做菜肴者在家里支锅搭棚摆桌操办。传统婚宴有“二八”席，即菜有八个碟和八个碗，“四五”席即菜有四个盘、五个碗。最后一道是上汤，叫“汤封”，客人酬谢厨师，就在汤碗下压一红包。新房婚床，要由儿女双全的“全乎人”铺床，床上撒放枣子、栗子、花生等干果，意味“早立子，花着生”。

改革开放初期，婚嫁新风渐起，有的男女结婚简化婚礼，不举办喜宴，新郎、新娘两家或只请亲友聚餐庆贺。1982 年，红军营大队的马海、王香菊等 5 对青年勤俭办婚事，不收礼不请客，蹬三轮车送嫁妆、自己骑自行车去婆家。社办企业职工乔松元抛弃“人前显贵，乡里有尊”的旧意识，宁愿挨家人打骂也坚持不摆酒席不讲排场，公社团委书记赠其一个大镜匾，以示旌表褒扬。如送礼金，多为 2 元左右，后增至一二十元。1982 年后，结婚统一使用新式结婚证，增加男女双方照片并加盖专用章，作为政府颁发给当事人的合法婚姻证件。1987 年 9 月，全乡 6 对青年在乡政府会议室举办集体婚礼，朝阳区团委、来广营乡和各村负责人出席祝贺。

来广营乡 6 对青年在乡政府会议室举办集体婚礼（1987 年摄）

二十世纪八九十年代，兴起大办婚事之风，新郎迎娶新娘请婚庆公司一条龙专业服务，用摄像机拍摄迎送新娘、婚礼、婚宴全过程，制作录像带留念。人们送份子礼物，改送时尚的电器或现金，喜事份子钱数额增至 50 元至 100 元，2005 年后升至 200 元。结婚宴席大多已不在家举办，结婚仪式同婚宴均在宾馆、饭店举行。婚宴开始后，由婚礼主持人带新郎、新娘认亲朋好友并逐一敬奉喜酒，新娘对男方亲戚行称呼礼，受礼者给新娘礼金，俗称红包。完婚9天后，女方亲属到男方认亲，称“瞧九”。改革开放后逐步简化为接亲当日下午到男方家，瞧九亲属与上午女方送亲人员相差约半小时后到达男方家，与送亲人员一同参加男方婚礼。

二、生育

添丁进口、生小孩，是每个家庭的大事。域内生育习俗有：

催生：妇女生小孩前夕，娘家母亲要带小棉被、小棉衣等婴儿衣物探望，俗称“催生”。

报喜悬红：妇女生小孩后，女婿带礼品去岳母家报喜。娘家院门要悬挂红布条，以此将喜讯告知街坊邻里。

贺喜：婴儿出生第3天，岳父家女性亲戚带上各种食品及婴儿衣物前往男方家道贺，男方要请接生婆给婴儿洗澡，俗称“洗三（喜三）”。第7天产妇的母亲来给女儿捏骨缝，带上包好的饺子给女儿吃。第12天，姥姥一行再来看望外孙或外孙女，进入产妇房间前，要先在水缸处照一照，新俗是在镜子前照一下，以防不雅脏貌吓着婴儿。

坐月子：产妇“坐月子”，即一个月不干重活儿，不能受风着凉，要多吃煮鸡蛋、小米粥、红糖等营养食品，活动适度，丈夫及家人精心照顾产妇。

满月席：婴儿满月，男方家需办“满月席”，款待岳父、岳母等产妇娘家人及亲友村邻，姥姥要为小孩买斗篷即小披风。进入21世纪，婴儿满月酒一般都请亲朋好友在饭店举行。

抓周：幼儿1周岁时，准备各种文具、刀枪、小食品等，撒在炕（床）上，让幼儿自己随意抓取，俗称“抓周儿”，以预测幼儿将来的发展方向。文具为文官方向，刀枪为武将方向，糖果食品寓意孩子爱吃，将来身体健壮。社会主义时期，此俗渐消。对于小孩生长，域内有“三翻六坐八爬”之说，即3个月会自己主动翻身，6个月会独自坐起来，8个月会自己爬。

三、丧葬

旧时，大家富户均有本族坟地，老人去世后普遍棺殓土葬。亡者弥留之际，儿孙亲人要在床边侍立诀别，称“送终”。在确认其咽气后，为其净面梳头、擦洗身体。待将亡者穿上寿衣后，抬置居室正中灵床，称为“停床”。传统礼教时兴厚葬，丧事一般要经过停床、报丧报庙、戴孝、入殓、送三、出殡、圆坟、守孝等环节，兹摘要记载。

停床：老人去世时，立即为其穿上寿衣，有的死者生前就要求为他穿好。确认咽气后，把逝者抬到正屋临时放置的灵床上，叫停灵。停灵天数，至少3天，多有7天，从死亡之日算起。停灵期间，床头一直放置点燃的油灯和香炉，供来人祭拜时烧香插香。夜晚点白蜡烛，即为长明灯。

报丧报庙：停床的同时布置好供桌，亡者的儿子腰系孝带，将死讯及丧事活动安排亲自或托人逐一告知亲友，称“报丧”。亡者的长媳领着直系亲属前往村庙，向阎王送亡者灵魂，俗称“报庙”，首次报庙谓之“报头庙”，丧期每天3次到庙烧纸，直到出殡。

入殓：老人去世后，丧家找阴阳先生“开殃榜”，即写明何时入殓、送三、出殡为宜、有何忌讳，然后照之行事。亡者从灵床搬移入棺，称为“入殓”。入殓前，拿掉亡者脸上的盖头，摘除其脚上的绊脚索，取出其口中的茶叶包，由长子为亡者擦嘴、脸、耳。入殓时由大儿子捧着头，帮忙的人抬主体，其他儿女站两旁，从灵床安稳移放入棺，如有亲戚未到，棺材不能盖严，以备来者送别，见最后一面。亡者入殓后，棺头搁置烧纸盆，另用白纸剪成穗裹在有棉花团的3根“打狗棍”上，同样置于棺前。孝子、亲戚轮流日夜“守灵”。

送三：亡者出殡前一天晚上须“送三”。首先由子女和吹鼓手白天到五帝庙“领魂”，举着挑檐纸在里面绕圈后，领回家中。如果亡者为男性，“送三”前还要准备拟焚烧的纸质冥车、冥骡、冥马、杠箱、冥伞、纸幡（数量与故者年龄相等）等物，称“烧活”；如果亡者为女性，除准备上述焚烧物品外，亡者的儿女还要为其准备一棵“摇钱树”（通常是一棵酸枣树）枝干，上挂纸钱。“送三”时，亲友持“烧活”在前，吹鼓手击奏鼓乐排第二，和尚排第三，长子背挑冥纸，其他儿孙媳妇等人手擎“摇钱树”跟随其后，鼓乐喇叭齐鸣，和尚敲着木鱼念经，举家哀号痛哭，向村西行进，意味把亡者送上“西天”。“送三”仪式结束后，长子将写着逝者姓名、年龄、烧纸的张数的纸片吊挂在枝头，持归插在家门口，以示本家有人去世，其余直系亲属也随后回家，男左女右纵向跪在棺侧灵前继续守灵、陪灵。

出殡：出殡又称出灵，是丧葬仪式中最重要的程序。出殡前，丧户需约恭请杠房参办丧事，负责扎杠抬棺。人们清移灵桌上的果盘、点心等物品，长子把灵桌上的炒菜、饺子、圆饼装入罐中，由主事人交给长媳抱着。杠房领头人宣布起灵，杠夫抬棺移出屋门。棺后随行人依次是长子抱灵盆，次子扛幡，女儿举伞，长媳抱罐子，其他子女按辈分举幡，亲戚跟随在后。棺材抬出屋门后，直系亲属跪在杠前哭灵，杠夫把棺材停放在预先置备好的木凳上，按套路扎好主杠、支杠，杠头一声高喊“起！”长子即刻摔碎手捧的吉祥陶盆，众亲属齐哭。姑奶奶给抬棺的杠人赏钱，杠头大声报出赏钱数。杠人一路将灵柩抬往坟地，依旧长子跟在棺后，亲属随行。到达墓地后，长子领棺下葬，抓一把开挖坟墓的第一锹土抛撒坑内棺上，再抓一把土装入口袋，带回家放在炕席下，其他男姓亲属也各抓一把头锹土扔撒棺上，妇女跪在远处焚香烧纸哭灵，最后亡者长子将灵幡插在坟头，主事人安排人铲土埋棺，起坟堆墓。

圆坟：出殡后第三天，亡者儿女须到墓地“圆坟”，即围着坟墓左转三圈、右转三圈，将坟墓修葺圆整，将秸秆弯成门形插于坟前，意为亡者“叫鬼门”，然后摆上供品，焚香烧纸，祭奠亡灵。在故者逝后的单数第七日即“一七”“三七”“五七”“七七”之日，均须上坟烧纸祭祀。

1956 年后，域内党组织和人民政府长期开展破除迷信、简化丧事的宣传教育活动，丧葬旧俗有了很大改变，被认为带有迷信色彩的丧葬仪式逐渐淡化乃至取消。20 世纪 80 年代开始，来广营人民公社推行火化，指定统一埋葬地点，提倡丧葬仪式从简，人死后只需整理遗容、穿寿衣，一般当天或第二天即通知殡仪馆专车接送火化场，亲属告别仪式由殡仪馆安排，举行悼念活动后火化。骨灰由火化工殓入骨灰盒，家人持归安葬在规定的村边林地，或购买墓地葬于陵园。为表示纪念，有些亲属在亡者埋葬处植树，或者立碑纪念。至 2015 年，村建墓地全部拆迁，所有零散灵骨也统一移葬公共陵园。

四、交往

域内传统人际交往礼仪习俗，主要有祝寿、待客、探视、认干亲等。

祝寿：家里老人过生日，子女为其做寿方式，旧为在其生日当天设宴摆席，约请亲戚好友前来贺寿，分享喜庆。当日亲友故旧、街坊村邻均带礼物前来祝寿。寿宴上，子女及隔代晚辈叩首跪拜，向老人拜寿致祝。过寿老人须吃一碗内容丰富的面条，俗称长寿面。面条儿越长越窄越吉祥，面内须放一两个剥皮的熟鸡蛋，称“滚蛋”，吃下“滚蛋”，寓意一切不如意将统统滚蛋。有的村流行“活到六十六，不死也要掉块肉”，故在为 66 岁老人举办庆寿宴时，子女要准备一块肉从家里扔到院外，以示去肉免灾。现代做寿，一般订购生日蛋糕，仍然举办生日宴席。

待客：民间传统观念一直认为“客为尊、宾为先”。客人来访，主家热情接待，出门迎接，在来宾右侧向屋内伸出右手，示意客人先进门。进屋后，客坐上座即正对着大门或朝东的座位，主人沏茶递送于其座边桌几。茶水不宜过满，八成满即可，同时茶壶嘴不能对着客人。之后递烟，并为之点燃。聚谈后如需留客用餐，当盛情款待。席间，左为主宾，右为主陪。主人布菜倒酒，先为宾客斟满酒杯，敬酒陪饮。每道菜上桌，先请来客夹食。客人未吃完时，主人不能先撂筷。客走出门，客前主后相随。主人送至院门外道别，客走远后方回屋。

探视：亲朋好友身体有病，看望宜上午，忌在下午或晚上。看望病人一般带些水果、食品等（关系密切或亲友也有给钱）。探视时多讲安慰话语。

认干亲：认干亲意为孩子有多人关爱更容易健康成长，干亲多为关系较好或无儿无女之成人。儿女认干亲不改姓，但干爹干妈有病疼大事，干儿女也像亲儿女一样须有担当，干爹干妈去世也要戴孝，但不继承财产。

拜师：旧时，手艺人须正式拜师方可入行。拜师时，学艺者向师父三磕头，师父赠予本职业必备的劳动工具，讲授行规，介绍同门师兄弟相认。师父受拜完毕，宴请众徒，也有徒弟招待师兄弟和师叔师伯者。

拜把子：关系较好的男性欲义结兄弟，学东汉末期刘关张“桃园三结义”，设案焚香、跪拜盟誓：有福同享、有难同当，不求同年同月同日生，但愿同年同月同日死。拜毕，大家即结为异性兄弟，在随后的一路人生中相互关顾、照应。

流水席：为红白喜事招待来客的一种集体用餐方式。因来客较多，桌席、场地有限，来客分批分桌坐席，轮流就餐。办“流水席”一般要先请棚铺来搭棚，再请专司“跑大棚”者来搭灶操办，自带全套炊厨餐具，席间东家有一主持人，负责张罗安排客人就坐。“跑大棚”者根据东家经济水平，与其商定菜单，由东家采购。“流水席”的服务人员，均由东家约请村邻义务帮忙，从事借还桌凳碗筷、端菜、涮碗筷等杂活。事后，还要摆席酬谢厨师和请的村邻帮忙人员，称为“谢支”。二十世纪七八十年代，流水席多以5寸盘子盛菜，以肉炒菜为主，菜品数量成双，有四大碗主菜。90年代后，扩为8寸盘子盛菜，以肉类为主，并新增海鲜，素菜仅一两盘作为点缀。其常用菜单，凉菜有酱驴肉、酱牛肉、酱肘花、芥末鸭掌、酱瓜丁、凉拌海蜇、凉拌藕片等，热菜有东坡肘子、香酥鸡、杭椒牛柳、红烧肉、红烧鱼、梅菜扣肉、宫爆鸡丁等，素菜类有清炒荷兰豆、清炒西蓝花、娃娃菜、西芹百合等，喜事必有的四喜丸子、吊子、红烧肉、豆泡、萝卜羊肉丸子。流水席的经营形式，也顺应市场经济体制，演变为一条龙服务的社会专门行业，从搭篷、厨师、采购、灶具、煤气、餐具、桌椅、上菜到洗碗，全部自备，一应俱全，无须主家另请服务人员。域内有的村和社区也帮居民操办大事，派人派车、安排场地。

上述旧俗，有的如拜师、拜把子、认干亲在社会主义时期已渐少流行，与时俱逝，有的如祝寿、待客、探视病人虽仍流行但已大为简化，或者随着文化、科技的进步而增加新的时代内容，旧俗遵行者愈益减少。

第三节 岁时习俗

腊八节：历史上，域内一直有农历腊月初八过腊八节的习俗。这天，人们用多种杂粮（黄米、白米、江米、杂豆等）及干果（栗子、红枣、花生、桂圆、葡萄干、瓜子仁等）混在一起熬成粥，用以祭先人、赠亲友，然后全家同食。当日，有的农家还泡“腊八蒜”。这两个习俗一直延续至今。

小年：小年究竟为何日各地有所不同，域内小年是每年农历腊月二十三，被认为是祭祀灶王爷的节日。灶王爷又称灶君菩萨、灶君、灶公灶母、东厨司命，其像挂贴于进门右手的门后灶上，灶王像两侧贴有对联，上联是“上天言好事”，下联是“下界保平安”，横批“一家之主”。灶王爷相传是玉皇大帝派到每家监视人们行为善恶的神祇，每年岁末回到天宫向玉皇大帝汇报民情，作为玉皇大帝赏罚之据。所以送灶时，人们焚香上供送灶王，在灶王像前的桌案上放上糖瓜、清水、料豆、秣草，糖果包括糖瓜、饴糖、麻糖，本为给灶王爷嘴上抹甜的食品，使其为住家甜言蜜语地说好话，后逐渐演变成小孩小年必吃的零食，后三种是为灶王爷上天时的坐骑所备。祭灶时，全家老小都要参加祭祀、磕头、行礼。对于祭灶，本地有俗语称“糖瓜祭灶，新年来到，姑娘要花，小子要炮。”每年祭灶要更换旧像，贴上从集市买来的新的灶王爷神像，买灶王爷神像不能说“买”，要说“请”，以表示对灶王爷的尊敬。按旧时规矩，人们互相所欠款物从小年之日起即上门收缴和归还，直至大年三十吃年夜饭时，未收齐的部分转到来年再收还。所以域内还有“要命的关东糖，救命的包饺子”的俗谚。进入社会主义时期，“祭灶”风俗已逐渐淡化，至20世纪60年代被完全废除，但糖瓜这一节令食品却保留下来，流行至今。小年至春节期间，乡域还有吃糖瓜、赶婚、沐浴、理发等习俗。

赶婚是过了腊月二十三，民俗认为诸神上了天，可以百无禁忌了，娶媳妇、嫁闺女不用挑日子，称为赶婚。所以小年至年末期间民间结婚的很多。域内民谣有“岁晏乡村嫁娶忙，宜春帖子逗春光。灯前姊妹私相语，守岁今年是洞房”的说法。沐浴、理发也大多集中在小年前后，域内民间有“有钱没钱，剃头过年”之说。

扫尘：域内有“二十四扫房日”的俗语，农历腊月二十四这一天，各家将里里外外彻底清扫整洁，主妇通常先将室内的床铺家具遮罩起来，用头巾将头包好，然后用扫帚将屋梁、墙壁从上至下全面清扫干净，擦洗桌椅，冲洗地面。这是一年中最彻底的打扫，全面清理院屋内外堆积的垃圾。清扫时，宜向屋内扫，意为“聚财”，如向屋外扫即为“散财”，不宜为之。扫尘之后，居家焕然一新。“尘”与“陈”谐音，按民间说法，年前扫尘有“除陈（尘）布新”之义，即扫除“穷气”“晦气”。进入社会主义时期后，因农事或其他过年事务繁忙，扫尘不一定都在腊月二十四这一天，而是逐渐演变为从腊月二十四直至大年除夕都可打扫清洁内外环境。

换窗纸、贴窗花：旧时域内村民住平房时，农历腊月二十五有“二十五糊窗户”的习俗。在准备过年的各项事务中，剪贴窗花是妇女孩子喜欢的民俗活动。所剪窗花题材内容有各种动物、植物掌故，如喜鹊登梅、燕穿桃柳、孔雀戏牡丹、狮子滚绣球、三羊（阳）开泰、二龙戏珠、鹿鹤桐椿（六合同春）、五蝠（福）捧寿、犀牛望月、莲（连）年有鱼（余）、鸳鸯戏水、刘海戏金蝉、和合二仙等。刚娶亲的人家，新媳妇要从娘家带上自己剪制的各种窗花，在婆家糊贴窗花，左邻右舍总要前来观赏，看新媳妇的手艺如何。自己不会剪纸质窗花，有的托会剪的熟人代剪，有的则从集市上购买。

春节：域内现仍流传“腊八粥喝几天，转眼就是二十三，二十三糖瓜粘，二十四扫房日，二十五炸了丸子炸豆腐，二十六炖锅鱼来炖锅肉，二十七杀只鸭子宰只鸡，二十八把面发，二十九蒸馒头，三十晚上熬一宿，大年初一扭一扭”的民谣。过了小年，家家准备年货，村中碾子天天用，特别忙，各户轮流推小米面准备摊烙糕子，推豆面准备摊咯吱、炸咯吱盒，推黏高粱面准备正月十五做元宵、驴打滚，推麦子准备蒸豆包、馒头。较为富裕的农户，在腊月二十七家家杀猪杀鸡宰羊。

除夕之日，吃过早饭后，开始挂对联、贴门神，村民贴门联，讲究有神必贴、每门必贴、每物必贴。家家有佛像、土地爷、灶王爷神像，对所有神佛都要上香上供。神灵前的对联特别讲究，多为敬仰和祈福之言。大门对联，是一家的门面，特别重视，或抒情，或写景，内容丰富，有的妙语连珠。各村腾拆搬迁上楼后，有的人家仍旧保持在门口贴春联的习俗，或只贴一大“福”字。男的贴门联、打扫卫生，妇女则准备年夜饭和饺子馅料，包好足够吃两餐的饺子，大锅蒸煮。

年夜饭无论丰俭，菜必备鱼。“鱼”“余”同音，寓意“吉庆有余”“年年有余”。傍晚，做好的年夜饭菜肴和饺子端上桌，先不能忙着吃，须在堂屋设供桌摆上供品，以缅怀纪念祖辈宗亲。上供完毕，燃放第一轮鞭炮和二踢脚，全家人聚坐一起吃年夜饭，是一年中最为温馨祥和的家宴。吃年夜饭时，长者为尊坐上座，长者为先，先动筷。如有盘碗不慎摔碎，应道“碎（岁）碎（岁）平安”，以图吉利。除夕夜是过年春节的高潮。年夜饭后，全家老幼熬年度夜，欢聚畅谈同庆团圆，尽享天伦之乐，有的通宵不睡守夜，俗称“守岁”。守岁人当晚不能洗脚，须终夜续香不断。守岁时，长辈要给小孩儿压岁钱，因为“岁”与“祟”谐音，长辈希望“压岁（祟）钱”能驱邪免灾，保佑孩子平平安安。有些农家备好晒干的芝麻秆杆置于院内，除夕夜以脚踏之，干脆的芝麻秸秆一踩一碎，意味“踩岁”。夜半子时，各房间灯盏全部点亮，全屋灯火通明，同时燃放第二轮鞭炮，是全村放炮竹最热闹的高潮，声响遐迩，连成一片，以示辞旧迎新，拥抱新年新春。全家围坐一起吃刚出锅的热气腾腾的子时饺子，意为“交子”，饺子的饺与交谐音，有相聚之意，又取更岁交子之意。20 世纪 80 年代后，守岁新俗是全家人围坐一起聚看中央电视台春节联欢晚会节目，有的通宵打扑克、玩麻将。进入 21 世纪，部分家庭吃年夜饭改在饭店，事先预订，包厢成了全家团聚的场所，并逐步兴起电话拜年、短信拜年、微信拜年、网上拜年等多种新俗。

子时一过，即正月初一凌晨，旧有“抢水财”习俗，即争先去井口打水，谁挑到农历新年的第一桶井水，谁就在新的一年中吉祥发财。正月初一这天，域内大人小孩尽可能换穿新衣，以示新年新气象。清早，有的祭祖，摆设供品于案桌，祭拜祖先，有的接“财神”，燃放鞭炮，虔诚地向东方叩拜，之后以红灯笼引财神至家中，安放牌位，上香再拜。早餐全家吃新年第一餐饺子，吃毕，晚辈们外出前往本村家族长辈家，向长辈作揖磕头跪拜，谓之拜年，长辈则给拜年的晚辈压岁钱。亲朋好友、街坊村邻见面，相互施礼道贺。正月初一至初五，都是春节过年的日子，晚辈携带糕点匣子和两瓶酒，外出前往亲戚家拜年。正月初二、初三，接闺女回家，女婿随之看望岳父。正月初五这天，家家吃“破五”饺子，再放鞭炮，以崩去“穷气”，俗称“崩穷”，祈盼时来运转。按照旧俗，正月初五为财神生日，域内店铺从大年初一起关门，至正月初五财神生日开门，认为“吉日”开市将招财进宝。春节期间，域内居民除了拜年，还结伴逛庙会，大多前往较近的奶子房庙会、北顶庙会、东岳庙庙会、通县“三教（佛、道、儒）”庙会。社会主义时期尤其是改革开放以后，春节气氛更加浓郁，活动更加丰富多彩，有的全家一起逛厂甸庙会、地坛庙会、龙潭湖庙会。进入21世纪，有了春节长假，人们有的外出旅游，春节远途出游成为过年新时尚。旧俗拜年有的改为提前在年前几天互相探望，携带的礼物也与时俱进，有牛奶、水果、啤酒、保健品，以及实惠的牛羊肉、成桶食用油、鸡蛋、茶叶等。

元宵节：农历正月十五元宵节，是过年春节的尾声，也是最后一个高潮，各村同庆。人们摇元宵，也称汤圆，制作驴打滚。域内的汤圆馅料，旧俗为红糖和芝麻，包馅外皮，用自家生产的黄米面摇成，是当天的节日标志性主食。入夜，各村有百步灯花之俗，即用灯花纸捻成灯花，浸油点燃后，每隔一步放一个，用上一个灯花的火点燃下一个灯花，意在走百步驱邪祛病。20世纪80年代后，市场供应丰富，人们开始到商店超市买回现成的元宵，选购稻香村、宫颐府等名牌产品。晚上，各村文艺团体总有元宵演艺活动，村民结伴外出，观赏花会表演。

龙抬头：时间是农历二月初二，也叫“春龙节”。民间传说，此日是天上主管云雨的龙王抬头的日子，之后雨水会逐渐增多，故域内至今仍流传“二月二，龙抬头，大仓满，小仓流”的民谚。龙抬头之日，多吃春饼卷豆芽菜，称“咬春”。比较讲究的大户人家，要吃“龙须”（面条）、“龙鳞”（烙饼）、“龙眼”（馄饨）、“龙耳”（饺子）、“龙子”（米饭）。“二月二”这天，村民不动土，以免伤害到地里蛰伏冬眠的吃鼠的蛇、松地的蚯蚓等“龙”；也不用坚锐硬器，妇女为此不做针线活，以防伤身不吉利；还要用棍“敲炕沿儿”“打房梁”，把房中的各种毒虫驱赶出来，并尽量在这一天剃头，使旧年晦气剪下丢掉，祈望新的一年健健康康、平平安安。同时，接女儿回家，俗称“二月二，接宝贝儿，宝贝儿不来掉眼泪儿”。“宝贝儿”即已出嫁的女儿。这一习俗一直延续至今。

清明节：清明节扫墓祭祖，来广营百姓循例到先祖墓前培土添坟、烧纸焚香、磕头跪拜行礼。殡葬改革后，人们祭祖上坟时，改为去陵园揩擦墓碑、重描碑文、清扫墓地、铲除杂草、摆放鲜花，有的到骨灰堂祭拜。单位、学校组织青年、学生到烈士陵园扫墓，进行革命传统教育。

端午节：农历五月五日端午节，也称端阳节。域内百姓贴葫芦，将艾草挂在门楣上；到苇塘摘苇叶，用自家产的黄米包粽子，作为全家过端午节的主食。粽子如有吃剩余者，则送赠亲友和穷困的村邻。20 世纪 80 年代以后，人们不再自采苇叶，改去集市买回现成的苇叶、小枣，用糯米包粽子煮食。如今更简洁，人们直接到超市买包裹好的现成粽子过端午。

中秋节：农历八月十五，是一年秋季的正中日，故称中秋，又称“团圆节”。域内村民过中秋节，富家杀猪宰羊，平民买些肉食、月饼、果品过节。夜晚月上中天时，讲究的大户人家要摆桌上供焚香，放一枝兔子爱吃的毛豆，供月、拜月，然后再全家边赏月边吃月饼。而今，来广营人赏月者常有，供月者已无。

寒衣节：寒衣节在每年农历十月初一，又称“十月朝”“祭祖节”“冥阴节”，俗称“鬼头日”，是传统祭祀节日。古人视十月为“正阴之月”，阴气正甚时祭祀亡灵，合乎时宜。明清时期，寒衣节已经成为与清明、中元并列的悼亡节，并被称为鬼节。农历十月，天气转寒。来广营人于此日在村边路口为去世的亲人焚烧五彩纸糊的冥衣纸钱，男性烧纸要在纸钱上画十字，女性烧纸要在纸上画圆，意在给过世的人送去御寒衣服。

第四节　农事习俗

域内农事历史悠久，自古春种夏管，秋收冬藏。农户多年莳弄耕地，垦壤稼穑，乡民农本思想深固，谣称“买卖钱，六十年；做官钱，卸任完；庄稼钱，万万年”。农业生产节奏缓慢，产业单一，自我循环。农人们日出而作，日落而息。每早起床，男人准备农具、种子，打扫清理畜圈，妇女做早饭、喂猪、放鸡，老人出门拾粪。早饭后男人下地干活，妇女在家带小孩、洗衣，日间送水送点心到地头，大一点的小孩也帮着家里干活，如捡柴、采猪菜、割青草，农家无闲人。午时男子回家吃中饭，饭后歇晌略睡一会儿，起床后抽袋烟，带上水又下地劳动。农忙时天不亮即下地，天黑方收工，经常出门进门两头不见太阳，有的头天收工摸黑回家者路遇次日起早的村邻。为节约农时，凌晨下地时就带着干粮和水，中午就在地头吃饭，吃过接着干。人手不够，有的家庭妇女和十多岁小孩帮着下地干活。整地时，牛、马、驴、骡在前牵引，人在后扶犁掌耙。庄稼成熟收获后，各家在地头或者自家院内抓紧用碌碡压场、脱粒、晾晒、扬场，装袋入库。有的晚上还要运送农作物，甚至在野外看场过夜。农历十月中旬前后，粮柴草料才算拾掇收藏完毕。田间管理中，除草全为手工作业，用薅刀、铲、锄等手工农具铲除庄稼杂草。

来广营乡档案科展示传统农具（2000 年摄）

传统农耕依靠提取井水灌溉（2000 年摄）

二十世纪六七十年代，有的生产队为节约农时，曾经一度推行天亮即下地干活，到八九点才回家吃饭，俗称“一个早上半个工”；下午吃第二餐，饭后再继续干到天黑，每天可增加约两三小时的劳动时间。1979 年开始推行农业联产承包责任制以后，妇女参加生产劳动和经济社会活动减少。2000 年后，为保障首都生态环、建设绿化隔离带，大面积退耕造林，一辈子躬耕土地的农民从此永别种养业，转而从事苗木栽培维护、道路清扫保洁、设施修理维护、门禁值守管理等公勤服务，一改随日出落作息的散漫农耕传统而按时上下班，节假日休息，工作有固定节律。

立水桥村农民在小麦收获后扬场（1991 年摄）

第五节 谚语方言

一、气象谚语

日落云彩接，明天必然歇。
天上出现勾勾云，不过三天大雨淋。
不怕阴得沉，就怕疙瘩云。
黄边包黑云，雹下来广营。
春来大风两三天，必有小风三两天。
早上有雾不带伞，晚上有雾不戴帽。

二、农事谚语

粪水浇得勤，丰歉甭问人。
栽瓜种豆，谷雨前后。
一个清早半个工。
春秋争太阳，夏忙争月亮。
地边没草，害虫必少。
五月小旱，不愁吃饭。

六月连阴，棒子拔青。
头伏二伏萝卜菜，三伏见雨下荞麦。
七月打枣八月摘梨，十月柿子红包皮。
白露早，寒露迟，秋分种麦正当时。
豆秸盼高麦秆盼齐。

三、人生谚语

入秋冻一冻，人生难得病。
喝凉酒，贪人钱，祸患早晚到眼前。
住北朝南，冬暖夏凉。
在家可充老，出门须装小。
骑驴的看景，赶脚的看路。

四、旧时方言词汇

老阳儿—太阳；
背阳儿—阴凉处；
完秋—秋天快结束的意思；
老棒子—玉米；
高末—贫民常喝的茶叶，是茶店筛剩的茶叶末和碎梗；
蝎了虎子—壁虎；
扑棱蛾子—飞蛾；
肯节儿—节骨眼儿，指关键时刻；
瞧打了眼—看走了眼，以假当真，引申为有眼无珠，“不识真人”；
结心—关系很好，相互什么都可以说；
略拨儿—稍微；
一猴猴儿—一点点。

第十九章 人物

有着千年人文历史的立水桥头、北苑古地，孕育了一批批先进人物，他们为来广营地区经济建设和社会发展做出了积极贡献，本章谨择要介绍。其中，对地方发展做出过贡献或有一技之长、一德之彰的已逝人物，以“传略”入志，按卒年排序；健在人物以“简介”形式记载，按生年排序；获得市级及以上奖励或荣誉称号的先进个人，以列表形式附后。

第一节 人物传略

池百川（1899年至1972年）曾用名池汇章，来广营乡南湖渠村人，私塾5年学历，中共党员，曾连续当选为北京市第二、第三、第四、第五届人民代表大会代表。1950年初，池百川率先组织民校，自任教师，积极开展扫除村民文盲工作。任教期间，不论雨雪，从不缺课。冬天雪大难行，自制滑板代步，去夜校上课让孙女提着马灯或打着手电筒陪同赴校。他教的汉字，学员当天都能认识。池百川“思想不老、服务精神不老、教学方法不老”的“三不老”精神成为北京市扫盲工作学习榜样。1956年10月30日，《北京日报》第二版“本市举行农村扫盲积极分子大会”一文报道：“受到奖励的个人，有乡社干部张玉禄、义务教师池百川……”1957年被评为北京市优秀农民教师，1959年被评为北京市农业社会主义建设先进个人。

陈玉（1909年至1975年）来广营乡来广营村人，高小文化，中共党员，曾任中共朝阳区委委员，第二、第三、第四届北京市政协委员。1952年，陈玉担任来广营农业生产合作社猪场饲养员，带头打猪草、挖野菜，渡过猪饲料严重不足难关。他吃在猪场，住在猪场，每天凌晨就起早挑水、担豆浆、准备猪食，喂完所有圈存生猪天才亮；冬夜常为临产母猪生火取暖，精心伺候下崽。全家8人靠他一人养活，口粮不足，他一天只吃一顿饭，但有时宁肯自己忍着饥饿也省下窝头喂集体小猪。他自觉主动地学习养猪知识，钻研技术，严格进行科学喂养，精心观察，掌握母猪配种期，缩短仔猪哺乳期，保证仔猪的成活和正常发育。作为猪场主要饲养员，他团结带领大家艰苦劳动，帮助、指导其他饲养员提高专业水平，使来广营农业生产合作社猪场成为北京市郊区发展集体养猪事业一面旗帜，1954年、1955年均被评为北京市农业劳动模范。1956年，陈玉被评为全国和北京市农业劳动模范，出席1957年全国农业劳动模范代表会议，受到毛泽东、刘少奇、周恩来、朱德等党和国家领导人接见并合影留念，1958年、1959年两度被评为北京市社会主义建设先进个人，1962年至1963年连续两年被评为北京市农业社会主义建设劳动模范。陈玉在猪场连续工作22年，一心扑在集体事业上，为来广营村养猪累吐了血，真正做到了鞠躬尽瘁，死而后已。

王文广（1963年至1985年）辽宁省抚顺市人，中共党员。1981年高中毕业后，进北京长空机械厂劳动服务公司工作，1983年12月参加北京市公安局招收干警统一考试并于 1984 年 7 月被分配到来广营派出所担任民警，接手来广营乡东湖渠和北湖渠两个生产大队 1360 多户、3900 多人的户政管理。他工作中严于律己，下管界为群众代办户口手续，有时为群众垫付户口簿工本费，任外勤民警没接受过一次服务对象的烟酒。一次陪患者家属去医院，因路远一天没吃饭，几次路过饭馆均婉言谢绝患者家属请吃饭。1985 年五一国际劳动节前，一位久治不愈的精神病人被通知出院。王文广为不影响社会治安，往返 2 次、行程 150 多公里，将病人转送房山区精神病院。1985 年 10 月底，他高烧 39.6 度，仍抱病坚持处理盗窃案。11 月 6 日下午，他奉命传唤犯罪分子，被罪犯持刀报复扎穿颈动脉，不幸殉职。11 月 15 日，北京市人民政府批准王文广为革命烈士；11 月 25 日，中共北京市委追认王文广为中国共产党党员，共青团北京市委授予王文广“模范共青团员”称号，北京市公安局为王文广追记一等功。11 月 26 日，朝阳区委、区政府作出《在全区人民中开展向王文广同志学习的决定》。12 月 4 日，区委、区政府在北京工人体育馆召开向王文广学习表彰动员大会。

安秉信（1933 年至 1989 年）来广营乡人，小学文化。1954 年 1 月参加工作，经过培训，在东郊区金融部门指导下，建立安家坟乡信用社并担任会计。由于人手紧张，他既当会计，又当主任，不分日夜，积极配合银行工作人员走村串户，吸收存款，为农业生产合作社和贫困农户贷款，义务工作 2 年。他不辞劳苦，辛勤尽职，多人工作一人挑，受到领导和群众好评。1955 年，被评为北京市农业劳动模范。此后，安秉信任中国人民银行东郊区办事处（位于东大桥）会计、来广营人民公社北苑生产大队会计。

石青（1924 年至 1994 年）曾用名李震，云南省丽江县人，纳西族，中共党员。1944 年考入国立西南联合大学，后随校北迁，在北京大学中文系肄业。他受进步思想影响，积极参加学生运动。1948 年 6 月，奔赴解放区参加革命。1949 年 8 月，加入中国共产党。1952 年，任东郊区政府秘书室主任。1956 年，任东郊区副区长。1962 年至 1968 年，任来广营人民公社党委书记，重视科技人才培养和科学种田，推广棉花种植、玉米小麦套种和玉米双杂交，棉花单产居全市首位，粮食单产、总产翻番，受到市、区表彰和国家科委领导单独接见。来广营人民公社被评为北京市农业社会主义建设先进单位。1972 年至 1974 年，再任来广营人民公社党委书记期间，全社养猪数量和质量又在北京市名列前茅。1976 年，任区农业大学党委书记。1981 年，任朝阳区人大常委会副主任。

燕贺春（1912 年 10 月至 1999 年 7 月）来广营乡人，小学文化，中共党员。1952 年带头组织农业合作化，随后担任和平农业生产合作社副主任。其间，他以养猪模范、种地能手典型引路，带领社员学习科学技术，发展养猪事业，创新出毛泽东批示推广的工作经验，朝鲜、越南、捷克、罗马尼亚等社会主义国家慕名派人前来考察参观。燕贺春以社为家，常年住在办公室，一心唯公，无我无私。他带人排涝，查看社员漏屋，抢险救灾处处走在前面，1953 年至 1957 年连续 5 年被评为北京市农业劳动模范，后任和平农业生产合作社主任。20 世纪 60 年代，燕贺春先后担任来广营生产大队党支部书记、来广营人民公社副主任、主任，“文化大革命”时期受到冲击和不公正对待，但他“跟党走，为人民服务”的信念始终没有变。燕贺春为官一任，两袖清风，胸怀坦荡，品德高尚，赢得全乡全社群众爱戴。“听毛主席的话，跟党走，党叫干什么就做好什么”是燕贺春一贯的做事和为人标准。1979 年 7 月退休。

吴大观（1916 年 11 月至 2009 年 3 月）原名吴蔚升，江苏省江都县头桥乡（今扬州市广陵区头桥镇）人，中共党员，全国航空工业和航空发动机设计研制事业主要创始人之一，被誉为“中国航空发动机之父”。生前长期居住来广营乡北苑二号院社区。吴大观 1942 年毕业于西南联大航空系，1944 年赴美国留学，1947 年回国，任大定航空发动机厂广州分厂技术员、北京大学讲师、华北人民政府企业部工程师。中华人民共和国成立后，历任重工业部航空工业管理局科长、处长，沈阳航空发动机制造厂设计室主任、总工程师，中国航空研究院发动机研究所副所长，西安航空发动机制造厂副厂长，航空工业部科技委员会常委、高级工程师，中国航空学会第一、二届理事，是第三届全国人大代表，第五、第六届全国政协委员。吴大观毕生致力于新型航空发动机研制方法和程序的研究，主持研制多种型号发动机，培养了几代专业人才，创下中国航空工业 9 项第一，为设计研制航空发动机和振兴发展中国航空工业做出重要贡献。2009 年 7 月，中共中央组织部决定追授其“全国优秀共产党员”称号，号召广大共产党员向吴大观学习。2009 年 9 月 10 日，在中央宣传部、中央组织部、中央统战部、民政部、人力资源社会保障部、全国总工会、解放军总政治部等 11 个部门联合组织的“100 位为中华人民共和国成立作出突出贡献的英雄模范人物和 100 位中华人民共和国成立以来感动中国人物”评选活动中，吴大观被评为“100 位中华人民共和国成立以来感动中国人物”。

王桂敏（1928 年至 2013 年）女，来广营乡人，1949 年开始参加农业生产，曾任北京市第十四区黄军营村互助组组长。1950 年土地改革结束后，王桂敏响应党和国家大力发展农产品生产的号召，利用自家种花生的传统，一心钻研花生栽培，精心探索花生选种、配制和合理利用土壤，改良种植工艺，获得连年高产，亩产最高 385 公斤，远高于其他农户产量，引起轰动，成为闻名遐迩的花生“女状元”，1950 年至 1951 年被评选为北京市花生丰产模范、北京市农业劳动模范，其事迹被刊登在报纸上广为传颂。

王进富（1912 年至 1968 年）来广营乡人，中共党员，黄军营村第一批共产党员之一，村党支部第一任书记。1951 年，王进富带领“穷八家”率先组织临时互助组，成为当时全区最早走上农业互助合作道路的带头人之一。1952 年，经中共东郊区委批准，黄军营村王进富互助组转为东郊区 3 个初级农业生产合作社之一。1953 年，王进富被评为北京市农业劳动模范，1955 年，王进富初级社与其他农业社合并为东郊区和平高级农业生产合作社，为北京市合乡并社创造了实践经验。

孙淑珍（1932 年至 2009 年）女，来广营乡人，小学文化，中共党员。1949 年，孙淑珍因在土地改革运动中表现积极，刚满 17 岁就担任村妇女主任。1950 年春，黄军营村土地改革刚结束，孙淑珍就响应党的号召，积极发动群众组织临时互助组，解决农业生产工具不足等困难，通过劳动协作，提高劳动生产率，增加了产量和收入，1951 年粮食总产比 1950 年增产一成半。村民看到互助组的优越性，积极响应，纷纷加入。1954 年，孙淑珍被评为北京市农业劳动模范，参加北京市委举办的农业合作化干部培训班，担任东郊区勇士营村建业初级农业生产合作社副社长兼妇女主任，婚后任安家坟村兴业初级农业生产合作社组长。她勤奋好学，起早贪黑，不怕苦，不怕累，带领全社妇女积极学习先进种植技术，大胆提出并亲自实践“一步三棵苗”的小垄玉米密植法，取得突破性进展，亩产达 400 多公斤，夺得空前高产。

王玉珍（1935 年至 2015 年）女，来广营乡人，中共党员，小学文化。1954 年参加农业生产劳动，曾任黄军营生产大队妇女队长、畜牧队长、党支部委员。1958 年至 1959 年连续两年被评为北京市农业社会主义建设先进个人。1954 年，王玉珍回村参加农业生产劳动，并任妇女队长。她广泛动员妇女走出家门，积极参加集体劳动，并注重保护妇女劳动力身体健康。她根据妇女生理特点分配农活，做到“三调三不调”，即妇女哺乳期调近不调远，月经期调干不调湿，孕育期调轻不调重，使全队妇女未受到劳动损害。她上下协调，积极筹建托儿所、幼儿园，解决劳动妇女后顾之忧，使妇女参加劳动、学习的积极性有很大提高，受到妇女姐妹好评和市、区领导表彰。

第二节 人物简介

蒋世培 1920 年 12 月出生，北京市朝阳区人，初中文化，中共党员。蒋世培热爱党，热爱中华人民共和国，以满腔的热情积极参加社会主义建设，特别是在 20 世纪 50 年代前期农业合作化运动中，为创建和平农业生产合作社努力工作。在担任合作社财务主任期间，他精心管理，善于经营，业务上精益求精，多次受到市、区领导的肯定，得到广大社员的拥护和好评，1955 年至 1957 年连续 3 年被评为北京市农业劳动模范，并担任东郊区和平乡和平农业生产合作社财务主任。20 世纪 60 年代，担任来广营人民公社财务主任、公社总务科干部，1985 年 5 月退休，2003 年 3 月逝世。

荣淑珍 女，1929 年 3 月出生，来广营乡来广营村人，小学文化，中共党员。1950 年，她带头组织来广营村农业生产互助组，担任组长，并加入新民主主义青年团。儿子才几个月大的荣淑珍，积极响应党的号召，全身心投入农业兴修水利。她带着一身河泥，在工地现场喂完孩子吃奶就交给婆婆，自己又马上投身热火朝天的挖河劳动。在从互助组向合作社过渡中，她更加积极，首先从自家入手，反复做家人的思想工作，终于说服全家人率先加入合作社。之后，她每天晚上挨门挨户说服动员，使全村 130 多户村民走上合作化道路。荣淑珍担任生产队长期间，经常顶着烈日，光着脚板，蹚着泥水，用刚学到的种植技术，带领大家精心劳作，使棉花连年大丰收，为完成棉花交售任务做出突出贡献。此后，她相继担任农业生产合作社队长、来广营大队酒花队妇女队长、生产队副队长、大队玉器厂厂长等职。1955 年被评为北京市农业劳动模范。

吴玉书 女，1931 年 11 月出生，来广营乡来广营村人，小学文化。1950 年春，吴玉书带领家缺劳动力的四姐妹在东郊区最早成立农业生产临时互助组，1951 年 8 月又转为常年互助组。她在田里查苗、补苗、施肥、打药、除草，处处干在前面，衣服上总是结满汗碱。她鼓励姐妹们克服胆小心理，使大家个个成为农活高手，受到广泛赞颂。初春挖掘清河河道，冰冻地硬，吴玉书主动承担抡镐重活，镐镐震得胳膊发麻，满手血泡，她仍咬牙坚持，终于完成了任务，吴玉书互助组多次受到上级嘉奖，户数也逐渐增加，并被评为北京市先进集体。1952 年 10 月，吴玉书在全区率先组织成立初级农业生产合作社；1953 年春，吴玉书初级农业生产合作社利用农闲组织社员，贷款在村西建猪圈 60 余间，引进苏联大白猪创办集体养猪场，成为北京郊区最早的集体养猪场之一。北京市委报道来广营农业生产合作社集体养猪场事迹的文章——《来广营农业生产合作社是怎样把猪养好的》，被毛泽东改题为《养猪模范的来广营合作社》并加按语“这个经验值得推广”后，收入《中国农村的社会主义高潮》一书。吴玉书先后担任来广营初级农业生产合作社社长、和平高级农业生产合作社副社长、来广营大队妇女干部。1952 年至 1956 年，连续 5 年被评为北京市农业劳动模范，1955 年赴越南参观学习，受到越南国家主席胡志明的接见并合影留念。为了家乡的社会主义农业生产事业，吴玉书放弃了作为军属优先安置转工和到区里工作的机会，一直耕耘在家乡的土地上。

党秀清　女，1945 年 3 月出生，北京市朝阳区来广营乡南湖渠村人，中专文化，中共党员。1962 年，党秀清初中毕业后，回到南湖渠大队园田队参加农业劳动，担任生产队记工员。她克服困难，找每个社员对工，全年记工无差错无缺漏，受到干部和社员的好评。1963 年，群众推荐她担任生产队统计员兼出纳员，后又担任第五生产队会计。虽然年龄小、没经验，但她怀着强烈的责任心，不懂就问，认真学习钻研，在短时间内就基本掌握会计基础知识。她处处按公社的财务制度办事，往来账目清楚明晰、收支合情合理，结算顺利，得到群众的认可。1965 年，她在来广营人民公社所有生产队中第一个建立社员往来借支、实物分领、预分手册，做到社员心中有数，年终结算方便易行。财务工作按照公社要求做到“六上墙”：工分上墙、社员借支上墙、库存粮食上墙、库存物资上墙、固定资产上墙、生产队收支上墙。她经管的账目经过检查评比，清晰整洁获全公社财会统计第一名。1966 年 4 月参加工作，曾任公社财务组会计、区财政局辅导员，来广营乡经管站副站长，乡财政统计科会计、副科长。1983 年，被评为全国农业合作经济先进工作者。2000 年 4 月退休。

张贵山　1952 年 5 月出生，北京市朝阳区来广营乡红军营村人，中共党员，中专文化。张贵山初中毕业后，回村参加集体生产劳动，不怕艰苦脏累，受到干部社员好评。1971 年 3 月，被选拔到来广营人民公社机务队当拖拉机手，成为公社农机站职工。他热爱本职工作，刻苦钻研技术，机耕精益求精，受到普遍赞扬，被评为公社和朝阳区先进工作者、优秀团员、学雷锋先进个人，先后担任民兵排长、团支部委员、机耕队长。1981 年 10 月 30 日傍晚，张贵山正带领同事驾驶拖拉机在来广营村西铁道边平整土地，一列重载火车疾速驶来。人们突然发现车前百米处有个五六岁男孩正迎向火车跑。火车汽笛发出一声长鸣，小孩又转身，背对火车沿着铁轨跑。火车紧急刹车，以致轮轨火星四溅，但巨大的惯性仍驱使列车飞速前行，距离小孩越来越近。千钧一发之际，10 多米外的张贵山，急速奔上铁路，不顾一切地向着小孩冲去，抢在火车离小孩 1 米来远处，一把抱住小孩跳离轨道，呼啸的火车随即擦身而过，缓缓停在前方二三十米处，车人双双脱险，避免了一场重大事故。不久，张贵山调任乡林业站绿化组组长。在林业站工作近 10 年间，他带领绿化组职工，高质量高标准完成乡辖区城市边缘绿化带、隔离片林、道路放射线、河流绿化带、森林公园和高科技园区的绿化任务。在朝来森林公园绿化建设期间，他 60 余天没有回家，风雨天坚持施工，手磨起血泡，人瘦了一圈儿，为园林绿化建设做出突出的贡献。在他的带领下，全体职工组织绿化 8000 余亩，创造纯利润 189 万元。张贵山 1997 年至 2001 年连续 5 年被评为北京市森林防火工作先进个人，升任乡林业站站长，1997 年至 2004 年连续 7 年被评为首都绿化美化积极分子，2005 年被评为北京市劳动模范。

赵全保 1959 年 9 月出生，北京市朝阳区来广营乡人，大学文化，中共党员。1982 年，赵全保任顾庄生产队长，带领群众广开致富门路，一年初见成效，三年三大步，至 1985 年全队达到人均收入 545 元、劳均收入 2888 元的领先水平。赵全保放弃进厂当工人的难得机会，接任来广营乡新生村党总支书记兼大队长。有着“虎心豹胆”的赵全保，大力改革开放，因地制宜、艰苦创业，使一个全乡出名的人称“蛤蟆长毛、扁担生杈、新生也富不了”的穷村工农业总收入每年以 50% 左右的速度递增，两年翻一番，九年翻五番，由 1985 年的 199 万元增至 1994 年的 8200 万元，人均集体分配 8707 元，比 1985 年增长近 13 倍。新生村经济高速发展，一举甩掉贫穷落后的帽子，跨进先进村行列。赵全保致富不忘道义，积极赞助公益事业，1995 年主动向朝阳区青年文化节和马骏烈士纪念室捐款 6600 元，赢得干部群众的高度评价。1986 年后，两次被北京市委命名为优秀共产党员，1989 年和 1995 年 2 次被评为北京市劳动模范，1次被评为北京市第二届优秀青年乡镇企业家，朝阳区十大杰出青年、优秀共产党员。此后，赵全保相继担任来广营乡农工商总公司经理、乡党委副书记、书记、乡人大主席，2001年10月调任朝阳区绿化局局长、副书记，2004年12月兼任绿化局党委书记，后任北京朝阳区副区长、北京农产品中央批发市场管理委员会副主任。

孟宪东　1965年11月出生，北京市朝阳区来广营乡人，中共党员。1982年9月参加工作，任来广营人民公社青年突击队队长；1997年入党，被选任来广营村委会主任，主持来广营村村政建设、民生事务、经济发展，后兼任来广营村党总支书记、来广营乡人大第一代表组组长。在他的积极倡导下，来广营村实施一系列改善民生工程，让村民从中得到实惠。在腾退拆迁工作中，他一直战斗在第一线，身体力行，以满腔热情践行“为民服务”的承诺，来广营村村民安居乐业，生活水平持续提高。他所领导的来广营村党组织被评为2006年至2008年度北京市“五个好”村党总支，2008年获北京奥运会、残奥会服务保障工作集体功勋奖，被评为2008年度、2009年度朝阳区“五个好”党总支，他本人也多次获得区级法制宣传教育先进个人、区级公民道德标兵、区级先进治保先进分子、北京市2008年度“村官”工作先进个人等多项荣誉称号，连续9年被地区工委评为优秀共产党员、优秀党务工作者，2010年被评为北京市劳动模范和先进工作者。

表19-1　全国先进个人一览表

年份	姓名	奖项、称号	所在单位或社区	评授部门
1957	陈　玉	全国农业劳动模范	和平农业合作社养猪场	农业部
1983	党秀清	全国农业合作经济财务会计先进工作者	来广营乡经管站	全国农业集体经济经营管理总站
1989	李志刚	全国农业系统成人教育先进工作者	乡农工商总公司	农业部
1995	何　镇	全国农业丰收三等奖	来广营乡农业公司	农业部
	王春元	优秀论文三等奖	乡农工商总公司	全国工业统计学教学研究会
1997	董守全	全国基本单位第一次普查先进个人	来广营乡财政所	基本单位普查办公室
2009	吴大观	百位中华人民共和国成立以来感动中国人物	北苑二号院社区	中宣部、中组部、解放军总政等11部门

表 19-2 获评北京市（含行业）先进个人一览表

年份	姓名	奖项、称号	所在单位或社区	评授部门
1950	王桂敏	北京市花生丰产模范	黄军营村	北京市人民政府
1951	王桂敏	北京市农业劳动模范、生产能手	黄军营村	北京市人民政府
1952	吴玉书	北京市农业劳动模范	来广营村吴玉书农业互助组	北京市委、市人民政府（市人民委员会）
1953	王进富	北京市农业劳动模范、生产能手	安家坟乡初级农业生产合作社	北京市委、市人民政府（市人民委员会）
1953	燕贺春	北京市农业劳动模范、生产能手	来广营乡初级农业生产合作社	北京市委、市人民政府（市人民委员会）
1953—1955	吴玉书	连续 3 年北京市农业劳动模范	来广营乡农业生产合作社	北京市委、市人民政府（市人民委员会）
1954	燕贺春	北京市农业劳动模范	来广营乡初级农业生产合作社	北京市委、市人民政府（市人民委员会）
1954	孙淑珍	北京市农业劳动模范	安家坟乡红军营村建业初级农业生产合作社	北京市人民委员会
1954—1956	陈　玉	连续 3 年北京市农业劳动模范	来广营农业生产合作社养猪场	北京市人民委员会
1955	荣淑珍	北京市农业劳动模范	来广营高级农业生产合作社	北京市人民委员会
1955	燕贺春	北京市农业劳动模范	和平乡来广营高级农业合作社	北京市人民委员会
1955	陈　玉	北京市农业劳动模范	和平乡和平高级农业生产合作社养猪场	北京市人民委员会
1955	赵　增	北京市农业劳动模范	和平乡（来广营）	北京市人民委员会
1955	安秉信	北京市农业劳动模范	和平乡安家坟信用社	北京市人民委员会
1955	吴玉书	北京市社会主义建设积极分子	来广营乡初级农业生产合作社	青年团北京市委
1956	马润章	北京市农业模范干部	和平乡（来广营）高级农业生产合作社	北京市委、市人民委员会
1955—1957	蒋世培	连续 3 年北京市农业劳动模范	和平乡（来广营）和平高级农业生产合作社副主任	北京市委、市人民委员会

续表

年份	姓名	奖项、称号	所在单位或社区	评授部门
1957	池百川	北京市优秀农民教师	来广营乡南湖渠村	（不详）
		北京市农业社会主义建设先进个人		北京市人民委员会
	陈　玉	北京市农业劳动模范	和平乡和平高级农业生产合作社养猪场	北京市委、市人民委员会
	马润章		和平乡（来广营）和平高级农业生产合作社	
	燕贺春		和平高级农业生产合作社	
1958	马润章	北京市农业社会主义建设先进个人	和平人民公社四站四队（南湖渠）	北京市人民委员会
	张凤玉		和平人民公社五站六队（红军营）	
1958—1959	陈　玉	北京市劳动模范	和平人民公社	北京市委、市人民委员会
1959	王玉珍	北京市农业社会主义建设先进个人	和平人民公社五站六队（红军营）	北京市人民委员会
	马润章		和平人民公社四站四队（南湖渠）	
	池百川		和平人民公社四站（南湖渠）	
	马秀玲	北京市教育系统社会主义建设先进工作者	和平人民公社四站四队幼儿园	
	张茂清		和平人民公社南湖渠幼儿园	
	李淑珍		和平人民公社第四站托幼园	
	董淑芳		和平人民公社四站五合村幼儿园	
	张　文		和平人民公社清河营幼儿园	
	李看清		和平人民公社黄军营托幼园	

续表

年份	姓名	奖项、称号	所在单位或社区	评授部门
1959	雷淑华	北京市教育系统社会主义建设先进工作者	和平人民公社黄军营托幼园	北京市人民委员会
	张凤敏		和平人民公社黄军营托幼园	
	李士兰		和平人民公社立水桥托幼园	
	孔庆平		和平人民公社黄军营小学	
	张启厚		和平人民公社南湖渠中心小学	
1962—1963	陈玉	北京市农业劳动模范	来广营人民公社种猪场	北京市委、市人民委员会
1965	党秀清	北京市农业先进生产者	来广营人民公社南湖渠大队司家生产队	北京市人民委员会
1976	张国明	北京市抗震救灾先进个人	来广营人民公社财会室	北京市革命委员会
1979	张贵山	北京市新长征突击手	来广营人民公社机耕队	共青团北京市委
		北京市护林防火先进个人		北京市林业系统护林委员会
1981	张连久	北京市劳动模范	来广营人民公社供销社	北京市委、市人民政府
	刘惠茹	北京市农业劳动模范	来广营人民公社南湖渠生产大队	
1984	党秀清	北京市会计先进工作者	来广营乡财会室	北京市农业局
	张连久	北京市劳动模范	来广营乡供销社	北京市委、市人民政府
1985	陈金良	农村科普积极分子	来广营乡畜牧水产公司	北京市科协
	吴宝柱	北京市劳动模范	来广营乡刘各庄三队	北京市人民政府
	赵全保		来广营乡新生村党总支	

续表

年份	姓名	奖项、称号	所在单位或社区	评授部门
1986	赵全保	北京市优秀共产党员	来广营乡新生村党总支	北京市委
	安永存	北京市优秀团干部	来广营乡团委	共青团北京市委
1987	蔡春英	“计生工作成绩优异”证	来广营乡党委	北京市计划生育委员会
	张国明	北京市先进工作者	来广营人民公社统计科	北京市人民政府
1988	蔡春英	北京市级优秀调查员	来广营乡党委	全国生育节育抽样调查领导小组
	赵福兰	北京市先进妇女工作者	来广营乡妇联	北京市妇联
	岳洪霞	首都绿化美化积极分子	来广营乡人民政府	首都绿化委员会
	赵　勤	实用技术培训先进工作者		团市委、市农林办、市科协、市成教办、市妇联
1989	赵全保	北京市劳动模范	来广营乡新生村党总支	北京市委、市人民政府
	岳洪霞	首都绿化积极分子	来广营乡人民政府	首都绿化委员会
	赵福兰	北京市先进妇女工作者	来广营乡妇联	北京市妇联
1990	蔡春英	1989 年度计划生育工作先进个人	来广营乡计划生育办公室	北京市计划生育委员会
	夏玉茂	北京市公路运输积极分子	来广营乡人民政府	北京市公路运输行业协会
1991	赵全保	北京市优秀共产党员	来广营乡新生村党总支	北京市委
	赵福兰	北京市义务献血先进工作者	来广营乡人民政府	北京市义务献血委员会
	蔡春英	北京市计划生育先进工作者	来广营乡计划生育办公室	北京市计划生育委员会
1992	夏玉茂	北京市公路运输优秀工作者	来广营乡人民政府	北京市公路运输协会

续表

<table>
<tr><th>年份</th><th>姓名</th><th>奖项、称号</th><th>所在单位或社区</th><th>评授部门</th></tr>
<tr><td>1992</td><td>赵福兰</td><td>北京市计划生育先进工作者</td><td>来广营乡妇联</td><td>北京市计划生育委员会</td></tr>
<tr><td>1993</td><td>夏玉茂</td><td>北京市交通安全积极分子</td><td>来广营乡人民政府</td><td>北京市公路运输协会</td></tr>
<tr><td rowspan="2">1994</td><td>王玉亮</td><td>北京市先进人民武装部干部</td><td>来广营乡武装部</td><td>北京军区</td></tr>
<tr><td>蔡春英</td><td>北京市计划生育先进工作者</td><td>来广营乡计划生育办公室</td><td>北京市计划生育委员会</td></tr>
<tr><td rowspan="3">1995</td><td>赵全保</td><td>北京市劳动模范</td><td>来广营乡党委</td><td>北京市委、市人民政府</td></tr>
<tr><td>赵福兰</td><td>北京市计划生育先进工作者</td><td>来广营乡计划生育办公室</td><td>北京市计划生育委员会</td></tr>
<tr><td>岳洪霞</td><td>首都绿化美化积极分子</td><td>来广营乡人民政府</td><td>首都绿化委员会</td></tr>
<tr><td>1996</td><td>岳洪霞</td><td>首都绿化美化积极分子</td><td>来广营乡人民政府</td><td>首都绿化委员会</td></tr>
<tr><td rowspan="5">1996</td><td>张国明</td><td>北京市第三次工业普查先进个人</td><td>来广营人民公社统计科</td><td>北京市工业普查办</td></tr>
<tr><td>夏玉茂</td><td>北京市农技推广三等奖</td><td rowspan="3">来广营乡人民政府</td><td rowspan="2">北京市农技推广奖评审委</td></tr>
<tr><td rowspan="2">郭长利</td><td>北京市水稻机械收割技术推广奖</td></tr>
<tr><td>北京市优秀管理干部</td><td>北京市安委会公安交通局</td></tr>
<tr><td>张国明</td><td>北京市统计工作先进个人</td><td>来广营人民公社统计科</td><td>北京市统计局</td></tr>
<tr><td rowspan="4">1997</td><td>赵全保</td><td rowspan="2">北京市农业普查先进个人</td><td>来广营乡党委</td><td rowspan="2">北京市人事局、农普办、统计局</td></tr>
<tr><td>李志刚</td><td>来广营乡农工商总公司</td></tr>
<tr><td>赵福兰</td><td>北京市计划生育先进工作者</td><td>来广营乡计划生育办公室</td><td>北京市计划生育委员会</td></tr>
<tr><td>王玉亮</td><td>北京市外来人口普查先进个人</td><td>来广营乡政府</td><td>北京市计委、公安局、统计局、外普小组</td></tr>
</table>

续表

年份	姓名	奖项、称号	所在单位或社区	评授部门
1997	董守全	北京市基本单位普查先进个人	来广营乡财政所	北京市基本单位普查办公室
	郭长利	北京市优秀管理干部	来广营乡人民政府	北京市安委会公安交通局
1998	郭长利	北京市优秀管理干部	来广营乡人民政府	北京市安委会公安交通局
	王玉亮	北京市精神文明建设先进个人	来广营乡政府	首都精神文明建设委员会
	李义香	北京市基层妇女组织先进个人	来广营乡妇联	北京市妇联、市人事局
	马增敏	北京市农税系统先进工作者	来广营乡财政所	北京市财政局
	刘金忠	北京市人民调解工作先进个人	来广营乡红军营村	北京市司法局
	张贵山	首都绿化美化积极分子	来广营乡林业站	首都绿化委员会
1998	张国明	北京市 1997 年度统计工作先进个人	来广营人民公社统计科	北京市统计局
	张贵山	北京市护林防火先进个人	来广营乡林业站	北京市林业局、市人事局
	赵全保	北京市优秀思想工作者	来广营乡党委	北京市委
	张国明	北京市商业普查先进个人	来广营乡统计科	北京市统计局
	马增永	北京市统计工作先进个人	来广营乡政府	
1999	赵全保	北京市优秀共产党员	来广营乡党委	北京市委
	李春华	北京市科技致富女状元	来广营乡红军营村	北京市妇联
	张国明	北京市统计工作先进个人	来广营乡统计科	北京市统计局
1999—2004	张桂山	连续 5 年首都绿化美化积极分子	来广营乡农业服务中心	首都绿化委员会

续表

年份	姓名	奖项、称号	所在单位或社区	评授部门
2001	盖玉珍	北京好母亲	来广营乡红军营村	首都精神文明建设委员会
2005	张桂山	北京市劳动模范	来广营乡农业服务中心	北京市委、市人民政府
2009	张金普	首都“社区文明小使者”先进个人	来广营地区紫绶园社区	首都精神文明建设委员会
2010	孟宪东	北京市劳动模范	来广营乡来广营村	北京市委、市人民政府
	李春华	北京市“万名孝星”	来广营乡红军营村	北京市人民政府
2011	王黎莉	北京市优秀大学生村务助理	来广营乡	北京市委组织部
2012	李鸿均	城乡结合部重点村建设工作先进个人	来广营乡红军营村	北京市委、市人民政府
2012—2014	张福海	首都“扮亮我家”市民文明实践活动美丽家庭	来北家园	首都精神文明建设委员会
2015	赵朋欣	首都劳动奖章	朝来绿色家园物业管理中心	北京市人力资源和社会保障局

附　录

一、驻辖区单位

元、明、清三代，域内设置皇家狩猎场和御苑。明始，朝廷屯兵于境。清代，北城兵马司设立驿站和正蓝旗等八旗兵营。各村均建有寺庙。中华民国时期，段祺瑞北洋政府于1919年设置北苑兵营。1933年，国民革命军第二十五师驻防北苑兵营2年多。区教育部门在各村建立国民学校。

1949年7月后，中国人民解放军第一九九步兵师入驻北苑兵营，参加了开国大典。中华人民共和国成立后，北苑兵营成为中国人民解放军总政治部家属大院，也叫黄寺大院。20世纪50年代，解放军某炮团入驻北苑。北京市和东郊区教育部门在域内建设北京市第四十八中学等若干中小学校，区供销社、粮食局设置经营网点。1966年，66194部队入驻北苑3号院。

20世纪80年代，北京市环境卫生部门在立水桥建设垃圾转运站。1993年，天安门招待所在红军营村、北京城建集团总公司在立水桥村建设各自下属机构。至1995年，域内驻有中国有色金属工业总公司北京矿产地质研究所、中国航空工业总公司第628研究所、中建一局四公司等中央、市、区单位200多个，军警则有北京军区干训队、武警交通指挥部、亚运村消防中队和4支其他部队。20世纪90年代，中国航空航天工业部科技研究院驻东湖村域，北京市北京会议中心、望京第一供热厂、东湖110KV变电站建成运营。2000年至2002年，乡域有北京军区干训队、后勤农场、等驻军单位。北苑集团入驻来广营域内，朝来足球活动中心、北湖9号高尔夫俱乐部建成运营。据朝阳年鉴，2004年，全境驻有650多个中央、市、区辖企事业单位。

至2015年，境有生产经营单位4524家，其中法人单位3561家，上级企事业单位中央11家、市辖单位9家、区辖单位11家。其中，有北京市规划和自然资源委员会、北京有色稀土研究所、北京会议中心、北苑集团、中国供销合作对外贸易有限责任公司、北京市对外贸易学校、北京市商务局教育中心、中国航空工业集团中心总医院（361医院）、朝阳区不动产登记事务中心、清河北苑水务公司污水处理厂，电力部门所辖红军营变电站、来广营变电站和崔各庄变电站，朝阳三建公司第五建筑工程公司、田华建筑集团公司第八分公司。铁道部、北京市政、电信、电力部门在域内建有系统完整的道路、站台、交通设施，北京市农业职业学院国际教育学院、区教育部门和部队幼儿园3所、域外各校驻来广营校区或分校若干处。区卫生部门、国有企业等设有驻境来广营医院、中日友好医院、航空总医院、北京东苑中医医院。在国有单位占地面积中，中央所辖单位15.77公顷，部队用地129.43公顷，市属单位用地1368.9公顷。

来广营乡举行驻境企事业单位联谊会（2002年摄）

二、获评北京市级及以上先进集体名录

20世纪50年代始，域内各村、社区的基层干群，党政组织机构、企事业单位的干部职工，在社会主义建设和改革开放实践中，勤奋实干，创新进取，创造了丰硕的工作成果和辉煌成就，使所在单位屡获各种荣誉称号。惜因资料不全，历年嘉奖荣称未能收齐，仅将现有获评北京市级及以上奖励或称号列表如下：

1952年至2015年来广营地区（乡）先进集体一览表

颁授时间	单位名称	奖项或称号	颁授单位
1952	吴玉书互助组	北京市先进集体	中共北京市委
1956	和平乡来广营猪场	北京市养猪模范单位	北京市农林办
1965	来广营人民公社	北京市农业社会主义建设先进单位	中共北京市委、市人民政府
1974	来广营人民公社	北京市畜牧生产先进集体	北京市革命委员会
1988	来广营乡成人学校	北京市先进成人学校	北京市成人教育局
	立水桥村	北京市爱国卫生运动先进单位	北京市爱国卫生运动委员会
	建筑机械厂		
1989	来广营乡	北京市计划生育工作先进单位	北京市计划生育委员会
1990	乡文卫科	北京市教育先进区县先进单位	北京市人民政府
	乡党委宣传科	《北京广播电视报》发行工作先进集体	中共北京市委宣传部
	乡计生办公室	北京市计划生育先进集体	北京市计划生育委员会
1991	来广营乡	北京市教育先进乡镇	中共北京市委、市人民政府
	来广营乡政府	北京市计划生育工作先进集体	北京市计划生育委员会
	乡党委宣传科	《北京广播电视报》发行工作一等奖	中共北京市委宣传部
1992	中国航空航天工业部科技研究院	北京市级爱国卫生运动先进单位	北京市爱国卫生运动委员会
	来广营乡	北京市教育工作先进乡	北京市教育委员会
1993	乡计生办公室	1993年度北京市计划生育工作先进集体	北京市计划生育委员会
1994	来广营乡政府	北京市“三八”绿色工程优质项目	北京市“三八”绿色工程活动领导小组
	新生村村委会	北京市先进村民委员会	北京市民政局
1995	来广营乡政府	1994年度至1995年度北京市体育先进乡镇	北京市体委、农民体协
	立水桥村村委会	北京市先进村委会	北京市民政局
	新生村村委会		
	红军营村治保会	北京市先进治保会	北京市公安局

续表

颁授时间	单位名称	奖项或称号	颁授单位
1996	来广营乡政府	北京市农业税征管工作先进单位	北京市财政局
	乡统计科	北京市工业普查先进单位	北京市统计局
	北京万乐佳时装有限公司	首都文明单位	首都精神文明建设委员会
	立水桥村	首都文明村	
	达子坟村		
	红军营村		
	红军营村村委会	北京市先进村委会	北京市民政局
1997	乡经营管理站	全国第一次农业普查工作先进单位	北京市人事局、市统计局、农业普查办公室
	乡统计科	北京市先进统计科	北京市统计局
	乡敬老院	北京市文明敬老院	北京市民政局、市人事局
	北京万乐佳时装有限公司	首都文明单位	首都精神文明建设委员会
	红军营村	首都军（警）民共建先进单位	北京市“双拥”工作领导小组、首都精神文明建设委员会
	红军营村调委会	北京市人民调解工作先进集体	北京市司法局
1997—1998	北京市万乐佳时装有限公司	首都文明单位	首都精神文明建设委员会
1998	来广营乡党委	村务公开民主管理工作先进乡镇党委	北京市委组织部、市委农工委
	来广营乡政府	首都绿化美化达标乡镇	北京市人民政府、首都绿化委
1998	乡统计科	北京市商业普查先进单位	北京市统计局
	乡经营管理站	北京市经营管理工作先进单位	北京市经营管理总站
	红军营村	首都军（警）民共建先进单位	北京市“双拥”工作领导小组、首都精神文明建设委员会
1999	乡农技站	全国农业技术推广先进单位	农业部

续表

颁授时间	单位名称	奖项或称号	颁授单位
1999	来广营乡	首都文明乡镇	首都精神文明建设委员会
		北京市农村体育先进乡	北京市体育委员会
	乡民政科	抗洪救灾捐赠工作先进集体	北京市民政局
	来广营村	北京市“二次创业专业村”	北京市乡镇企业局
	红军营村	北京市“京郊百强村”	北京市人民政府 北京市委农工委、市农委
		首都文明村	首都精神文明建设委员会
	北京朝来农艺园有限责任公司	首都文明单位	首都精神文明建设委员会
	红军营村	市级交通安全文明村	首都精神文明办、 市公安交管局等
	红军营村村委会	北京市先进村委会	北京市民政局
1997—2000	来广营乡政府	首都社会治安综合治理先进集体	首都社会治安综治委、 市人事局
2000	来广营乡政府	北京市群众体育工作先进单位	北京市体委
		1999 年度首都文明单位	首都精神文明建设委员会
		北京市乡镇企业二次创业先进乡镇	市委农工委、市农委
		北京市绿化隔离地区建设先进乡	北京市“绿隔”建设指挥部
		创建文明城市活动示范点	首都精神文明建设委员会
		首都社会治安综合治理先进集体	首都社会治安综合治理委员会
	来广营村	北京市绿化隔离带建设先进单位	北京市“绿隔”建设指挥部
		首都文明村	首都精神文明建设委员会
	立水桥村 红军营村	北京市“京郊百强村”	北京市人民政府 北京市委农工委、市农委
	红军营村	北京市模范集体	北京市人民政府
		北京市“五个好”村党总支	北京市委组织部、 市委农工委

续表

颁授时间	单位名称	奖项或称号	颁授单位
2000	红军营村	京郊农民人均劳动所得超万元专业村	北京市委农工委、市农委
		首都文明村	首都精神文明建设委员会
	红军营村村委会	北京市计划生育工作先进集体	北京市计生委
	来广营乡	全国亿万农民健身活动先进乡镇	农业部、国务院体育总局、中国农民体育协会
2000—2001	来广营乡	首都文明乡镇	首都精神文明建设委员会
2001	来广营乡	全国创建文明小城镇示范点	中宣部、中央文明办、建设部、农业部、国家环保总局
		全国群众体育先进单位	国务院体育总局
	来广营乡林业站	全国先进林业工作站	国务院林业局
	来广营乡	北京市绿化“绿隔”地区建设先进乡	北京市“绿隔”建设总指挥部
	来广营乡党委	北京市先进基层党组织	中共北京市委
	来广营乡政府	第五次全国人口普查工作先进集体	北京市“五普”领导小组
	来广营乡政府	北京市基层双拥先进单位	北京市“双拥”委员会
	北湖渠村治保会	维护首都社会治安先进治保会	首都社会治安综治委
	来广营村	北京市“京郊百强村”	北京市人民政府
	红军营村		
	红军营村治保会	北京市先进治保会	北京市公安局
	红军营村村委会	北京市先进村委会	北京市民政局
	北京市万乐佳时装有限公司	首都文明单位	首都精神文明建设委员会
	北京朝来农艺园有限责任公司		
2002	来广营乡党委	第五次全国人口普查先进集体	国务院“五普”领导小组
	来广营乡	首都军地共建部队菜篮子工程先进单位	解放军总后勤部、北京市人民政府
2003	北苑一号院社区	首都文明社区	首都精神文明建设委员会

续表

颁授时间	单位名称	奖项或称号	颁授单位
2003—2004	北京朝来农艺园有限责任公司	首都文明单位	首都精神文明建设委员会
2004	来广营乡	2003 年度首都文明乡镇	首都精神文明建设委员会
		北京市“环境优美乡镇”	
2004	红军营村	首都文明单位	首都精神文明建设委员会
2003—2005	来广营乡党委	创建“五个好”乡镇党委	北京市委组织部、市委农工委
	来广营地区（乡）	北京市人口和计划生育工作先进集体	北京市计划生育委员会
	北京万乐佳时装有限公司	首都文明单位	首都精神文明建设委员会
2005	来广营乡	北京市群众体育先进单位	北京市体育局
	来广营乡政府	北京郊区环境优美乡镇	北京市农工委、市环保局、首都文明办
	来广营乡司法所	北京市先进司法所	北京市司法局
	绣菊园社区	北京市优秀居住小区	北京市住建局
		北京市先进社区居委会	北京市民政局
	和平街第一中学北苑校区	北京市示范性普通高中学校	北京市教育局
	北苑小学	北京市古诗文经典诵读工程优秀校	
		北京市“星星火炬奖”	
	来广营乡党委	2003—2005 年度北京市“五个好”乡镇党委	北京市委组织部、市委农工委
	来广营乡政府	2005 年人口和计划生育工作先进单位	北京市人口计生委员会
		2001—2005 年市法制宣传教育先进单位	北京市法制教育宣传小组、北京市人事局
		北京市交通安全先进单位	北京市公安局、交通局
	红军营村	首都文明单位	首都精神文明建设委员会
	来春园	首都绿化美化先进小区	首都绿化委员会

续表

颁授时间	单位名称	奖项或称号	颁授单位
2001—2006	新生村	首都文明村	首都精神文明建设委员会
2006	来广营村	首都文明村	首都精神文明建设委员会
		全国亿万农民健身活动先进乡镇	国家农业部、国家体育总局、中国农民体育协会
	清友园社区	首都绿色社区	首都精神文明建设委员会
		北京市人口与计划生育示范社区	北京市人口计生委员会
	朝来绿色家园	北京市先进社区居委会	北京市民政局
		首都文明社区	首都精神文明建设委员会
	紫绶园社区	首都文明社区	首都精神文明建设委员会
2006	乡政府	首都国家安全工作先进集体	国家安全部
2005—2007	绣菊园社区	首都文明社区	首都精神文明建设委员会
2007	红军营村	首都文明村	首都精神文明建设委员会
	来广营乡政府	北京市 2007 年度交通安全先进单位	北京市交通安全委员会
	来广营乡工会	“迎奥运、讲文明、树新风”争做首都文明职工活动优秀集体	北京总工会
	莲葩园社区	北京市十大魅力社区	市委社会工委、市民政局、市人力社保局
		北京市计划生育示范社区	北京市人口计生委员会
	立水桥村	北京市农村经济“百富村”	北京市委农工委、市农工委
2005—2008	来广营乡	连续 4 年首都文明乡	首都精神文明建设委员会
2006—2008	来广营村	连续 3 年北京市“五个好”村级党组织	北京市委组织部、市委农工委
2007—2008	北京朝来农艺园有限责任公司	首都文明单位	首都精神文明建设委员会
2008	来广营乡政府	首都国家安全工作先进集体	北京市国家安全工作领导小组办公室

续表

颁授时间	单位名称	奖项或称号	颁授单位
2008	来广营乡政府	北京奥运会、残奥会工作先进集体	中共北京市委、北京市人民政府、北京奥组委
		北京市交通安全先进单位	北京市交通安全委员会
	莲葩园社区	益民计划优秀科普社区	北京市科协
		首都“文明社区”	首都精神文明建设委员会
	莲葩园社区居委会	北京市先进社区居民委员会	北京市民政局
2004—2009	绣菊园社区	连续 6 年首都绿色社区	首都精神文明建设委员会
		连续 6 年首都文明社区	
2009	来广营乡	第二次全国经济普查先进集体	国务院经济“二普”办公室
	北京农业职业学院国际教育学院	全国文明单位	中央精神文明建设指导委员会
		参与社会主义新农村建设先进单位	北京市农工委、人事局
	来广营乡	首都文明乡镇	首都精神文明建设委员会
	来广营地区工委	北京市防范处理邪教工作 1999 年至 2009 年先进集体	中共北京市委防范和处理邪教问题领导小组
	来广营乡政府	首都国庆 60 周年联欢晚会工作突出贡献奖	首都国庆 60 周年北京市筹备委员会
		北京市 2009 年度交通安全先进单位	北京市交通安全委员会
		首都国家安全工作先进集体	北京市国家安全工作领导小组办公室
		爱国卫生工作先进集体	市爱国卫生运动委员会
	莲葩园社区 茉藜园社区	北京市创新型科普社区	北京市科协
	绣菊园社区	首都绿色精品社区	首都精神文明建设委员会
	时代庄园社区	首都绿化美化花园式单位	市人民政府、首都绿化委员会
	青年城社区居委会	北京市先进社区居委会	北京市民政局

续表

颁授时间	单位名称	奖项或称号	颁授单位
2009	地区、乡电影队	北京市农村电影放映工程优秀放映队	北京市委宣传部、市文化局
	朝来绿色家园	首都文明社区	首都精神文明建设委员会
	绣菊园社区		
	新生村	首都文明村	首都精神文明建设委员会
2010	绣菊园社区	北京市社区科普益民计划“优秀科普社区”	北京市科协
	茉藜园社区		
	清友园社区	全国百县百项科技专项奖	北京市科协
		北京市先进社区居委会	北京市民政局
	来广营地区（乡）	北京市第七届农民运动会象棋比赛体育道德风尚奖、单项比赛优秀组织奖	北京市第七届农民运动会组委会
	来广营乡	首都文明乡	首都精神文明建设委员会
	茉藜园社区	首都文明社区	
	莲葩园社区	首都文明社区	首都精神文明建设委员会
	黄金苑社区		
	紫绶园社区		
	朝来绿色家园		
2010—2011	时代庄园社区民族情艺术团	全国“俏夕阳”舞蹈大赛银奖	
		“盛世欢歌”中国中老年文艺汇演铜奖	
2011	乡科普协会	全国科协系统先进集体	
	北京农业职业学院国际教育学院	国家示范性高等职业院校	
2011	绣菊园社区	北京市创新型科普社区	北京市科协
		首都特色精品社区	北京市民政局、社会建设工作办公室
		北京市和谐社区示范社区	北京市民政局

续表

颁授时间	单位名称	奖项或称号	颁授单位
2012	来广营乡	全国“亿万农民健身活动”先进乡镇	
	绣菊园社区	全国科普示范社区	
	莲葩园社区	综合减灾示范社区	
	青年城社区	北京市敬老爱老为老服务示范单位	北京市人民政府
	朝来绿色家园	北京市“六型”社区示范单位	北京市民政局
	绣菊园社区		
	莲葩园社区	北京市体育生活文化社区	北京市体委、市文化局
	新街坊社区		
	红军营村	北京市无偿献血先进单位	北京市献血办公室
2013	绣菊园社区	全国科普示范社区	
	地区文化服务中心	全国“乡镇体育健身示范工程”	
	绣菊园社区	首都特色精品社区	北京市民政局、社会建设工作办公室
	时代庄园社区	北京市“六型”社区示范单位	北京市民政局
	北苑一号院社区		
	绣菊园社区	北京市民主法治示范社区	北京市司法局、市民政局
		首都文明社区	首都精神文明建设委员会
	青年城社区	北京市综合减灾示范社区	北京市民政局
	新街坊社区	北京规范化人民调解委员会	北京市司法局
		北京市三星级书屋	北京市文化局
	清苑路第一社区	北京市“一刻钟”服务圈示范社区	北京市民政局
	立城苑社区居委会	北京市先进社区居民委员会	
2011—2014	黄金苑社区	连续4年首都文明社区	首都精神文明建设委员会
	北苑一号院社区	连续4年首都文明社区	首都精神文明建设委员会
2012—2014	来广营乡	首都文明乡	首都精神文明建设委员会

续表

颁授时间	单位名称	奖项或称号	颁授单位
2012—2014	朝来绿色家园	连续 3 年首都文明社区	首都精神文明建设委员会
	紫绶社区		
	北苑一号院		
	茉藜园社区		
	北苑二号院		
	立清路第一社区		
	广达路社区		
	黄金苑社区		
	红军营社区	首都“扮亮我家”文明实践活动美丽小区	
2014	来广营地区（乡）代表队	第六届北京市民围棋赛第三名	北京市体育局
	来广营地区（乡）代表队	北京第十七届中老年优秀健身项目表演赛优秀健身奖	北京市体育局
	清苑路第一社区	北京市社区科普益民计划“优秀科普社区”	北京市科协
	红军营社区	北京市“六型社区”示范单位	北京市民政局
	来广营地区（乡）	北京市爱国拥军模范单位	
	来广营村	北京农村集体资产规范管理先进村	北京市人民政府农林办公室
	绣菊园社区	北京市五星级智慧社区	北京市社会建设工作办公室、市经济和信息化委员会、市民政局
		北京市绿色智慧平安社区	
	青年城社区	北京市五星级智慧社区	
	北苑一号院社区	北京市三星级智慧社区	
	红军营社区		
	清苑路第一社区	北京市五星级智慧社区	
	红军营村	北京农村集体资产规范管理先进村	北京市农工委

续表

颁授时间	单位名称	奖项或称号	颁授单位
2014	红军营村	北京市无偿献血组织动员先进单位	北京市献血办公室
2015	地区文化服务中心	第二届“奥体杯”大众乒乓球友谊赛“优秀组织奖”	
	地区欢庆锣鼓队	全国全民健身日示范“最佳展示奖”	
	来广营地区（乡）	北京市科学技术普及工作先进集体	北京市科协
	红军营村	北京农村集体资产规范管理先进村	北京市农工委
	地区（乡）文化服务中心	北京舞蹈大赛业余中老年组《一双千层底》表演三等奖	北京市文艺联合会、北京舞蹈家协会
	地区欢庆锣鼓队	北京群众体育交流展示“突出贡献”荣誉证	首都精神文明建设委员会、市体育局
	北京农业职业学院国际教育学院	首都文明单位	首都精神文明建设委员会

三、文献辑录

清乾隆五十八年大兴县正堂禁约碑文

特授顺天府大兴县正堂田□□纪录五次胡为严禁事照得

清河营民朱□呈称窃本村地□俱多沙碱窪薄难种五穀于乾隆三十六年间合村公议栽种杨柳倘旱潦之□可砍伐以备交纳钱粮是以立有公议另僱看树之人并力照管村中一□□□以防贼盗偷砍如议之后有会内偷砍者立有法规迄今数十年来并无□□于本年八月间有白门张氏坟树被人偷砍业经呈明在案嗣后诚恐□□□复横行砍伐彼时控诉又费周章伏乞恩准给谕等情据此合亟立□□□□晓谕该村居民及会中人等知悉嗣后务须小心防护蜜察窃砍□□□□□自盗伐许会首人协同地総扭送至本县以凭按法究治决不□□□□□□□特谕

昌平生员王臣敬录

乾隆五十八□□□□□□□□□□□□□□□　　敬立

1938年来广营村许家兴等5人致北京市长呈状

来广营具呈人：徐家兴，许大佑，燕瑞，张少X，乐得山

大兴县四区所属来广营村乡民燕瑞等叩恳市长大人台前施恩饬知所管大

兴县长查传与匪通气说票分赃之人事民久居本村多辈务农为生。本村正崔兴周张云伍等乘着青苗将收时引匪到村按家写票伙分于 7 月 17 日该崔兴周等主使孙匪等民绑去二昼夜拳打脚踢与民要钱最后令匪活拔胡须等等非刑民实然难受，有七星由崔兴周赵庸五二人出头说票令民破产卖粮交款 550 元保民生活艰苦内交齐民以将款交与崔张二人之手后闻该二人与匪通气得款伙分实情伊等又向本村内写乡 40 余家又将东郊北洼村张姓绑走多家又将南湖区玄关渠巡官警察打死绑走南湖渠王姓多家该崔张二人胆大包天养匪写票枪伤官民等难尽述请饬大兴县侦缉队将养匪主使绑票陷害官员民之人捕获追究匪窝为要届时东郊巡警被害之案定然显露为具呈

北京市政府公鉴

民国二十七年（1938 年）九月

1945 年东湖渠村八路军告示

据北京市档案，1945 年 9 月初，中共地下组织在东湖渠村墙上张贴告示，宣传八路军抗日战况和中共延安政府委任北平等市市长的公告，详见下图：

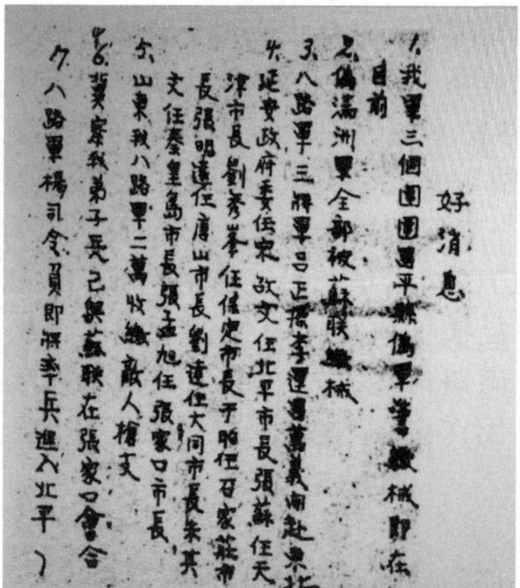
好消息
1.我軍三個團圍平綏偽軍警繳械即在目前
2.偽滿洲軍全部被蘇聯繳械
3.八路軍三將軍呂正操李運昌萬義向赴東北
4.延安政府委任宋劭文任北平市長張蘇任天津市長劉秀峯任保定市長于明任石家莊市長張明遠任唐山市長劉達任大同市長朱其文任秦皇島市長張孟旭任張家口市長
5.山東我八路軍二萬收繳敵人槍支
6.冀察我弟子兵已與蘇聯在張家口會合
7.八路軍楊司令員即將率兵進入北平

北湖渠村土改组工作总结

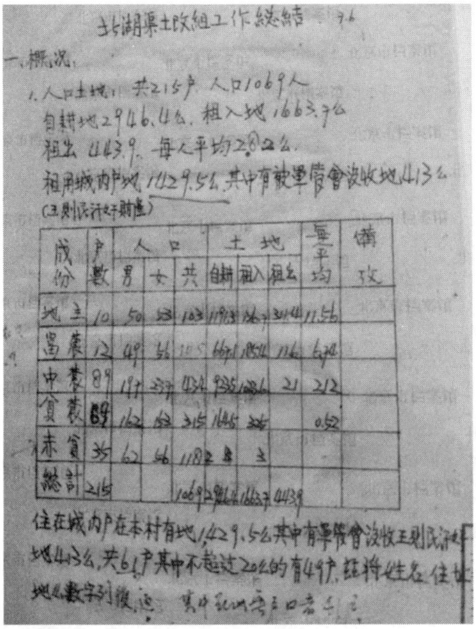

北湖渠土改組工作總結

一、概況：

1.人口土地：共215户 人口1069人

自耕地2946.4亩 租入地1663.7亩

租出443.9 每人平均2.82亩

租用城内户地1429.5亩 其中有被軍管會沒收地413亩

（王則民等好賊産）

成份	户數	人口			土地			每人平均	備攷
		男	女	共	自耕	租入	租出		
地主	10	50	53	103	1193	[illegible]	314	11.56	
富農	12	49	56	105	661	185	116	6.24	
中農	89	197	237	434	935	1086	21	2.12	
貧農	69	162	153	315	164	336		0.52	
赤貧	35	62	56	118	2	3	3		
總計	215			1069	2946.4	1663.7	443.9		

住在城内户在本村有地1429.5亩 其中有軍管會沒收王則民等好地413亩，共61户 其中不超过20亩的有4户，經將姓名住址地亩數字列後。[illegible]

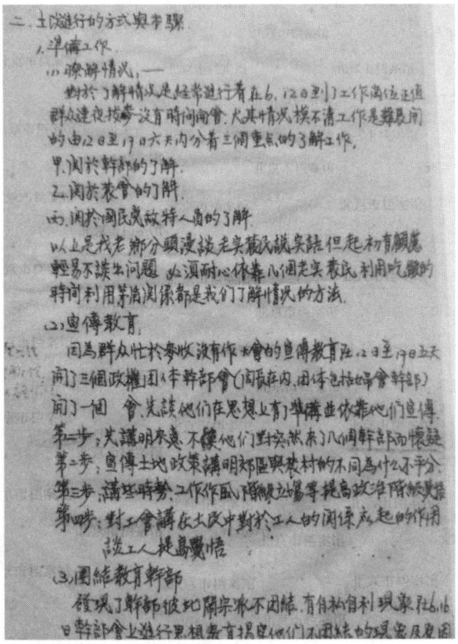

二、土改進行的方式與步驟

1.準備工作

（1）瞭解情況：——

對於了解情況是經常進行着 在6、12日到了工作崗位 正值群众進行拔苗 沒有時间開會，尤其情况摸不清 工作是難展開的 由12日至17日六天内 分着三個重點的了解工作。

甲.關於幹部的了解

乙.關於農會的了解

丙.關於國民黨兹特人員的了解

以上是找老鄉分頭漫談 老实農民誠实話 但起初有顧慮 輕易不談出问題 必須耐心依靠八個老实農民 利用吃飯的時间 利用等清關係 都是我们了解情况的方法

（2）宣傳教育

因為群众忙於麥收 沒有作大會的宣傳教育 在12日至17日五天開了三個政權、团体幹部會（聯農在内，团体包括婦會幹部）開了一個　會，先談他们在思想上有了準備 並依靠他们宣傳

第一步：先講明來意 不使他们對突然来了八個幹部而懷疑

第二步：宣傳土地政策 講明郊區與農村的不同 為什么不平分

第三步：講些時勢、工作作風、階級立場等 提高政治階級覺悟

第四步：對工會講在人民中對於工人的關係應起的作用 談工人提高覺悟

（3）團結教育幹部

發現了幹部彼此間宗派不团結，有自私自利現象 在6.16日幹部會上進行思想教育 提出他们不团結的現象及原因

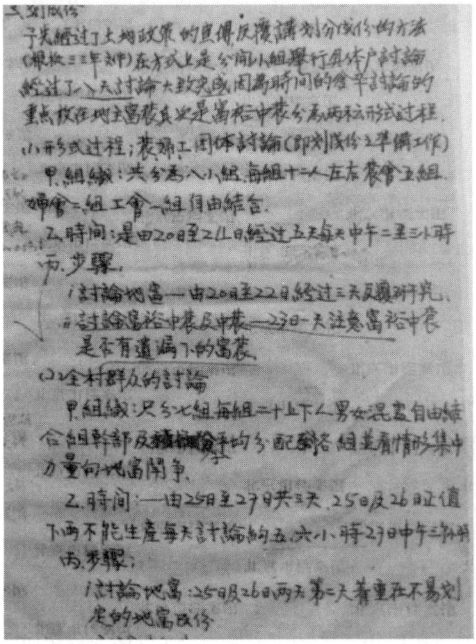

三、划成份

于先經过了土地政策的宣傳 反復講划分成份的方法（根據三三年文件）在方式上是分開小組舉行具体户討論 經过了六天討論大致完成 因為時间的急迫 討論的重点放在地主富農上 也是富裕中農分為兩种形式过程

（1）形式过程：農婦工团体討論（即划成份之準備工作）

甲.組織：共分為八小組 每組十二人 在农农會五組 婦會二組 工會一組 自由結合

乙.時间：是由20日至24日經过五天 每天中午二至三小時

丙.步驟

1討論地富——由20日至22日經过三天反覆研究

2討論富裕中農及中農——23日一天 注意富裕中農是否有遺漏下的富農

（2）全村群众的討論

甲.組織：只分七組 每組二十上下人 男女混合 自由結合 組幹部及積極分子平均分配到各組 並看情形集中力量向地富鬥爭

乙.時间：——由25日至27日共三天 25日及26日正值下雨 不能生產 每天討論約五、六小時 27日中午二小時

丙.步驟：

1討論地富：25日及26日兩天 第二天着重在不易划定的地富成份

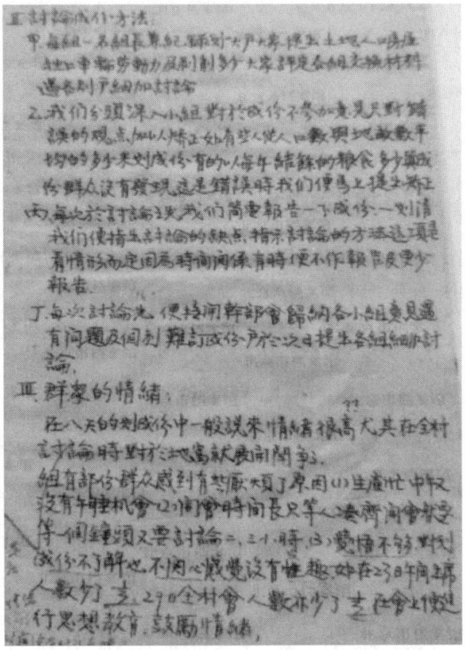

五、討論成份方法：

甲.每組一名組長兼記錄 討論到大户時 提出土地人口情况 雇工剥削 勞動力及剥削多少 大家評定 各組交換材料 遇有到户細加討論

乙.我们分頭深入小組 對於成份不恰的意見 及對錯誤的觀点 加以糾正 如有些人從人口數與地畝數平均的多少來划成份 有的以每年餘的糧食多少划成份 群众沒有發現這是錯誤時 我们便馬上提出糾正

丙.每次於討論之後 我们简单報告一下成份划情 我们便指出各討論的缺点 指示討論的方法 這項是看情形而定 因為時间關係 有時便不作報告 及更少報告

丁.每次討論完 便召開幹部會 歸納各小組意見 還有问题及個别難討成份户 於次日提出各組細加討論

四、群眾的情緒：

在八天的划成份中一般説來 情緒很高 尤其在全村討論時 對於地富試驗鬥爭

但有部份群众感到有些厭煩了 原因（1）生產忙中 沒有休息机會（2）開會時间長 只等人 凑齊开會就要等一個鐘頭 又要討論二、三小時（3）覺悟不够 對划成份不了解 也不關心 感覺沒有興趣 如在23日中開会時人數少了 27日全村會人數亦少了 並在會上便進行思想教育，鼓勵情緒

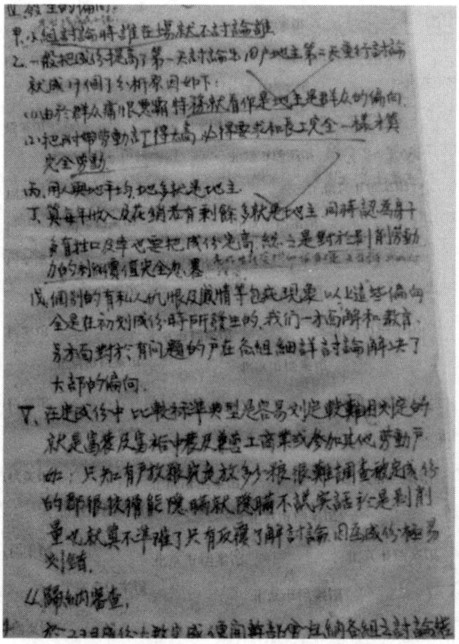

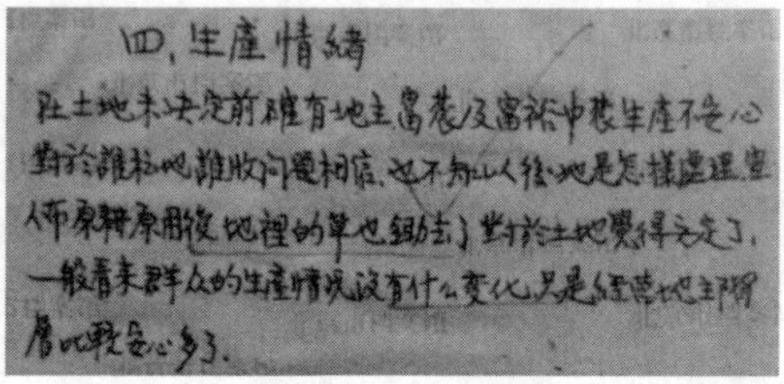

四、生產情緒

我是全区第一个女互助组组长

口述：吴玉书　整理：魏新华

组织临时互助组

我是来广营村人。17岁那年嫁给本村农民陈士贤，结婚一年多，北平和平解放了，我爱人参加了人民解放军。因为家里没有劳动力，里里外外的活儿就落在了我和婆婆身上，婆婆年岁大了，身体又不太好，我就成了全家的主要劳动力，这也让我有更多的机会接触社会。我亲身经历了20世纪50年代农业合作化的风雨历程。回忆起当年的那些事儿，我倍感亲切。

1950年春，北京市第十三区教育局在来广营村办民校试点班，我和张会芝、许秀云、陈宝珍、景桂珍五姐妹报名参加了扫盲班，组成了学习互助小组互帮互学。因为我快言快语敢说话，大家让我当组长。

当时，土改刚刚结束，分得土地的农户都或多或少地遇到劳动力、畜力和农具不足等问题，不能正常耕种，耽误农时。我们5家有70多亩地，只有5个女劳动力和简单的生产工具。于是，我们五姐妹商量，利用学习小组优势，各家有人的出劳动力、有牲畜的出畜力、有生产工具的出工具，实行生产临时互助，解决燃眉之急，搞好春耕。我被选为农业生产临时互助组组长。实行临时互助合作，有效解决了劳动力、农具、畜力不足的问题，5家的春耕播种很快就完成了，比别的单干户都快。

当时，我们临时互助组只是农忙时组织起来，合作耕种和收获，但谁家的地收获的粮食仍归谁家所有，谁家的牲畜仍归谁家喂养，谁出的生产工具坏了仍是谁家负责维修。给谁家干活谁家就管饭，农闲的时候就自动解散。这样的临时互助组是建立在个体经济基础上的集体劳动组织，大家自愿互利，共同劳动，不存在也不计较利益分配问题。我们临时互助组不但解决了劳动力、农具、畜力不足的问题，还提高了生产效率，受到区、乡人民政府的鼓励，后来，陆续有张奇、许德荣、杨振环、郑芳、岳德胜5户加入，临时互助组发展到了10家，土地有120亩。

转为常年互助组

1952年1月，临时互助组转为常年互助组，我仍任组长。成为常年互助组之后，劳力、畜力和生产工具都增加了，我们开始在耕种上下功夫，实行小垄密植，有效解决了作物株稀的问题。遇到播种季节干旱，互助组就挑水播种，当时被称为点水播种。有的地块作物出苗不齐，我们就合起来一块挑水，在苗稀的地方补种、补栽。当年麦收时，我们互助组的小麦产量达到每亩250斤，比单干户亩产多出80余斤。

当时，我带领姐妹们像男同志一样到地里播种、查苗、补苗、打药、施肥、赶大车，干重活。我带领的互助组粮食亩产比别的互助组都高，在当时粮食不够吃的情况下，提高粮食产量是非常重要的。遇到脏活累活的时候，我总是冲在前面，为别人树立榜样。当时我家的地相对多些，比别的家庭生活稍微富裕些，我曾多次帮助和救济别人，获得了邻居的一致好评。1952年，我被评为北京市农业生产劳动模范，市里还奖励我们互助组两头苏联大白猪、一头骡子和500斤豆饼。

建立初级农业生产合作社

1952年10月，根据生产需要和上级要求，我们常年互助组转为初级农业生产合作社。

为了做好从互助组转初级农业生产合作社的准备工作，区农林局、区妇联领导帮助我们研究解决了四个方面的问题：一是确立初级农业生产合作社的领导班子。领导班子成员有我、许贵和张效宗；二是确定分红方式。四六分成，也就是把全年的产量、收入扣除 5% 的公积金、3% 的公益金，剩余的按土地四成、劳力六成进行分配，体现多劳多得的原则。三是明确劳力的使用和管理。初级农业生产合作社实行严格的评工计分办法。四是努力提高产量。包括建猪场养猪多积肥；发展副业；增加收入，调动社员积极性；不靠天吃饭，科学种田，兴修水利等办法。同时，还对其他一些制度作了研究和修订。

1952 年 10 月下旬，转初级合作社的条件基本成熟，准备工作基本做完。27 日，在来广营村娘娘庙院举行了初级农业生产合作社成立仪式。当时有 10 家农户、120 亩土地，我被推选为社长。1953 年春，燕贺春互助组也合并过来，合作社发展到 18 家，起名叫吴玉书农业生产合作社。

初级农业生产合作社是农民在农业合作化运动中建立的农村集体经济组织，是当时农村经济由个体经济转变为社会主义集体经济的过渡形式。特点是：农民在自愿互利的原则下将私有土地、畜力、大型农具等主要生产资料交到合作社，由合作社统一经营和使用，按照土地的质量和数量给予适当的土地分红，其他入社的生产资料也付给一定的报酬。初级农业生产合作社在社员分工和协作的基础上统一组织集体劳动，社员根据按劳分配的原则取得劳动报酬，产品由合作社统一支配。初级农业生产合作社有一定的公共积累。

初级农业生产合作社与互助组相比，实行了土地和其他生产资料的统一经营，积累了一定的公共财产，在合作社的统一计划下集体劳动，产品分配部分地实现了按劳分配原则。初级合作社部分地改变了私有制，促进了当时生产力的发展。

1953 年春，合作社贷款，并利用农闲时间组织社员在来广营村西头建了 60 余间猪舍，引进苏联大白猪办起了来广营养猪场，这是当时北京郊区最早的集体养猪场之一。起初，养猪计划操之过急，缺乏饲养技术，母猪产仔少、仔猪成活率低，病猪多，造成了亏损。

1954 年初，合作社认真总结经验，撤换了责任心不强的饲养员，挑选了热爱集体事业而又踏实肯干的贫农社员陈玉担任饲养员。在区技术指导站的帮助下，养猪场定时定量喂猪；勤扫猪圈，勤洗猪食槽；定期进行消毒隔离，定时防疫；采用先进的繁殖方法，提高了母猪的产仔数量；细心喂养小猪，保证了仔猪的成活率，使猪场面貌大大改观。年终结算，扣除头一年的损失，还盈利不少钱，同时为集体积肥 135 万斤，为社员户供应良种仔猪 140 多头。

在养猪的实践中，合作社探索了一条分散饲养和集体饲养相结合的路子。集体饲养就是由合作社猪场统一圈养。分散饲养就是由社员户在自己家里饲养。具体做法是愿养猪的社员提前到猪场登记，仔猪长到40天时，猪场按照社员户登记的先后顺序供给猪仔，同时配送泔水、豆腐渣等。猪仔按体重作价，社员用以后的分红或积攒的猪粪抵消猪仔款。当时由于我社养猪较多，积攒了大量的猪粪，总结出了猪多、肥多、粮食多、收入多的经验。1956年10月，毛泽东看到《中国农村的社会主义高潮》一书中刊登的《养猪模范的来广营合作社》一文后，亲自作了“这个经验值得推广”的批示，大大鼓舞了我社社员的养猪热情。为了扩大养猪规模和进一步发展科学养猪，我社又在东湖渠村盖了新的养猪场。1956年我社荣获“北京市养猪模范单位”称号。饲养员陈玉也因忠诚于发展集体养猪事业，连年被评为北京市农业劳动模范和1956年的全国农业劳动模范，1957年出席了全国农业劳模大会，受到了毛主席等党和国家领导人的接见。

成立高级农业生产合作社

1955年2月，东郊区政府决定将我社作为试点转为高级农业生产合作社。区委书记单昭祥宣讲政策，中央水利部部长傅作义来考察指导。我社成为全区农业合作化运动的一个样板，曾先后接待过苏联、印度、越南等多个国家的领导人和参观代表团。

高级农业生产合作社是农业合作化过程中建立的集体经济组织。由初级农业生产合作社发展而成，规模比初级农业生产合作社大。特点是土地、耕畜、大型农具等生产资料归集体所有，取消了土地报酬，实行按劳分配。

1955年12月14日，来广营、安家坟、五合村、南湖渠4个村的8个初级农业生产合作社合并为和平乡农业生产高级农业生产合作社，燕贺春任主任，我任副主任，陈华、崔玉良、岳森任会计。全乡基本实现农业合作化，入社户数2647户。同年12月17日，由来广营、安家坟、五合村、南湖渠四个党支部合并为东郊区和平乡党总支，以大队为单位划分了11个党支部。高级农业生产合作社建立以后的工作，主要围绕提高粮食产量，扩大畜牧业增加收入，搞一些兴修水利，建拖拉机站等。

1956年5月，非洲5国外宾和团中央七八个领导人来我乡安家坟考察农业和共青团的工作情况。6月，我作为合作化运动的先进代表，随同由中央组织部外交外贸处副处长帅孟奇率领的妇女代表团出国参加越南妇女大会，并与越南人民领袖胡志明主席合影留念。

回想当年我们走农业合作化道路的那段历史，感慨万千，刚刚分得土地的农民，通过组织起来，解决单干难以解决的问题，深感那是一种对走共同富裕道路的有益探索。我作为那段历史的亲历者，感到骄傲和自豪。

来广营吴玉书农业生产合作社规章

1. 以土地入股参加本社者，须全家同意，并经本社社员大会通过。

2. 本社社员必须遵守本社规章和劳动纪律、一切制度。

3. 本社以民主集中制为原则，少数服从多数，个人服从集体，服从社长领导。

4. 社内一切事项必须经过民主讨论，通过后才可实行。

5. 社员均需参加本社劳动，否则即非社员。

6. 社员有讨论生产计划修订制度及社内选举、被选举权利。

7. 热爱祖国，积极响应政府号召，并起模范作用。

8. 违反社规和劳动纪律，视情节轻重批评教育、警告并开除处分。

9. 团结友爱，努力生产，提高产量，爱护公物，勤俭节约，支援前线。

10. 本社最高权力机关为全体社员大会。

11. 社员退股自由，但需入股满一年者。

12. 上述各项章程经全体社员大会通过后施行。

合作社制度

1. 每五天召开一次社员代表会，半月一次社员大会，7 天组织学习一次。

2. 开会不得迟到早退，如特殊情况不能出席，需事先请假。

3. 评工记分按劳动强弱、技术高低，公平合理，每日评一次后记账。

4. 财务支出公开，支出款项须经全体社员大会通过才有效。否则本社不负责任。

5. 本社以民主管理、分工合作为原则。

6. 奖励与批评相结合。

和平公社关于食堂制度和管理办法

1958 年 10 月 30 日

根据公社的经济条件，参照八、九、十月食堂经管情况而制定。

1. 坚决做到“八要二认真”的规定。

八要：严格执行供给制度，严格控制流动人口，严格执行预决算制度，严格执行粮油政策，严格执行公社统一价格，严格端正服务态度，严格遵守公社决议和制度，严格服从逐级领导制度。

二认真：统计人口，掌握分级标准。

2. 生活标准。①全社平均每月每人伙食费 5.09 元。修配厂、窑厂、砂石场等集体伙食费为 8 元。②各食堂用粮标准，每人每年 380 市斤。③托儿所每月大米 2 斤、白面 4 斤、食油 4 两、盐 1 斤、燃料 20 斤、菜金 0.42 元，共计 2 元。④幼儿园每月大米 4 斤、白面 3 斤、粗粮 8 斤、食油 4 两、盐 1 斤、燃料 20 斤、菜金 0.61 元，计 3 元。⑤小学生每月大米 3 斤、白面 4 斤、粗粮 22 斤、食油 4 两、盐 1 斤、燃料 20 斤、菜金 1.91 元，共计 4.5 元。⑥敬老院每月大米 6 斤、白面 8 斤、粗粮 16 斤、食油 4 两、盐 1 斤、燃料 20 斤、菜金 2.28 元，计 6 元；另外，每月零用 0.5 元。⑦一般农民每月大米 5 斤、面 4.5 斤、粗粮 30.5 斤、食油 4 两、盐 1 斤、燃料 20 斤、菜金 1.93 元，计 6 元。⑧产妇公社拨给红糖 1 斤、鸡蛋 3 斤（折款付给本人）、小米 5 斤、大米 10 斤、白面 4.5 斤，其余粗粮另补现金 1 元，产前产后给产假 45 天。⑨病号（须）有队长或医生证明，可吃病号饭，不另拨款。

3. 管理制度和手续。①民主选一名管理员（不脱产），每个炊事员担负 50 人至 70 人伙食，每生产设一名会计管食堂账。②工薪干部吃饭一律收费，包括在外工作的工人、干部。③旷工者吃饭要收费。④因公外出者实报实销。⑤运输大车日补 0.8 元，农业大车外出日补 0.8 元。⑥木工工具费每日 0.1 元，瓦工工具费每年 4 元。⑦五一、十一节每人补半斤猪肉，春节补 2 斤，折款拨给食堂聚餐。

1958 年 11 月 1 日实行

1961 年北京市委对来广营大队实行供给与工资制分配办法的调查

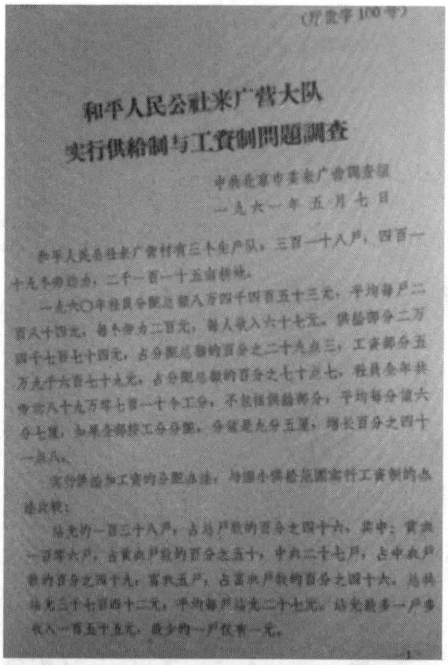

（厅发字100号）

和平人民公社来广营大队
实行供给制与工資制問題調查

中共北京市委来广营调查组
一九六一年五月七日

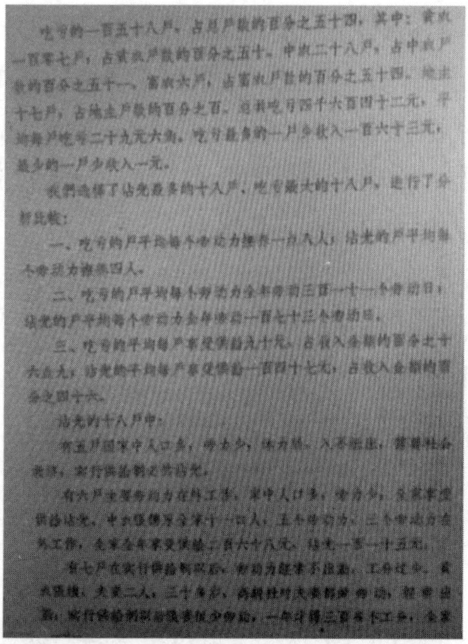

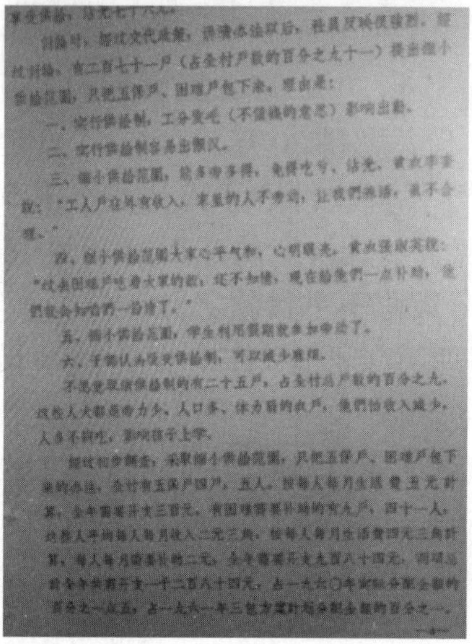

中共北京市委办公厅　　一九六一年五月九日印

（共印七十份）

从贫穷落后走向富裕文明的来广营乡

口述 ：赵万友 整理：钱素君 张凤仙

来广营乡位于西北部，区域面积 25.88 平方公里。域内交通便利，城铁 13 号线、地铁 5 号线和京承高速公路纵贯全乡南北，北五环路横贯东西。下辖 7 个行政村，14 个社区，常住人口 31470 人（农业 4740 人，居民 26730 人），流动人口 8 万多人。

1951 年我出生于河北省易县，1974 年跟随父辈落户于来广营。改革开放这 30 年来，来广营经历了巨变，从人均年收入不足 150 元的贫穷农村，发展到人均年收入 17500 元的富裕新农村，从只有两条土路的“赖广营”，发展为交通发达的城郊现代化新区。我曾经羡慕城里那么多高楼大厦还有宽阔的柏油马路，梦想着自己的家乡有一天也能变得像城里一样，现在这一切都已成为现实，而我有幸亲历并推动了这一进程，抚今追昔，感慨万千。

推行联产承包责任制——实现温饱

改革开放前，我们来广营被称为“赖广营”，是北四社中最穷的地方。受“文化大革命”“左”倾思想的影响，全社农业生产奉行“以粮为纲、全面砍光”的方针，农业只有粮菜生产，生产管理靠“大拨轰”，分配上实行平均主义大锅饭，农民生产积极性很低。1978 年，全社有农业人口 15856 人，耕地面积 24771 亩，农村经济总收入却仅有 675.3 万元，农民人均收入 143.8 元，粮食亩产一直徘徊在 700 斤左右，蔬菜亩产值 50 元左右，不少生产队连买鞭梢儿的钱都没有，30% 的农户吃粮靠返销。当时姑娘搞对象都流传着这样的顺口溜：“宁往南一尺，不往北一寸。”

穷则思变。我们来广营就是中国大多数农村的一个缩影，“文化大革命”结束后，一些地方就已经开始搞农业生产责任制了。1975 年到 1980 年，我担任东湖大队第二生产队政治队长、党支部书记，带领大家率先搞了包产到组，进行菜田的专业化承包，搞得还算成功，我们生产队的人均收入一度在全公社名列前茅，并曾在全区的农村工作会上受到表彰。

1980 年 5 月，我被调到来广营人民公社党委办公室。第二年，我进入党委班子并兼任办公室主任。1980 年 9 月，中央《关于进一步加强和完善农业生产责任制的几个问题》对包产到户作了进一步的肯定。1982 年 1 月，中央发布《全国农村工作会议纪要》把家庭联产承包责任制以政策的形式确定下来。

其间，我们来广营人民公社认真贯彻落实党中央关于农村改革的方针，贯彻落实区委推进全区农村改革的意见，在全公社积极推行联产承包责任制。

实行家庭联产承包责任制对农村是一场革命。我们公社从理顺管理制度入手，明确“两不变、三兼顾”。“两不变”即生产资料公有制长期不变、联产承包责任制长期不变；“三兼顾”即兼顾国家、集体、个人三者之间的利益关系。当时全社各村生产力发展水平参差不齐，实行联产承包责任制的形式也是多样。初期是包产到组，实行“四定一奖”，即定地块、定劳力、定工分、定产量产值、超产奖励。接着推行联产计酬责任制，当时也叫按纯收入买工分。后来实行专业承包，采取“五定一奖”，即定地块、定劳力、定工分、定产量产值、定开支、超产奖励。以后又推行专业大户承包，来广营村出现了7个种植专业大户共承包经营本村土地1050亩，占全村农田面积的45%，其中吴宝柱承包316亩耕地，村里为他们提供产前、产中、产后服务，极大地调动了农民的积极性。再后又推行适度规模经营，农机、农场一体化经营促使劳动生产率大大提高。1981年5月，公社29个基本核算单位91个作业组全部实行生产责任制。1982年5月，全公社有27个单位实行专业包干责任制。

在生产上，我们推行先进的耕作技术，推广玉米高畦直播，进行“三三制”轮作，实行玉米、小麦、水稻三大作物倒茬种植和水稻旱种等，增加粮食亩产；大力发展农机事业，1980年，公社的农机事业发展进入一个高潮期，农机具达到100多台（件），农业机械化水平有了很大提高；同时，公社改革生产经营方针，农、林、牧、副、渔一齐上。1982年，公社投资近百万元，建成200多亩的养鱼场、1万多平方米的养牛场，我们的农民从农田走进了养殖场。

1984年，来广营乡农村经济总收入5001.4万元，比1978年的675.3万元增长6.4倍；人均纯收入731.6元，比1978年的143元增长4.2倍；集体积累375.6万元，比1978年的94.3万元增长4.3倍；工副企业已达到53个，总收入达到2787.4万元，占全乡总收入的56%。通过实行家庭联产承包责任制，我们解决了农民的吃饭问题，全社户户有余粮，家家有事干，实现了温饱。

发展乡镇企业——摆脱贫穷

1982年党的十二大以后，农村改革在巩固的基础上进一步深入，伴随着这一浪潮，来广营的乡镇企业迅速发展，同时也出现了一些问题。当时企业中出现了一股贷款热，不少企业靠贷款生存，内部管理混乱，尤其存在财务核算不实、作假账现象。工业公司不管企业交来的什么钱都敢要，企业不管哪儿来的钱都敢花。乡属企业1985年上半年亏损50多万元，基本处于无序状态。

1984年3月，中共中央、国务院批转农牧渔业部《关于开创社队企业新局面的报告》，制定了指导乡镇企业发展的总方针。同年7月，区政府出台了《提高认识，解放思想，加快企业改革步伐》的工作意见。乡党委认真学习贯彻中央、市、区的精神，在全面分析乡镇企业现状的基础上，确立了新的发展方针，变只靠投资发展为投资和挖潜共同发展，加强对乡直属企业的管理，严格控制无序贷款。同时乡党委调整乡工业公司的领导班子，1985年，调我任乡工业公司经理兼党总支书记。上任伊始，我在中层干部会议上表态，一定要说实话、办实事、求实效，把公司企业办成为自我约束、自我积累、自我发展的社会法人实体，成为全乡经济发展的支柱，成为百姓富裕的钱袋子，成为讲政治、会管理、两个文明一齐抓的新型企业。

话好说，可做起来很难，毕竟当时我们搞集体经济的时间比较短，很多体制机制都没有理顺，甚至有些企业负责人对我的表态提出了质疑。为了应对挑战，我选择了以管理机制为突破口，建章建制，以规范经营促企业发展。首先是规范承包合同。乡党委乡人民政府与工业公司签订目标管理责任书，将工业公司的职责、职权、利益和义务、责任写明，并严格执行。同时规范各企业合同，实行严格的合同承包责任制。其次是规范劳动报酬。企业书记、厂长、职工的报酬，年终由工业公司财务统一审核、公司领导统一审批、公司统一发放，解决了以前存在的“撑死胆大的，饿死胆小的”不公平问题，扭转了个别企业干部随意拿报酬的现象，实现了公平管理、有序管理、公正管理，进一步调动了企业干部职工的积极性。同时，对贷款程序予以规范。企业贷款必须进行可行性分析，制定还贷计划，并按照企业申请、工业公司审核、总公司审批的程序进行。1986年初，我们又规范财务制度，督促每个企业都建立健全了财务管理制度。到1986年底措施见效了，当年乡直属企业实现利润250万元，工业公司上缴乡财政利润123万元，营业收入突破2000万元，同比增长30%，还贷款660万元，其中固定资产贷款380万元，流动资金贷款280万元，上缴国家税金100多万元，同比增长50%。

1986年9月，我任乡农工商总公司副总经理兼工业公司经理，负责乡直属企业的经营管理，并对村办企业、队办企业进行指导与服务，我身感压力增加，责任重大。随着改革的深入，企业面临着很多新困难和新问题，尤其是技术装备差、人员素质低、管理粗放。要使乡直属企业以及队（村）办企业实现发展壮大，必须立足现实，创造性地开展工作，在强化管理、改革整顿、产业发展上寻找出路。

首先是抓好管理。20 世纪 80 年代中后期，我们通过实行“厂长负责制”给企业充分的经营自主权、生产指挥权、经营决策权、收益分配权、资金使用、物资管理和劳动人事权，为企业的自由发展拓展了空间。在经营方式上推行企业经营承包制，企业内部实行层层承包，进一步降低成本，按投资总额确定企业上缴利润基数，解决企业只负盈不负亏的问题。同时，坚持内引外联，加大横向联合，发展多渠道、多层次、多形式、内容丰富的经济联合体。其间，乡办企业与北京市标准件二厂、汽车传动轴厂、机械部桂林电器科研所、北京市怡丽食品厂合作；立水桥村办企业与北京牡丹电视机厂，红军营村办企业与北京市橡胶总厂等建立了多种形式的联合体，促进了企业快速发展。我们还大力发展外向型经济，加大对景泰蓝首饰、玉器挂件等传统手工艺品的质量监督，扩大出口创汇。与上海市外贸部门联系出口瓷釉产品，使外贸经济成为全乡的一个亮点。1988 年实现出口供货额 800 万元，在全区多次受到表彰。

其次是抓好整顿。1989 年 3 月，市委市政府提出“抓调整、上水平、求效益”的治理整顿方针，区委区政府召开乡镇企业工作会议，提出了整顿措施。在区委区政府的指导下，我们开始整顿乡属企业。实行“三控制、一转移”，即控制企业的无序贷款、控制企业的无序建设、控制企业固定资产的无序购置，从主要靠外延扩大再生产转移到外延与挖潜并重的发展轨道上来，对乡办企业进行了为期一年的整顿。重点扶持一批年产值在百万元以上的企业和一批经济效益好有发展前途的小企业，优先安排信贷资金和物资供应，保证重点发展。对发展快、效益好、年产值超过 200 万元的企业给予奖励，促使全乡的骨干企业上水平，向规模型企业发展。对效益不高，长期亏损的部分企业采取联合、租赁、兼并等手段，果断进行调整。改变全乡普遍存在的“小而全，行业乱，效益低，管理难”等不利于企业发展的局面。25 家乡办企业全部进行了整顿验收，企业管理不断完善。

再次是抓好产业发展。1991 年，乡党委提出了“以农业为基础，以工业为主导，以交通运输业、商饮服务建筑业为两翼”的发展方针。乡工业公司争取资金 270 多万元，对乡展望印刷厂、立水桥构件厂等 15 家企业进行了技术改造；红军营村正汇电子公司产品、乡凯环制药厂的得力生注射液、新生砖厂的陶粒砖等科技含量高的项目都纳入了市、区星火计划；新生村引进资金1000万美元，引进了万乐佳服装公司、皇家家具、金路易食品公司等企业；对全乡113家企业进行资产重组，盘活资产1.2亿元，使乡喷漆厂等一批老企业焕发青春。建筑业坚持上规模、上技术、上水平，出色地完成了北京市第四十八中学和北苑中学两所教学楼工程，获得市级文明工地的光荣称号，实现了来广营乡建筑史上的重大突破。1992年，来广营乡建筑业收入1695万元，占全乡经济总收入的10.6%，建筑业起到了“一翼”作用。同时，加强商业运作，组建商业公司，变纯服务为经营与服务管理并举。并着重抓了商业两条街建设，包括乡商业中心一条街、立水桥商业一条街、立水桥建材大市场、四元汽配城。1992年，商饮服务业收入470万元，占全乡经济总收入的3%，很快成为经济发展中的又“一翼”。完善了乡农机服务站的功能，让农机走出田间、走向社会，使农机服务站与运输业结合起来，提高交通运输业的能力，促进运输业的发展。1992年运输业收入568万元，占全乡经济总收入4%。

来广营乡第三产业——红星美凯龙

最后是抓好企业改革。20世纪90年代中期，我们针对企业出现的新问题，按照建立社会主义市场经济体制的要求，实行了“六改、六变”改革，即改革企业的投资体制，变乡村单一投资为乡村集体、社会法人、个人、外商、国营企业多渠道、多元化投资；改革投资风险担保机制，变风险由过去的一家承担为投资者共同承担；改革企业的所有制结构，变企业由乡、村集体一家所有为多股法人共有；改革企业承包制，变厂长负责制为资本金负责制；改革企业用工制度，变长期工能进不能出为合同工既能进也能出；改革养老保险制度，变完全由企业负担为企业、个人共担；改革干部使用管理制度，变长期固定岗位制、只能上不能下为既能上也能下的轮岗制。企业改革完善了生产关系，进一步促进了生产力发展，建立健全了适应经济发展的体制和机制，使投资者、经营者、生产者积极性得到了进一步发挥。

通过这一系列的改革，来广营乡的经济逐渐跻身于全区先进行列，乡镇企业日益发展壮大，从改革前的几家发展到130家，职工人数达到5000多人，集体资产总值达到3亿元。1988年已成为全区为数不多的“亿元乡”之一。到1996年底，年产值超1000万元的企业达到15家，年产值超500万元的企业达13家，这些仅占全乡工企数量25%的企业，营业收入却达到全乡工业企业营业收入的60%以上。当年，全乡实现经济总收入7.6亿元，比1984年增长5.3倍；上缴国家税金1359万元，比1984年增长了5.6倍；农民人均收入4584元，比1984年增长了5.3倍；乡镇企业总收入7.047亿元，比1984年增长了24.5倍；乡镇企业营业收入占全乡经济总收入的92.3%，实现了全乡经济的腾飞。这是个历史性的巨变，实现了全乡农、林、牧、副、渔、工、商、运、建、服十业的全面发展，农民真正摆脱了贫穷，全乡人民开始走向富裕。

发展都市农业——优化产业结构

我们乡是个农业大乡，到20世纪90年代中期，乡农业发展遇到了瓶颈。首先是地越来越少。随着《北京城市总体规划》的实施，我们乡域内的望京新城、北苑小区开始建设，全乡的集体土地陆续被国家征用，农田面积日益减少，这要求我们在农业生产上必须实行集约化经营，走科技兴农的现代化发展道路。再一个就是农产品市场化程度不够。我们一直是搞传统农业，大多生产粮食和萝卜、白菜等大路菜，跟不上市场需要，销路打不开，价格上不去，所以，要想发展就必须在粮菜生产上进行革命，生产高品质、高产量、高效益的无公害农产品。

1994年底，区委区政府作出了发展都市农业的战略部署，提出“重点东移，城乡一体，进入市场，建设以‘三高’为中心的具有旅游、观赏、无公害等特点的‘都市农业’”38字方针，这为我们乡提供了破解发展瓶颈的良机。抓住这一机遇，落实区里的部署，来广营乡对农业结构进行了战略性调整。

1995年，由乡党委书记、乡长、农工商总公司经理亲自挂帅的“都市农业总公司”成立，因地制宜制定了本乡都市农业发展总体规划，建设蔬菜高科技示范园区、畜牧水产养殖区。蔬菜高科技示范园区称为“朝来农艺园”，被区委定为全区都市农业示范工程。

1995年底，区、乡、村三级投资8000万元建设朝来农艺园。我们改变传统的发展理念，把朝来农艺园定位为一个集高科技蔬菜生产、加工、销售、旅游观光、休闲、餐饮、娱乐于一体的都市农业公园，不仅可以生产俏销的农产品，更是要建成京郊观光旅游的生态农业景点，展示现代农业的风采和美丽的乡村田园风光。农艺园占地30公顷，分三期建设。一期工程是建设百亩54栋高标准日光温室，采用有机种植和滴灌、测土配方施肥等20余项先进技术，确保绿色、生态、有机食品蔬菜生产。温室内种植七彩甜椒等100多种奇特蔬菜和冬枣、火龙果等10多种奇特的热带水果。被列入北京市农业

“331 工程”，即 30 项农业高科技项目，3 个农业综合开发项目，100 项新技术推广项目。二期工程包括农家小院、综合服务楼、净菜加工车间、观赏河、人工湖、甬路、小桥等项目，给人们提供休闲度假、放松娱乐、健体强身的场所。1997 年 6 月，二期工程全部完成，农艺园正式对外开放。三期工程是建设占地 4 万平方米高科技连栋智能玻璃温室，从荷兰引进国际先进的温室设备，采用无土栽培方式，生产高品质的特菜和花卉，温室设施由电脑控制，全自动操作。1999 年全部建设完毕，朝来农艺园成为农业龙头企业，带动全乡新型农业快速发展。1999 年，都市农业建设取得丰硕的阶段性成果。

朝来农艺园已成为全市都市农业的窗口，年创收 1200 万元；畜牧水产业实现营业收入 1.2 亿元，比都市农业建设前的 1995 年增加 7800 万元，增长 176%；科技兴农取得突破性进展，推行测土配方施肥技术、滴灌技术、无土基质栽培技术，探索净水稻生产、稻田养蟹、水稻微喷技术等。农业现代化水平大大提高，农产品市场竞争力增强，农艺园自产的彩色大椒在“1999 昆明世博会”上获得金奖。1997 年 12 月至 1999 年 12 月，先后被国家科委、中国科协和农业部分别授予“工厂化高效农业朝阳示范区”、“全国科普教育基地”和“全国农业技术推广先进单位”称号。我们乡在发展都市农业方面走在了京郊的前列。

都市农业在我乡的发展，初显了良好的经济效益、社会效益和环境效益，开启了传统农业向现代农业转变的先河。一是优化了农产品结构，使蔬菜生产由过去的大路菜向精、细、优、新、特品种转化。二是改革了农业生产技术，逐步实现了农业生产的科技化、现代化。三是优化了产业结构，实现了一产向二、三产的转移。一批高科技花园式工厂脱颖而出，红军营村的正汇电子公司、蓝剑天亭防火材料有限公司等一批高科技企业成长起来。四是环境大大改善，旅游业迅速发展，到 1999 年已接待中外宾客近 30 万人次。1999 年，全乡第三产业完成营业收入 7 亿元，比 1996 年的 1.4 亿元增加 5.6 亿元，年均增长率 70%，三产成为全乡的经济支柱；全乡的产业结构进一步优化，一、二、三产比重从 1994 年的 10:65.8:24.2 调整为 11.2:30:58.8；全乡经济总收入 14.37 亿元，比 1994 年增加 9.14 亿元，增长 175%；农民人均纯收入 6239.7 元，比 1994 年增加 2415.6 元，增长 63%。为全乡新时期的发展奠定了良好基础。

21 世纪初的“三区三化”建设

2002 年，开始全面进行小区内市政及配套工程建设。到 2006 年底，家园内幼儿园、中小学、综合服务楼、物业办公楼、地下车库、俱乐部等配套设施，总建筑面积 90.37 万平方米的建设全部竣工并交付使用。

随着新村工程和配套设施的建设，农民搬迁工作随即启动。2002 年 8 月，乡第十三届人民代表大会第六次会议审议并通过《来广营乡绿化隔离地区房屋腾退管理办法》，对符合条件的产权人每人按 50 平方米补足安置，对符合条件、房屋面积不足的产权人每人按 40 平方米补足安置，做到人人都有房住，并实行政府高价收购农民的自建房，低价卖给乡民入住的楼房，实现了 90% 的农户有新楼房住、有钱剩，入住农民新村的乡民 80% 以上的家庭购置了小轿车。自 2002 年到 2007 年底分八期对红军营村、新生村、来广营村、立水桥的部分农民、居民实施搬迁上楼，共有 5378 户、10372 人先后入住朝来绿色家园。

农民上楼后，为了管理好朝来绿色家园，2000 年 10 月，来广营乡成立物业管理中心，以优质服务为搬迁上楼村民服务。同时，为了让乡民们住得稳，2002 年底，乡党委乡人民政府对入住乡民免收物业费，并对入住新村的乡民日常消费水、电、气的费用，实行按入住新村的人均消费额补助 30%，充分显示集体经济的优越性。

城市居住区的旧村改造包括 4 个村，到 2007 年，立水桥的改造任务完成，已建设 5 个小区，完成任务一半以上，其他 3 个村的改造工作顺利推进，社会单位住宅区的建设相继开始，拔地而起的高楼代替了昔日的村落，农民彻底改善了生活居住环境，农村城市化进程快速推进。

优质的城市居住区不仅要住得好，精神风貌更要好。为打造一流的城市居住区，我们提出建设京郊精神文明首善之乡。在全乡开展讲文明、树新风活动，提倡尊老爱幼、团结友爱、尊重知识、崇尚科学、移风易俗的新风尚。在此基础上，乡党委领导实施了文明素质工程，产业发展区建设工程，绿色生态区建设工程，旧村改造新村建设工程，环境整治、社会治安整顿工程，文化体育建设六大工程，全力争创全国文明小城镇。2001 年 10 月我们乡被中宣部、建设部、全国文明办、农业部等五部委授予了“全国文明小城镇示范点”的光荣称号。与此同时，我们广泛开展群众性的体育活动，每两年举办一次的农民运动会，帮助各村建起体育活动中心、文化活动公园。2000 年，我们乡被农业部、国家体育总局、中国农民体育协会授予“亿万农民健身活动先进乡镇”称号。2001 年被国家体育总局授予“1996—2000 年度全国群众体育先进单位”称号。2005 年，荣获“全国军民共建社会主义精神文明先进单位”荣誉称号。

可以说，“三区三化”战略的推进是成功的。2005年全乡农村经济总收入达到36.2亿元，比2001年的18.9亿元增长92%，年均增长率17.6%；农民人均收入1.5万元，比2001年的8871元增长70%，年均增长率14%。至此，我们的绿色生态区建设基本完成，产业发展区建设快速推进，城市居住区建设初具规模。

全面推进民生事业发展，实现百姓安康。要实现真正的城市化，农民上楼是一方面，更要有健全的社会保障，搞好民生各项事业，让百姓乐业更安居。

首先是搞好就业。我始终认为就业是安民之基，富民之本。几年来，我们多渠道抓就业，让乡民有事干，有钱挣。实施千人就业工程，实行乡、村、企业联网管理、动态管理；鼓励乡民自主择业，凡外出择业的，给予资金奖励，并按年度予以兑现；实行产业带动就业，凡与本乡合作建企业的均要按比例安排本地劳动力就业，并执行国家规定的劳动报酬政策；坚持培训促进就业，通过培训，增加乡民的劳动就业技能，扩大就业覆盖面。通过这些措施，4年来，全乡有1500名劳动力参加就业培训，2600名乡民实现了就业或再就业，就业率达到97%，保证了当地乡民失地不失业，离土不离乡。

其次是养老保障。从2001年开始，全乡实行了统一的退休制度，即本乡农民男55岁、女50岁起享受养老退休制度，月退休金起点为285元，每年增长10%，到2010年为止。在村、企业当过主要干部的月增加50元的补贴费。全乡有1484名老人全部享受了退休待遇。对于转居转工中的超转老人一律享受国家规定的退休政策，对于转工后自谋职业的原农村劳动力，由乡、村和市、区政府承担90%，个人只承担10%，全乡1186人纳入城市职工养老保险的行列，参保率达到100%。

辉煌已然筑就。2007年，我乡的经济及各项事业取得了更加喜人的成就。实现农村经济总收入50.9亿元，实现利润总额2.87亿元，上缴国家税金3.2亿元，农民人均收入17500元，乡村集体资产总值35.25亿元，所有者权益9.67亿元。10372名村民搬迁上楼，人均占有楼房面积数47.86 平方米，新修道路19条，长50公里。全乡3.15万常住人口中拥有个人轿车4141辆，运输车辆134台。来广营这个昔日被称为“赖广营”的落后之地，2004年被评为北京市环境建设先进单位，连续9年被委命名为“五个好乡党委暨经济发展先进乡”，连续3年被市委组织部命名为基层先进党组织，连续两次被评为首都文明乡镇，自2001年后连续多年跻身于全市京郊十强乡镇行列之中。

回顾历史，我感慨万千。30年前门庭冷落、无人问津的“赖广营”，如今已是门庭若市，高楼林立，道路纵横，环境优美，如今的来广营很难再找到一点旧农村的痕迹了，这片可爱的土地已经从荒凉走向繁荣，从落后走向文明，从贫困走向了富裕，农村城市化、经济繁荣化、地区文明化已不再是梦想、企盼，而成了我们真正的生活。成绩已是俱往，未来仍需努力，30年改革划了一个句号，新的征程已然开启，相信在党的领导下，在全乡人民的努力下，我们来广营将迎来更加灿烂辉煌的明天。

探访绿化隔离带

——北京市来广营乡见闻

从空中俯瞰京城大地，在四环路和五环路一带，铺陈着绵延百余公里的绿化隔离带，如同一环翡翠项链，装扮着日益美丽的首都。

按照北京市确定的“分散集团式”城市发展规划，北京城由中心区和周围10个边缘集团组成。在中心区和边缘集团之间，建设绿化隔离带，构筑完善首都生态系统的一道绿色屏障。

加快隔离地区绿化，则意味着大量的房屋被拆迁，耕地变为绿地。那么农民收入和生活怎么办？带着一丝担忧和疑虑，记者近日来到北京绿色隔离带建设重点区域之一的来广营乡采访，探询这一问题的答案。

绿色产业显现生机

走进集蔬菜花卉生产、加工、销售和观光、旅游、休闲娱乐于一体的来广营乡朝来农艺园，绿色满眼，生机盎然。跨入农艺园宽敞明亮的日光温室和智能玻璃温室，记者仿佛走进了一个蔬菜花卉博物馆：来自荷兰的红、青、黄等各种颜色的彩色辣椒，来自韩国的樱桃番茄，来自新西兰的香杏，来自日本的樱桃萝卜，来自美国的奶白菜等世界各地的绿色保健蔬菜毗邻而居；各色鲜花，娇艳夺目。游客除参观游览外，还可以在此体验农家生活的乐趣。农艺园党支部书记白玉霞告诉记者，去年农艺园实现经济总收入1260多万元，其中生产销售收入1145万元，旅游收入120多万元，接待游客近10万人次。同时，农艺园还为乡里100多位农民提供了就业岗位。

朝来农艺园只是来广营乡发展绿色产业的一个缩影。乡党委书记赵万友说，在绿化隔离带建设中，乡里确立了“生态环境立乡、绿色产业兴乡”的发展思路，将绿化建设与经济发展结合起来，大力发展绿色产业，使绿化隔离地区成为首都长盛不衰的绿色屏障。

得益于思路和机制创新，来广营乡绿化隔离带建设突飞猛进，隔离区内绿色产业方兴未艾。三年来，全乡压缩粮田面积5500亩，实施精品绿化，做到建一块绿地，创一个精品，获一份效益。截至目前，占地800亩、种植了8万多株各类树木的朝来都市森林公园已经竣工，即将开始迎接各方来宾；占地500亩、拥有12个足球场地的朝来足球活动中心已经进入试营业阶段。朝来足球活动中心副主任崔建立介绍，今年5月份，中心就接待了近120场足球训练与比赛，预计全年接待训练比赛最低将超过2000场。

调整种植结构，发展绿色产业，这已成为来广营全乡上上下下的共识，蔬菜生产、花卉种植、森林旅游、度假休闲等新兴绿色产业已开始产生效益，并整体带动了全乡第二、三产业的发展。资料显示，该乡绿色产业用地每亩纯收入达800元以上，比单纯从事大田农业高出近700元；劳动力安置也由以前的每45亩安排1人提高到现在的每10亩安排1人。2001年，来广营全乡实现经济总收入18.9亿元，其中第二、三产业收入5年间分别增长了1.3倍和4倍。

加快推进农村城市化

汽车在来广营乡穿梭，昔日的京郊农村已大步迈向城市化：新建的望京小区高楼林立，电子城科技园西区已完成规划，穿乡而过的城市铁路已经铺轨，城市“新村”正拔地而起。按照北京市的相关政策，来广营乡将绿化隔离地区建设与推进近郊城市化进程有机结合起来。

绿化隔离带建设成为推动来广营乡实现“全乡整体城市化”的一个有利契机。全乡 “占地1280公顷的绿色生态区、占地134公顷的产业发展区、占地1174公顷的城市建设区”的“三区”建设规划已由设计蓝图一步步变成活生生的现实。来广营乡的投资环境改善了，吸纳和辐射功能增强了。这里近两年得到了众多企业和商家的青睐，北京国际软件开发研制中心、中科院中科膜技术有限公司、北京国创高新技术有限公司等众多高新技术企业纷至沓来。

在即将完工的来广营乡朝来绿色家园，记者看到，54幢白墙红顶的别墅式小楼错落有致，道路、管道、绿化等市政设施正在加紧施工。乡里自行组建的朝来绿色物业管理中心工作人员赵朋欣指着幢幢相连的新居说：“两三年前，这个时候这里还只能看到滚滚的稻浪呢！”小赵介绍说，2000年8月，来广营乡启动了绿化隔离地区拆迁安置新村建设项目，开始实施旧村改造和农民上楼工程。按计划，全乡年内将有6000多村民陆续告别昔日的农家小院，集体搬迁进楼。据介绍，全乡在以后几年将陆续建起总共100万平方米的新楼，拆迁的农民不仅可以全部搬进新居，三口之家的住宅面积均可以达到150平方米左右。对此，也将进入搬迁行列的北湖渠村农民李淑敏的话代表了大伙的心声：“我们都盼望着早日搬进新楼，我们也一定争取做一个合格的市民。”

——《人民日报》(2002年6月26日第五版)

感谢以下人员为《来广营乡志》提供资料

李明哲　李增华　程　莉　杜亚雄　魏新华　王立文

孙广勋　李　芸　张宝勤　蒋朝阳　胡　霞　夏春红

乔振江　李　娜　李　东　李少峰　关广灿　安文亮

何新燕　沐维喜　芮雅芹　安立超　易从容　孔　伟

杨水田　罗爱国　庞海英　王进海　赵连霞　张金普

李冬梅　李　平　马　水　宁明杰　胡秋霞　何桂清

王　威　李世明　王春艳　邵　平　李淑云　贾春华

姜永东　白文山　王永春　璩红燕　东贵杰　孙继国

张冬生　孟宪东　谭　扬　李鸿均　白桂新　张佩明

王立君　许宏春　杨长利　赵雪军　王宝月　葛秀林

芦永波　赵朋欣　司万利

编后记

2015年，来广营乡按照区地方志办和区委农工委统一部署，正式启动《来广营乡志》编纂工作。乡党委、乡政府高度重视乡志编纂工作，成立了以党政主要领导为主任，党委副书记为副主任的来广营乡志编纂委员会，乡志编纂委员会下设办公室，办公室设在乡办公室，具体负责乡志编纂的组织工作。为确保乡志编纂质量和进度，邀请乡退休老干部组成顾问团队，全程参与乡志编纂工作。同时，委托国人书院作为承编单位并组成编纂团队，具体承担乡志编纂事宜。

乡志编纂团队成立后，遍查区档案馆和乡档案室资料、图书报刊资料以及来广营乡建设与发展有关的文史资料、实物档案等，多次征求老干部、乡贤和地情专家意见，多次组织召开知情人座谈会、开展口述史访谈等。乡机关各科室、辖区各企事业单位、社区、村积极配合，不仅为志书编纂提供了丰富的文字资料，也提供了诸多有存史价值的老照片和资料线索，为编纂出内容丰富、资料翔实、见人见物见乡愁的乡志奠定了资料基础。至2019年6月，编纂人员完成了《来广营乡志》（初稿）的撰写，经乡志编委会办公室组织初审并充分征求意见后，编纂团队根据初审意见，集中2个月时间，调整篇目，查漏补缺，修改完善，形成《来广营乡志》第二稿提交经乡志编委会审核。2019年11月，编纂团队完成了《来广营乡志》第二稿修改完成第三稿，提交区地方志办专家组初审。截至2022年4月，区地方志办组织专家先后完成了《来广营乡志》的初审、复审和终审工作，对志书的政治观点、体例结构、资料运用、保密行文以及出版规范等进行了全面审查把关并提出了修改意见。编纂团队按照区地方志办专家提出的修改意见，对志稿进行了数轮修改完善，于2023年5月，《来广营乡志》形成定稿，于6月初提交当代中国出版社进入出版环节。

《来广营乡志》设19章，出版字数50余万字、收录图照近200幅，内容包括自然、政治、经济、文化和社会的历史与现状。本志所用资料，主要来自国家、市、区、乡各级档案，机关科室电子图文，此外，还有区委区政府相关部门出版的志书、年鉴、党史资料、区情史料以及各级图书馆的古典藏书、报纸杂志、口碑资料等，累计约300万字。应邀提供图文资料的，还有驻辖区66194部队、北京物资学院运河文化研究所教授陈喜波等。乡党政办、党建办、宣传科、武装部、统计所、民政科、财政科、社区办、司法所、科教文体办、文化服务中心等科室和部门对本志编纂提供了大力支持并全程提供资料。此外，红军营村以及乔振江、罗爱国、乔政国、张雪松、王书香等个人也为本志编纂提供了大力支持和帮助。在此，谨向关心、支持、参与《来广营乡志》编纂工作的单位和各界人士表示由衷的敬意和深深的感谢！

《来广营乡志》的编纂，是在区地方志办公室的精心指导下、来广营乡党委、乡政府的高度重视和主持下完成的，是集体智慧的结晶，凝聚着各级领导、专家学者、顾问、全体编纂人员以及社会各界热心人士的心血。在编纂过程中，因涉及的史料时间跨度大，编纂作人员水平有限，难免有记述不妥和疏漏之处，敬请方家指教和读者批评指正！

编者

2023 年 5 月